Kohlhammer | Deutscher Gemeindeverlag

SCHRIFTENREIHE
DES FREIHERR-VOM-STEIN-INSTITUTES
WISSENSCHAFTLICHE FORSCHUNGSSTELLE
DES LANDKREISTAGES NORDRHEIN-WESTFALEN
AN DER UNIVERSITÄT MÜNSTER

BAND 73

Juliane Wessels

Inhalt und Grenzen der Steuerung des Landes bei der Wahrnehmung von Pflichtaufgaben zur Erfüllung nach Weisung

Eine Untersuchung der Steuerungspraxis am Beispiel Nordrhein-Westfalen

Verlag W. Kohlhammer
Deutscher Gemeindeverlag

Die Rechtswissenschaftliche Fakultät der Westfälischen Wilhelms-Universität Münster hat diese Arbeit als Dissertation angenommen.

D6

2016
Deutscher Gemeindeverlag GmbH
Verlagsort: 70565 Stuttgart
Gesamtherstellung Deutscher Gemeindeverlag GmbH/Verlag W. Kohlhammer GmbH, Stuttgart

ISBN 978-3-555-01889-8

Vorwort

Die Rechtsnatur der Pflichtaufgaben zur Erfüllung nach Weisung in Nordrhein-Westfalen und die hiermit verbundenen Rechtsfragen beschäftigen die Wissenschaft und Rechtsprechung seit jeher. Bislang kaum erforscht ist hingegen die Vollzugs- und Steuerungspraxis des Landes bei der Wahrnehmung von Pflichtaufgaben zur Erfüllung nach Weisung durch die Kommunen.

Die vorliegende Arbeit widmet sich im Schwerpunkt dieser Thematik. Anhand der Beispiele der Lebensmittelüberwachung und der Veterinärverwaltung sowie der Heimaufsicht wird beispielhaft die Steuerungspraxis des Landes Nordrhein-Westfalen empirisch untersucht. Die Ergebnisse basieren auf einem intensiven Austausch mit Praktikern der Kommunal-, Landes- und Bundesebene sowie einer umfangreichen Dokumentenanalyse.

Neben der Steuerungspraxis beleuchtet die Arbeit die kommunale Aufgabenerfüllung und die Steuerungstätigkeit des Landes aus rechtlicher Sicht. Die Arbeit untersucht aufgabenübergreifend die Pflichtaufgaben zur Erfüllung nach Weisung in Nordrhein-Westfalen. Die Ergebnisse der empirischen Untersuchung dürften ein Licht auch auf die Steuerungspraxis in anderen Ländern werfen. In eingeschränktem Maße lassen sich auch die rechtlichen Aussagen auf Pflichtaufgaben zur Erfüllung nach Weisung in anderen Ländern übertragen.

Die Arbeit wurde im Wintersemester 2015/2016 von der Rechtswissenschaftlichen Fakultät der Westfälischen Wilhelms-Universität Münster als Dissertation angenommen.

Münster, im April 2016

Prof. Dr. Janbernd Oebbecke

Geschäftsführender Direktor
des Freiherr-vom-Stein-Instituts

Vorwort der Verfasserin

Die vorliegende Arbeit entstand während meiner Tätigkeit als wissenschaftliche Mitarbeiterin am Freiherr-vom-Stein-Institut an der Universität Münster. Literatur und Rechtsprechung wurden bis August 2015 ausgewertet.

Herzlich danke ich dem Geschäftsführenden Direktor des Instituts, Herrn Professor Dr. Janbernd Oebbecke, für die hervorragende Betreuung dieser Arbeit und seine wertvolle Unterstützung. Herrn Professor Dr. Gernot Sydow danke ich für die sehr zügige Erstellung des Zweitgutachtens.

Für die optimalen Forschungsbedingungen am Freiherr-vom-Stein-Institut danke ich dem Landkreistag Nordrhein-Westfalen und dessen Hauptgeschäftsführer, Herrn Dr. Martin Klein, sowie dem Sparkassenverband Westfalen-Lippe und dessen Präsidenten, Herrn Dr. Rolf Gerlach. Des Weiteren bedanke ich mich bei den zahlreichen Praktikern, die als Interviewpartner einen wichtigen Beitrag zu meiner Arbeit geleistet haben.

Ein großes Dankeschön gilt Frau Hiltrud Martellock für Ihre kontinuierliche Unterstützung während meiner Zeit am Institut. Für ihre sehr wichtige Unterstützung danke ich zudem meinen Geschwistern, Nikola und Frederik Wessels, ebenso wie Frau Dr. Caroline Bronnert-Härle, LL.M., Herrn Karl-Josef Bronnert-Härle, Herrn Markus Kemper, Frau Dr. Jana Schott und Herrn Philipp Schott. Für die gute Zusammenarbeit am Institut gilt mein Dank der ehemaligen Leiterin des Instituts, Frau Dr. Maria Pottmeyer, LL.M., sowie meinen ehemaligen Kolleginnen und Kollegen, Herrn Dr. Martin Schröder, Frau Dr. Cornelia Jäger, Frau Dr. Jasmin Hölscher, LL.M., Herrn Benedikt Huhn und Herrn Matthias Brune. Ein weiteres Dankeschön gilt den wissenschaftlichen Mitarbeiterinnen und Mitarbeitern sowie den studentischen Hilfskräften des Kommunalwissenschaftlichen Instituts. Ein besonderer Dank gilt hier Herrn Dr. André Weßling für seine technische Unterstützung.

Ganz besonders aber danke ich meinen Eltern. Ihre uneingeschränkte Unterstützung und Förderung in allen Phasen meines Lebens ist für mich von ganz besonderer Bedeutung. Ihnen widme ich diese Arbeit.

Münster, im April 2016

Juliane Wessels

Inhaltsübersicht

Inhaltsverzeichnis

Abkürzungsverzeichnis

Die in der Arbeit verwendeten Abkürzungen richten sich, sofern sie nicht allgemeingebräuchlich oder im Text definiert sind, nach *Kirchner*, Hildebert, Abkürzungsverzeichnis der Rechtsprache, 8. Auflage, Berlin 2015.

§ 1 Einleitung

A. Gegenstand und Ziele der Untersuchung

Eine Vielzahl der öffentlichen Aufgaben wird in der Bundesrepublik Deutschland durch die Kommunen wahrgenommen. Bei der Durchführung ihrer Aufgaben unterliegen die Kommunen der Aufsicht der Länder.[1] Der Begriff der *Aufsicht*[2] ist allerdings ein sehr vielschichtiger Begriff. Er wird in der Rechtssprache für viele verschiedene Erscheinungsformen, nicht nur für die Aufsicht über Kommunen verwandt.[3] So gibt es z. B. auch die Wirtschafts-, die Hochschul-, die Stiftungs-oder die Bankenaufsicht.[4] Eine weitere Aufsichtsform ist die Aufsicht der übergeordneten über die ihnen nachgeordneten Landesbehörden, die *Fachaufsicht*, die sich in Nordrhein-Westfalen nach §§ 11, 13 LOG NRW richtet.[5] Die Aufsicht über die Kommunen unterscheidet sich hiervon inhaltlich, da sie sich auf eigenständige Verwaltungsträger bezieht – die mit dem Selbstverwaltungsrecht nach Art. 28 Abs. 2 GG ausgestatteten Kommunen. Nur diese Form der Aufsicht ist Gegenstand dieser Arbeit.

Auch die Aufsicht über die Kommunen selbst tritt in unterschiedlicher Ausgestaltung auf. Denn die Kommunen nehmen verschiedene Typen von Aufgaben wahr, die wiederum unterschiedlichen Aufsichtsregelungen unterliegen. Gegenstand dieser Untersuchung ist allein das Aufsichtsverhältnis zwischen Land und Kommunen in Bezug auf die Wahrnehmung von Pflichtaufgaben zur Erfüllung nach Weisung. Bei diesen Aufgaben verfügt das Land über ein Weisungsrecht, das in Konflikt mit dem Selbstverwaltungsrecht der Kommunen aus Art. 28 Abs. 2 GG tritt. Hierdurch besteht ein Spannungsverhältnis zwischen der eigenverantwortlichen Aufgabenwahrnehmung durch die Kommunen auf der einen und der Einwirkungsmöglichkeiten des Landes auf der anderen Seite. In Bezug auf dieses Aufsichtsverhältnis wird in dieser Arbeit konkret untersucht, welcher Steuerungsinstrumente sich das Land in der Praxis bedient, um auf die Aufgabenwahrnehmung durch die Kommunen einzuwirken, und welche Faktoren das Steuerungsverhalten des Landes beeinflus-

---

1 Statt vieler *Geis*, Kommunalrecht, Rn. 1 f.; *Wegrich*, Steuerung, S. 41.

2 Näher zum Aufsichtsbegriff s. auch unten § 3 A. II. 1.

3 Vgl. etwa *Kahl*, Staatsaufsicht, S. 365.

4 Siehe die umfangreiche Aufzählung bei *Kahl*, Staatsaufsicht, S. 364 f.

5 Hierzu *Stähler*, LOG NRW, § 11 Erl. 1 f., § 13 Erl. 1 ff.

sen. Zudem werden der Umfang und die Grenzen der Steuerungsmöglichkeiten untersucht.

Begrenzt wird der Untersuchungsgegenstand der Arbeit auf die Pflichtaufgaben zur Erfüllung nach Weisung in Nordrhein-Westfalen. Die Verwaltungspraxis und Rechtslage in anderen Ländern, in denen es ebenfalls Pflichtaufgaben zur Erfüllung nach Weisung gibt, werden nur am Rande in die Untersuchung einbezogen.[6] Untersucht wird zudem nur die Steuerung des Landes in Bezug auf Pflichtaufgaben zur Erfüllung nach Weisung, die von den Gemeinden und Kreisen wahrgenommen werden. Pflichtaufgaben zur Erfüllung nach Weisung, die von anderen Körperschaften, wie etwa den Landschaftsverbänden[7] oder Kammern[8], wahrgenommen werden, sind nicht Gegenstand der Arbeit.

Die Bedeutung der Thematik dieser Untersuchung zeigt sich schon anhand der erheblichen Anzahl an Aufgaben, die in Nordrhein-Westfalen als Pflichtaufgaben zur Erfüllung nach Weisung wahrgenommen werden.[9] Insbesondere im Bereich der Gefahrenabwehr,[10] aber auch in anderen Gebieten wie etwa der Sozialverwaltung[11], macht dieser Aufgabentyp einen erheblichen Teil der kommunalen Aufgaben aus.[12] Das Thema der Pflichtaufgaben zur Erfüllung nach Weisung ist zudem hochaktuell. Die nordrhein-westfälische CDU und FDP wollten zwar laut ihrer Koalitionsvereinbarung aus dem Jahr 2005 prüfen, „ob die Pflichtaufgaben zur Erfüllung nach Weisung grundsätzlich in kommunale Aufgaben ohne Fachaufsicht umgewandelt werden können“[13]. In den letzten Jahren sind aber vielmehr Aufgaben, die vorher reine Pflichtaufgaben waren, in Pflichtaufgaben zur Erfüllung nach Weisung umgewandelt oder neu geschaffen worden. Die Heimaufsicht etwa ist im November 2008 von einer pflichtigen Selbstverwaltungsaufgabe in eine Pflichtaufgabe zur

6 Behandelt werden zudem nur die anderen Flächenländer, nicht aber die Stadtstaaten.

7 Z. B. nach § 1 Abs. 3 S. 1 LBtG NRW; § 4 Abs. 2 S. 1 VersAEinglG NRW.

8 Etwa nach § 9 HeilBerG NRW.

9 Siehe die Übersicht der Landesregierung über die den Kommunen *übertragenen Aufgaben* in: *Landtag NRW*, Antwort der LReg v. 20.2.2014 auf die Kleine Anfrage 1865, Drucks. 16/5108, Anlage.

10 So z. B. § 3 Abs. 1 OBG NRW; § 60 Abs. 2 S. 1 BauO NRW; § 4 FSHG NRW.

11 So etwa § 2 Abs. 2 S. 1 VersAEinglG NRW.

12 Vgl. zudem die Übersicht der Landesregierung über die den Kommunen *übertragenen Aufgaben* in: *Landtag NRW*, Antwort der LReg v. 20.2.2014 auf die Kleine Anfrage 1865, Drucks. 16/5108, Anlage.

13 Koalitionsvereinbarung von CDU und FDP v. 20.6.2005, S. 10, abrufbar unter: http://www.migration-online.de/data/koalitionsvereinbarung_cdu_fdp_in_nrw_entwurf.pdf (zuletzt abgerufen am 29.8.2015).

Erfüllung nach Weisung umgewandelt worden.[14] Ein aktuelles Beispiel für die Schaffung einer neuen Pflichtaufgabe zur Erfüllung nach Weisung ist die Zulassung von Zentren zur Durchführung der Präimplantationsdiagnostik, die seit Januar 2015 von der Ärztekammer Westfalen-Lippe wahrgenommen wird, § 2 Abs. 1 S. 2 PIDG NRW[15]. Die Pflichtaufgaben zur Erfüllung nach Weisung sind demnach kein „Auslaufmodell", sondern aktueller und wichtiger Bestandteil im System der kommunalen Aufgaben in Nordrhein-Westfalen.

Ausgehend von diesem Untersuchungsgegenstand ist Ziel der Arbeit, die Steuerung der kommunalen Aufgabenwahrnehmung durch das Land bei den Pflichtaufgaben zur Erfüllung nach Weisung zu erforschen. Die Arbeit soll schwerpunktmäßig Erkenntnisse über die Steuerungs*praxis* des Landes im Bereich der Pflichtaufgaben zur Erfüllung nach Weisung liefern. Es soll aufgezeigt werden, welche Arten von Steuerungsinstrumenten das Land in welchem Umfang und mit welchem Inhalt in der Praxis einsetzt und welche Einflüsse – z. B. von Seiten des Bundes oder der Europäischen Union – auf das Steuerungsverhalten des Landes einwirken. Zudem soll in Erfahrung gebracht werden, wo in der Praxis Konflikte, auch und insbesondere in rechtlicher Hinsicht, zwischen den beteiligten Ebenen und Akteuren auftreten. Als weiteres Ziel der Arbeit soll aufbauend auf den Befunden aus der Steuerungspraxis der rechtliche Rahmen der Steuerungsmöglichkeiten des Landes näher bestimmt werden.

Die Arbeit untersucht die Thematik der Steuerung des Landes bei Pflichtaufgaben zur Erfüllung nach Weisung mithin nicht nur in rein rechtswissenschaftlicher Weise, sondern beleuchtet sie auch aus verwaltungswissenschaftlicher Perspektive[16]. Es soll dabei der „*grundlegende*[n] *Fragestellung* der Verwaltungswissenschaft"[17] nachgegangen werden: „*Wer steuert wen, wozu, wie, womit und nach welchen normativen Maßstäben?*"[18].

[14] Siehe hierzu § 5 A. III. 1.

[15] *Gesetz über die Zulassung von Zentren und über die Einrichtung der Ethikkommission für Präimplantationsdiagnostik in Nordrhein-Westfalen (Präimplantationsdiagnostikgesetz Nordrhein-Westfalen – PIDG NRW)* v. 4. Juli 2014 (GV. NRW. 2014, S. 381) – *PIDG NRW* –.

[16] Allgemein zur Verwaltungswissenschaft statt vieler *Bohne*, Verw 47 (2014), 159 ff.; *Franz*, Verwaltungswissenschaft, S. 12 ff.

[17] *Bohne*, Verw 47 (2014), 159 (171) – Hervorhebung im Original.

[18] *Bohne*, Verw 47 (2014), 159 (171) – Hervorhebung im Original.

B. Gang der Untersuchung

I. Aufbau der Untersuchung

Die Untersuchung gliedert sich in vier Teile. Im ersten Teil der Arbeit werden zunächst die Grundlagen der Pflichtaufgaben zur Erfüllung nach Weisung sowie der Steuerung dargelegt (1. Teil).

Der zweite Teil der Arbeit (2. Teil) widmet sich der Steuerungspraxis des Landes. Untersucht werden drei exemplarisch ausgewählte Aufgabenbereiche – die Lebensmittelüberwachung und die Veterinärverwaltung (§ 4) sowie die Heimaufsicht (§ 5).

Im dritten Teil der Arbeit wird aufgabenübergreifend untersucht, in welchem Umfang und in welchen Grenzen das Land mit den gesetzlichen Aufsichtsinstrumenten sowie sonstigen Steuerungsmechanismen die Aufgabenwahrnehmung durch die Kommunen in rechtlich zulässiger Weise steuern kann (3. Teil).

Schließlich werden im letzten Teil der Arbeit (4. Teil) die Befunde und Erkenntnisse in Leitsätzen zusammengefasst (§ 8) und einer abschließenden Betrachtung unterzogen (§ 9).

II. Methodische Vorgehensweise bei der Untersuchung der Steuerungspraxis

Angesichts der Vielzahl der Pflichtaufgaben zur Erfüllung nach Weisung musste für die Erforschung der Steuerungspraxis im zweiten Teil der Arbeit zunächst eine Auswahl der zu untersuchenden Aufgaben getroffen werden. Wie im Einzelnen im zweiten Teil der Arbeit noch ausgeführt wird,[19] handelt es sich bei allen drei Referenzgebieten um Themenbereiche, die angesichts von Lebensmittelskandalen, Tierseuchen oder demographischem Wandel hochaktuell und in der Öffentlichkeit sehr präsent sind. Die Lebensmittelüberwachung und die Veterinärverwaltung weisen zahlreiche Berührungspunkte – bspw. im Hinblick auf die zuständigen kommunalen sowie aufsichtsführenden Behörden, die Bundesbehörden, einige Rechtsvorschriften, die

[19] Siehe unten § 4, § 5.

unionsrechtlichen Einflüsse etc. – auf[20] und werden daher zusammen dargestellt. Diese beiden Aufgabenbereiche unterscheiden sich in struktureller Hinsicht erheblich von der Heimaufsicht, etwa im Hinblick auf die zuständigen Aufsichtsbehörden, die Gesetzgebungskompetenz, die Einflüsse von Bund und EU etc. Aufgrund dieser unterschiedlichen Ausgestaltungen der Aufgaben eignet sich die Untersuchung der gewählten Aufgabenbereiche, um die Vielfalt der Pflichtaufgaben zur Erfüllung nach Weisung und die sie beeinflussenden Faktoren aufzuzeigen.

Die Steuerungspraxis im Bereich der ausgewählten Aufgabenbereiche wurde auf empirische Weise untersucht. Schwerpunktmäßig wurden qualitative Angaben erhoben.

Nach der Einarbeitung in die Thematik wurden zunächst teilstandardisierte leitfadengestützte Interviews mit Praktikern[21] auf Kommunal-, Landes- und Bundesebene geführt, die handschriftlich protokolliert wurden. Für die Interviews wurden vorab – auf Grundlage der Erkenntnisse aus der Einarbeitungsphase – Leitfäden erstellt, die den Gesprächen als Richtschnur zugrunde gelegt und anhand derer die Befragungen durchgeführt wurden. Die Leitfäden enthielten im Vorhinein festgelegte Fragen, die den Interviewpartnern gestellt wurden. Dabei wurde nicht stets die im Leitfaden bestimmte Reihenfolge eingehalten. So konnte der Verlauf der Interviews während der Durchführung flexibel gehandhabt werden. Die Fragen im Leitfaden wurden offen formuliert und es wurden keine Antwortmöglichkeiten vorgegeben. Durch diese Form der Interviewführung konnten die befragten Praktiker offen auf die Fragen antworten und das Gespräch zusätzlich auf neue Gesichtspunkte lenken und erweitern. Zudem war es so möglich, auf etwaige Besonderheiten der jeweiligen Behörden einzugehen. Durch die Teilstandardisierung der Interviews wurde aber zugleich eine Vergleichbarkeit und Einschätzung der Validität der Erhebungen gewährleistet.

In den Interviews wurden sowohl Vertreter der obersten Aufsichtsbehörden, der mittleren Aufsichtsbehörden als auch der Kommunalbehörden befragt. Die Interviewgespräche wurden mit Behördenvertretern unterschiedlicher Positionen innerhalb der Behörden geführt. Auf der kommunalen Ebene fan-

---

[20] Siehe unten § 4 A, B. I.

[21] Im Rahmen dieser Arbeit werden wegen der besseren Lesbarkeit Personenbezeichnungen lediglich in der männlichen Form verwendet; das weibliche Geschlecht ist hiervon miterfasst.

den Gespräche mit Vertretern verschiedener Kreis- und Stadtverwaltungen statt. Da aus Zeitgründen nicht in allen zuständigen Kommunen Interviews durchgeführt werden konnten, mussten einzelne Kommunen ausgewählt werden. Zum Teil erfolgte die Auswahl zufällig, zum Teil aufgrund von Empfehlungen und teilweise aufgrund von Beiträgen in kommunalen Zeitschriften. Es wurde darauf geachtet, für alle untersuchten Aufgabenbereiche sowohl mit Vertretern von Kreisen als auch kreisfreien Städten zu sprechen und es wurden alle Regierungsbezirke abgedeckt. Des Weiteren wurden Gespräche mit Vertretern der kommunalen Spitzenverbände in Nordrhein-Westfalen und – wie zuvor erwähnt – einiger Bundesbehörden durchgeführt. Die Ergebnisse der Interviews werden in der Arbeit ohne Hinweis auf den konkreten Gesprächspartner dargestellt, um die Anonymität der Interviewpartner zu gewährleisten.

Insgesamt wurden Interviews mit 40 Praktikern durchgeführt. 22 der Interviews fanden mit Vertretern von Kommunalbehörden bzw. Kommunalverbänden statt, elf davon im Bereich der Lebensmittelüberwachung und Veterinärverwaltung und elf im Bereich der Heimaufsicht. Mit 13 Praktikern wurden Interviews auf Landesebene geführt. Hiervon wurden fünf Vertreter im Bereich der Lebensmittelüberwachung und Veterinärverwaltung befragt und sechs im Bereich der Heimaufsicht. Unabhängig von einer konkreten Pflichtaufgabe zur Erfüllung nach Weisung fanden auf Landesebene zwei weitere Interviews mit einem Vertreter der Ministerial- sowie einem Vertreter der Bezirksregierungsebene statt. Bei diesen Gesprächen ging es allgemein um die Wahrnehmung von Pflichtaufgaben zur Erfüllung nach Weisung – also ohne Bezug zu einem bestimmten Fachbereich. Für den Bereich der Lebensmittelüberwachung und der Veterinäraufsicht wurden – obowhl die Durchführung der Lebensmittelüberwachung und des Veterinärwesens Ländersache ist – zusätzlich mit fünf Vertretern verschiedener Bundesbehörden Interviews geführt. Diese Gespräche wurden aus dem Grund geführt, dass der Bund aufgrund seiner Gesamtverantwortung für die einheitliche und ordnungsgemäße Ausführung der unions- und bundesrechtlichen Regelungen in den Vollzug der Lebensmittelüberwachung und des Veterinärwesens eingebunden ist und somit neben Land und Kommunen eine Rolle im Vollzug spielt.[22] Um ein möglichst umfassendes Bild der Vollzugs- und Steuerungspraxis in diesen Bereichen zu erlangen, war es daher notwendig, auch Interviews mit Praktikern auf Bundesebene durchzuführen.

---

[22] Siehe hierzu ausführlich § 4 A. I. 2. b. dd., II. 2. b, B. II. 4., 5., 6.

Die Interviews wurden in der Regel in Form von persönlichen Einzelinterviews durchgeführt. Einige Interviews fanden auch mit mehreren Gesprächspartnern statt. Ganz vereinzelt wurden die Fragen des Leitfadens – auf Wunsch der Interviewpartner – schriftlich beantwortet.

Ein wesentlicher Gegenstand der Interviews auf Kommunalebene war die Art und Weise, wie das Land die Aufgabenwahrnehmung durch die Kommunen steuert. Dementsprechend enthielt der Leitfaden die Frage, welche der gesetzlichen Aufsichtsmittel das Land in der Praxis einsetzt, um die Aufgabenwahrnehmung der Kommunen zu steuern und welche informalen Instrumente neben den gesetzlichen Aufsichtsmitteln eingesetzt werden. In diesem Zusammenhang wurde auch nach der Häufigkeit des Einsatzes der jeweiligen Aufsichtsmittel gefragt, wie es zum Einsatz der Aufsichtsmittel kam und auf welchem Wege, diese erlassen wurden. Hierdurch sollte bspw. in Erfahrung gebracht werden, ob bzw. inwieweit die kommunalen Behörden üblicherweise vor dem Erlass der Aufsichtsmittel angehört bzw. anderweitig eingebunden werden. Daneben wurde nach dem Anlass für den Einsatz der Aufsichtsmittel gefragt. Eine weitere Frage war, ob bzw. wie häufig die kommunalen Behörden eigene Anfragen an die Aufsichtsbehörden bezüglich der Durchführung der Pflichtaufgabe zur Erfüllung nach Weisung stellen und welchen Inhalt diese Anfragen haben. In diesem Zusammenhang wurden die kommunalen Vertreter auch gefragt, ob sie die Aufsichtsbehörden in bestimmten Fällen ausdrücklich bitten, eine Aufsichtsmaßnahme – insbesondere eine Weisung – zu erlassen und wenn ja, in welchen Situationen dies der Fall ist. Eine weitere Frage im Leitfaden war, an welche Aufsichtsbehörde die Kommunen solche Anfragen üblicherweise richten. Hierdurch sollte herausgefunden werden, inwieweit die kommunalen Behörden den Dienstweg einhalten. Gleichermaßen wurde gefragt, ob die Aufsichtsbehörden den Dienstweg beachten. Daneben wurde beleuchtet, auf welchem Wege die Kommunikation zwischen den Kommunen und den Aufsichtsbehörden stattfindet (z. B. schriftlich, elektronisch, persönlich). Weiterer Gegenstand det Leitfadeninterviews war, ob und inwieweit die Kommunen untereinander zusammenarbeiten und sich austauschen. Zudem sollten die kommunalen Vertreter aus ihrer Sicht den Aufsichtsstil des Landes beschreiben und darlegen welche jeweilige Rolle die obere und mittlere Aufsichtsbehörde bei der Aufsichtsausübung einnehmen. Ebenfalls war Thema der Interviews, welche Rolle die kommunalen Spitzenverbände nach Einschätzung der Kommunalbehörden in Bezug auf die Wahrnehmung der Pflichtaufgaben zur Erfüllung nach Weisung und die Aufsichtsausübung einnehmen. Zudem wurden die kommunalen Vertreter um ihre Einschätzung gebeten, ob das Land eine einheitliche Durchführung der Vorschriften in Nordrhein-Westfalen sicherstellt. Daneben wurde gefragt, ob das Land den kommunalen Behörden aus ihrer Sicht ausreichend Handlungsspielräume für eigene Entscheidungen lässt und sie angemessen in die Entscheidungsfindung des Landes einbezieht. Ferner war Thema des Leitfadens, ob die Kommunen bei der Aufsichtsausübung durch das Land Veränderungsbedarf sehen und wenn ja, in welcher Form. Zudem wurde allgemein nach Schwierigkeiten im Zusammenhang mit der Aufsichtsausübung in der Praxis gefragt und ob Defizite bei der Aufsichtsausübung gesehen werden. Neben diesen allgemeinen Fragen wurden die Leitfäden für einige kommunale Behörden im Vorfeld auf weitere, spezielle Themen erstreckt, wenn entsprechende Themen vorher bekannt waren.

Die Interviewleitfäden für die kommunalen Spitzenverbänden enthielten im Wesentlichen ähnliche Fragen wie bei den Kommunen, die hier aus dem Blickwinkel der Verbände beantwortet werden sollten. Insbesondere wurde nach der konkreten Rolle der Spitzenverbände in Bezug auf die Vollzugs- und Steuerungspraxis der Pflichtaufgaben zur Erfüllung nach Weisung gefragt.

Die Leitfäden für die Interviews mit den Aufsichtsbehörden auf Landesebene hatten ebenfalls ähnliche Fragen zum Gegenstand wie die Interviews auf Kommunalebene – nun aus der Perspektive der Aufsichtsbehörden. Zusätzlich wurde etwa die Zusammenarbeit und die Abstimmung zwischen den Aufsichtsbehörden beleuchtet. Weiterhin wurde z. B. gefragt, ob bzw. inwieweit ein Austausch mit anderen Ländern und dem Bund stattfindet und welche sonstigen Einflüsse, insbesondere seitens der EU, der Medien oder der Öffentlichkeit auf die Aufsichtsausübung einwirken. Weiteres Thema war, ob und inwieweit das Land im Rahmen seiner Aufsichtsausübung Unterstützung, bspw. durch externe Beratung in Anspruch nimmt.

Bei den Interviews mit den beiden sonstigen Vertretern auf Landesebene ging es – ohne Bezug zu einem konkreten Fachbereich – allgemein um die Vollzugs- und Steuerungspraxis im Rahmen der Wahrnehmung von Pflichtaufgaben zur Erfüllung nach Weisung.

Im Rahmen der Interviews auf Bundesebene ging es vor allem darum, Informationen zu erhalten, welche Rolle die Bundesbehörden in der Vollzugs- und Steuerungspraxis der Lebensmittelüberwachung und des Veterinärwesens spielen. Der Interviewleitfaden enthielt dementsprechend Fragen dazu, inwieweit und durch welche Instrumente die Bundesbehörden die Aufsichtsausübung des Landes – unmittelbar oder mittelbar – beeinflussen und ob bzw. inwieweit sie hierdurch Einfluss auf die kommunale Aufgabenwahrnehmung ausüben.

Die Interviews wurden über einen Zeitraum von mehreren Monaten geführt. Im Anschluss an die Leitfadeninterviews und parallel zur Durchführung weiterer Interviews wurde eine intensive Dokumentenanalyse vorgenommen. Diese diente dazu, die Erkenntnisse aus den Interviews durch schriftliche und nach Möglichkeit auch öffentlich zugängliche Dokumente zu belegen sowie die angesprochenen Themen zu vertiefen und zusätzliche Erkenntnisse zu liefern.

Im Rahmen dieser Dokumentenanalyse wurde eine Vielzahl an Dokumenten unterschiedlicher Art recherchiert und ausgewertet. Zu diesen Dokumenten gehören zum einen solche, die von den Interviewpartnern zur Verfügung gestellt wurden und zum anderen Dokumente aus dem Internet sowie der Literatur. Bei den Dokumenten der Interviewpartner handelt es sich vor allem um Erlasse der Aufsichtsbehörden (z. B. allgemeine oder besondere Weisungen), Merkblätter, Anhörungsschreiben, sonstiger Schriftverkehr zwischen den Aufsichts- und den Kommunalbehörden etc. Zu den Internetquellen zählen ebenfalls Erlasse der Aufsichtsbehörden, die zum Teil von den Aufsichtsbehörden selbst, zum Teil von anderen Stellen veröffentlicht worden sind ebenso wie Pressemitteilungen, Merkblätter, Jahresberichte der befragten Behörden sowie anderer Organisationen (wie etwa des Bundesfinanzhofes), Tätigkeitsberichte, Zeitungsartikel, parlamentarische Dokumente, Auszüge von Internetseiten und Homepages der Behörden etc.

Neben der Auswertung der Dokumente fanden im Nachgang zu den leitfadengestützten Interviews Telefongespräche bzw. E-Mail-Kontakt mit einigen der Interviewpartner oder anderen Praktikern statt. Im Rahmen dieser Gespräche ging es um die Klärung von Nachfragen, die Vertiefung erhaltener Informationen oder um die Erfragung zusätzlicher Informationen und Dokumente.

Die Interviews einschließlich der weiteren Gespräche und die ausgewerteten Dokumente haben schätzungsweise je zur Hälfte Anteil an den Ergebnissen dieser Untersuchung. Im Hinblick auf die reine Anzahl wurden zwar deutlich mehr Dokumente ausgewertet als Interviews geführt. Die Interviews gaben aber vielfach überhaupt erst den notwendigen Einblick in die Vollzugs- und Steuerungspraxis, der durch eine reine Dokumentenanalyse nicht zu erlangen gewesen wäre. So gingen aus den Interviews vielfach Erkenntnisse dazu hervor, welche Themen für die Untersuchung überhaupt von Bedeutung sind. Vor allem haben die Interviewpartner Aufschluss über die informalen Steuerungsinstrumente, die Kommunikationswege etc. gegeben. Darauf aufbauend konnten dann im Internet, in der Literatur, der Rechtsprechung etc. weitergehende Informationen recherchiert werden. Ferner wurden im Rahmen der Interviews viele Dokumente, wie etwa Schriftverkehr zwischen den Behörden, zur Verfügung gestellt, die auf anderem Wege nicht zu erlangen gewesen wären. Außerdem haben die Interviews einen intensiven Einblick in die subjektive Wahrnehmung der Praktiker, also die Sicht der konkret Beteiligten, ermöglicht, der über die Dokumente – wenn überhaupt – nur in sehr eingeschränktem Maße gewonnen werden konnte. Die Interviews waren mithin grundlegende Voraussetzung für die anschließende Dokumentenanalyse. Letztere hat dann vor allem dazu beigetragen, die Informationen aus den Interviews zu überprüfen, zu belegen sowie zu vertiefen und zu ergänzen. Sowohl den Interviews mitsamt den anschließenden Telefongesprächen als auch der Dokumentenanalyse kommt daher ein bedeutender Anteil an den Ergebnissen der Untersuchung zu. Letztlich haben somit beide Erhebungsmethoden einen ähnlich gewichtigen Beitrag zu den Ergebnissen der Arbeit geliefert.

1. Teil: Grundlagen

Im ersten Teil der Arbeit werden zunächst die Grundlagen der Pflichtaufgaben zur Erfüllung nach Weisung dargestellt (§ 2). Zudem wird der Themenkomplex der Steuerung in Grundzügen erörtert (§ 3).

§ 2 Pflichtaufgaben zur Erfüllung nach Weisung

Bei den Pflichtaufgaben zur Erfüllung nach Weisung handelt es sich um eine Besonderheit von Nordrhein-Westfalen. Pflichtaufgaben zur Erfüllung nach Weisung bzw. Aufgaben mit einer ähnlichen Bezeichnung gibt es zwar noch in einigen anderen Ländern.[23] Die genaue Ausgestaltung unterscheidet sich allerdings in diversen Punkten. Insbesondere unterliegt das Weisungs- und Aufsichtsrecht in Nordrhein-Westfalen in besonderem Maße Beschränkungen. So ergibt sich schon aus der Landesverfassung, dass das Weisungsrecht in Nordrhein-Westfalen grundsätzlich beschränkt werden muss.[24] Dies spiegelt sich in den verschiedenen Fachgesetzen des Landes wider, die in aller Regel beschränkte Weisungsrechte des Landes vorsehen.[25]

In diesem Abschnitt der Arbeit wird zunächst die Entwicklung der Pflichtaufgaben zur Erfüllung nach Weisung in den Ländern der Bundesrepublik Deutschland dargelegt (A.). In einem nächsten Schritt wird die rechtliche Ausgestaltung der Pflichtaufgaben zur Erfüllung nach Weisung in Nordrhein-Westfalen erläutert (B.).

---

23 So etwa in *Baden-Württemberg*, Art. 75 Abs. 2 LV BW, §§ 2 Abs. 3 GemO BW, 2 Abs. 4 LKrO BW, *Brandenburg*, Art. 97 Abs. 3 S. 1 BbgVerf, § 2 Abs. 3 S. 1, 2. Alt. BbgKVerf, oder *Sachsen*, Art. 85 Abs. 3 SächsVerf, §§ 2 Abs. 3 S. 1 SächsGemO, 2 Abs. 3 S. 1 SächsLKrO.

24 Hierzu *Kirchhof*, VR 1977, 369 (371); *v. Lennep*, in: Rehn u. a. (Hrsg.), GO NRW Bd. I, § 3 Erl. III; *Vietmeier*, DVBl 1992, 413 (419 f.); s. zudem *Hüttenbrink*, in: Lenz (Hrsg.), FS Gelzer, S. 215 (217 f.); *Wansleben*, in: Kirchhof u. a. (Hrsg.), KrO NRW, § 2 Erl. 8.3.

25 So z. B. § 9 Abs. 2 OBG NRW, § 43 Abs. 6 WTG NRW; s. hierzu auch *Wachter*, SKV 1976, 299 (303); s. demgegenüber in anderen Ländern etwa § 1 Abs. 7 S. 2 GastVO BW; § 6 Abs. 1 S. 2 LAG HES; § 3 Abs. 4 S. 3 ImSchZuVO BW; § 4 SächsGDG; § 23 Abs. 3 S. 2 SächsKomSozVG; § 18 Abs. 1 i. V. m. § 16 Abs. 1 LVwG SH; ähnliche Beschränkungen wie die Fachgesetze in Nordrhein-Westfalen gibt es in Brandenburg, so etwa § 121 Abs. 2 S. 2 Ziff. 2, 3 BbgKVerf oder § 9 Abs. 2 BbgOBG.

A. Die Entwicklung der kommunalen Aufgabenmodelle und insbesondere der Pflichtaufgaben zur Erfüllung nach Weisung

Zur Bestimmung der Pflichtaufgaben zur Erfüllung nach Weisung ist zunächst zu klären, welche verschiedenen kommunalen Aufgaben es gibt. In den einzelnen Ländern haben sich in der Vergangenheit unterschiedliche kommunale Aufgabenmodelle und Aufgabenarten herausgebildet. Grundlage hierfür ist Art. 70 Abs. 1 GG, wonach das Kommunalrecht – mangels anderweitiger Zuweisung an den Bund – in die Gesetzgebungszuständigkeit der Länder fällt und die Befugnis einschließt, das jeweilige kommunale Aufgabensystem grundsätzlich[26] frei zu bestimmen.[27]

Im Folgenden wird daher die allgemeine Entwicklung der kommunalen Aufgabenmodelle und Aufgabenarten in den Ländern und insbesondere der Pflichtaufgaben zur Erfüllung nach Weisung dargestellt.

I. Die Entwicklung der kommunalen Aufgaben in den Ländern

1. Entwicklung unterschiedlicher Aufgabenmodelle

Die Gesetzgebungszuständigkeit der Länder für das Kommunalrecht hat dazu geführt, dass sich in den Ländern unterschiedliche kommunale Aufgabenmodelle herausgebildet haben. Im Grundsatz haben sich zwei Aufgabensysteme entwickelt, der Aufgabendualismus und der Aufgabenmonismus.[28]

Die Unterscheidung zwischen den verschiedenen Aufgabenstrukturen ist keinesfalls nur begrifflicher Natur. Sie ist vielmehr von erheblicher praktischer Bedeutung.[29] Von ihr hängen insbesondere maßgeblich Inhalt und Grenzen

---

26 Einschränkungen können sich aus der Selbstverwaltungsgarantie des Art. 28 Abs. 2 S. 1 sowie aus Art. 28 Abs. 1 S. 2 GG ergeben – *Falk*, Kommunale Aufgaben, S. 129.

27 *Burgi*, in: Dietlein/Burgi/Hellermann (Hrsg.), Öffentliches Recht, § 2 Rn. 90; *Dehmel*, Übertragener Wirkungskreis, S. 76; *Falk*, Kommunale Aufgaben, S. 129; *Meis*, Verfassungsrechtliche Beziehungen, S. 40, 43; *Stober*, Kommunalrecht, § 3 II, III, § 4 IV 1.

28 Siehe *Burgi*, Kommunalrecht, § 8 Rn. 4.

29 *Schoch*, in: Henneke/Meyer (Hrsg.), FG Schlebusch, S. 11 (30).

der aufsichtlichen Einwirkungsmöglichkeiten des Landes auf die kommunale Aufgabenwahrnehmung ab.[30]

a. Dualistisches Aufgabenmodell

Das traditionelle dualistische Aufgabenmodell, das u. a. Eingang in die *Deutsche Gemeindeordnung* v. 30. Januar 1935[31] gefunden hat, geht zurück auf die naturrechtliche Anschauung von Staat und Gesellschaft des 19. Jahrhunderts.[32] Es basiert auf einer Zweiteilung des kommunalen Aufgabenbereichs in einen eigenen und einen übertragenen Wirkungskreis.[33] Während dem eigenen Wirkungskreis die eigenen Aufgaben der Kommunen, die sog. Selbstverwaltungsangelegenheiten angehören, besteht der übertragene Wirkungskreis aus Aufgaben, die den Kommunen vom Staat übertragen worden sind, sog. Auftragsangelegenheiten.[34]

Die Aufgaben des eigenen Wirkungskreises gliedern sich in freiwillige und pflichtige Selbstverwaltungsaufgaben.[35] Bei den freiwilligen Aufgaben entscheiden die Kommunen eigenständig sowohl über das „Ob" als auch das „Wie" der Aufgabenwahrnehmung. Im Unterschied dazu ist bei den pflichtigen Selbstverwaltungsaufgaben das „Ob" der Aufgabenerfüllung vorgeschrieben, sodass die Kommune nur die Art und Weise der Aufgabenausführung selbst bestimmen kann. Die Kommunen nehmen diese Aufgaben in eigener Verantwortung wahr und unterliegen keinem Weisungsrecht des Landes, sondern nur einer Rechtsaufsicht.

---

30 *Schoch*, in: Henneke/Meyer (Hrsg.), FG Schlebusch, S. 11 (30); *Stober*, Kommunalrecht, § 4 IV. 6.

31 Text abgedr. bei *Engeli/Haus*, Quellen zum Gemeindeverfassungsrecht, S. 676 ff.

32 Diese nahm einen Gegensatz zwischen Staat und Gesellschaft an und unterteilte strikt zwischen Staatsaufgaben und den Gemeinden zugehörigen Aufgaben der örtlichen Gemeinschaft; hierzu *Dehmel*, Übertragener Wirkungskreis, S. 16, 38 ff.; *Geis*, Kommunalrecht, § 3 Rn. 2; *Gern*, Kommunalrecht, Rn. 227 f.; *Kremer*, VerwArch 102 (2011), 242 (260); *Pagenkopf*, Kommunalrecht, § 17 I; *Schmidt-Eichstaedt*, in: Püttner (Hrsg.), HdKWP Bd. 3, § 48 B. I. 1; *Stober*, Kommunalrecht, § 4 IV 1.

33 *Geis*, Kommunalrecht, § 3 Rn. 2; *Falk*, Kommunale Aufgaben, S. 154; *Henkel*, Kommunalisierung, S. 69; *Pagenkopf*, Kommunalrecht, § 17 I; *Schmidt-Eichstaedt*, in: Püttner (Hrsg.), HdKWP Bd. 3, § 48 B. I. 1; *Stober*, Kommunalrecht, § 4 IV 1, 3.

34 *BVerwG*, Urt. v. 9.7.1964 – 8 C 29/63 –, in: BVerwGE 19, 121 (122 f.) = DVBl 1965, 86; *Dehmel*, Übertragener Wirkungskreis, S. 50; *Geis*, Kommunalrecht, § 3 Rn. 2; *Henkel*, Kommunalisierung, S. 69.

35 Hierzu und zu den folgenden Ausführungen *Geis*, Kommunalrecht, § 3 Rn. 2; *Falk*, Kommunale Aufgaben, S. 154; *Kremer*, VerwArch 102 (2011), 242 (260); *Waechter*, Kommunalrecht, Rn. 159 ff.

Die Auftragsangelegenheiten des übertragenen Wirkungskreises werden im dualistischen Aufgabenmodell als staatliche Aufgaben eingeordnet, die das Land den Kommunen lediglich zur Ausführung übertragen hat.[36] Die Aufgabensubstanz verbleibt beim Land, sodass Aufgabensubstanz und Aufgabenwahrnehmung auseinanderfallen.[37] Daher verfügt das Land bei den Aufgaben des übertragenen Wirkungskreises in der Regel über ein unbeschränktes Fachaufsichtsweisungsrecht.[38]

b. Monistisches Aufgabenmodell

Im Gegensatz zu der dualistischen Aufgabentrennung beruht das monistische Aufgabenmodell auf einem einheitlichen Aufgabenbereich der Kommunen, in dem sie alle Aufgaben eigenständig wahrnehmen.[39] Diese monistische Konzeption geht auf den *Gemeinsamen Entwurf einer Gemeindeordnung auf Grund der Beratung in Weinheim am 2. und 3.7.1948*[40] – sog. *Weinheimer Entwurf* – zurück, der von den Innenministern der meisten Länder und den Vertretern der kommunalen Spitzenverbände erarbeitet wurde und den Ländern als Muster für ihre Gemeindeordnungen dienen sollte.[41] Der Weinheimer

---

36 *BVerwG*, Urt. v. 9.7.1964 – 8 C 29/63 –, in: BVerwGE 19, 121 (123) = DVBl 1965, 86; *Brems*, Aufgabenverlagerung, S. 117 f.; *Stober*, Kommunalrecht, § 4 IV 1; *Waechter*, Kommunalrecht, Rn. 162.

37 *Brems*, Aufgabenverlagerung, S. 118; *Röhl*, in: Schoch (Hrsg.), Verwaltungsrecht, 1. Kap. Rn. 63.

38 *Falk*, Kommunale Aufgaben, S. 155; *Röhl*, in: Schoch (Hrsg.), Verwaltungsrecht, 1. Kap. Rn. 61, 63; s. auch *Waechter*, Kommunalrecht, Rn. 162; zudem *Gern*, Kommunalrecht, Rn. 824; eine Einschränkung des Fachaufsichtsrechts sieht aber bspw. Art. 109 Abs. 2 S. 2 BayGO vor.

39 *Bovenschulte*, Gemeindeverbände, S. 243 f.; *Dehmel*, Übertragener Wirkungskreis, S. 110 f.; *Erichsen*, Kommunalrecht, § 5 B; *Falk*, Kommunale Aufgaben, S. 158; *Gern*, Kommunalrecht, Rn. 229; *Schmidt-Eichstaedt*, in: Püttner (Hrsg.), HdKWP Bd. 3, § 48 B. II. 1; *Röhl*, in: Schoch (Hrsg.), Verwaltungsrecht, 1. Kap. Rn. 61; *Stober*, Kommunalrecht, § 4 IV 1; zur Vereinbarkeit des monistischen Modells mit dem Grundgesetz *Falk*, Kommunale Aufgaben, S. 165; *Gern*, Kommunalrecht, Rn. 231.

40 Entwurf abgedr. bei *Markull*, Gemeindeordnung, S. 163 ff.; ausführlich zur Entstehung des Entwurfs *Ziebill*, Geschichte des Städtetages, S. 104 ff.

41 *Brems*, Aufgabenverlagerung, S. 121; *Dehmel*, Übertragener Wirkungskreis, S. 84 f.; *Falk*, Kommunale Aufgaben, S. 158; *Gern*, Kommunalrecht, Rn. 228; *Kremer*, VerwArch 102 (2011), 242 (260); *Schmidt-Eichstaedt*, in: Püttner (Hrsg.), HdKWP Bd. 3, § 48 B. II. 1; s. aber *Oldiges*, in: Stern/Grupp (Hrsg.), Gedächtnisschrift Burmeister, S. 269 (273), dem zufolge der Weinheimer Entwurf „keineswegs so entschieden monistisch, wie allgemein angenommen“, ist; er beinhalte vielmehr einen „materiellen Aufgabendualismus“ und lasse damit weiterhin eine Differenzierung zwischen eigenem und übertragenem Wirkungskreis zu.

Entwurf sollte „im Interesse einer Stärkung der Selbstverwaltung“[42]den bis dahin geltenden Dualismus von Selbstverwaltungs- und Auftragsangelegenheiten durch ein monistisches Aufgabenverständnis mit einem einheitlichen gemeindlichen Wirkungskreis ersetzen.[43] Er beinhaltet den „Versuch, das überkommene Aufgabensystem der Gemeinde zu reformieren“[44] und eine Rechtsvereinheitlichung auf Kommunalebene[45] zu bewirken.

Das monistische Aufgabenverständnis ergibt sich zunächst aus § 2 Abs. 1 S. 1 des Weinheimer Entwurfs, der die Gemeinden in ihrem Gebiet als ausschließliche und eigenverantwortliche Träger der öffentlichen Verwaltung bestimmt, soweit gesetzlich nichts Abweichendes geregelt ist.[46] Zudem sieht der Weinheimer Entwurf eine Änderung der Aufgabenarten vor. Unter dem Weinheimer Entwurf gibt es, wie auch im aufgabendualistischen Modell, freiwillige und pflichtige Selbstverwaltungsaufgaben. Im Unterschied zum Aufgabendualismus sieht der Weinheimer Entwurf aber daneben eine neue Aufgabenart vor, nämlich die *Pflichtaufgaben zur Erfüllung nach Weisung* nach § 3 Abs. 2 des Entwurfs. Sie treten an die Stelle der vormaligen staatlichen Auftragsangelegenheiten, die es unter dem Weinheimer Entwurf nicht mehr gibt.[47]

Mit dieser Änderung ist nicht nur eine begriffliche, sondern auch eine inhaltliche Änderung verbunden, die die Einwirkungsmöglichkeiten des Landes betrifft.[48] Das Land verfügt nach dem Entwurf nicht mehr über ein allgemein unbeschränktes Weisungsrecht.

§ 110 Abs. 2 des Weinheimer Entwurfs bestimmt vielmehr:

---

42 *OVG Münster*, Urt. v. 18.6.2002 – 15 A 83/02 –, in: OVGE MüLü 49, 17 (19) = NVwZ 2003, 887.

43 *Deutscher Städtetag*, Entwurf einer Deutschen Gemeindeordnung, S. 59 f.; *Erichsen*, Kommunalrecht, § 2 C) 2. d) aa), § 5 B; *Falk*, Kommunale Aufgaben, S. 158; *Geis*, Kommunalrecht, § 3 Rn. 5; *Gönnenwein*, Gemeinderecht, S. 103 f.; *Lange*, DÖV 2007, 820 (823); *Schmidt-Eichstaedt*, in: Püttner (Hrsg.), HdKWP Bd. 3, § 48 B. II. 1.

44 *Dehmel*, Übertragener Wirkungskreis, S. 85.

45 *Dehmel*, Übertragener Wirkungskreis, S. 84; *Erichsen*, Kommunalrecht, § 2 C) 2. d) aa); *Deutscher Städtetag*, Entwurf einer Deutschen Gemeindeordnung, S. 59 f.

46 *Kremer*, VerwArch 102 (2011), 242 (260).

47 *Falk*, Kommunale Aufgaben, S. 162; *Gönnenwein*, Gemeinderecht, S. 105 f.; *Kremer*, VerwArch 102 (2011), 242 (260); *Ziebill*, Geschichte des Städtetages, S. 112 f.; s. auch *BVerwG*, Urt. v. 11.3.1970 – 4 C 59/67 –, in: DVBl 1970, 580 (581) = DÖV 1970, 605.

48 Siehe zum Folgenden *Brems*, Aufgabenverlagerung, S. 122; *Jock*, Fachaufsicht, S. 79; *Kahl*, Staatsaufsicht, S. 266 f.; *Schmidt-Eichstaedt*, in: Püttner (Hrsg.), HdKWP Bd. 3, § 48 B. II. 1.

„Die Aufsicht des Landes über die Angelegenheiten, die die Gemeinden nach Weisung erfüllen (§ 3 Abs. 2), richtet sich nach den hierüber erlassenen Gesetzen (Sonderaufsicht).“[49]

Dieser Regelung zufolge muss das Weisungsrecht des Landes zunächst gesondert gesetzlich festgelegt werden. Die Fachaufsicht wird somit durch eine gesetzlich näher zu bestimmende Sonderaufsicht ersetzt.[50]

2. Die Einrichtung verschiedener Aufgabenmodelle in den Ländern

Die kommunalen Aufgabenkonzeptionen in den einzelnen Ländern sind, wie bereits zuvor erwähnt, nicht einheitlich ausgestaltet. Der Versuch, mit dem Weinheimer Entwurf eine Rechtsvereinheitlichung auf Kommunalebene zu bewirken, hatte nur geringen Erfolg. Die Länder haben im Wesentlichen unterschiedliche Kommunalverfassungen mit unterschiedlichen kommunalen Aufgabenmodellen entwickelt. Den Landes- und Kommunalverfassungen der meisten Länder liegt nach wie vor das dualistische Aufgabenmodell zugrunde. Einige Länder haben ihre kommunalen Aufgabensysteme hingegen am Weinheimer Entwurf orientiert und das monistische Aufgabenverständnis übernommen. Zu beachten ist dabei, dass die wenigsten Länder das jeweilige Aufgabenmodell in „Reinform“[51] verwirklicht haben. Die Landes- und Kommunalverfassungen weisen daher nicht selten Elemente beider Aufgabenmodelle auf.

a. Aufgabendualismus

Die dualistische Aufgabenstruktur liegt im Grundsatz den Landes- und Kommunalverfassungen von Bayern,[52] Niedersachsen,[53] Rheinland-Pfalz,[54] dem Saarland,[55] Sachsen-Anhalt[56] und Thüringen[57] zugrunde.

---

49 Zit. nach *Markull*, Gemeindeordnung, S. 183.

50 *Brems*, Aufgabenverlagerung, S. 122.

51 *Falk*, Kommunale Aufgaben, S. 159.

52 Vgl. Art. 10 Abs. 2, 3, Art. 11 Abs. 2 S. 2, 3, Art. 83 Abs. 1, 3 S. 1, Abs. 4 S. 2, 3 BayVerf, Art. 6 Abs. 2, Art, 7, 8, 57, 58, 109, 115, 116 BayGO, Art. 4 Abs. 2, Art. 5, 6, 95, 101 f. BayLKrO; s. zudem *Falk*, Kommunale Aufgaben, S. 167 f.; *Lissack*, Kommunalrecht, § 2 Rn. 1 ff.

53 Vgl. Art. 57 Abs. 4 S. 1, Abs. 5 NVerf, § 4 Abs. 1 S. 1, §§ 5, 6, § 170 Abs. 1 S. 2, Abs. 2 NKomVG; s. zudem *Nds. StGH*, Beschl. v. 15.8.1995 – StGH 2/93 u. a. –, in: OVGE MüLü 45, 486 (492 f.) = DVBl 1995, 1175; *Ipsen*, Kommunalrecht, Rn. 24 f., 166, 835; s. aber auch *Henkel*, Kommunalisierung, S. 71.

Die kommunale Aufgabenzuordnung in Brandenburg ist angesichts der eher dualistischen Ausrichtung der Landesverfassung in Art. 97 Abs. 1-3 BbgVerf sowie der Existenz von Auftragsangelegenheiten, § 2 Abs. 3 S. 2, Abs. 4 S. 4 (i. V. m. § 131 Abs. 1 S. 1) BbgKVerf, ebenfalls dem dualistischen Modell zuzurechnen.[58] Insbesondere mit den Pflichtaufgaben zur Erfüllung nach Weisung, § 2 Abs. 3 S. 1, 2. Alt, Abs. 4 S. 2, 3 BbgKVerf, und der Sonderaufsicht, § 121 BbgKVerf, weist die kommunale Aufgabenstruktur aber auch einige monistische Elemente auf.[59]

Ähnliches gilt für Hessen. Seit der Wiedereinführung von Auftragsangelegenheiten, § 4 Abs. 2, 3 HGO, § 4 Abs. 2, 3 HKO, im Rahmen der Kommunalisierungsreform 2005 ist die hessische Aufgabenstruktur unklar, wohl aber eher dem Aufgabendualismus zuzurechnen.[60]

---

54 Vgl. Art. 49 Abs. 4, Abs. 6 S. 1 Verf RP, § 2 Abs. 1, Abs. 2 S. 1 GemO RP, § 2 Abs. 1, Abs. 2 S. 1 LKO RP; s. zudem: *OVG Koblenz*, Beschl v. 15.12.2010 – 2 A 10738/09.OVG –, in: AS RP-SL 40, 371 (376) = KommJur 2011, 218; *Braun*, Kommunalisierung, S. 287; *Henkel*, Kommunalisierung, S. 71; *Stepanek*, Pflichtaufgaben, S. 74.

55 Vgl. Art. 120 Abs. 1, Art. 122 SLVerf, §§ 5, 6, 127, 143, 144, 192 i. V. m. 127 Abs. 2 KSVG SL; s. zudem *SaarlVerfGH*, Beschl. v. 8.10.2013 – Lv 16/12 –, in: Der Landkreis 2013, 701 (701, 703); *OVG Saarlouis*, Beschl. v. 27.11.2012 – 3 A 113/12 –, in: AS RP-SL 41, 344 (353); *Braun*, Kommunalisierung, S. 287; *Henkel*, Kommunalisierung, S. 71.

56 Vgl. Art. 87 Abs. 3 S. 1, Abs. 4 LSAVerf, § 4 S. 1, §§ 5, 6, 143 Abs. 2, 3, § 155 KVG LSA; s. zudem *Braun*, Kommunalisierung, S. 287; *Franz*, Kommunalrecht, Teil 2 Rn. 110; *Henkel*, Kommunalisierung, S. 71; *Stepanek*, Pflichtaufgaben, S. 74.

57 Vgl. Art. 91 Abs. 3, Art. 94 ThürVerf, §§ 2, 3, 87, 88, 117 ThürKO; s. zudem *ThürVerfGH*, Urt. v. 21.6.2005 – VerfGH 28/03 –, in: ThürVGRspr 2006, 165 (174) = NVwZ-RR 2005, 665; Urt. v. 12.10.2004 – VerfGH 16/02 –, in: ThürVGRspr 2005, 233 (241) = DVBl 2005, 443; *Braun*, Kommunalisierung, S. 287; *Henkel*, Kommunalisierung, S. 71.

58 *BbgVerfG*, Urt. v. 17.10.1996 – VfGBbg 5/95 –, in: LVerfGE 5, 79 (87) = NVwZ-RR 1997, 352; *Falk*, Kommunale Aufgaben, S. 154, 171; *Nierhaus*, Kommunalrecht, Rn. 185 f., 193; a. A.: *Braun*, Kommunalisierung, S. 286; *Röhl*, in: Schoch (Hrsg.), Verwaltungsrecht, Kap. 1 Rn. 61.

59 Vgl. § 2 Abs. 1, Abs. 3 S. 1, 2. Alt., Abs. 4 S. 2, 3, §§ 121, 122 Abs. 2 S. 1, 131 Abs. 1 S. 1 BbgKVerf; nach *Schumacher*, in: Schumacher u. a. (Hrsg.), BbgKVerf, Vorbem. zu § 2 Erl. 1.5, ist eine klare Zuordnung zu einem der beiden Aufgabenmodelle daher nicht möglich.

60 Siehe hierzu *Kremer*, VerwArch 102 (2011), 242 (259 ff.) m. w. N.; *Lange*, DÖV 2007, 820 (824); für eine Zuordnung zum Aufgabenmonismus *Braun*, Kommunalisierung, S. 286; einschränkend *Henkel*, Kommunalisierung, S. 76 f.

Dem Aufgabendualismus sind wohl auch Mecklenburg-Vorpommern[61] und Schleswig-Holstein[62] zuzurechnen, auch wenn die Zuordnung angesichts monistischer Elemente der Landes- bzw. Kommunalverfassungen umstritten ist.

b. Aufgabenmonismus

Der Aufgabenmonismus liegt letztlich nur den Landes- und Kommunalverfassungen von Baden-Württemberg,[63] Nordrhein-Westfalen[64] und Sachsen[65] zugrunde. Wie aber zuvor bereits angedeutet, weisen auch einige Landes- und Kommunalverfassungen mit einer dualistischen Aufgabenstruktur einige monistische Elemente auf.

3. Aufgabenarten

Ausgehend von den beiden dargelegten Aufgabenmodellen, wird somit im Grundsatz[66] zwischen vier verschiedenen kommunalen Aufgabenkategorien unterschieden – den freiwilligen und pflichtigen Selbstverwaltungsaufgaben, den Pflichtaufgaben zur Erfüllung nach Weisung und den Auftragsangelegenheiten. Diese sollen im Folgenden kurz skizziert werden. Eine allgemeingültige Bestimmung ist allerdings nicht möglich, da die konkrete Ausgestaltung

---

61 Vgl. Art. 72 Abs. 4 M-V Verf, §§ 2, 3, 78 Abs. 2, 4, 86, 87 KV M-V; s. zudem *Braun*, Kommunalisierung, S. 287; *Henkel*, Kommunalisierung, S. 71 ff.; *Schoch*, in: Henneke/Meyer (Hrsg.), FG Schlebusch, S. 11 (31) – jeweils mit Nachweisen zur Gegenmeinung; einschränkend *Falk*, Kommunale Aufgaben, S. 169 f.

62 Vgl. Art. 54 Abs. 1, 4 SHVerf, §§ 2, 3 GO SH, §§ 2, 3 KrO SH, §§ 17, 18 LVwG SH; s. zudem *Schliesky/Schulz*, in: Bracker u. a. (Hrsg.), GO SH, § 3 Erl. 1, 1.1; eine „Tendenz zum Dualismus“ erkennt bspw. auch *Falk*, Kommunale Aufgaben, S. 159; a. A. *Braun*, Kommunalisierung, S. 286; *Röhl*, in: Schoch (Hrsg.), Verwaltungsrecht, Kap. 1 Rn. 61; einschränkend *Henkel*, Kommunalisierung, S. 77 f.

63 Vgl. Art. 71 Abs. 2 LV BW; § 2 Abs. 1-3 GemO BW; § 2 Abs. 1 S. 1, Abs. 2, 3 LKrO BW; s. auch *StGH BW*, Urt. v. 5.10.1998 – GR 4/97 –, in: ESVGH 49, 5 (8) = NVwZ-RR 1999, 93; *VGH Mannheim*, Urt. v. 28.2.2005 – 1 S 1312/04 –, in: NVwZ-RR 2006, 416 (417) = VBlBW 2005, 229; *Dols/Plate/Schulze*, Kommunalrecht, Rn. 46; *Gern*, Kommunalrecht Baden-Württemberg, Rn. 449; *Henkel*, Kommunalisierung, S. 76 ff.

64 Siehe unten § 2 II. 1.

65 Vgl. Art. 84 Abs. 1, Art. 85 Abs. 1, Abs. 3 SächsVerf, § 2 Abs. 1, Abs. 2, Abs. 3 SächsGemO, § 2 Abs. 1 S. 1, Abs. 2, Abs. 3 SächsLKrO; s. zudem *Braun*, Kommunalisierung, S. 286; *Gern*, Sächsisches Kommunalrecht, Rn. 228 f., 241; *Hegele/Ewert*, Kommunalrecht, 2. Kap. C. I. m. w. N. (auch zur Gegenansicht); *Henkel*, Kommunalisierung, S. 76 ff.

66 Zum Teil variieren die Bezeichnungen der Aufgaben, bspw. werden die Pflichtaufgaben zur Erfüllung nach Weisung in Baden-Württemberg als *Weisungsaufgaben* bezeichnet, §§ 2 Abs. 3, 1. Hs. GO BW, 2 Abs. 4, 1. Hs. LKrO BW.

der Aufgaben stets vom „jeweiligen institutionellen Rahmen (…), also der Staatsverfassung wie der Kommunalverfassung und den einzelnen Landesgesetzen“[67] der Länder abhängt.

a. Freiwillige Selbstverwaltungsaufgaben

Die freiwilligen Selbstverwaltungsaufgaben gehören in allen Ländern zum kommunalen Aufgabenbestand – unabhängig von der Zuordnung zum Aufgabendualismus oder -monismus.[68] Sie sind in der Regel[69] nicht gesetzlich ausdrücklich in den Landes- und Kommunalverfassungen der Länder genannt, sondern ergeben sich – sowohl im monistischen als auch im dualistischen Aufgabenmodell – aus einer „Subtraktion der genannten Pflichtaufgaben von allen öffentlichen Aufgaben“[70] der Kommunen.

Freiwillige Selbstverwaltungsaufgaben sind bspw. die Trägerschaft kultureller Einrichtungen wie Museen und Theater oder der Betrieb von Krankenhäusern.[71]

b. Pflichtige Selbstverwaltungsaufgaben

Zu den Selbstverwaltungsangelegenheiten der Kommunen gehören des Weiteren die pflichtigen Selbstverwaltungsaufgaben.[72] Pflichtige Selbstverwaltungsaufgaben sind ebenfalls in allen Ländern Bestandteil der kommunalen Aufgaben[73] –unabhängig davon, ob die jeweilige Landes- und Kommunalver-

67 *Seckelmann*, dms 2008, 267 (269).
68 Siehe hierzu oben § 2 A. I. 1. a., b.
69 Eine ausdrückliche Regelung findet sich aber bspw. in § 2 Abs. 1 S. 1 GemO RP – „freie Selbstverwaltungsaufgaben“.
70 *Falk*, Kommunale Aufgaben, S. 159.
71 Weitere Beispiele bei *Burgi*, in: Dietlein/Burgi/Hellermann (Hrsg.), Öffentliches Recht, § 2 Rn. 95; *Wansleben*, in: Held u. a. (Hrsg.), GO NRW, § 2 Erl. 4.
72 Siehe hierzu oben § 2 A. I. 1. a., b.
73 Vgl. Art. 71 Abs. 3 LV BW, § 2 Abs. 2 S. 1 GemO BW; Art. 83 Abs. 3 S. 1, 2. Var. BayVerf, Art. 57 Abs. 1 S. 2, Abs. 3 BayGO; § 2 Abs. 3 S. 1, 1. Alt. BbgKVerf; § 3 S. 1 HGO; § 2 Abs. 3 KV M-V; Art. 57 Abs. 4 S. 1, 1. Alt. NVerf, § 5 Abs. 1 Nr. 4 NKomVG; Art. 78 Abs. 3 S. 1 LVerf NRW, § 3 Abs. 1 GO NRW; Art. 49 Abs. 4 S. 2 Verf RP, § 2 Abs. 1 S. 2 GemO RP; § 5 Abs. 3 S. 1, 1. Hs. KSVG SL; Art. 85 Abs. 1 S. 1 SächsVerf, § 2 Abs. 2 S. 1 SächsGemO; Art. 87 Abs. 3 S. 1, 1. Alt. LSAVerf, § 5 Abs. 1 Nr. 3 KVG LSA; Art. 54 Abs. 4 SHVerf, § 2 Abs. 2 GO SH; § 2 Abs. 3 S. 1 ThürKO.

fassung dem dualistischen oder monistischen Aufgabenmodell zuzuordnen ist. Zum Teil werden diese Aufgaben auch als *Pflichtaufgaben* bezeichnet.[74]

Pflichtige Selbstverwaltungsaufgaben sind z. B. die Denkmalpflege nach § 22 Abs. 1 S. 1 DSchG NRW und die Bauleitplanung nach § 1 Abs. 3 BauGB.[75]

c. Pflichtaufgaben zur Erfüllung nach Weisung

Pflichtaufgaben zur Erfüllung nach Weisung gibt es nur in einigen Ländern. Hierzu gehören Baden-Württemberg,[76] Brandenburg,[77] Hessen,[78] Mecklenburg-Vorpommern,[79] Nordrhein-Westfalen,[80] Sachsen[81] und Schleswig Holstein,[82] also überwiegend Länder mit monistischer bzw. zumindest teilweise monistischer Aufgabenprägung.[83] Die abstrakte Bestimmung dieses Aufgabentyps ist besonders schwierig, da ihre Ausgestaltung – und zum Teil schon ihre Bezeichnung –[84] von Land zu Land variiert.[85]

Beispiele für Pflichtaufgaben zur Erfüllung nach Weisung sind das allgemeine Gefahrenabwehrrecht,[86] Aufgaben der Lebensmittelüberwachung[87] und des Denkmalschutzes[88].

---

74 Z. B. in Baden-Württemberg gem. § 2 Abs. 2 S. 1 GemO BW und in Nordrhein-Westfalen gem. § 3 Abs. 1 GO NRW.

75 Weitere Beispiele bei *Burgi*, in: Dietlein/Burgi/Hellermann (Hrsg.), Öffentliches Recht, § 2 Rn. 95.

76 Art. 75 Abs. 2 LV BW, § 2 Abs. 3 GemO BW, § 2 Abs. 4 LKrO BW.

77 Art. 97 Abs. 3 S. 1 BbgVerf, § 2 Abs. 3 S. 1, 2. Alt. BbgKVerf.

78 Art. 137 Abs. 4 HV, § 4 Abs. 1 HGO, § 4 Abs. 1 HKO.

79 Art. 72 Abs. 3 S. 1 M-V Verf, § 3 Abs. 1 KV M-V, § 90 Abs. 1 KV M-V.

80 Siehe unten § 2 III. 2. b.

81 Art. 85 Abs. 3 SächsVerf, § 2 Abs. 3 SächsGemO, § 2 Abs. 3 SächsLKrO.

82 Art. 54 Abs. 4 SHVerf, § 3 Abs. 1 GO SH, § 3 Abs. 1 KrO SH.

83 Siehe oben § 2 A. I. 2.

84 In Baden-Württemberg wird dieser Aufgabentyp bspw. als *Weisungsaufgaben* bezeichnet, § 2 Abs. 3, 1. Hs. GemO BW.

85 Siehe hierzu näher § 2 A. II.

86 Z. B. in Brandenburg gem. § 3 Abs. 1 OBG BRB und Nordrhein-Westfalen gem. § 3 Abs. 1 OBG NRW.

87 So bspw. in Sachsen gem. § 4, 1. Hs SächsGDG und Nordrhein-Westfalen gem. § 1 S. 1 LFBRVG NRW.

88 So etwa in Brandenburg gem. § 16 Abs. 1 S. 1 BbgDSchG, und Nordrhein-Westfalen gem. § 20 Abs. 3 DSchG NRW.

d. Auftragsangelegenheiten

Bei der vierten Aufgabenkategorie, den Auftragsangelegenheiten,[89] handelt es sich um Aufgaben, die es nach wie vor in vielen,[90] nicht aber in allen Ländern gibt. Als Auftragsangelegenheiten sind in einigen Ländern die Aufgaben nach dem Personenstandsgesetz,[91] der Katastrophenschutz[92] oder die Durchführung des Zensus 2011[93] ausgestaltet.

Zum Teil wird dieser Aufgabentyp in den Landes- bzw. Kommunalverfassungen explizit als *Auftragsangelegenheiten*[94], zum Teil aber auch anders, bspw. als *übertragene Angelegenheiten*[95] oder als *Aufgaben des übertragenen Wirkungskreises*[96] bezeichnet.

II. Die Entwicklung der Pflichtaufgaben zur Erfüllung nach Weisung

Ausgangspunkt der Entstehung der Pflichtaufgaben zur Erfüllung nach Weisung ist der Weinheimer Entwurf. Dieser sah in § 3 Abs. 2 sowie § 110 Abs. 2 erstmalig Pflichtaufgaben zur Erfüllung nach Weisung vor.

§ 3 Abs. 2 des Weinheimer Entwurfs lautet:

> „Pflichtaufgaben können den Gemeinden auch zur Erfüllung nach Weisung übertragen werden; das Gesetz bestimmt den Umfang des Weisungsrechts."[97]

---

89 Siehe hierzu oben § 2 A. I. 1. a.

90 Art. 83 Abs. 3 S. 1, Var. 1 BayVerf, Art. 8 Abs. 1 BayGO; Art. 97 Abs. 3 S. 1 BbgVerf, § 2 Abs. 3 S. 2 BbgKVerf; § 4 Abs. 2 S. 1, 2 HGO; Art. 72 Abs. 3 S. 1, Abs. 4 M-V Verf, § 3 Abs. 1 KV M-V; Art. 57 Abs. 4 S. 1, 2. Alt. NVerf, § 6 Abs. 1 S. 1 NKomVG; Art. 49 Abs. 4 S. 1 Verf RP, § 2 Abs. 2 S. 1 GemO RP; Art. 120 Abs. 1 S. 1 SLVerf, § 6 Abs. 1 KSVG SL; Art. 87 Abs. 3 S. 1, 2. Alt. LSAVerf, § 6 Abs. 1 S. 1 Nr. 1 KVG LSA; Art. 91 Abs. 3 ThürVerf, § 3 Abs. 1 S. 1 ThürKO.

91 Z. B. in Rheinland-Pfalz, § 11 PStVO RPF.

92 So bspw. in Hessen, § 25 Abs. 3 HBKG.

93 So etwa im Saarland, § 3 Abs. 2 S. 1 ZensG2011AG SL; anders bspw. in Nordrhein-Westfalen – dort ist die Aufgabe als Pflichtaufgabe zur Erfüllung nach Weisung ausgestaltet, § 3 Abs. 2 S. 1 ZensG 2011 AG NRW.

94 § 2 Abs. 3 S. 2 BbgKVerf; § 4 Abs. 2 S. 1, 2 HGO; Art. 57 Abs. 5 NVerf; § 2 Abs. 2 S. 1 GemO RP; § 6 Abs. 1 KSVG SL.

95 So z. B. in Bayern, Art. 8 Abs. 1, 2 BayGO; Art. 72 Abs. 4 M-V Verf.

96 Z. B. § 6 Abs. 2 S. 1 NKomVG; § 3 Abs. 1 S. 1 ThürKO.

97 Zit. nach *Markull*, Gemeindeordnung, S. 164.

§ 110 Abs. 2 des Weinheimer Entwurfs lautet:

> „Die Aufsicht des Landes über die Angelegenheiten, die die Gemeinden nach Weisung erfüllen (§ 3 Abs. 2), richtet sich nach den hierüber erlassenen Gesetzen (Sonderaufsicht).“[98]

Der Weinheimer Entwurf selbst – und damit auch die Regelung des § 3 Abs. 2 und § 110 Abs. 2 – war nie rechtlich verbindlich. Er diente von vornherein nur als Musterentwurf einer Gemeindeordnung für die Länder, die den kommunalen Aufgabenbereich nach der grundgesetzlichen Gesetzgebungskompetenz selbst bestimmen können.[99] Dementsprechend konnten die Länder frei entscheiden, *ob* sie die Pflichtaufgaben zur Erfüllung nach Weisung überhaupt in ihren kommunalen Aufgabenbestand aufnehmen wollten bzw. auf welche *Art und Weise*.

Wie zuvor dargelegt,[100] haben nur einige Länder die Pflichtaufgaben zur Erfüllung nach Weisung eingeführt. Länderübergreifend ist diesen Aufgaben gemeinsam, dass es sich um Aufgaben handelt, die von den Kommunen wahrgenommen werden und bei denen das Land über ein – spezialgesetzlich bestimmtes – Weisungsrecht verfügt. Die Aufsicht ist hier nicht auf eine bloße Rechtsaufsicht beschränkt, sondern schließt – in gewissen Grenzen – Zweckmäßigkeitserwägungen ein. Im Übrigen variiert aber die konkrete landes- und kommunalverfassungsrechtliche Ausgestaltung der Pflichtaufgaben zur Erfüllung nach Weisung von Land zu Land. Da die Aufsicht über die Pflichtaufgaben zur Erfüllung nach Weisung in der Regel in den einzelnen Fachgesetzen bestimmt wird, kann zudem innerhalb eines Landes die genaue Ausgestaltung der Aufsichtsbefugnisse von Aufgabe zu Aufgabe variieren.[101]

---

98 Zit. nach *Markull*, Gemeindeordnung, S. 183.

99 Siehe oben unter § 2 A, § 2 A. I. 1. b.

100 § 2 A. I. 3. c.

101 Siehe hierzu näher (in Bezug auf Nordrhein-Westfalen) § 2 B. III.

Zudem ist ihre rechtliche Einordnung sehr umstritten und wird ebenfalls von Land zu Land unterschiedlich beurteilt.[102]

Es gibt also in der Bundesrepublik Deutschland nicht „die einen“ Pflichtaufgaben zur Erfüllung nach Weisung, sondern verschiedene Arten der Pflichtaufgaben zur Erfüllung nach Weisung, deren Inhalt und Grenzen sich aus der konkreten landesrechtlichen Ausgestaltung ergeben.

III. Die Aufgabensystematik in Nordrhein-Westfalen

1. Monistische Aufgabenstruktur

Die kommunale Aufgabenstruktur in Nordrhein-Westfalen basiert auf dem monistischen Aufgabenverständnis von einem einheitlichen kommunalen Aufgabenbereich, das in enger Anlehnung an den Weinheimer Entwurf umgesetzt wurde.[103] Der monistische Ansatz liegt sowohl der Landesverfassung als auch den Kommunalverfassungsgesetzen zugrunde.

---

[102] Siehe etwa für Baden-Württemberg *Dols/Plate/Schulze*, Kommunalrecht, Rn. 51 sowie *Engel/Heilshorn*, Kommunalrecht, § 8 Rn. 16; für Brandenburg *VerfG Brandenburg*, Urt. 17.10.1996 – VfGBbg 5/95 –, in: LVerfGE 5, 79 (86 ff.) = NVwZ-RR 1997, 352 („Selbstverwaltungsangelegenheiten „in abgeschwächter Form““ – LVerfGE 5, 79 (86)) sowie *Nierhaus*, Kommunalrecht, Rn. 198 ff.; für Hessen *Birkenfeld*, Kommunalrecht, Rn. 182 sowie *Borchmann/Breithaupt/Kaiser*, Kommunalrecht, S. 83; für Mecklenburg-Vorpommern *Meyer*, Kommunalrecht, Rn. 100; für Sachsen *Gern*, Sächsisches Kommunalrecht, Rn. 244 sowie *Hegele/Ewert*, Kommunalrecht, 2. Kap. C. III. 3; für Schleswig-Holstein *OVG Schleswig*, Urt. v. 20.3.1992 – 1 L 146/91 –, in: Die Gemeinde SH 1992, 300 (301) sowie *Ernst*, in: Bracker u. a. (Hrsg.), KrO SH, § 3 Erl. 2; zur rechtlichen Einordnung der nordrhein-westfälischen Pflichtaufgaben zur Erfüllung nach Weisung s. unten § 2 B. II.

[103] Siehe *OVG Münster*, Urt. v. 17.7.2003 – 12 A 5381/00 –, in: OVGE MüLü 49, 179 (182) = NWVBl 2004, 109; *LSG NRW*, Urt. v. 16.12.2009 – L 10 SB 39/09 –, in: SozialVerw 2010, 8 (10); *Bovenschulte*, Gemeindeverbände, S. 285; *Burgi*, in: Dietlein/Burgi/Hellermann (Hrsg.), Öffentliches Recht, § 2 Rn. 91; *Erichsen*, Kommunalrecht, § 2 C) 2. d) bb), § 4 A) 4, § 5 B; *Falk*, Kommunale Aufgaben, S. 158 f.; *Schmidt-Eichstaedt*, in: Püttner (Hrsg.), HdKWP Bd. 3, § 48 B. II. 1; a. A.: *Rauball*, in: Rauball u. a. (Hrsg.), GO NRW, § 116 Rn. 6; *Schmidt-Jortzig*, DÖV 1993, 973 (976 – Fn. 26); *Schmitt-Kammler*, in: Burmeister (Hrsg.), FS Stern, S. 763 (770 f.) – „Aufgaben-*Trialismus*“ (S. 771); offen gelassen, aber mit Tendenz zur monistischen Sichtweise *Riotte/Waldecker*, NWVBl 1995, 401 (404).

Auf landesverfassungsrechtlicher Ebene kommt die monistische Aufgabenkonzeption in Art. 78 LVerf NRW zum Ausdruck.[104] Die nordrhein-westfälische Landesverfassung wird sogar als „konsequenteste Umsetzung des sog. Weinheimer Entwurfes“[105] beschrieben. Dies zeigt sich insbesondere in Art. 78 Abs. 2 LVerf NRW, wonach die Kommunen alleinige Träger der öffentlichen Verwaltung sind. Zudem sieht Art. 78 Abs. 4 LVerf NRW dem Weinheimer Entwurf folgend nur noch Pflichtaufgaben zur Erfüllung nach Weisung, nicht aber Auftragsangelegenheiten vor. Das monistische Aufgabenverständnis entspricht zudem klar dem Willen des Landesverfassungsgebers.[106]

Auch auf einfachgesetzlicher Ebene kommt die monistische Aufgabenverteilung nach dem Weinheimer Entwurf in Nordrhein-Westfalen klar zum Ausdruck. In der nordrhein-westfälischen Gemeindeordnung zeigt sich dies insbesondere in §§ 2, 3 Abs. 2, 119 Abs. 2 GO NRW.[107] Die Gemeindeordnung wird im Schrifttum sogar als „Musterbeispiel für die Umsetzung einer monistischen Aufgabenstruktur“[108] bezeichnet. Und auch die nordrhein-westfälische Kreisordnung ist vom monistischen Aufgabenverständnis geprägt. Dies zeigt sich insbesondere in den Regelungen der §§ 2, 57 Abs. 2 KrO NRW.[109]

In Nordrhein-Westfalen gibt es daher nur einen einheitlichen Aufgabenbereich, in dem die Kommunen alle Aufgaben eigenverantwortlich als Selbst-

---

[104] *OVG Münster*, Urt. v. 17.7.2003 – 12 A 5381/00 –, in: OVGE MüLü 49, 179 (182) = NWVBl 2004, 109; *LSG NRW*, Urt. v. 16.12.2009 – L 10 SB 39/09 –, in: SozialVerw 2010, 8 (10); *Brems*, Aufgabenverlagerung, S. 122 f.; *Ehlers*, NWVBl 1990, 44 (48); *Erichsen*, Kommunalrecht, § 2 C) 2. d) bb, § 4 A) 4, § 5 B; *Hartmann*, in: Articus/Schneider (Hrsg.), GO NRW, § 2 Erl. 2; *Henkel*, Kommunalisierung, S. 76; *Vietmeier*, DVBl 1992, 413 f.; *Zacharias*, Kommunalrecht, S. 59 ff.; a. A.: *Rauball*, in: Rauball u. a. (Hrsg.), GO NRW, § 116 Rn. 6; *Schmitt-Kammler*, in: Burmeister (Hrsg.), FS Stern, S. 763 (770 f.); zur Konzeption des Art.78 LVerf NRW in Bezug auf das monistische Aufgabenverständnis s. ferner *Görisch*, NWVBl 2002, 418 (423).

[105] *Riotte/Waldecker*, NWVBl 1995, 401 (403).

[106] *LSG NRW*, Urt. v. 16.12.2009 – L 10 SB 39/09 –, in: SozialVerw 2010, 8 (11); *Bovenschulte*, Gemeindeverbände, S. 245 ff., 285 m. w. N.

[107] *OVG Münster*, Urt. v. 17.7.2003 – 12 A 5381/00 –, in: OVGE MüLü 49, 179 (182) = NWVBl 2004, 109; Urt. v. 18.6.2002 – 15 A 83/02 –, in: OVGE MüLü 49, 17 (19) = NVwZ 2003, 887; *LSG NRW*, Urt. v. 16.12.2009 – L 10 SB 39/09 –, in: SozialVerw 2010, 8 (10); *Brems*, Aufgabenverlagerung, S. 123; *Burgi*, in: Dietlein/Burgi/Hellermann (Hrsg.), Öffentliches Recht, § 2 Rn. 91; *Dehmel*, Übertragener Wirkungskreis, S. 85 f.; *Erichsen*, Kommunalrecht, § 2 C) 2. d) bb, § 4 A) 4, § 5 B; *Falk*, Kommunale Aufgaben, S. 170; *Kronisch*, Aufgabenverlagerung, S. 113.

[108] *Falk*, Kommunale Aufgaben, S. 170.

[109] *Erichsen*, Kommunalrecht, § 5 B; *Falk*, Kommunale Aufgaben, S. 202; s. auch *Wansleben*, in: Kirchhof u. a. (Hrsg.), KrO NRW, § 2 Erl. 8.1.

verwaltungsaufgaben wahrnehmen. Eine Unterscheidung zwischen staatlichen und eigenen Angelegenheiten sieht die gesetzliche Ausgestaltung nicht vor.[110] Eine Ausnahme hiervon bilden lediglich die Auftragsangelegenheiten nach altem Recht.[111]

2. Aufgabenarten

Weder die Landesverfassung noch die Gemeindeordnung enthalten eine ausdrückliche Auflistung der verschiedenen kommunalen Aufgabenarten in Nordrhein-Westfalen. Art. 78 Abs. 4 LVerf NRW kommt dem noch am nächsten, indem er „– in allerdings indirekter, sehr abstrakter Form – eine Art unvollständige Grundbeschreibung der Aufgabentypen der Gemeinden (…)“[112] enthält. Unterschieden wird zwischen freiwilligen Selbstverwaltungsaufgaben, Pflichtaufgaben und Pflichtaufgaben zur Erfüllung nach Weisung.

a. Freiwillige Selbstverwaltungsaufgaben und Pflichtaufgaben

Die nordrhein-westfälischen Kommunen nehmen freiwillige Selbstverwaltungsaufgaben und Pflichtaufgaben nach § 3 Abs. 1 GO NRW, § 2 Abs. 2 S. 1 KrO NRW wahr. Beide Aufgabenarten werden von den Kommunen in eigener Verantwortung ausgeführt. Das Land überwacht dabei nur, ob die Aufgaben im Einklang mit den Gesetzen verwaltet werden, sog. *allgemeine Aufsicht*[113] nach § 119 Abs. 1 GO NRW (i. V. m. § 57

---

[110] Hierzu *OVG Münster*, Urt. v. 17.7.2003 – 12 A 5381/00 –, in: OVGE MüLü 49, 179 (182) = NWVBl 2004, 109; a. A.: *Kleerbaum*, Kommunalverfassung, S. 21.

[111] Siehe unten S. 24 ff.

[112] *Schönenbroicher*, in: Heusch/Schönenbroicher (Hrsg.), LVerf NRW, Art. 78 Rn. 60.

[113] In anderen Ländern wird die Aufsicht über freiwillige und pflichtige Selbstverwaltungsangelegenheiten der Kommunen bspw. als *Kommunalaufsicht* (so z. B. in Brandenburg, § 109 BbgKVerf oder Niedersachsen, § 170 Abs. 1 S. 2, 1. Alt. NKomVG) oder schlicht als *Rechtsaufsicht* (so etwa in Baden-Württemberg, § 118 Abs. 1 GemO BW oder Rheinland-Pfalz, § 117 Abs. 1 S. 1 GemO RP) bezeichnet.

Abs. 1, 3 KrO NRW).[114] Es handelt sich mithin um eine reine Rechtsaufsicht.[115]

Die zuständigen Aufsichtsbehörden und ihre Befugnisse ergeben sich für die Gemeinden aus §§ 120 ff. GO NRW und für die Kreise aus § 57 Abs. 1, 3 KrO NRW (i. V. m. §§ 121 ff. GO NRW). Nach § 120 Abs. 1 GO NRW übt der Landrat die Aufsicht über die kreisangehörigen Gemeinden aus. Die Bezirksregierung ist zuständig für die Aufsicht über die kreisfreien Städte, § 120 Abs. 2 GO NRW, sowie die Kreise, § 57 Abs. 1 S. 1, 1. Hs. KrO NRW. Die Bezirksregierung fungiert ferner als obere Aufsichtsbehörde für die kreisangehörigen Gemeinden, § 120 Abs. 3, 1. Hs. GO NRW. Für die kreisfreien Städte, § 120 Abs. 3, 2. Hs. GO NRW, und Kreise, § 57 Abs. 1 S. 1, 2. Hs. KrO NRW, wird diese Funktion von dem für Inneres zuständigen Ministerium, derzeit das *Ministerium für Inneres und Kommunales – MIK* –,[116] ausgeübt. Oberste Aufsichtsbehörde ist nach § 120 Abs. 4 GO NRW bzw. § 57 Abs. 1 S. 3 KrO NRW ebenfalls das MIK.

Als Aufsichtsmaßnahmen stehen den allgemeinen Aufsichtsbehörden ein Unterrichtungsrecht, § 121 GO NRW, ein Beanstandungs- und Aufhebungsrecht, § 122 GO NRW, ein Anordnungs- und Ersatzvornahmerecht, § 123 GO NRW, die Bestellung eines Beauftragten, § 124 GO NRW, sowie die Auflösung des Rates, § 125 GO NRW, als Maßnahmen zur Verfügung. Dies gilt über § 57 Abs. 3 KrO NRW für die Aufsicht über die Kreise gleichermaßen.

b. Pflichtaufgaben zur Erfüllung nach Weisung

Neben den freiwilligen und pflichtigen Selbstverwaltungsaufgaben können den nordrhein-westfälischen Kommunen Pflichtaufgaben zur Erfüllung nach Weisung übertragen werden, Art. 78 Abs. 4 S. 2 LVerf NRW, § 3 Abs. 2 S. 1 GO NRW, § 2 Abs. 2 S. 3 KrO NRW. Die Aufsicht des Landes über

---

[114] Näher zur allgemeinen Aufsicht statt vieler *Becker/Winkel*, in: Held u. a. (Hrsg.), GO NRW, Erl. zu §§ 119-128; *Cronauge*, in: Rehn u. a. (Hrsg.), GO NRW Bd. II, Erl. zu §§ 119-128; *Kirchhof/Plückhahn*, in: Kirchhof u. a. (Hrsg.), KrO NRW, Erl. zu § 57.

[115] *BVerfG*, Urt. v. 23.1.1957 – 2 BvF 3/56 –, in: BVerfGE 6, 104 (116 f.) = NJW 1957, 379; *LSG NRW*, Urt. v. 16.12.2009 – L 10 SB 39/09 –, in: SozialVerw 2010, 8 (10); *Cronauge*, in: Rehn u. a. (Hrsg.), GO NRW Bd. II, § 119 Erl. III. 1.

[116] Bezeichnung gem. Ziff. 1.2.1 der *Bekanntmachung über Änderungen der Geschäftsbereich der obersten Landesbehörden* v. 25.3.2011 (GV. NRW. 2011, S. 192).

diese Aufgaben richtet sich nach den hierzu erlassenen Gesetzen und wird als *Sonderaufsicht* bezeichnet, § 119 Abs. 2 GO NRW, § 57 Abs. 2 GO NRW.[117]

c. Auftragsangelegenheiten

aa. Keine Begründung neuer Auftragsangelegenheiten

(1) Begründung von Auftragsangelegenheiten durch den Landesgesetzgeber

Nach der Konzeption des Weinheimer Entwurfs sollten die früheren Auftragsangelegenheiten durch die Pflichtaufgaben zur Erfüllung nach Weisung ersetzt werden.[118] Dies ist in Nordrhein-Westfalen entsprechend umgesetzt worden. Die Übertragung von staatlichen Auftragsangelegenheiten ist in der LVerf NRW, der GO NRW und der KrO NRW nicht mehr vorgesehen.

Auftragsangelegenheiten werden in der Landesverfassung gar nicht erwähnt. In der Gemeinde- und Kreisordnung werden sie lediglich im Abschnitt *Übergangs- und Schlußvorschriften, Sondervorschriften* in § 132 GO NRW und § 64 KrO NRW genannt. Die beiden einfachgesetzlichen Vorschriften ließen sich zwar durch spätere Gesetze nach dem Grundsatz *lex posterior derogat legi priori* verdrängen.[119] Denn nach diesem Grundsatz geht ein späteres Gesetz einem früheren Gesetz gleicher Rangstufe vor.[120] Art. 78 LVerf NRW hingegen lässt sich durch solche späteren einfach-rechtlichen Regelungen nicht abändern. Diese Vorschrift gestattet in Abs. 4 S. 2 aber nur die Übertragung von Pflichtaufgaben zur Erfüllung nach Weisung auf die Kommunen. Aus diesem Befund ergibt sich nach der zutreffenden herrschenden Auffassung, dass der Landesgesetzgeber seit Erlass der Landesverfassung keine

---

117 Zur rechtlichen Ausgestaltung ausführlich s. unten § 2 B.

118 *Becker/Winkel*, in: Held u. a. (Hrsg.), GO NRW, § 132 Erl. 1; *Falk*, Kommunale Aufgaben, S. 162; *Kremer*, VerwArch 102 (2011), 242 (260); *Ziebill*, Geschichte des Städtetages, S. 112 f.; s. auch *OVG Münster*, Urt. v. 18.6.2002 – 15 A 83/02 –, in: OVGE MüLü 49, 17 (21) = NVwZ 2003, 887.

119 Siehe hierzu *Cronauge*, in: Rehn u. a. (Hrsg.), GO NRW Bd. II, § 132 Erl. IV – m. w. N., allerdings ohne Hinweis auf den *lex posterior*-Grundsatz.

120 Statt vieler *Maurer*, Verwaltungsrecht, § 4 Rn. 6.

neuen Auftragsangelegenheiten mehr auf die Kommunen übertragen darf.[121] Ein Bedürfnis nach Auftragsangelegenheiten besteht ohnehin nicht, da dem durch ein erforderlichenfalls entsprechend umfangreiches Weisungsrecht Rechnung getragen werden kann.[122]

(2) Begründung von Auftragsangelegenheiten durch den Bundesgesetzgeber

Im Gegensatz zum Land konnte der Bund den Kommunen bis zum Inkrafttreten der Föderalismusreform 2006 Aufgaben übertragen. Die landesgesetzlichen Regelungen konnten den Bundesgesetzgeber nicht binden. Mit der Einfügung von Art. 84 Abs. 1 S. 7 GG und Art. 85 Abs. 1 S. 2 GG[123] in das Grundgesetz ist es dem Bundesgesetzgeber jedoch seit dem 1. September 2006[124] ebenfalls nicht mehr gestattet, durch Bundesgesetz Aufgaben auf Gemeinden und Gemeindeverbände zu übertragen.[125]

bb. Auftragsangelegenheiten nach altem Recht

Die Auftragsangelegenheiten nach Landesrecht, die vor Inkrafttreten der Landesverfassung sowie der Gemeinde- und Kreisordnung vom Landesgesetzgeber auf die Kommunen übertragen wurden, sind inzwischen – zumindest größtenteils –[126] in Pflichtaufgaben zur Erfüllung nach Weisung umgeändert worden oder weggefallen.[127] Als Landesauftragsangelegenheiten sind aller-

---

121 *Becker/Winkel*, in: Held u. a. (Hrsg.), GO NRW, § 132 Erl. 2; *Cronauge*, in: Rehn u. a. (Hrsg.), GO NRW Bd. II, § 132 Erl. IV; *Dehmel*, Wirkungskreis, S. 116 f.; *Erichsen*, Kommunalrecht, § 5 B; *Geiger*, in: Articus/Schneider (Hrsg.), GO NRW, Erl. § 132; *Kirchhof*, in: Kirchhof u. a. (Hrsg.), KrO NRW, § 64 Erl. 1.2; *Rietdorf*, DÖV 1962, 593 (603); *Vietmeier*, Aufgaben, S. 107 f.; a. A.: *Rauball*, in: Rauball u. a. (Hrsg.), GO NRW, § 116 Rn. 6; *Scheerbarth*, DVBl 1953, 261 (265).

122 *Becker/Winkel*, in: Held u. a. (Hrsg.), GO NRW, § 132 Erl. 2; *Vietmeier*, Aufgaben, S. 108.

123 Art. 1, Nr. 9, 10 des *Gesetzes zur Änderung des Grundgesetzes (Art. 22, 23, 33, 52, 73, 74, 74 a, 75, 84, 85, 87c, 91a, 91b, 93, 98, 104a, 104b, 105, 107, 109, 125a, 125b, 125c, 143c)* v. 28. August 2006 – *Gesetz zur Änderung des GG* –, BGBl I 2006, S. 2034 (2035 f.).

124 Art. 2 des Gesetzes zur Änderung des GG, BGBl I 2006, S. 2034 (2038).

125 *Hartmann*, in: Articus/Schneider (Hrsg.), GO NRW, § 2 Erl. 2.

126 Siehe hierzu *Becker/Winkel*, in: Held u. a. (Hrsg.), GO NRW, § 132 Erl. 3; *Vietmeier*, Aufgaben, S. 103 ff.; zum Teil allerdings veraltet, vgl. bspw. Art. 13 des *Ersten Gesetzes zur Befristung des Landesrechts Nordrhein-Westfalen* v. 18.5.2004 (GV. NRW. 2004, S. 248), wonach das *Gesetz über die Eingliederung staatlicher Sonderbehörden der Kreisstufe in die Kreis- und Stadtverwaltungen* v. 30. April 1948 (GV. NRW. 1948, S. 180) mit Ablauf des 31.12.2008 außer Kraft getreten ist.

127 *Becker/Winkel*, in: Held u. a (Hrsg.), GO NRW, § 132 Erl. 3.

dings noch die Wahlsachen nach §§ 1 ff. LWahlO NRW ausgestaltet.[128] Inwieweit die Fortführung von Landesauftragsangelegenheiten nach so langer Zeit noch verfassungsgemäß ist, erscheint sehr zweifelhaft, soll in dieser Untersuchung aber nicht geklärt werden.[129]

Auftragsangelegenheiten aufgrund von Bundesrecht, die vor der Föderalismusreform erlassen wurden, gelten nach Art. 125a Abs. 1 S. 1, Var. 2, 3 GG als Bundesrecht fort.[130] Als Beispiele werden hier die Aufgaben des Personenstandswesens, des Lastenausgleichs, der Kriegsgräberfürsorge und der Wehrerfassung angeführt.[131] In der Zwischenzeit hat der Landesgesetzgeber allerdings einige dieser Aufgaben in andere Aufgabenarten, z. B. in Pflichtaufgaben zur Erfüllung nach Weisung, umgewandelt. So nehmen die nordrhein-westfälischen Gemeinden beispielweise das Personenstandswesen seit dem 1. Januar 2009 als Pflichtaufgabe zur Erfüllung nach Weisung wahr, § 1 Abs. 1 S. 2 PStVO NRW. Nach § 16 Abs. 1 LOG NRW unterliegen die Kommunen bei den Auftragsangelegenheiten aufgrund von Bundesrecht einem unbeschränkten Weisungsrecht der Aufsichtsbehörden des Landes.[132]

B. Die rechtliche Ausgestaltung der Pflichtaufgaben zur Erfüllung nach Weisung in Nordrhein-Westfalen

Wie bereits dargelegt,[133] gibt es in der Bundesrepublik Deutschland nicht „den einen“ Aufgabentyp der Pflichtaufgaben zur Erfüllung nach Weisung. Die genaue Ausgestaltung ergibt sich vielmehr aus dem konkreten institutionellen Rahmen des jeweiligen Landes. In Nordrhein-Westfalen sind dies die Landesverfassung, die Gemeinde- und Kreisordnung und die einzelnen Fachgesetze. Unterschiede ergeben sich zudem im Hinblick auf die konkrete Ausgestaltung der einzelnen Pflichtaufgaben zur Erfüllung nach Weisung.

---

128 *Schönenbroicher*, in: Schönenbroicher/Heusch (Hrsg.), OBG NRW, § 3 Rn. 16.
129 Siehe hierzu *Kirchhof*, in: Kirchhof u. a. (Hrsg.), KrO NRW, § 64 Erl. 2.2 m. w. N.
130 *Hartmann*, in: Articus/Schneider (Hrsg.), GO NRW, § 2 Erl. 2.
131 Vgl. *Becker/Winkel*, in: Held u. a (Hrsg.), GO NRW, § 132 Erl. 5; *Kirchhof*, in: Kirchhof u. a. (Hrsg.), KrO NRW, § 64 Erl. 3.2; *Vietmeier*, Aufgaben, S. 139 ff., 164 ff. – jeweils mit weiteren Beispielen.
132 Siehe hierzu *LSG NRW*, Beschl. v. 3.9.2008 – L 10 VG 20/03 –, in: juris Rn. 106; *Stähler*, LOG NRW, § 16 Erl. 1, 2; *Vietmeier*, Aufgaben, S. 123 f., 158 f.
133 Siehe oben § 2 A. II.

Im Folgenden wird der gesetzliche Rahmen der Pflichtaufgaben zur Erfüllung nach Weisung in Nordrhein-Westfalen in seinen Grundzügen dargelegt. Auf die Besonderheiten der Ausgestaltung der einzelnen Aufgaben kann dabei angesichts der Vielzahl von Pflichtaufgaben zur Erfüllung nach Weisung nur überblicksartig eingegangen werden.

I. Rechtliche Grundlagen der Pflichtaufgaben zur Erfüllung nach Weisung

Der rechtliche Rahmen der Pflichtaufgaben zur Erfüllung nach Weisung in Nordrhein-Westfalen ergibt sich aus der Landesverfassung, den Kommunalverfassungen sowie den einzelnen Fachgesetzen. So werden die Aufgaben auf verfassungsrechtlicher Ebene in Art. 78 Abs. 4 S. 2 LVerf NRW näher bestimmt. Nach dieser Regelung kann sich das Land bei Pflichtaufgaben ein Weisungs- und Aufsichtsrecht nach näherer gesetzlicher Vorschrift vorbehalten.

Die Kommunalverfassungen treffen an verschiedenen Stellen Bestimmungen zu den Pflichtaufgaben zur Erfüllung nach Weisung. So bestimmen §§ 3 Abs. 2 S. 1 GO NRW sowie § 2 Abs. 2 S. 3 KrO NRW, dass den Gemeinden bzw. Kreisen Pflichtaufgaben zur Erfüllung nach Weisung übertragen werden können.

§ 119 Abs. 2 GO NRW, § 57 Abs. 2 KrO NRW, § 24 Abs. 2 LVerbO NRW[134] bestimmen sodann, dass sich die Aufsicht des Landes bei den Pflichtaufgaben zur Erfüllung nach Weisung *nach den hierüber erlassenen Gesetzen* richtet. Bezeichnet wird diese Aufsicht als *Sonderaufsicht*.

Die einzelnen Aufsichtsbefugnisse werden in den Kommunalverfassungen somit nicht geregelt. Diese ergeben sich vielmehr aus den Spezialgesetzen. Insbesondere gilt dies für das Weisungsrecht, vgl. Art. 78 Abs. 4 S. 2 LVerf NRW, § 3 Abs. 2 S. 1, 2. Hs. GO NRW, § 2 Abs. 2 S. 3, 2. Hs. KrO NRW. Im Hinblick auf die gesetzliche Bestimmung des Weisungsrechts bestimmen zudem § 3 Abs. 2 S. 1, 2. Hs. a. E. GO NRW und § 2 Abs. 2 S. 3, 2. Hs. a. E. KrO NRW, dass der Gesetzgeber das Weisungsrecht in der Regel begrenzen muss. Durch diese Vorgabe wird der Gesetzgeber

[134] Auf die Besonderheiten der Landschaftsverbände wird in dieser Arbeit nicht eingegangen; zur Aufgabenwahrnehmung durch die Landschaftsverbände s. etwa *Görisch*, NWVBl 2002, 418 ff., 423.

jedoch nicht gebunden.[135] Insoweit greift zum einen in der Regel bereits der erwähnte *lex posterior*-Grundsatz.[136] Zum anderen tritt die Regelung nach dem Grundsatz *lex specialis derogat legi generali*[137] hinter dem speziellen Fachgesetz zurück.

Die genannten Regelungen übertragen somit die genaue Ausgestaltung der Pflicht auf die Fachgesetze, die die jeweilige Pflichtaufgabe zur Erfüllung nach Weisung zum Gegenstand haben. Diese einfachgesetzlichen Regelungen bestimmen zunächst einmal, welche Aufgaben überhaupt als Pflichtaufgabe zur Erfüllung nach Weisung wahrgenommen werden und welche kommunalen Behörden hierfür zuständig sind.[138] Die Gesetzestechnik ist zum Teil etwas undurchsichtig, da nicht in jedem Fachgesetz explizit bestimmt wird, dass es sich bei der Aufgabe um eine Pflichtaufgabe zur Erfüllung nach Weisung handelt, sondern vielfach mit Verweisungen gearbeitet wird.[139]

Aus den Fachgesetzen ergibt sich zudem, welche Behörden die Aufsicht über die kommunalen Behörden ausüben und welche Befugnisse die Aufsichtsbehörden im Einzelnen haben.[140]

II. Rechtliche Einordnung der Pflichtaufgaben zur Erfüllung nach Weisung

Die Diskussion um die rechtliche Einordnung der nordrhein-westfälischen Pflichtaufgaben zur Erfüllung nach Weisung wurde in Schrifttum und Rechtsprechung jahrzehntelang kontrovers geführt. Inzwischen kann sie angesichts der gefestigten Rechtsprechung in Nordrhein-Westfalen – zumindest für die Praxis – als ausdiskutiert angesehen werden.[141] In der gebotenen Kürze soll dennoch auf die Thematik eingegangen werden. Denn die rechtliche Einordnung der Pflichtaufgaben zur Erfüllung nach Weisung ist grundlegend für das

---

135 Vgl. *Lange*, in: Stein/Faber (Hrsg.), FS Ridder, S. 63 (67, Fn. 23).

136 Zum *lex posterior*-Grundsatz s. oben § 2 A. III. 2. c. aa. (1).

137 Zum *lex specialis*-Grundsatz s. *Maurer*, Verwaltungsrecht, § 4 Rn. 6.

138 Z. B. § 3 Abs. 1 OBG NRW; § 4 FSHG NRW; § 1 S. 1 LFBRVG NRW.

139 Hierzu *Bätge*, in: Hofmann/Theisen/Bätge (Hrsg.), Kommunalrecht, Kap. 2.5.3; *Wansleben*, in: Kirchhof u. a. (Hrsg.), KrO NRW, § 2 Erl. 8.3; s. zudem etwa *OVG Münster*, Beschl. v. 15.11.2002 – 15 B 2248/02 –, in: NVwZ 2003, 492 (493) = DÖV 2003, 419; *VG Aachen*, Beschl. v. 15.8.1983 – 3 L 728/83 –, S. 5 (unveröffentlicht); *VG Düsseldorf*, Urt. v. 4.8.2003 – 13 K 6469/00 – juris Rn. 22 ff.

140 So bspw. §§ 5 Abs. 2-4, 30 PsychKG NRW; § 25 VermKatG NRW; § 43 Abs. 3-6 WTG NRW.

141 *v. Lennep*, in: Rehn u. a. (Hrsg.), GO NRW Bd. I, § 3 Erl. IV. 1.

Verständnis dieses Aufgabentyps und wirkt sich vor allem maßgeblich auf das Verhältnis der Kommunen zu den Aufsichtsbehörden[142] und auf deren Steuerungsmöglichkeiten aus.[143] Auch die Rechtsschutzmöglichkeiten der Kommunen werden durch die rechtliche Einordnung der Pflichtaufgaben zur Erfüllung nach Weisung beeinflusst.[144]

Das Meinungsspektrum zur Rechtsnatur der Pflichtaufgaben zur Erfüllung nach Weisung reicht von der Zuordnung zu den früheren Auftragsangelegenheiten[145] bis hin zur – inzwischen in Rechtsprechung und Schrifttum überwiegend vertretenen – Einordnung als Selbstverwaltungsaufgaben[146]. Zwischen diesen beiden Auffassungen gibt es vermittelnde bzw. differenzierende An-

---

[142] Vgl. *OVG Münster*, Beschl. v. 11.4.2013 – 20 A 2092/12.PVL –, in: NWVBl 2013, 375 (377) = DÖD 2013, 203.

[143] Vgl. *Kirchhof*, VR 1977, 369 (371, 374); *Wachter*, SKV 1976, 299.

[144] Vgl. *Kirchhof*, VR 1977, 369 (371, 374); zu den Rechtsschutzmöglichkeiten s. unten § 6 B. I.

[145] So etwa *Becker*, DVBl 1956, 4 (5); *Brohm*, DÖV 1986, 397 (398); *Dregger*, Der Städtetag 1955, 190 (192 f.); *Gönnenwein*, Gemeinderecht, S. 105 f.; *Krüger*, Die Selbstverwaltung 1957, 339 f.; *Meis*, Verfassungsrechtliche Beziehungen, S. 74; *Schmitt-Kammler*, in: Burmeister (Hrsg.), FS Stern, S. 763 (765 ff.); *Schweer*, DVBl 1956, 703 (707 f.); *ders.*, DVBl 1957, 12 (13); ebenso, allerdings nur in einem *obiter dictum* (vgl. *Rietdorf*, DVBl 1958, 344; *Zuhorn/Hoppe*, Gemeinde-Verfassung, S. 82), *BVerfG*, Urt. v. 23.1.1957 – 2 BvF 3/56 –, in: BVerfGE 6, 104 (116) = NJW 1957, 379.

[146] Siehe bspw. *VerfGH NRW*, Urt. v. 15.2.1985 – VerfGH 17/83 –, in: DVBl 1985, 685 (687) = NVwZ 1985, 820; *OVG Münster*, Urt. v. 10.2.2011 – 13 A 1305/09 –, in: NWVBl 2011, 352 f.; Urt. v. 18.6.2002 – 15 A 83/02 –, in: OVGE MüLü 49, 17 (23) = NVwZ 2003, 887; Beschl. v. 16.3.1995 – 15 B 2839/93 –, in: NWVBl 1995, 300 (301) = NVwZ-RR 1995, 502; *LSG NRW*, Urt. v. 16.12.2009 – L 10 SB 39/09 –, in: SozialVerw 2010, 8 (10 ff.); *VG Arnsberg*, Urt. v. 6.2.2015 – 12 K 595/12 –, S. 6 (nicht veröffentlicht); *VG Düsseldorf*, Urt. v. 23.5.2003 – 25 K 5312/02 –, in: juris Rn. 15 ff.; *Ehlers*, NWVBl 1990, 44 (48); *ders.*, DVBl 2001, 1601 (1602 f.); *Erichsen*, Kommunalrecht, § 5 C; *Grawert*, LV NRW, Art. 78 Erl. 11; *Lange*, DÖV 2007, 820 (823 f.); *Riotte/Waldecker*, NWVBl 1995, 401 ff.; *Scheerbarth*, DÖV 1957, 470 (471); *ders.*, DVBl 1958, 83 (84); *Schoch*, in: Henneke/Meyer (Hrsg.), FG Schlebusch, S. 11 (32); *Senger*, DVBl 1957, 10 f.; *Vietmeier*, NWVBl 1992, 413 (415 ff.); offen gelassen von *OVG Münster*, Urt. v. 30.6.2005 – 20 A 3988/03 –, in: OVGE MüLü 50, 139 (141) = NuR 2006, 191; Urt. v. 18.2.1992 – 15 A 2276/89 –, in: OVGE MüLü 42, 260 (263) = NWVBl 1992, 283; zudem *BVerwG*, Urt. v. 22.5.1980 – 7 C 73/78 –, in: NJW 1981, 700 = VR 1981, 244; Urt. v. 11.3.1970 – 4 C 59/67 –, in: DVBl 1970, 580 (581) = DÖV 1970, 605; widersprüchlich *VerfGH NRW*, Urt. v. 13.8.1996 – VerfGH 23/94 –, in: OVGE MüLü 46, 256 (257) = DVBl 1997, 121, wonach in Selbstverwaltungsangelegenheiten nur eine Rechtsaufsicht zulässig sein soll; siehe zu dieser Widersprüchlichkeit *Bovenschulte*, Gemeindeverbände, S. 268, 274 f. sowie *Görisch*, NWVBl 2002, 418 (423).

sichten, die die Pflichtaufgaben zur Erfüllung nach Weisung bspw. als „Zwischending“[147] oder Ähnliches[148] einordnen.

Zuzustimmen ist der Auffassung, die die Pflichtaufgaben zur Erfüllung nach Weisung als Selbstverwaltungsaufgaben einordnet. Wie zuvor dargelegt,[149] liegt der nordrhein-westfälischen Landesverfassung sowie der Gemeinde- und Kreisordnung dem monistischen Aufgabenverständnis entsprechend ein einheitlicher Begriff der kommunalen Aufgaben zugrunde. Im Gegensatz zur herkömmlichen Aufgabenstruktur wird gerade nicht mehr zwischen staatlichen und eigenen Aufgaben der Kommunen unterschieden. Es gibt vielmehr nur noch einen einheitlichen kommunalen Aufgabenbereich, in dem die Kommunen nicht in den staatlichen Aufgabenvollzug eingebunden sind, sondern alle Aufgaben eigenständig und eigenverantwortlich als Selbstverwaltungsaufgaben wahrnehmen. Die Pflichtaufgaben zur Erfüllung nach Weisung lassen sich nach der Gesetzessystematik zudem als „Unterfall“[150] der Pflichtaufgaben qualifizieren, die unstreitig zu den Selbstverwaltungsaufgaben gehören. Da mithin alle Aufgaben als Selbstverwaltungsaufgaben ausgestaltet sind, gilt dies auch für die Pflichtaufgaben zur Erfüllung nach Weisung. Das – ohnehin zu beschränkende –[151] Weisungsrecht des Landes ändert hieran nichts.[152]

---

147 *OVG Münster*, Urt. v. 15.7.1958 – 8 A 1063/56 –, in: OVGE MüLü 13, 356 (359) = DVBl 1958, 803; zustimmend *v. Mutius*, JuS 1978, 28 (31).

148 Siehe z. B. *Bovenschulte*, Gemeindeverbände, S. 279 f. – „Gemengeerscheinung“; *Salzwedel*, VVDStRL 22 (1965), 206 (225 f.) – „„auflösend bedingten“ Selbstverwaltungsaufgaben“; *Schmidt*, Kommunale Kooperation, S. 141 – „Institut sui generis“; *Schönenbroicher*, in: Heusch/Schönenbroicher (Hrsg.), LVerf NRW, Art. 78 Rn. 67 – **„doppelte rechtliche Struktur“** (Hervorhebung im Original); *Zuhorn/Hoppe*, Gemeinde-Verfassung, S. 88; differenzierend anhand des Weisungsrechts bspw. *Schmidt-Eichstaedt*, HdKWP Bd. 3, § 48 B. II. 3. c).

149 Siehe oben § 2 A. III. 1.

150 *Vietmeier*, DVBl 1992, 413 (420); s. auch *Wansleben*, in: Kirchhof u. a. (Hrsg.), KrO NRW, § 2 Erl. 8.1 – „Variante“; vgl. Art. 78 Abs. 3, 4 LVerf NRW, § 3 Abs. 1, 2 GO NRW, § 2 Abs. 2 KrO NRW.

151 Siehe oben § 2.

152 Näher zur Begründung dieser rechtlichen Einordnung s. bspw. *VerfGH NRW*, Urt. v. 15.2.1985 – VerfGH 17/83 –, in: DVBl 1985, 685 (687) = NVwZ 1985, 820; *OVG Münster*, Urt. v. 17.7.2003 – 12 A 5381/00 –, in: OVGE MüLü 49, 179 (182) = NWVBl 2004, 109; *VG Düsseldorf*, Urt. v. 23.5.2003 – 25 K 5312/02 –, in: juris Rn. 15 ff.; *LSG NRW*, Urt. v. 16.12.2009 – L 10 SB 39/09 –, in: SozialVerw 2010, 8 (10 ff.); *Erichsen*, Kommunalrecht, § 5 C; *Lange*, DÖV 2007, 820 (823 f.); *Riotte/Waldecker*, NWVBl 1995, 401 ff.; *Wansleben*, in: Kirchhof u. a. (Hrsg.), KrO NRW, § 2 Erl. 8.1.

III. Ausgestaltung der Sonderaufsicht über die Pflichtaufgaben zur Erfüllung nach Weisung

Wie zuvor dargelegt, übt das Land bei den Pflichtaufgaben zur Erfüllung nach Weisung die Sonderaufsicht nach § 119 Abs. 2 GO NRW, § 57 Abs. 2 GO NRW aus,[153] die ihren Ursprung in § 110 Abs. 2 des Weinheimer Entwurfs hat.[154] Die Besonderheit der Pflichtaufgaben zur Erfüllung nach Weisung liegt gerade in dieser Aufsichtsbeziehung zwischen Land und Kommunen. Ein Merkmal der Sonderaufsicht ist es, dass diese Aufsichtsform in den genannten Vorschriften der Kommunalverfassungen nicht näher geregelt wird. Die genaue Ausgestaltung ergibt sich vielmehr aus den einzelnen Fachgesetzen, die die jeweilige Pflichtaufgabe zur Erfüllung nach Weisung betreffen, § 119 Abs. 2 GO NRW, § 57 Abs. 2 GO NRW. Nach dieser Regelung bestimmen die jeweiligen Einzelgesetze somit abschließend den genauen Umfang und Inhalt der konkreten Einwirkungsmöglichkeiten des Landes.[155] Weiteres Merkmal der Sonderaufsicht ist die grundsätzliche Beschränkung des Weisungsrechts des Landes.[156]

1. Maßstab der Sonderaufsicht

Die Sonderaufsicht erstreckt sich, anders als die allgemeine Aufsicht, nicht nur auf die Rechtmäßigkeit der Aufgabenwahrnehmung, sondern – zumindest im gesetzlich näher bestimmten Umfang – auch auf die Zweckmäßigkeit der Aufgabenwahrnehmung.[157]

Aufgrund dieses Zweckmäßigkeitsmaßstabs wird die Sonderaufsicht im Schrifttum und in der Praxis vielfach der Fachaufsicht zugeordnet bzw. in deren Nähe gerückt.[158] Denn Maßstab der Fachaufsicht ist ebenfalls die Recht-

---

153 Siehe oben § 2 A. III. 2. b.

154 Siehe etwa *Jock*, Fachaufsicht, S. 57; *Kahl*, Staatsaufsicht, S. 266 f.

155 Siehe *Kahl*, Staatsaufsicht, S. 267 zu § 110 Abs. 2 des Weinheimer Entwurfs.

156 Siehe oben § 2.

157 *Burgi*, in: Dietlein/Burgi/Hellermann (Hrsg.), Öffentliches Recht, § 2 Rn. 113; *Erichsen*, Kommunalrecht, § 15 C; *Pieper*, Aufsicht, S. 89; vgl. *LSG NRW*, Beschl. v. 3.9.2008 – L 10 VG 20/03 –, in: juris Rn. 106.

158 Siehe etwa *Gern*, Kommunalrecht, Rn. 821 ff.; *Groß*, DVBl 2002, 793 (797); *Jock*, Fachaufsicht, S. 59; *Kahl*, Staatsaufsicht, S. 557; *Schmidt-Jortzig*, Kommunalrecht, Rn. 82 – Fn. 8; *Schoch*, Jura 2006, 358 (Sonderaufsicht als „Unterfall“ der Fachaufsicht); *Stober*, Kommunalrecht, § 9 III 2. a; *Wollmann*, LKV 1997, 105 (107) („Sonderaufsicht als Variante der Fachaufsicht“); vgl. auch *Schönenbroicher*, in: Schönenbroicher/Heusch (Hrsg.), OBG NRW, § 7 Rn. 2.

und Zweckmäßigkeit des Handelns der beaufsichtigten Behörde.[159] Verkannt wird dabei aber, dass im Rahmen der Fachaufsicht nachgeordnete Landesbehörden beaufsichtigt werden, während bei der Sonderaufsicht eigenständige, mit dem Selbstverwaltungsrecht nach Art. 28 Abs. 2 GG ausgestattete Verwaltungsträger beaufsichtigt werden. Beide Aufsichtsarten unterschieden sich daher „wesensmäßig“[160] voneinander und sind strikt auseinanderzuhalten.[161] Dies gilt auch, soweit – mit Ausnahme von Brandenburg –[162] in den anderen Ländern[163] die Aufsicht über Pflichtaufgaben zur Erfüllung nach Weisung als Fachaufsicht bezeichnet wird. Denn unter dem Begriff der *Fach*aufsicht wird in diesen Ländern der Sache nach die Sonderaufsicht in Nordrhein-Westfalen verstanden.[164]

Der genaue Aufsichtsmaßstab der Sonderaufsicht wird – anders als bei der allgemeinen Aufsicht – nicht allgemein in § 119 Abs. 2 GO NRW oder § 57 Abs. 2 KrO NRW bestimmt. Er ergibt sich vielmehr zum Teil direkt[165] oder sonst indirekt aus den jeweiligen Fachgesetzen, nach denen die Aufsichtsbehörden sowohl Rechtmäßigkeits- als auch Zweckmäßigkeitsweisungen erteilen dürfen.[166] Der genaue Umfang der Aufsicht im Hinblick auf Zweckmäßigkeitsgesichtspunkte, insbesondere etwaige Beschränkungen, ergibt sich ebenfalls aus den jeweiligen Fachgesetzen.

---

159 § 13 Abs. 1 LOG NRW; näher zum Aufsichtsmaßstab der Fachaufsicht im Allgemeinen statt vieler *Pieper*, Aufsicht, S. 418 f.

160 *Becker/Winkel*, in: Held u. a. (Hrsg.), GO NRW, § 119 Erl. 4.6; *Rietdorf*, DÖV 1962, 593 (602).

161 *Becker/Winkel*, in: Held u. a. (Hrsg.), GO NRW, § 119 Erl. 4.6; *Lafontaine/Stollmann*, NWVBl 1999, 170 (174); *Rietdorf*, DÖV 1962, 593 (602); *Schönenbroicher*, in: Schönenbroicher/Heusch (Hrsg.), OBG NRW, § 7 Rn. 2; s. im Grundsatz auch *Erichsen*, Kommunalrecht, § 15 C; vgl. auch *OVG Münster*, Urt. v. 18.6.2002 – 15 A 83/02 –, in: OVGE MüLü 49, 17 (21) = NVwZ 2003, 887 – „Aufteilung der (…) Aufsichtsbefugnisse in die allgemeine Aufsicht und die Sonderaufsicht unter Ausschluss der Fachaufsicht“.

162 § 121 Abs. 1 BbgKVerf.

163 So z. B. Baden-Württemberg, §§ 118 Abs. 2, 129 GemO BW (i. V. m. § 51 Abs. 2 S. 1 LKrO BW) oder Sachsen, §§ 111 Abs. 2, 123 SächsGemO (i. V. m. § 65 Abs. 2 S. 1 SächsLKrO).

164 Vgl. *Klein*, in: Articus/Schneider (Hrsg.), GO NRW, § 119 Erl. 2.

165 Z. B. § 25 Abs. 3 VermKatG NRW.

166 Vgl. bspw. § 9 Abs. 1, 2 OBG NRW; § 5 Abs. 3, 4 PsychKG NRW; § 43 Abs. 5, 6 WTG NRW.

2. Sonderaufsichtsbehörden

Die Fachgesetze bestimmen die jeweils für die konkrete Aufgabe zuständigen Sonderaufsichtsbehörden. Auf wie vielen Ebenen das Land die Aufsicht ausübt, variiert von Aufgabe zu Aufgabe. Selten wird sie nur auf einer Ebene durchgeführt.[167] Häufig hingegen übt das Land die Aufsicht auf zwei[168] oder drei[169] Ebenen aus. Auf der unteren Aufsichtsebene ist der Landrat die zuständige Aufsichtsbehörde.[170] Auf der nächsten Ebene wird die Aufsicht in der Regel von den Bezirksregierungen,[171] zum Teil aber auch von Sonderbehörden[172] wahrgenommen. Oberste Aufsichtsbehörde ist das jeweils für zuständig erklärte Ministerium.[173]

3. Befugnisse der Sonderaufsicht

Die Befugnisse der Sonderaufsichtsbehörden ergeben sich ebenfalls aus den jeweiligen Fachgesetzen. Da viele Pflichtaufgaben zur Erfüllung nach Weisung aus dem Bereich des allgemeinen und besonderen Gefahrenabwehrrechts stammen, richtet sich das Aufsichtsregime bei vielen Aufgaben nach den §§ 8 ff. OBG NRW.[174] Soweit die Fachgesetze spezielle Vorschriften bezüglich der Aufsichtsbefugnisse getroffen haben, sind diese häufig an die Befugnisse des OBG NRW angelehnt. Den Regelungen des OBG NRW kommt insoweit „Modellcharakter"[175] für das Sonderaufsichtsrecht bei Pflichtaufgaben zur Erfüllung nach Weisung zu.

---

167 So z. B. die oberste Landesjugendbehörde, die nach § 15 Abs. 1 S. 2 AG-KJHG NRW die Aufsicht über die Landesjugendämter ausübt.

168 So z. B. nach § 30 PsychKG NRW; § 43 Abs. 3 S. 1, Abs. 4 WTG NRW.

169 So etwa nach § 32 FSHG NRW; §§ 13, 15 Abs. 1 LHundG NRW i. V. m. § 7 OBG NRW; § 3 Abs. 4 S. 1-3 WFNG NRW.

170 Bspw. nach § 32 Abs. 1 FSHG NRW; §§ 13, 15 Abs. 1 LHundG NRW i. V. m. § 7 Abs. 1 OBG NRW.

171 Z. B. nach § 32 Abs. 2 FSHG NRW; § 30 S. 1 PsychKG NRW; § 25 Abs. 1 S. 1 VermKatG NRW.

172 So bspw. das LANUV nach § 10 Abs. 1 S. 1 BehEinglG NRW i. V. m. § 3 Abs. 1 S. 2 LANUV-EAG NRW.

173 Bspw. das „Innenministerium" nach § 32 Abs. 3 FSHG NRW oder „das für das Gesundheitswesen zuständige Ministerium" nach § 5 Abs. 2 i. V. m. § 30 S. 2 PsychKG NRW oder einfach „das zuständige Ministerium" nach § 43 Abs. 4 WTG NRW.

174 Z. B. bei der Lebensmittelüberwachung nach § 1 S. 1 LFBRVG.

175 *Rietdorf* u. a., Ordnungs- und Polizeirecht, § 7 Rn. 2.

Im Folgenden sollen daher die Instrumente der Sonderaufsichtsbehörden anhand der Regelungen im OBG NRW dargestellt werden. Zum Teil wird auf andere gesetzliche Bestimmungen hingewiesen.

a. Unterrichtungsrecht

Unter Unterrichtung soll in dieser Arbeit die Weitergabe von Informationen einer beaufsichtigten Kommune an die Sonderaufsichtsbehörde aufgrund eines Unterrichtungsverlangens der Aufsichtsbehörde verstanden werden.[176] Unterrichtungsverlangen und Informationsersuchen werden dabei im Folgenden synonym verwandt.

Das Unterrichtungsrecht der Sonderaufsichtsbehörden ist in der Regel ausdrücklich in den Fachgesetzen vorgesehen.[177] Dies ist allerdings nicht bei allen Pflichtaufgaben zur Erfüllung nach Weisung der Fall.[178] Aber auch dort, wo dies nicht explizit geregelt ist, wird den Aufsichtsbehörden ein entsprechendes Informationsrecht zugestanden.[179]

b. Weisungsrecht

Wie bereits in der Bezeichnung Pflichtaufgaben zur Erfüllung *nach Weisung* zum Ausdruck kommt, verfügen die Sonderaufsichtsbehörden stets über ein – mehr oder weniger umfangreiches – Weisungsrecht gegenüber den kommunalen Behörden, das spezialgesetzlich bestimmt werden muss.

aa. Begriff der Weisung

Unter einer Weisung soll in dieser Arbeit eine auf Verbindlichkeit gerichtete Äußerung einer Verhaltenserwartung einer Sonderaufsichtsbehörde an mehrere oder einzelne von ihr beaufsichtigte Kommunen unter Ausübung ihres gesetzlichen Weisungsrechts verstanden werden.[180]

---

[176] Vgl. zum Begriff *Oebbecke*, Unterrichtungsfreie Räume, S. 7.

[177] Z. B. § 8 OBG NRW; § 25 Abs. 4 VermKatG NRW; § 43 Abs. 5 S. 1 WTG NRW.

[178] Vgl. z. B. § 2 Abs. 3 VersAEinglG NRW; § 3 Abs. 4 WFNG NRW.

[179] Siehe hierzu näher unten § 6 A. I. 1.

[180] Vgl. zum Begriff *Oebbecke*, Unterrichtungsfreie Räume, S. 6; zudem *Burgi*, Verw 42 (2009), 155 (173); *Etscheid*, Fachaufsicht, S. 217; *Salzwedel*, VVDStRL, 22 (1965), 206 (217).

Weisungen werden in der Praxis häufig auch als Erlasse, Runderlasse, Verwaltungsvorschriften oder Ähnliches bezeichnet.[181]

bb. Rechtmäßigkeitsweisungen

Den Sonderaufsichtsbehörden steht zunächst das Recht zu, Weisungen an die Kommunen zu erteilen, um die gesetzmäßige Wahrnehmung der Aufgaben sicherzustellen. So normiert bspw. § 9 Abs. 1 OBG NRW, dass die Aufsichtsbehörden Weisungen erteilen können, um die gesetzmäßige Erfüllung der ordnungsbehördlichen Aufgaben zu sichern. Auch die Fachgesetze, auf die das OBG NRW nicht anwendbar ist oder die spezielle Regelungen enthalten, normieren in aller Regel in gleicher oder ähnlicher Weise die Befugnis der Sonderaufsichtsbehörden, Rechtmäßigkeitsweisungen zu erteilen.[182]

Einige der Vorschriften nennen ausdrücklich die Möglichkeit, „allgemeine und besondere Weisungen"[183] zu erteilen, andere Bestimmungen – wie § 9 Abs. 1 OBG NRW – sprechen nur generell von „Weisungen"[184]. Nach beiden Bestimmungsvarianten können die Aufsichtsbehörden sowohl allgemeine als auch besondere Rechtmäßigkeitsweisungen erteilen.

cc. Zweckmäßigkeitsweisungen

Das Kernstück der sonderaufsichtlichen Befugnisse ist das Recht der Aufsichtsbehörden, den Kommunen Zweckmäßigkeitsweisungen zu erteilen. Hierbei wird in den Fachgesetzen in aller Regel ausdrücklich zwischen allgemeinen und besonderen Weisungen unterschieden.[185]

---

181 *Etscheid*, Fachaufsicht, S. 217; *Jock*, Fachaufsicht, S. 76 f.

182 § 33 Abs. 2 FSHG NRW; § 9 Abs. 2 S. 1 HeilBerG NRW; § 15 Abs. 2 AG-KJHG NRW; § 5 Abs. 3 PsychKG NRW; § 25 Abs. 5 S. 1 VermKatG NRW; § 4 Abs. 2 S. 3 VersAEinglG NRW; § 3 Abs. 4 S. 4 WFNG NRW; § 43 Abs. 5 S. 2 WTG NRW; anders aber § 6 EAG NRW, der in Abs. 2 nur ein Weisungsrecht für *zweckmäßige* Weisungen ausdrücklich normiert.

183 So z. B. § 4 Abs. 2 S. 3 VersAEinglG NRW; ähnlich § 43 Abs. 5 S. 2 WTG NRW.

184 Bspw. auch § 15 Abs. 2 AG-KJHG NRW; § 33 Abs. 2 FSHG NRW; § 5 Abs. 3 PsychKG NRW.

185 Siehe z. B. § 15 Abs. 3 AG-KJHG NRW; § 6 Abs. 2 EAG NRW; § 6 Abs. 4 FlüAG NRW; § 8 Abs. 3 S. 4 LG NRW; § 9 Abs. 2 OBG NRW; § 43 Abs. 6 WTG NRW; anders § 1 Abs. 1 S. 3 PStVO NRW, der nur ein *Weisungsrecht* vorsieht.

(1) Allgemeine Weisungen

Grundsätzlich sehen sämtliche Fachgesetze, die das Weisungsrecht der Aufsichtsbehörden speziell regeln, ausdrücklich ein allgemeines Weisungsrecht im Hinblick auf die zweckmäßige Aufgabenerfüllung durch die Kommunen vor.[186]

§ 9 Abs. 2 lit. a) OBG NRW bestimmt bspw., dass die Aufsichtsbehörden zur zweckmäßigen Erfüllung der Aufgaben *allgemeine Weisungen* erteilen können, um die *gleichmäßige Durchführung* der Aufgaben zu sichern. Eine fast wortgleiche, zumindest aber ähnliche Bestimmung zum allgemeinen Weisungsrecht findet sich in den meisten Fachgesetzen.[187] Demnach dürfen die Sonderaufsichtsbehörden in der Regel allgemeine Weisungen nur erlassen, um die *einheitliche* bzw. *gleichmäßige* Aufgabenerfüllung durch die Kommunen sicherzustellen.

Vereinzelt gibt es auch Pflichtaufgaben zur Erfüllung nach Weisung, bei denen das allgemeine Weisungsrecht unbeschränkt ist.[188]

(2) Besondere Weisungen

Neben dem allgemeinen Weisungsrecht verfügen die Sonderaufsichtsbehörden regelmäßig über die Befugnis, *besondere Weisungen* zu erteilen. Beispielhaft sei hier § 9 Abs. 2 lit. b) OBG NRW genannt, wonach die Aufsichtsbehörden besondere Weisungen erteilen dürfen, wenn das Verhalten der zuständigen Ordnungsbehörde zur Erledigung ordnungsbehördlicher Aufgaben *nicht geeignet erscheint* oder *überörtliche Interessen gefährden* kann.[189]

Vereinzelt ermöglichen Fachgesetze besondere Weisungen darüber hinaus zu sonstigen spezifischen Zwecken, wie bspw. § 15 Abs. 2 lit. b), 2. Fall AG-KJHG NRW, wonach besondere Weisungen ergehen können, um das Wohl von Kindern und Jugendlichen zu gewährleisten.

---

186 So etwa § 8 Abs. 3 S. 4 Ziff. 1 LG NRW; § 9 Abs. 2 lit. a) OBG NRW; § 3 Abs. 4 S. 5 Ziff. 1 WFNG NRW; anders aber § 1 Abs. 1 S. 3 PStVO NRW.

187 Bspw. § 6 Abs. 2 S. 1 EAG NRW; § 33 Abs. 3 S. 1 FSHG NRW; § 8 Abs. 3 S. 4 Ziff. 1 LG NRW; § 25 Abs. 5 S. 2 Ziff. 1 VermKatG NRW; § 3 Abs. 4 S. 5 Ziff. 1 WFNG NRW; § 43 Abs. 6 Ziff. 1 WTG NRW.

188 So z. B. § 15 Abs. 3 lit. a) AG-KJHG NRW; § 2 Abs. 3 S. 3 lit. a) ZuVO SGB NRW.

189 Ähnlich z. B. § 8 Abs. 3 S. 4 Ziff. 2 LG NRW; § 2 Abs. 3 S. 3 lit. b) ZuVO SGB NRW.

Gelegentlich verfügen die Aufsichtsbehörden über kein besonderes Weisungsrecht und können daher nur allgemeine Weisungen erteilen.[190]

c. Selbsteintrittsrecht

Neben dem Unterrichtungs- und Weisungsrecht kommt als intensivste Aufsichtsmaßnahme das Selbsteintrittsrecht der Aufsichtsbehörden in Betracht. Hierbei handelt es sich um das Recht einer Aufsichtsbehörde, die Befugnisse einer beaufsichtigten Behörde zu übernehmen und an deren Stelle auszuüben.[191]

Ein solches Selbsteintrittsrecht enthält bspw. § 10 OBG NRW. Es ist einschlägig, wenn ein Hauptverwaltungsbeamter als staatliche Verwaltungsbehörde Einzelweisungen nach § 9 Abs. 1 oder Abs. 2 OBG NRW entgegen der Anordnung der Aufsichtsbehörde nicht ausführt. Wenn er dieser Aufforderung nicht nachkommt, kann die Aufsichtsbehörde nach § 10 Abs. 1 OBG NRW die Befugnisse der Kommune selbst ausüben oder einem Dritten übertragen.[192] Die Ausübung des Selbsteintrittsrechts steht im Ermessen der Aufsichtsbehörde.[193]

Viele Fachgesetze verweisen entweder auf das OBG NRW, sodass die Ausführungen zu § 10 OBG NRW entsprechend gelten oder sie normieren überhaupt kein Selbsteintrittsrecht. Eine seltene Ausnahme bestimmt § 33 Abs. 4 FSHG NRW für Großschadensereignisse. Kommt der Hauptverwaltungsbeamte oder die Gemeinde bzw. der Kreis in einem solchen Fall der Weisung der Aufsichtsbehörde nicht innerhalb einer gesetzten Frist nach, kann die Aufsichtsbehörde die Befugnisse der Gemeinde oder des Kreises in entsprechender Anwendung des § 123 Abs. 2 GO NRW und § 57 Abs. 3 KrO NRW selbst ausüben oder die Ausübung einem anderen übertragen.

Der rechtliche Befund zeigt damit, dass die Fachgesetze außerhalb von § 10 OBG NRW in der Regel kein Selbsteintrittsrecht vorsehen.

---

190 So bspw. § 5 Abs. 4 PsychKG NRW; § 2 Abs. 3 S. 2 VersAEinglG NRW.

191 So ähnlich *Etscheid*, Fachaufsicht, S. 26.

192 Ausführlich zum Selbsteintritt § 10 OBG NRW s. *Klaes*, Selbsteintritt, S. 154 ff.; *Rhein*, OBG NRW, § 10 Rn. 1 ff.

193 Siehe etwa § 10 Abs. 1 OBG NRW – „können“; § 33 Abs. 4 FSHG NRW – „kann“.

d. Durchsetzung der Aufsichtsmaßnahmen

Soweit die Aufsichtsbehörden mithin im Regelfall nicht zum Selbsteintritt befugt sind, haben sie keine Möglichkeit, ihre Aufsichtsmaßnahmen selbst durchzusetzen, wenn sich eine Kommune weigert, diese auszuführen.[194] Sie müssen sich hierfür vielmehr an die allgemeinen Aufsichtsbehörden wenden.[195] Denn auf deren Befugnisse können die Sonderaufsichtsbehörden nicht zurückgreifen. § 127 GO NRW bestimmt ausdrücklich, dass andere Stellen als die allgemeinen Aufsichtsbehörden zu Eingriffen in die Gemeindeverwaltung nach §§ 121 ff. GO NRW nicht befugt sind.[196] Diese Regelung dient dem Schutz der Kommunen, indem zu ihren Gunsten sichergestellt wird, dass nur diejenigen Aufsichtsbehörden Maßnahmen gegenüber den Kommunen ergreifen dürfen, die einen Gesamtüberblick über die kommunale Situation haben.[197] Hierin kommt auch der Grundsatz der „Einheit der Aufsicht"[198] zum Ausdruck. Zudem kann die Kommunalaufsichtsbehörde ggf. für „Versachlichung und Mäßigung"[199] sorgen.

Die Befugnis der allgemeinen Aufsichtsbehörden, mit ihren Mitteln die Aufsichtsmaßnahmen der Sonderaufsicht zu vollziehen, ergibt sich daraus, dass die Missachtung einer Weisung einen Rechtsverstoß darstellt.[200] Das Ersuchen der Sonderaufsichtsbehörde an die allgemeine Aufsichtsbehörde verpflichtet letztere aber nicht, dem Ersuchen auch nachzukommen und die sonderaufsichtliche Weisung tatsächlich durchzusetzen.[201] Die allgemeine Aufsichtsbehörde kann vielmehr die Rechtmäßigkeit der sonderaufsichtlichen Maßnahme

---

194 *Klein*, in: Articus/Schneider (Hrsg.), GO NRW, § 119 Erl. 2; s. auch *Etscheid*, Fachaufsicht, S. 191; *Groß*, DVBl 2002, 793 (798).

195 *Becker/Winkel*, in: Held u. a. (Hrsg.), GO NRW, § 127 Erl. 3; *Klein*, in: Articus/Schneider (Hrsg.), GO NRW, § 119 Erl. 2.

196 Hierzu und zum Verhältnis von § 127 GO NRW zu spezialgesetzlichen Selbsteintrittsrechten der Sonderaufsicht s. *Klaes*, Selbsteintritt, S. 151 f.

197 *Becker/Winkel*, in: Held u. a. (Hrsg.), GO NRW, § 127 Erl. 1; s. auch *Hinkel*, NVwZ 1985, 225 (230), zu § 113 GO NRW a. F.

198 *Kahl*, in: Hoffmann-Riem/Schmidt-Aßmann/Voßkuhle (Hrsg.), Grundlagen Bd. III, § 47 Rn. 102; *Gönnenwein*, Gemeinderecht, S. 213; *Pieper*, Aufsicht, S. 88 f.; *Klaes*, Selbsteintritt, S. 152.

199 *Schönenbroicher*, in: Schönenbroicher/Heusch (Hrsg.), OBG NRW, § 7 Rn. 5.

200 *VG Düsseldorf*, Urt. v. 9.2.2001 – 1 K 3658/99 –, in: www.nrwe.de Rn. 26 = openJur 2011, 15684; *Becker/Winkel*, in: Held u. a. (Hrsg.), GO NRW, § 119 Erl. 9; *Burgi*, in: Dietlein/Burgi/Hellermann (Hrsg.), Öffentliches Recht, § 2 Rn. 114; *Geis*, Kommunalrecht, § 24 Rn. 33; *Jock*, Fachaufsicht, S. 77; *Scholz*, Rechtsschutz der Gemeinden, S. 58.

201 *Ibler*, in: Hoffmann u. a. (Hrsg.), Kommunale Selbstverwaltung, S. 201 (217 f.).

eigenständig prüfen.[202] Sie ist nicht „Erfüllungsgehilfe der Sonderaufsichtsbehörde"[203]. Die Zweckmäßigkeit der sonderaufsichtlichen Maßnahme kontrolliert sie hingegen nicht.[204]

e. Adressat der Aufsichtsmaßnahmen

Es ist zu beachten, dass sich eine Aufsichtsmaßnahme nicht an die Kommune insgesamt, sondern nur an die jeweilige Fachbehörde richtet. Denn nur insoweit ist die Aufsichtsbehörde weisungsbefugt.[205]

§ 3 Steuerung

Eine Besonderheit der Pflichtaufgaben zur Erfüllung nach Weisung ist die aus dem Weisungsrecht resultierende Möglichkeit des Landes, die kommunale Aufgabenwahrnehmung inhaltlich zu beeinflussen. In diesem Punkt grenzen sich die Pflichtaufgaben zur Erfüllung nach Weisung von den sonstigen Selbstverwaltungsaufgaben in Nordrhein-Westfalen ab, die nur einer bloßen Rechtmäßigkeitsaufsicht unterliegen.

In dieser Arbeit soll dieser Steuerungsmöglichkeit des Landes genauer nachgegangen werden. Daher wird im Folgenden in Grundzügen erörtert, was überhaupt unter Steuerung zu verstehen ist und wie sich der Steuerungsbegriff im Hinblick auf die Pflichtaufgaben zur Erfüllung nach Weisung verhält.

Hierzu wird zunächst allgemein auf den Begriff der Steuerung eingegangen (A.). Dabei soll neben der Erläuterung des Steuerungsbegriffs (I.) das Verhältnis von Steuerung zu Aufsicht und Kontrolle geklärt werden (II.). Zudem soll kurz auf die verschiedenen Steuerungsformen und -instrumente eingegangen werden (III.). Anschließend wird der Begriff der Steuerung in den Kontext der Pflichtaufgaben zur Erfüllung nach Weisung eingeordnet (B.).

---

202 *Becker/Winkel*, in: Held u. a. (Hrsg.), GO NRW, § 119 Erl. 9; *Cronauge*, in: Rehn u. a. (Hrsg.), GO NRW Bd. II, § 127 Erl. 2; *Etscheid*, Fachaufsicht, 191; *Gern*, Kommunalrecht, Rn. 823; *Geis*, Kommunalrecht, § 24 Rn. 33; *Jock*, Fachaufsicht, S. 77; *Klein*, in: Articus/Schneider (Hrsg.), GO NRW, § 119 Erl. 2, § 127 Erl.

203 *Becker/Winkel*, in: Held u. a. (Hrsg.), GO NRW, § 119 Erl. 9.

204 *Etscheid*, Fachaufsicht, S. 191; *Geis*, Kommunalrecht, § 24 Rn. 33; *Gern*, Kommunalrecht, Rn. 823; *Jock*, Fachaufsicht, S. 77; *Klein*, in: Articus/Schneider (Hrsg.), GO NRW, § 127 Erl.; *Cronauge*, in: Rehn u. a. (Hrsg.), GO NRW Bd. II, § 127 Erl. 2; s. auch *VGH Kassel*, Beschl. v. 18.1.1988 – 4 TH 1663/85 –, in: NVwZ-RR 1988, 111 = DÖV 1988, 652.

205 *Wegrich*, Steuerung, S. 223.

A. Begriff der Steuerung

I. Begriff und Begriffselemente

Der Begriff der Steuerung entstammt ursprünglich dem Bereich der Sozialwissenschaften, wird aber inzwischen auch im rechtswissenschaftlichen Bereich verwandt.[206] Der Begriff hat in eine Vielzahl von sozial- und rechtswissenschaftlichen Werken Eingang gefunden und ist bereits häufig definiert und untersucht worden.[207]

In dieser Arbeit soll Steuerung in Anlehnung an den sozialwissenschaftlichen *handlungstheoretischen Ansatz* von *Mayntz*[208] definiert werden. Hierauf basierend wird Steuerung vorliegend als Einwirkung auf eine Institution zur Verhaltensbeeinflussung verstanden, mit der bestimmte Ziele erreicht werden sollen.[209] Steuerung setzt hiernach ein Steuerungssubjekt, ein Steuerungsobjekt, ein Steuerungsziel sowie Steuerungsinstrumente voraus.[210]

Beim Steuerungssubjekt handelt es sich um den Steuerungsakteur, also eine Person oder ein Kollektiv, das auf ein Steuerungsobjekt einwirkt.[211]

Das Steuerungsobjekt ist die Person bzw. das Kollektiv, auf die oder das durch das Steuerungssubjekt eingewirkt werden soll.[212] Bestandteil von Steue-

---

206 *Döhler*, Steuerung der Verwaltung, S. 215 m. w. N.; *Hoffmann-Riem*, in: Schmidt-Aßmann/Hoffmann-Riem (Hrsg.), Verwaltungskontrolle, S. 325 (333) m. w. N.

207 Vorliegend soll keine Untersuchung der einzelnen Steuerungsbegriffe und -ansätze vorgenommen werden, es wird insoweit auf die umfangreiche Literatur verwiesen: s. insb. *Mayntz*, in: Ellwein u. a. (Hrsg.), Jahrbuch, S. 89 (91 ff.) m. w. N.; *Mayntz*, in: Mayntz (Hrsg.), Soziale Dynamik, S. 186 (188 ff.) m. w. N.; zudem *Benz*, Der moderne Staat, S. 247; *Bohne*, Verw 47 (2014), 159 (171 f.); *Gärditz*, Hochschulorganisation, S. 163 ff.; *Jock*, Fachaufsicht, S. 44 ff.; *Kahl*, Staatsaufsicht, S. 355 ff.; *v. Mutius*, VVDStRL 42 (1984), 147 (153).

208 *Mayntz*, in: Ellwein u. a. (Hrsg.), Jahrbuch, S. 89 (92); *Mayntz*, in: Mayntz (Hrsg.), Soziale Dynamik, S. 186 (190); kritisch zum handlungstheoretischen Steuerungsbegriff *Götz*, Politische Steuerung, S. 58 ff.

209 Ähnlich *Mayntz*, in: Ellwein u. a. (Hrsg.), Jahrbuch, S. 89 (93); *Mayntz*, in: Mayntz (Hrsg.), Soziale Dynamik, S. 186 (190); s. zudem *Benz*, Der moderne Staat, S. 247; *Jock*, Fachaufsicht, S. 44; *Kahl*, Staatsaufsicht, S. 355; *Hoffmann-Riem*, in: Schmidt-Aßmann/Hoffmann-Riem (Hrsg.), Verwaltungskontrolle, S. 325 (333); *v. Mutius*, VVDStRL 42 (1984), 147 (153).

210 *Mayntz*, in: Ellwein u. a. (Hrsg.), Jahrbuch, S. 89 (93 f.); *Mayntz*, in: Mayntz (Hrsg.), Soziale Dynamik, S. 186 (190 ff.); s. auch *Döhler*, in: Döhler (Hrsg.), Staat, Verbände und politische Steuerung, S. 5 (17); *Gärditz*, Hochschulorganisation, S. 164; *Hoffmann-Riem*, DÖV 1997, 433 (439).

211 *Mayntz*, in: Ellwein u. a. (Hrsg.), Jahrbuch, S. 89 (93); *Mayntz*, in: Mayntz (Hrsg.), Soziale Dynamik, S. 186 (190); s. zudem *Gärditz*, Hochschulorganisation, S. 164.

rung ist, dass das Steuerungsobjekt über Autonomie verfügt, also selbst agiert, wenn seitens des Steuerungssubjekts kein Eingriff erfolgt.[213]

Weiteres Merkmal von Steuerung ist das Vorhandensein eines oder mehrerer Steuerungsziele. Hierunter sind vom Steuerungssubjekt erwünschte oder unerwünschte Ereignisse, Zustände oder Wirkungen beim Steuerungsobjekt zu verstehen.[214] Das Steuerungssubjekt kann – ggf. auch unter Mitwirkung anderer Stellen – diese Ziele selbst entwickeln oder an die bereits in Rechtsnormen begründeten Ziele anknüpfen und diese präzisieren.[215]

Das Steuerungsziel soll durch den Einsatz von Maßnahmen, den sog. Steuerungsinstrumenten, erreicht werden.[216] Instrumente sind allgemein als handlungsorientierte Mittel anzusehen, denen eine dienende Funktion zukommt, die also einen Zielbezug aufweisen.[217] Als Steuerungsinstrumente kommen eine Vielzahl von Maßnahmen in Betracht, wie Informationsersuchen, Weisungen, Verhandlungen etc. Der Zielbezug ergibt sich aus dem jeweils mit der Maßnahme verfolgten Steuerungsziel.

In zeitlicher Hinsicht ist Steuerung auf ein zukünftiges – dem Steuerungsziel entsprechendes – Verhalten des Steuerungsobjekts gerichtet.[218]

Keine Voraussetzung von Steuerung ist, dass die Steuerung auch erfolgreich ist, das Steuerungsziel also tatsächlich verwirklicht wird.[219] Steuerungshandeln und Steuerungswirkung sind vielmehr zu unterscheiden.[220]

---

212 *Gärditz*, Hochschulorganisation, S. 164; *Mayntz*, in: Ellwein u. a. (Hrsg.), Jahrbuch, S. 89 (93 f.); *Mayntz*, in: Mayntz (Hrsg.), Soziale Dynamik, S. 186 (191).

213 *Mayntz*, in: Ellwein u. a. (Hrsg.), Jahrbuch, S. 89 (93 f.); *Mayntz*, in: Mayntz (Hrsg.), Soziale Dynamik, S. 186 (191); s. auch *Döhler*, in: Döhler (Hrsg.), Staat, Verbände und politische Steuerung, S. 5 (17).

214 *Hoffmann-Riem*, in: Schmidt-Aßmann/Hoffmann-Riem (Hrsg.), Verwaltungskontrolle, S. 325 (333); *Hoffmann-Riem*, DÖV 1997, 433 (439); *Mayntz*, in: Ellwein u. a. (Hrsg.), Jahrbuch, S. 89 (94); *Mayntz*, in: Mayntz (Hrsg.), Soziale Dynamik, S. 186 (191 f.).

215 *Hoffmann-Riem*, DÖV 1997, 433 (439).

216 *Mayntz*, in: Ellwein u. a. (Hrsg.), Jahrbuch, S. 89 (93 f.); *Mayntz*, in: Mayntz (Hrsg.), Soziale Dynamik, S. 186 (190 ff.); s. auch *Götz*, Politische Steuerung, S. 58.

217 *Michael*, in: Hoffmann-Riem/Schmidt-Aßmann/Voßkuhle (Hrsg.), Grundlagen Bd. II, § 41 Rn. 10; s. auch *Schmidt-Aßmann*, Ordnungsidee, Kap. 6 Rn. 36.

218 *Jock*, Fachaufsicht, S. 50.

219 *Mayntz*, in: Ellwein u. a. (Hrsg.), Jahrbuch, S. 89 (94); *Mayntz*, in: Mayntz (Hrsg.), Soziale Dynamik, S. 186 (192).

220 *Mayntz*, in: Ellwein u. a. (Hrsg.), Jahrbuch, S. 89 (94); *Mayntz*, in: Mayntz (Hrsg.), Soziale Dynamik, S. 186 (192).

II. Verhältnis von Steuerung zu Aufsicht und Kontrolle

Abzugrenzen von dem sozialwissenschaftlich geprägten Begriff der Steuerung sind die – eher dem juristischen Sprachgebrauch zuzuordnenden –[221] Begriffe der Aufsicht und Kontrolle.

1. Begriff der Aufsicht

Unter Aufsicht ist die an einen bestimmten Maßstab gebundene Beobachtung und Überprüfung des Verhaltens eines Aufsichtsobjekts zu verstehen, die mit der Möglichkeit der Berichtigung dieses Verhaltens verbunden ist.[222] In zeitlicher Hinsicht kann Aufsicht bereits ab Beginn des Verwaltungshandelns ausgeübt werden.[223] Aufsicht kann zudem Wirkungen für die Zukunft entfalten und somit steuernde Elemente enthalten.[224] Weiteres Merkmal von Aufsicht ist eine Selbstständigkeit[225] des Aufsichtsobjekts bzw. dessen „primäre[n] Eigenverantwortlichkeit“[226].

Wie bereits dargelegt,[227] gibt es verschiedene Erscheinungsformen von Aufsicht. Die Aufsicht über Kommunen wird der sog. *Staatsaufsicht* zugerechnet, die „innerhalb einer staatlichen Gewalt“[228] stattfindet. Bei der Staatsaufsicht handelt es sich um eine rein administrative Aufsicht, die grundsätzlich in Hierarchie- bzw. Weisungsbeziehungen stattfindet.[229] Sie lässt sich in einem engeren und einem weiteren Sinne verstehen.[230] Die Staatsaufsicht im engeren Sinne umfasst nur die Aufsicht über verselbstständigte Verwaltungseinheiten, während die Staatsaufsicht im weiteren Sinne zusätzlich die Unions-, Bundes-, Dienst- und Behördenaufsicht erfasst.[231] Im Rahmen dieser Arbeit wird

---

221 *Döhler*, Steuerung der Verwaltung, S. 215; s. auch *Kahl*, Staatsaufsicht, S. 420.

222 Ähnlich *Pieper*, Aufsicht, S. 483; s. auch *Jock*, Fachaufsicht, S. 50; *Kahl*, Staatsaufsicht, S. 415, 421; zudem bereits *Triepel*, Reichsaufsicht, S. 111.

223 *Jock*, Fachaufsicht, S. 41.

224 *Jock*, Fachaufsicht, S. 51; *Pieper*, Aufsicht, S. 269, 483 f.

225 *Pieper*, Aufsicht, S. 220 ff.; s. auch bereits *Triepel*, Reichsaufsicht, S. 111.

226 *Pieper*, Aufsicht, S. 223.

227 Siehe oben § 1 A.

228 *Kahl*, Staatsaufsicht, S. 416; zudem *Schmidt-Aßmann*, in: Schmidt-Aßmann (Hrsg.), Verwaltungskontrolle, S. 9 (13).

229 *Döhler*, Steuerung der Verwaltung, S. 215; *Etscheid*, Fachaufsicht, S. 73 ff., 81; *Jock*, Fachaufsicht, S. 41; vertiefend und einschränkend hierzu *Kahl*, Staatsaufsicht, S. 395 f., 407 f., 437 ff.; *Pieper*, Aufsicht, S. 201 ff., 485.

230 *Kahl*, Staatsaufsicht, S. 364 f.

231 *Kahl*, Staatsaufsicht, S. 364 f., 422.

schwerpunktmäßig die Staatsaufsicht im engeren Sinne, konkret in Gestalt der Sonderaufsicht über die Kommunen in Nordrhein-Westfalen untersucht. Am Rande wird daneben auch auf Elemente der Staatsaufsicht im weiteren Sinne, so etwa auf die Bundes- und Unionsaufsicht, eingegangen.

2. Begriff der Kontrolle

Kontrolle ist, wie die Aufsicht, auf die Beobachtung und Prüfung des Verhaltens eines Kontrollobjekts gerichtet.[232] Es geht um einen Vergleich des Soll-Zustands mit dem Ist-Zustand.[233] Kontrolle kann dabei berichtigende Elemente aufweisen, muss es im Gegensatz zur Aufsicht aber nicht.[234] Das Kontrollobjekt muss dabei stets Autonomie aufweisen.[235] In zeitlicher Hinsicht setzt Kontrolle in der Regel[236] nachträglich, also erst nach – zumindest teilweisem – Abschluss des Verwaltungshandelns ein.[237]

Anders als Aufsicht kann Kontrolle gewaltenübergreifend, also sowohl innerhalb als auch von Stellen außerhalb der Verwaltung und von der Gesellschaft, insbesondere von Gerichten, Rechnungshöfen, dem Parlament und der Öffentlichkeit ausgeübt werden.[238] Sie kann auch im Gleichordnungsverhältnis stattfinden.[239]

---

232 *Kahl*, Staatsaufsicht, S. 409, 421.

233 *Döhler*, Steuerung der Verwaltung, S. 215; *Jock*, Fachaufsicht, S. 40.

234 *Jock*, Fachaufsicht, S. 41; *Kahl*, Staatsaufsicht, S. 406, 421.

235 *Kahl*, Staatsaufsicht, S. 357; *Kluth*, Selbstverwaltung, S. 271; *Schmidt-Aßmann*, in: Schmidt-Aßmann/Hoffmann-Riem (Hrsg.), Verwaltungskontrolle, S. 9 (11).

236 Siehe aber zur Rechnungshofkontrolle *Schulze-Fielitz*, VVDStRL 55 (1996), 231 (248 f.).

237 *Jock*, Fachaufsicht, S. 40 f.; Kahl, in: Hoffmann-Riem/Schmidt-Aßmann/Voßkuhle (Hrsg.), Grundlagen Bd. III, § 47 Rn. 11; *Ramsauer*, in: Hoffmann-Riem/Schmidt-Aßmann (Hrsg.), Verwaltungsverfahren, S. 387 (390 f.).

238 *Döhler*, Steuerung der Verwaltung, S. 215; *Kahl*, Staatsaufsicht, S. 409 f., 415 ff.; *Schmidt-Aßmann*, in: Schmidt-Aßmann/Hoffmann-Riem (Hrsg.), Verwaltungskontrolle, S. 9 (13 f.).

239 *Jock*, Fachaufsicht, S. 41; *Schmidt-Aßmann*, in: Schmidt-Aßmann/Hoffmann-Riem (Hrsg.), Verwaltungskontrolle, S. 9 (13 f.).

3. Steuerung als Oberbegriff

Aufsicht und Kontrolle sind beide als spezieller Teilaspekt von Steuerung einzuordnen.[240] Denn bei allen drei Kategorien geht es um die Einwirkung auf Organisationen zur Erreichung bestimmter Ziele.[241] Während Steuerung dabei sehr weit verstanden wird, finden Aufsicht und Kontrolle nur in bestimmten Bereichen, zu bestimmten Zeitpunkten oder unter sonstigen bestimmten Voraussetzungen statt. Steuerung fungiert daher als „Oberbegriff"[242] für die Ausübung von Aufsicht und Kontrolle.[243] Aufsicht wiederum lässt sich als spezieller Fall von Kontrolle verstehen, die nur innerhalb der Verwaltung stattfindet.[244]

III. Verwaltungsinterne und verwaltungsexterne Steuerung

Bei der Steuerung der Verwaltung kann man zwischen der verwaltungsinternen und der verwaltungsexternen Steuerung unterscheiden.[245] Im Rahmen der *verwaltungsinternen* Steuerung steuert sich die Verwaltung selbst.[246] Hier soll ein weites Verständnis zugrunde gelegt werden, wonach Steuerung verwaltungsintern ist, wenn das Steuerungssubjekt seinerseits Teil der Exekutive ist.[247] Der verwaltungsinternen Steuerung ist demzufolge auch die Aufsicht des Landes über Selbstverwaltungskörperschaften und damit auch die Sonderaufsicht über die Kommunen zuzuordnen, da hier Steuerungssubjekt wie Steuerungsobjekt der Verwaltung angehören.[248] Maßstab der verwaltungsin-

---

240 Vgl. *Kahl*, Staatsaufsicht, S. 355 f., 421; *Hansmann*, innovative Verwaltung 2006, 14, beschreibt Steuerung und Rechts- und Fachaufsicht als „im Grunde nur zwei unterschiedliche Begriffe für den gleichen Sachverhalt".

241 *Kahl*, Staatsaufsicht, S. 356.

242 *Kahl*, Staatsaufsicht, S. 355.

243 Steuerung kann je nach Begriffsdefinition zudem u. a. die Kategorien Leitung und Lenkung umfassen, worauf hier aber nicht näher eingegangen werden soll; s. hierzu *Kahl*, in: Hoffmann-Riem/Schmidt-Aßmann/Voßkuhle (Hrsg.), Grundlagen Bd. III, § 47 Rn. 11 m. w. N.; *Kahl*, Staatsaufsicht, S. 355 ff.

244 *Döhler*, Steuerung der Verwaltung, S. 215; *Etscheid*, Fachaufsicht, S. 81; *Kahl*, Staatsaufsicht, S. 403, 421.

245 Vgl. statt vieler *Bull/Mehde*, Verwaltungsrecht, Rn. 405 ff.

246 *Franz*, Verwaltungswissenschaft, S. 116.

247 *Schmidt-Aßmann*, in: Schmidt-Aßmann/Hoffmann-Riem (Hrsg.), Verwaltungskontrolle, S. 9 (18).

248 *Jock*, Fachaufsicht, S. 1; *Schmidt-Aßmann*, in: Schmidt-Aßmann/Hoffmann-Riem (Hrsg.), Verwaltungskontrolle, S. 9 (18 f.).

ternen Steuerung kann sowohl die Rechtmäßigkeit als auch die Zweckmäßigkeit des Verwaltungshandelns sein.[249]

Die *verwaltungsexterne* Steuerung findet demgegenüber außerhalb der Verwaltung statt. Es geht vor allem um Kontrolle der Verwaltung durch Einrichtungen der Legislative und Judikative sowie durch die Gesellschaft. Diese verwaltungsexterne Kontrolle lässt sich daher in eine rechtliche, politische und finanzielle Kontrolle aufteilen.[250] Die rechtliche Fremdkontrolle, die eine Kontrolle am Maßstab der Rechtmäßigkeit vornimmt, erfolgt durch die Gerichte, vor allem die Verwaltungsgerichtsbarkeit.[251] Die politische Kontrolle wird durch die Öffentlichkeit und die Parlamente ausgeübt.[252] Zwischen der internen und externen Kontrolle ist die Finanzkontrolle durch die Rechnungshöfe angesiedelt, da sie einerseits in die Verwaltung eingebunden, andererseits aber unabhängige Einrichtungen sind.[253] Angesichts dieser Sonderstellung wird die Rechnungshofkontrolle in dieser Arbeit den verwaltungsexternen Steuerungsmechanismen zugeordnet.[254]

IV. Rechtsförmliche und informale Steuerungsinstrumente

In Bezug auf den verwaltungsinternen Bereich soll in dieser Untersuchung zudem zwischen rechtsförmlichen und informalen Steuerungsinstrumenten unterschieden werden.

Rechtsförmliche bzw. *formalisierte* Steuerungsinstrumente sind von der Rechtsordnung vorgesehene Handlungsformen, die klar einem Kompetenzbereich zugeordnet werden können und auf die Erzeugung von Rechtswirkungen gerichtet sind.[255] In dieser Arbeit geht es insbesondere um die *gesetzlichen Sonderaufsichtsinstrumente* des Landes nach den nordrhein-westfälischen Kommunalverfassungen und den einzelnen Fachgesetzen. Hin-

---

249 *Franz*, Verwaltungswissenschaft, S. 116.

250 *Bogumil/Jann*, Verwaltungswissenschaft, Ziff. 3.8.

251 *Franz*, Verwaltungswissenschaft, S. 117; *Schmidt-Aßmann*, in: Schmidt-Aßmann/Hoffmann-Riem (Hrsg.), Verwaltungskontrolle, S. 9 (20).

252 *Franz*, Verwaltungswissenschaft, S. 117; *Bogumil/Jann*, Verwaltungswissenschaft, Ziff. 3.8.3.

253 *Franz*, Verwaltungswissenschaft, S. 116.

254 So etwa *Bogumil/Jann*, Verwaltungswissenschaft, Ziff. 3.8.2; *Schmidt-Aßmann*, in: Schmidt-Aßmann/Hoffmann-Riem (Hrsg.), Verwaltungskontrolle, S. 9 (18).

255 Vgl. *BVerfG*, abweichende Meinung zum Urt. v. 19.2.2002 – 2 BvG 2/00 –, in: BVerfGE 104, 273 (283) = DVBl 2002, 553; *Schuppert*, Verwaltungswissenschaft, S. 114.

zukommen Steuerungsinstrumente wie etwa die *Aufsichtsmittel der Bundesaufsicht*.

Steuerung kann zudem auf nicht förmlichem Wege mittels *informaler*[256] Steuerungsinstrumente erfolgen.[257] Hierbei handelt es sich um einen speziellen Fall des informalen Verwaltungshandelns.[258] Unter informalen Steuerungsinstrumenten sind formlose Handlungsformen zu verstehen, die das Verhalten von anderen steuern sollen, ohne dabei formelle Rechtswirkungen zu erzeugen.[259] Von ihnen können aber erhebliche faktische Wirkungen ausgehen.[260] Die informalen Steuerungsinstrumente treten ergänzend, vermeidend oder ersetzend neben die gesetzlichen Aufsichtsinstrumente.[261] Sie werden häufig als „alternativ“[262] gekennzeichnet. Zu den Formen informalen Steuerungshandelns gehören bspw. Absprachen, Vorabzuleitungen von Entwürfen, Empfehlungen, Richtlinien etc.[263] Informale Steuerungsinstrumente können dabei als kooperative Handlungsformen, etwa in Form von gemeinsamen Verhandlungen, aber auch als einseitiges Steuerungshandeln auftreten, z. B. in Gestalt

---

256 Der zum Teil ebenfalls verwandte Begriff *informell* wird hier, wie überwiegend, synonym verstanden, s. nur *Bohne*, VerwArch 75 (1984), 343; *Fehling*, in: Hoffmann-Riem/Schmidt-Aßmann/Voßkuhle (Hrsg.), Grundlagen Bd. II, § 38 Rn. 1; *Maurer*, Verwaltungsrecht, § 15 Rn. 14; *Schulte*, Schlichtes Verwaltungshandeln, S. 25 m. w. N.; vgl. auch *BVerfG*, Urt. v. 19.2.2002 – 2 BvG 2/00 –, in: BVerfGE 104, 249 (266) = DVBl 2002, 549; anders *Schulze-Fielitz*, Verfassungsstaat, S. 16.

257 Siehe hierzu *Fehling*, in: Hoffmann-Riem/Schmidt-Aßmann/Voßkuhle (Hrsg.), Grundlagen Bd. II, § 38 Rn. 19 f., 24; *Pieper*, Aufsicht, S. 435 ff.

258 Vgl. *Pieper*, Aufsicht, S. 435; allgemein zum informalen Verwaltungshandeln statt vieler *Bohne*, Rechtsstaat, S. 42 ff.; *Fehling*, in: Hoffmann-Riem/Schmidt-Aßmann/Voßkuhle (Hrsg.), Grundlagen Bd. II, § 38; *Schmidt-Aßmann*, Ordnungsidee, 6. Kap. Rn. 125 ff.; *Schuppert*, Verwaltungswissenschaft, S. 111 ff.; sowie *Maurer*, Verwaltungsrecht, § 15 Rn. 14 ff. mit zahlreichen w. N. (Rn. 24).

259 Vgl. *BVerfG*, abweichende Meinung zum Urt. v. 19.2.2002 – 2 BvG 2/00 –, in: BVerfGE 104, 273 (283) = DVBl 2002, 553; *Fehling*, in: Hoffmann-Riem/Schmidt-Aßmann/Voßkuhle (Hrsg.), Grundlagen Bd. II, § 38 Rn. 7 ff.; *Maurer*, Verwaltungsrecht, § 15 Rn. 14; *Pieper*, Aufsicht, S. 435 ff.; *Remmert*, in: Erichsen/Ehlers (Hrsg.), Verwaltungsrecht, § 37 Rn. 5, 7.

260 *Bauer*, in: Hoffmann-Riem/Schmidt-Aßmann/Voßkuhle (Hrsg.), Grundlagen Bd. II, § 36 Rn. 79; *Fehling*, in: Hoffmann-Riem/Schmidt-Aßmann/Voßkuhle (Hrsg.), Grundlagen Bd. II, § 38 Rn. 6; *Maurer*, Verwaltungsrecht, § 15 Rn. 20; *Pieper*, Aufsicht, S. 437.

261 *BVerfG*, abweichende Meinung zum Urt. v. 19.2.2002 – 2 BvG 2/00 –, in: BVerfGE 104, 273 (283) = DVBl 2002, 553; s. auch *Schmidt-Aßmann*, Ordnungsidee, 6. Kap. Rn. 127; *Schuppert*, Verwaltungswissenschaft, S. 114; vgl. auch *Fehling*, in: Hoffmann-Riem/Schmidt-Aßmann/Voßkuhle (Hrsg.), Grundlagen Bd. II, § 38 Rn. 38; *Remmert*, in: Erichsen/Ehlers (Hrsg.), Verwaltungsrecht, § 37 Rn. 5.

262 Siehe nur *Schmidt-Aßmann*, Ordnungsidee, 6. Kap. Rn. 127.

263 Statt vieler *Ossenbühl*, ZHR 155 (1991), 329 (331).

von Hinweisen oder unverbindlichen Schreiben der Aufsichtsbehörden an die Kommunen.[264]

B. Steuerung im Kontext der Pflichtaufgaben zur Erfüllung nach Weisung

In den gesetzlichen Regelungen der Landesverfassung, der Kommunalverfassungen und der einzelnen Fachgesetze tritt der Begriff der Steuerung im Zusammenhang mit den Pflichtaufgaben zur Erfüllung nach Weisung nicht auf. Dort wird nur der Begriff der Sonderaufsicht verwandt. Das Land wirkt in der Verwaltungspraxis aber nicht nur durch die Ausübung der Sonderaufsicht auf die kommunale Aufgabenerfüllung ein. Es treten vielmehr zahlreiche steuernde Elemente hinzu.

Ausgehend von dem zuvor dargestellten Begriffsverständnis von Steuerung ist daher nun der Begriff der Steuerung auf die Aufgabenwahrnehmung der Pflichtaufgaben zur Erfüllung nach Weisung zu übertragen. Im Rahmen dieser Untersuchung geht es im Kern nur um die Steuerungsbeziehung zwischen den Sonderaufsichtsbehörden und den Kommunen. Diese ist Gegenstand der Untersuchung. Die anderen Steuerungsbeziehungen – wie sie etwa zwischen oberster und mittlerer Sonderaufsichtsbehörde oder zwischen Landesrechnungshof und oberster Landesbehörde bestehen – werden nur am Rande und insoweit dargestellt, als hiervon Auswirkungen auf die Steuerungsbeziehung zwischen Sonderaufsichtsbehörde und Kommunen ausgehen.

I. Steuerungssubjekt

Das Steuerungssubjekt bei den Pflichtaufgaben zur Erfüllung nach Weisung ist das Land als aufsichtsführende Stelle nach Art. 78 Abs. 4 S. 2 LVerf NRW, § 119 Abs. 2 GO NRW. Es übt die Steuerung durch die gesetzlich bestimmten Sonderaufsichtsbehörden aus.[265]

---

[264] *Pieper*, Aufsicht, S. 437 m. w. N.

[265] Siehe hierzu oben § 2 B. III. 2.

II. Steuerungsobjekt

Steuerungsobjekte sind die Kommunen, die die Pflichtaufgaben zur Erfüllung nach Weisung durchführen. Häufig sind dies die Kreise und kreisfreien Städte.[266] Zum Teil kommen auch die kreisangehörigen Gemeinden hinzu.[267] Bei einigen Pflichtaufgaben zur Erfüllung nach Weisung sind nur die Gemeinden zuständig.[268] Einige Aufgaben werden zudem durch die nordrhein-westfälischen Landschaftsverbände[269] oder durch berufsständische Kammern[270] wahrgenommen. Auf die Besonderheiten der Landschaftsverbände und Kammern wird in dieser Arbeit allerdings nicht näher eingegangen.

Alle genannten Stellen nehmen die Pflichtaufgaben zur Erfüllung nach Weisung vollkommen eigenständig wahr, wenn und soweit kein Steuerungseingriff erfolgt. Sie sind damit als autonome Verwaltungsträger geeignete Steuerungsobjekte im Sinne des hier verwandten Steuerungsbegriffs.

III. Steuerungsziele

Die Ziele, die das Land mit der Steuerung der kommunalen Wahrnehmung von Pflichtaufgaben zur Erfüllung nach Weisung verfolgt, sind – soweit es sich um die Ausübung von Sonderaufsicht handelt – in den gesetzlichen Regelungen zu den Sonderaufsichtsbefugnissen vorgegeben. Zum einen soll mit der Sonderaufsicht eine *rechtmäßige* Aufgabenwahrnehmung durch die Kommunen sichergestellt werden.[271] Ziel ist hier also, die Einhaltung der gesetzlichen Vorschriften zu gewährleisten.

Zum anderen soll eine *zweckmäßige* Aufgabenwahrnehmung bewirkt werden.[272] Allgemein können Zweckmäßigkeitserwägungen bspw. eine effektive, effiziente, sachgerechte, transparente, sparsame Aufgabenerfüllung, die Wah-

---

266 Z. B. nach § 5 Abs. 1 S. 1 PsychKG NRW; § 1 Abs. 2 EAG NRW; § 1 S. 1 LFBRVG NRW i. V. m. § 3 Abs. 1, 2. Alt. OBG NRW; § 8 Abs. 1 S. 3, Abs. 3 S. 1 LG NRW; § 23 Abs. 1 S. 2 VermKatG NRW; § 43 Abs. 1 S. 1, 2 WTG NRW.

267 So etwa nach § 4 FSHG NRW, § 3 Abs. 3 WFNG NRW oder nach § 2 Abs. 3 S. 1 ZuVO SGB NRW.

268 Bspw. nach § 6 Abs. 1 FlüAG NRW; § 13 S. 2 LHundG NRW; § 1 Abs. 1 S. 1, 2 PStVO NRW.

269 Z. B. nach §§ 8, 15 Abs. 1 S. 1 AG-KJHG NRW.

270 Z. B. nach § 9 Abs. 1 HeilBerG NRW; § 2 Abs. 1 S. 1, 2 PIDG NRW.

271 Vgl. bspw. § 15 Abs. 2 AG-KJHG NRW; § 6 Abs. 3 FlüAG NRW; § 8 Abs. 3 S. 3 LG NRW; § 9 Abs. 1 OBG NRW; § 3 Abs. 4 S. 4 WFNG NRW.

272 Vgl. z. B. § 15 Abs. 3 AG-KJHG NRW; § 8 Abs. 3 S. 4 LG NRW; § 9 Abs. 2 OBG NRW; § 3 Abs. 4 S. 5 WFNG NRW.

rung der politischen Ziele des Landes oder die Kundenzufriedenheit mit der Durchführung der Aufgabe betreffen.[273] Nach den meisten gesetzlichen Bestimmungen zu den Zweckmäßigkeitsweisungen wird insbesondere das Ziel verfolgt, einen *gleichmäßigen* bzw. *einheitlichen Verwaltungsvollzug* durch die Kommunen sicherzustellen.[274] Nur ausnahmsweise ist das hierauf bezogene allgemeine Weisungsrecht unbeschränkt[275] und lässt damit über den einheitlichen Vollzug hinausgehende Steuerungsziele zu. Als nachrangiges Aufsichtsziel wird bei einem großen Teil der Pflichtaufgaben zur Erfüllung nach Weisung zudem das Ziel verfolgt, ein Verhalten der Kommunen zu verhindern, das zur Aufgabenwahrnehmung *nicht geeignet* erscheint oder *überörtliche Interessen gefährden* kann.[276] Einige Gesetze sehen daneben noch weitere, spezifische Zwecke vor, wie bspw. die *Gewährleistung des Wohls von Kindern und Jugendlichen*.[277]

Darüber hinaus kann das Land anderweitige Steuerungsziele verfolgen, die sich nicht bereits aus den Regelungen zu den Sonderaufsichtsbefugnissen ergeben. Insoweit ist aber stets zu schauen, ob und inwieweit diese Ziele auch mit sonderaufsichtlichen Maßnahmen verfolgt werden können oder ob hier etwa nur auf informalem Wege vorgegangen werden kann.

IV. Steuerungsinstrumente

Das Land verfügt über verschiedene Steuerungsinstrumente, die ihm zur Umsetzung der zuvor dargestellten Ziele dienen. Es handelt sich hierbei um verwaltungsinterne Steuerungsinstrumente. Das Land kann von den gesetzlich eingeräumten Aufsichtsinstrumenten in Gestalt des Unterrichtungs- und Weisungsrechts sowie ggf. des Selbsteintrittsrechts Gebrauch machen.[278] Daneben kommen informale Steuerungsinstrumente in Betracht, um die Steuerungsziele des Landes zu verwirklichen.[279]

---

273 *Etscheid*, Fachaufsicht, S. 79 ff. m. w. N.

274 Vgl. etwa § 6 Abs. 2 S. 1 EAG NRW; § 8 Abs. 3 S. 4 Ziff. 1 LG NRW; § 9 Abs. 2 lit. a) OBG NRW; § 43 Abs. 6 Ziff. 1 WTG NRW.

275 So z. B. § 15 Abs. 3 lit. a AG-KJHG NRW; § 2 Abs. 3 S. 3 lit. a) ZuVO SGB NRW.

276 Vgl. bspw. § 9 Abs. 2 lit. b) OBG NRW; ähnlich § 15 Abs. 3 lit. b), 1., 2. Fall AG-KJHG NRW; § 6 Abs. 4 Ziff. 2 FlüAG NRW; § 8 Abs. 3 S. 4 Ziff. 2 LG NRW; § 2 Abs. 3 S. 2 lit. b) ZuVO SGB NRW.

277 Z. B. § 15 Abs. 3 lit. b), 3. Fall AG-KJHG NRW.

278 Siehe hierzu § 2 B. III. 3, § 6 A.

279 Siehe hierzu § 3 A. IV, § 7 A.

V. Einwirkungen auf die Steuerungsbeziehung von Land und Kommunen

Wie zuvor dargelegt, ist Gegenstand dieser Arbeit die Steuerungsbeziehung zwischen dem Land und den Kommunen in Bezug auf die Wahrnehmung der Pflichtaufgaben zur Erfüllung nach Weisung. Andere Steuerungsbeziehungen wirken aber – zum Teil in erheblichem Maße – mittelbar auf die Steuerungsbeziehung zwischen Land und Kommunen ein. Dies gilt zum einen für den verwaltungsinternen Bereich, etwa in Bezug auf Steuerungsbeziehungen zwischen den einzelnen Sonderaufsichtsbehörden oder Einwirkungen der Bundes- oder Unionsebene. Zum anderen geht es um die verwaltungsexternen Steuerungsbeziehungen des Landes zu Verwaltungsgerichten, Parlament, Öffentlichkeit sowie Rechnungshöfen.

Diese Steuerungsformen können die Steuerungsbeziehung zwischen Land und Kommunen, etwa im Hinblick auf die verfolgten Steuerungsziele oder die Art und Weise des Einsatzes von Steuerungsinstrumenten, beeinflussen. Sie sollen daher ebenfalls behandelt werden, da anderenfalls nur eine unvollständige Betrachtung der Steuerung des Landes bei der Wahrnehmung von Pflichtaufgaben zur Erfüllung nach Weisung vorgenommen werden könnte.

2. Teil: Die Steuerungspraxis des Landes

Im zweiten Teil der Arbeit wird die Steuerungspraxis des Landes bei der Wahrnehmung ausgewählter Bereiche der Pflichtaufgaben zur Erfüllung nach Weisung dargestellt. Beschrieben wird die Steuerungspraxis auf dem Gebiet der Lebensmittelüberwachung und der Veterinärverwaltung (§ 4) sowie der Heimaufsicht (§ 5). Für jeden der Bereiche werden zunächst die rechtlichen Grundlagen des Aufgabenbereichs und anschließend die Steuerungspraxis dargestellt. Auf rechtliche Ausführungen in Bezug auf die einzelnen Steuerungsmechanismen wird in diesem Kapitel weitgehend verzichtet. Rechtliche Erörterungen erfolgen nur an Stellen, die für das Verständnis der Steuerungspraxis erforderlich sind. Im Übrigen werden rechtliche Fragen im anschließenden dritten Teil der Arbeit behandelt.

§ 4 Lebensmittelüberwachung und Veterinärverwaltung

Als erstes Referenzgebiet wurde die Steuerungspraxis des Landes im Bereich der Lebensmittelüberwachung untersucht. Lebensmittel sind für jeden Einzelnen von enormer Bedeutung. Sie betreffen mit der menschlichen Ernährung „eines der wichtigsten menschlichen Bedürfnisse“[280]. Zugleich gehen von ihnen erhebliche Auswirkungen auf den Menschen aus, da sie in den Menschen „hineingelangen“[281]. Diese Bedeutung der Lebensmittel für den Menschen geht mit einem ausgeprägten öffentlichen Interesse am Lebensmittelsektor einher.[282] Verstärkt wird diese – insbesondere auch mediale – Aufmerksamkeit durch Lebensmittelskandale, die immer wieder in den Fokus der Öffentlichkeit gelangen.[283] Insbesondere in den letzten Jahren haben solche Skandale, etwa in Bezug auf die Dioxinbelastung von Lebensmitteln,

---

280 *Schmidt am Busch*, Gesundheitssicherung, S. 111.

281 *Hufen*, in: Schmidt (Hrsg.), Wirtschaftsrecht, § 12 Rn. 5; s. auch *Schmidt am Busch*, Gesundheitssicherung, S. 112.

282 Siehe z. B. *Wilkens*, NdsVBl 2013, 63 (66).

283 Siehe hierzu bspw. die regelmäßig aktualisierte Themenseite „Lebensmittelskandale“ bei *spiegel online*, abrufbar unter: http://www.spiegel.de/thema/lebensmittelskandale/ oder bei *Focus online*, abrufbar unter: http://www.focus.de/gesundheit/ernaehrung/lebensmittelskandale/ (beide zuletzt abgerufen am 29.8.2015).

EHEC und Pferdefleisch, sehr viel Aufmerksamkeit erregt.[284] Die Lebensmittelüberwachung hat damit einen ausgesprochen bedeutsamen und sensiblen Bereich zum Gegenstand und steht seit Jahren selbst „im Fokus der öffentlichen Wahrnehmung“[285].

Neben der Lebensmittelüberwachung wurde die Veterinärverwaltung untersucht. Dieser kommt im Hinblick auf den in Art. 20a GG verankerten Tierschutz schon von Verfassungs wegen besondere Bedeutung zu, die sich auch im öffentlichen und medialen Interesse widerspiegelt. Hinzu kommen die gerade auch in den letzten Jahren verschiedentlich aufgetretenen Tierseuchen. Betreffend Nordrhein-Westfalen seien hier etwa die Infektionen mit Bovinen Herpesvirus 1 (BHV1) bei Rindern,[286] die Geflügelpest[287] oder die Afrikanische Schweinepest[288] genannt. Solche Tierseuchen geraten häufig in den Blick der Öffentlichkeit und der Medien.[289]

Die Lebensmittelüberwachung und die Veterinärverwaltung werden zusammen untersucht, da sich angesichts der dort bestehenden Strukturen, die im Folgenden näher dargelegt werden, zahlreiche Parallelen und Überschneidungen ergeben.

---

284 Siehe beispielhaft die Übersicht von *foodwatch*, abrufbar unter: https://www.foodwatch.org/de/informieren/lebensmittelskandale/ (zuletzt abgerufen am 29.8.2015).

285 *Wiemers*, LMuR 2010, 169.

286 Siehe *LANUV*, Bekämpfung der Infektion mit dem Bovinen Herpesvirus 1 (BHV1), abrufbar unter: http://www.lanuv.nrw.de/agrar/tierseuchen/bhv.htm (zuletzt abgerufen am 29.8.2015).

287 Siehe *LANUV*, Geflügelpest, abrufbar unter: http://www.lanuv.nrw.de/verbraucher/aktuelles/gefluegelpest.htm (zuletzt abgerufen am 29.8.2015).

288 Siehe *LANUV*, Afrikanische Schweinepest: NRW beugt vor!, Pressemitteilung v. 4.9.2014, abrufbar unter: http://www.lanuv.nrw.de/veroeffentlichungen/presse/2014/2014_09_04_schweinepest.htm (zuletzt abgerufen am 29.8.2015).

289 Siehe etwa *Focus online*, Sperrzone errichtet, Hochgefährliches Geflügelpest-Virus erstmals in Deutschland entdeckt, Artikel v. 6.11.2014, abrufbar unter: http://www.focus.de/gesundheit/news/gesundheit-gefluegelpest-im-landkreis-vorpommern-greifswald-betrieb-gesperrt_id_4252204.html; *Die Welt*, Jetzt droht auch noch Ausbreitung der Schweinepest, Artikel v. 17.10.2014, abrufbar unter: http://www.welt.de/gesundheit/article133389374/Jetzt-droht-auch-noch-Ausbreitung-der-Schweinepest.html (beide zuletzt abgerufen am 29.8.2015).

A. Rechtliche Ausgestaltung der Lebensmittelüberwachung und der Veterinärverwaltung

I. Rechtliche Ausgestaltung der Lebensmittelüberwachung

1. Gegenstand, rechtliche Grundlagen und Begriff der Lebensmittelüberwachung

a. Gegenstand und rechtliche Grundlagen

Die Lebensmittelüberwachung durch staatliche Behörden ist Bestandteil des Lebensmittelrechts.[290] Dieses dient dem Schutz des Verbrauchers vor Gesundheitsschäden und Täuschung im Lebensmittelbereich.[291] Angesichts seiner Bedeutung und seiner Schutzrichtung wird das Lebensmittelrecht als „eine der wichtigsten Verbraucherschutzregelungen der Gegenwart"[292] bezeichnet.

Zentrale Rechtsgrundlage des Lebensmittelrechts in Deutschland ist das *Lebensmittel-, Bedarfsgegenstände- und Futtermittelgesetzbuch (Lebensmittel- und Futtermittelgesetzbuch)* i. d. F. d. Bek. v. 3. Juni 2013[293] – *LFGB* –.[294] Die Lebensmittelüberwachung ist in §§ 38 ff. LFGB geregelt. Hinzu kommen zahlreiche weitere gesetzliche Vorschriften, die vielfach dem Unionsrecht entstammen, so z. B. die *Verordnung (EG) Nr. 178/2002*[295] – *VO (EG)*

---

290 *Lühmann*, Lebensmittelüberwachung, S. 3; *Streinz*, in: Streinz (Hrsg.), Lebensmittelrechts-Handbuch, Einl. Rn. 1.

291 *Prinz*, Lebensmittelrecht, Einf. Erl. 1; *Zipfel/Sosnitza/Rathke*, in: Zipfel/Rathke (Begr./Hrsg.), Lebensmittelrecht, B. Einf. Rn. 1; *Streinz*, in: Streinz (Hrsg.), Lebensmittelrechts-Handbuch, Einl. Rn. 1.

292 *Zipfel/Sosnitza/Rathke*, in: Zipfel/Rathke (Begr./Hrsg.), Lebensmittelrecht, B. Einf. Rn. 3.

293 BGBl. I 2013, S. 1426; zuletzt geändert durch Gesetz v. 5.12.2014 (BGBl. I 2014, S. 1975).

294 *Streinz*, in: Meyer/Streinz (Hrsg.), LFGB, Einf. Rn. 77.

295 *Verordnung (EG) Nr. 178/2002 des Europäischen Parlaments und des Rates vom 28. Januar 2002 zur Festlegung der allgemeinen Grundsätze und Anforderungen des Lebensmittelrechts, zur Errichtung der Europäischen Behörde für Lebensmittelsicherheit und zur Festlegung von Verfahren zur Lebensmittelsicherheit* (ABl. L 31, S. 1); zuletzt geändert durch Gesetz v. 15.5.2014 (ABl. L 189, S. 1).

Nr. 178/2002 – oder die *Verordnung (EG) Nr. 882/2004*[296] – *VO (EG) Nr. 882/2004* –. Das Lebensmittelrecht gehört zu den „regelungsintensivsten Bereiche[n] des europäischen Gemeinschaftsrechts“[297].

Die Einhaltung der lebensmittelrechtlichen Vorschriften wird durch ein dreistufiges System kontrolliert.[298] Auf der ersten Ebene steht die Eigenkontrolle der Lebensmittelunternehmer nach Art. 17 Abs. 1 VO (EG) Nr. 178/2002, die die Hauptverantwortung tragen.[299] Auf der zweiten Stufe steht die Überwachung durch die staatlichen nationalen Lebensmittelüberwachungsbehörden.[300] Ihre Aufgabe ist es, die Einhaltung der lebensmittelrechtlichen Vorschriften durch die Lebensmittelunternehmer und insbesondere ihre Eigenkontrollen zu überwachen.[301] Die dritte Kontrollebene ist bei der Europäischen Union angesiedelt, die die Wirksamkeit der nationalen Kontrollen durch Inspektionen und Prüfungen in den Mitgliedstaaten überprüft.[302]

Untersuchungsgegenstand der Arbeit ist die Lebensmittelüberwachung durch die nationalen Behörden. Durch die Überwachung sollen die Behörden Gefahren vom Einzelnen und der Allgemeinheit abwehren und den Verbraucher vor Irreführung und Täuschung schützen.[303] Die Lebensmittelüberwachung ist

[296] *Verordnung (EG) Nr. 882/2004 des Europäischen Parlaments und des Rates vom 29. April 2004 über amtliche Kontrollen zur Überprüfung der Einhaltung des Lebensmittel- und Futtermittelrechts sowie der Bestimmungen über Tiergesundheit und Tierschutz* (ABl. L 165, S. 1, gesamte Vorschrift ber. ABl. L 191, S. 1); zuletzt geändert durch Gesetz v. 15.5.2014 (ABl. L 189, S. 1).

[297] *Schmidt am Busch*, Gesundheitssicherung, S. 118.

[298] *BWV*, Organisation des Verbraucherschutzes 2001, S. 72 f.; *Schroeder*, ZLR 2009, 531 (536).

[299] *BWV*, Organisation des Verbraucherschutzes 2012, S. 12, 33; *Kommission der Europäischen Gemeinschaften*, Weissbuch zur Lebensmittelsicherheit, S. 9; *van der Meulen/Gregor*, ZLR 2007, 265 ff.; *Meyer*, in: Meyer/Streinz (Hrsg.), LFGB, BasisVO Art. 17 Rn. 1, 4 ff.

[300] *BWV*, Organisation des Verbraucherschutzes 2001, S. 72 f.

[301] *Beck*, ZLR 2009, 123 (132); *BWV*, Organisation des Verbraucherschutzes 2012, S. 12, 33; *Hesse*, Aufgabenkritik, S. 235; *Kommission der Europäischen Gemeinschaften*, Weissbuch zur Lebensmittelsicherheit, S. 9; *Meyer*, in: Meyer/Streinz (Hrsg.), LFGB, BasisVO Art. 17 Rn. 47 f.; *Schroeder*, ZLR 2009, 531 (536).

[302] *BWV*, Organisation des Verbraucherschutzes 2001, S. 72 f.; *Kommission der Europäischen Gemeinschaften*, Weissbuch zur Lebensmittelsicherheit, S. 9; *Schroeder*, ZLR 2009, 531 (536).

[303] *Hesse*, Aufgabenkritik, S. 235; *Hufen*, ZLR 1999, 755 (759 f.).

damit in erster Linie Gefahrenabwehrrecht.[304] Sie dient daneben dem Verbraucherschutz.[305]

b. Begriff der Lebensmittelüberwachung

Anstelle des Begriffs der *Lebensmittelüberwachung* wird teilweise der Begriff der *Lebensmittelkontrolle* verwandt. Die VO (EG) Nr. 882/2004 etwa benutzt den Begriff der *amtlichen Kontrolle*[306] bzw. der *Lebensmittelkontrolle*[307]. Zum Teil wird daher der Begriff der Lebensmittelüberwachung als überholt angesehen und der Kontrollbegriff vorgezogen.[308]

Im Rahmen dieser Arbeit wird hingegen weiterhin der Begriff der Lebensmittelüberwachung verwandt. Dies entspricht den gesetzlichen Vorschriften[309] sowie der Verwaltungspraxis in Deutschland[310] und insbesondere in Nordrhein-Westfalen[311]. Der Begriff der Lebensmittelüberwachung findet sich zudem in der üblichen Bezeichnung der Kreisordnungsbehörden als *Lebensmittelüberwachungsämter* wieder.[312]

---

304 *Brenner*, ZLR 2001, 359 (372); *Hufen*, ZLR 1999, 755 (759); *Hufen*, in: Schmidt (Hrsg.), Wirtschaftsrecht, § 12 Rn. 96; *Roth*, Lebensmittelüberwachung, S. 95; s. aber auch *Schmidt am Busch*, Gesundheitssicherung, S. 67, die von einer Entwicklung „hin zu einem modernen Risikovorsorgeansatz" spricht; s. zudem *Lühmann*, Lebensmittelüberwachung, S. 5.

305 *Rathke*, in: Zipfel/Rathke (Begr./Hrsg.), Lebensmittelrecht, C. LFGB Abschnitt 7 Vorbem. Rn. 15; *Weck*, ZLR 2012, 271 (275).

306 Siehe schon den Titel der VO (EG) Nr. 882/2004; die VO versteht unter *amtlicher Kontrolle* aber nicht nur die Lebensmittelkontrolle, sondern u. a. auch die Kontrolle im Bereich des Tierschutzes, vgl. Art. 2 Ziff. 1 VO (EG) Nr. 882/2004.

307 Art. 27 Abs. 7 VO (EG) Nr. 882/2004.

308 *Schroeder*, ZLR 2009, 531 (536 – Fn. 17); *Preuß*, ZLR 2005, 225 (226).

309 Vgl. Abschnitt 7 des LFGB – „Überwachung".

310 Vgl. *BVL*, Amtliche Lebensmittelüberwachung, abrufbar unter: http://www.bvl.bund.de/DE/01_Lebensmittel/01_Aufgaben/02_AmtlicheLebensmittelueberwachung/lm_AmtLMUeberwachung_node.html (zuletzt abgerufen am 29.8.2015).

311 Vgl. *LANUV*, Lebensmittelüberwachung, abrufbar unter: http://www.lanuv.nrw.de/verbraucher/sicherheit/lebensmittelueberwachung.htm sowie *MKULNV*, Die amtliche Lebensmittelüberwachung, abrufbar unter: https://www.umwelt.nrw.de/verbraucherschutz-ernaehrung/wer-macht-was/wer-macht-was-amtliche-ueberwachung/ (beide zuletzt abgerufen am 29.8.2015).

312 Vgl. § 1 S. 3 LFBRVG NRW sowie die Übersicht des *LANUV*, Lebensmittelüberwachungsämter, Stand: 5.5.2014, abrufbar unter: http://www.lanuv.nrw.de/verbraucher/sicherheit/pdf/Lebensmitteluebenwachungsaemter.pdf (zuletzt abgerufen am 29.8.2015).

2. Aufbau der Lebensmittelüberwachung

a. Gesetzgebungszuständigkeiten

Das Lebensmittelrecht ist eine in besonderem Maße unionsrechtlich bestimmte Materie.[313] Es gibt zahlreiche primär- und sekundärrechtliche Vorschriften, die das Lebensmittelrecht betreffen.[314] Dies gilt auch für die Lebensmittelüberwachung.[315] Eine der grundlegenden Vorschriften hierfür ist die VO (EG) Nr. 882/2004.[316]

Auf nationaler Ebene steht dem Bund nach Art. 74 Abs. 1 Nr. 20 GG die konkurrierende Gesetzgebungskompetenz für „das Recht der Lebensmittel" zu. Hiervon hat der Bund umfänglich Gebrauch gemacht.[317] *Theuvsen* führt aber zutreffend aus, dass die „Rolle des nationalen Gesetzgebers (…) weitgehend auf die Umsetzung europäischer Vorgaben und die Füllung verbliebener Regelungslücken (…) reduziert"[318] ist. Zentrale bundesrechtliche Vorschrift zum Lebensmittelrecht ist, wie bereits dargelegt, das LFGB. Die Lebensmittelüberwachung ist im 7. Abschnitt des Gesetzes, den §§ 38 ff. LFGB geregelt.

Neben den unions- und bundesrechtlichen Regelungen bleibt daneben im Bereich des materiellen Lebensmittelrechts wenig Raum für Regelungen der Länder.[319] Im Hinblick auf die Durchführung der Lebensmittelüberwachung können die Länder allerdings nach § 48 LFGB ergänzende Vorschriften erlassen. Dementsprechend können die Länder bestehende Freiräume durch eige-

---

313 Siehe nur *Boch*, LFGB, Einl. Rn. 17 ff.; *Kruis*, Anwendungsvorrang, S. 382; *Streinz*, in: Meyer/Streinz (Hrsg.), LFGB, Einf. Rn. 9; hierzu und ausführlich zu den Kompetenztiteln der EU s. *Zipfel/Sosnitza/Rathke*, in: Zipfel/Rathke (Begr./Hrsg.), Lebensmittelrecht, B. Einf. Rn. 39 ff.

314 Siehe hierzu *Zipfel/Sosnitza/Rathke*, in: Zipfel/Rathke (Begr./Hrsg.), Lebensmittelrecht, B. Einf. Rn. 40 ff.

315 Siehe nur *Streinz*, in: Streinz (Hrsg.), Lebensmittelrechts-Handbuch, Kap. IV Rn. 2 ff.

316 *Streinz*, in: Ehlers/Fehling/Pünder (Hrsg.), Verwaltungsrecht, § 57 Rn. 44; s. zudem *Streinz*, in: Streinz (Hrsg.), Lebensmittelrechts-Handbuch, Kap. IV Rn. 7 ff.

317 *Prinz*, Lebensmittelrecht, Einf. Erl. 2; *Schmidt am Busch*, Gesundheitssicherung, S. 153, 176.

318 *Theuvsen*, in: Dachverband Agrarforschung (Hrsg.), Risiken, S. 68 (71); s. auch *Zellner*, in: Leible/Meyer (Hrsg.), Risiko, S. 11 (14).

319 *Prinz*, Lebensmittelrecht, Einf. Erl. 2; *Rohnfelder/Freytag*, in: Erbs/Kohlhaas (Begr.), Nebengesetze, LFGB § 48 Rn. 1; *Schmidt am Busch*, Gesundheitssicherung, S. 176; *Streinz*, in: Ehlers/Fehling/Pünder (Hrsg.), Verwaltungsrecht, § 57 Rn. 46.

nes Ausführungsrecht ausfüllen.[320] Das Land Nordrhein-Westfalen hat von dieser Ermächtigung insbesondere mit dem *Gesetz über den Vollzug des Lebensmittel-, Futtermittel- und Bedarfsgegenständerechts (LFBRVG NRW)* v. 19. März 1985[321] – *LFBRVG NRW* – Gebrauch gemacht und weitergehende Bestimmungen zur Durchführung der Lebensmittelüberwachung getroffen.[322] Daneben ergänzt die auf § 5 Abs. 3 S. 1 LOG NRW i. V. m. § 1 S. 2 LFBRVG NRW beruhende *Verordnung zur Regelung von Zuständigkeiten auf Gebieten des Verbraucherschutzes (Zuständigkeitsverordnung Verbraucherschutz NRW – ZustVOVS NRW)* v. 3. Februar 2015[323] – *ZustVOVS NRW* – die Zuständigkeitsregelung des § 1 S. 1 LFBRVG NRW.

b. Vollzug der Lebensmittelüberwachung

aa. Vollzug durch die Mitgliedstaaten

Entsprechend der allgemeinen Kompetenzverteilung sind grundsätzlich[324] die Mitgliedstaaten und deren nationale Behörden für den Vollzug der unionsrechtlichen Vorschriften zur Lebensmittelüberwachung zuständig.[325] Die Mitgliedstaaten müssen dabei einen effektiven Vollzug der unionsrechtlichen Vorgaben sicherstellen, Art. 4 Abs. 3 EUV.[326] Um wirksame Kontrollsysteme im Bereich der Lebensmittelsicherheit sicherzustellen, gibt es auf Unionsebene das *Lebensmittel- und Veterinäramt*, eine Dienststelle der Europäischen

---

320 *BWV*, Organisation des Verbraucherschutzes 2012, S. 54; s. auch *Schmidt am Busch*, Gesundheitssicherung, S. 176.

321 GV. NRW. 1985, S. 259, zuletzt geändert durch Gesetz v. 13.3.2008 (GV. NRW. 2008, S. 220).

322 Siehe auch *Boch*, LFGB, § 48 Rn. 1 f.; *Meyer*, in: Meyer/Streinz (Hrsg.), LFGB, § 48 Rn. 1, 11; *Rathke*, in: Zipfel/Rathke (Begr./Hrsg.), Lebensmittelrecht, C. LFGB § 48 Rn. 9; *Roth*, Lebensmittelüberwachung, S. 92.

323 GV. NRW. 2015, S. 293.

324 In Teilbereichen erfolgt der Vollzug unmittelbar durch die Europäische Kommission, s. hierzu näher *Brenner*, ZLR 2001, 359 (366 ff.); *Mögele*, ZLR 1998, 177 (179 ff.); *Schmidt am Busch*, Gesundheitssicherung, S. 138 ff.; *Streinz*, in: Meyer/Streinz (Hrsg.), LFGB, Einf. Rn. 70 ff.

325 *Brenner*, ZLR 2001, 359 (363, 365 f.); *Schomburg*, NVwZ 2007, 1373 (1376); *Streinz*, in: Streinz (Hrsg.), Lebensmittelrechts-Handbuch, Kap. IV Rn. 1.

326 Statt vieler *Streinz*, in: Meyer/Streinz (Hrsg.), LFGB, Einf. Rn. 67, 79.

Kommission, das zu diesem Zweck u. a. regelmäßige Inspektionen in den Mitgliedstaaten durchführt.[327]

bb. Vollzug durch die Länder

Auf nationaler Ebene erfolgt die Ausführung der Gesetze zur Lebensmittelüberwachung entsprechend der föderalen Verteilung der Verwaltungszuständigkeiten nach Art. 30, 83 ff. GG durch die Länder. Demnach führen sie die bundesrechtlichen Vorschriften zur Lebensmittelüberwachung als eigene Angelegenheit gem. Art. 83 GG durch.[328] Dies gilt – jedenfalls in entsprechender Anwendung – auch für die Durchführung unmittelbar anwendbaren Unionsrechts,[329] wie etwa für die VO (EG) Nr. 882/2004.[330] Daneben bestätigt § 38 Abs. 1 LFGB nochmals die Zuständigkeit der Länder für die Durchführung der Lebensmittelüberwachung aufgrund bundes- und unionsrechtlicher Rechtsvorschriften.[331]

Wenn die Länder Bundesgesetze als eigene Angelegenheit durchführen, regeln sie nach Art. 84 Abs. 1 S. 1 GG die Einrichtung der Behörden und das Verwaltungsverfahren. Die Länder können mithin die Zuständigkeiten und Einrichtung der Lebensmittelüberwachungsbehörden sowie den Ablauf des Verwaltungsverfahrens selbst regeln.[332] Der Verwaltungsaufbau im Bereich der Lebensmittelüberwachung ist in Nordrhein-Westfalen – wie in den meis-

---

327 Siehe hierzu *European Commission*, Welche Rolle spielt das Lebensmittel- und Veterinäramt bei der Wahrnehmung dieser Aufgabe?, abrufbar unter: http://ec.europa.eu/food/fvo/what_de.htm; zudem *BVL*, Lebensmittelsicherheit – Wer macht was?, abrufbar unter: http://www.bvl.bund.de/DE/01_Lebensmittel/01_Aufgaben/01_WerMachtWas/lm_WerMachtWas_node.html (beide zuletzt abgerufen am 29.8.2015).

328 Statt vieler *Rathke*, in: Zipfel/Rathke (Begr./Hrsg.), Lebensmittelrecht, C. LFGB Abschnitt 7 Vorbem. Rn. 13; *Streinz*, in: Streinz (Hrsg.), Lebensmittelrechts-Handbuch, Kap. IV Rn. 1, 14.

329 *BVerwG*, Urt. v. 17.10.1996 – 3 A 1/95 –, in: BVerwGE 102, 119 (125) = NVwZ 1998, 609; *Oebbecke*, in: Isensee/Kirchhof (Hrsg.), HdbStR VI, § 136 Rn. 5; *Streinz*, in: Meyer/Streinz (Hrsg.), LFGB, Einf. Rn. 77; anders etwa *Kadelbach*, Verwaltungsrecht, S. 237 mit Darstellung der vertretenen Auffassungen und entsprechenden Nachweisen.

330 *Streinz*, in: Streinz (Hrsg.), Lebensmittelrechts-Handbuch, Kap. IV Rn. 14.

331 *Boch*, LFGB, § 38 Rn. 1; *Prinz*, Lebensmittelrecht, Einf. Erl. 2; *Rathke*, in: Zipfel/Rathke (Begr./Hrsg.), Lebensmittelrecht, C. LFGB Abschnitt 7 Vorbem. Rn. 13; *Schomburg*, NVwZ 2007, 1373 (1377); *Streinz*, in: Ehlers/Fehling/Pünder (Hrsg.), Verwaltungsrecht, § 57 Rn. 46.

332 Siehe *BWV*, Organisation des Verbraucherschutzes 2012, S. 11, 24.

ten Ländern –[333] mit einer obersten und mittleren Landesbehörde sowie den unteren Vollzugsbehörden dreistufig ausgestaltet.[334]

cc. *Vollzug durch die Kommunen*

Das Land Nordrhein-Westfalen hat – wie die meisten anderen Länder –[335] die Lebensmittelüberwachung im Grundsatz den Kommunen zugewiesen. *Schmidt am Busch* führt hierzu treffend aus, dass damit „ein zentraler Bereich zur Gewährleistung der Lebensmittelsicherheit – die Überwachung – weitgehend der kommunalen Ebene zugeordnet“[336] ist.

Zuständige Behörden in Nordrhein-Westfalen sind nach § 1 S. 1 LFBRVG NRW die Kreisordnungsbehörden. Dies sind nach § 3 Abs. 1, 1. Hs. OBG NRW die Kreise und kreisfreien Städte. § 1 Abs. 1 Ziff. 1 ZustVOVS NRW greift dies auf und bestimmt die Kreisordnungsbehörden als zuständige Behörden i. S. d. LFGB und weiterer diesbezüglicher Rechtsvorschriften. § 2 und § 3 ZustVOVS NRW regeln daneben abweichende Zuständigkeiten des LANUV und des MKULNV.

Zur Durchführung ihrer Aufgaben bedienen sich die Kreisordnungsbehörden nach § 3 Abs. 1 LFBRVG NRW verschiedener Untersuchungseinrichtungen.

dd. *Vollzugsaufgaben des Bundes*

(1) *Rolle des Bundes beim Vollzug der Lebensmittelüberwachung*

Da die Durchführung der Lebensmittelüberwachung Ländersache ist, ist der Bund in diese Aufgabe nicht unmittelbar eingebunden. Allerdings trägt er die Gesamtverantwortung dafür, dass die unions- und bundesrechtlichen Regelungen einheitlich und ordnungsgemäß von den Ländern ausgeführt werden. Dies gilt zum einen im Außenverhältnis zur EU. Zum anderen ist der Bund

---

333 *BWV*, Organisation des Verbraucherschutzes 2012, S. 24 f.; *Streinz*, in: Streinz (Hrsg.), Lebensmittelrechts-Handbuch, Kap. IV Rn. 19c; einen dreistufigen Aufbau hat z. B. *Baden-Württemberg*, Kontrollplan, S. 3; anders aber bspw. *Brandenburg*, Kontrollplan, S. 6.

334 *NRW*, Kontrollplan, S. 4.

335 Siehe *BWV*, Organisation des Verbraucherschutzes 2012, S. 11, 14, 25, 64; *Schmidt am Busch*, Gesundheitssicherung, S. 184 f.; s. z. B. *Baden-Württemberg*, Kontrollplan, S. 3; *Brandenburg*, Kontrollplan, S. 6 f.

336 *Schmidt am Busch*, Gesundheitssicherung, S. 185.

innerstaatlich verantwortlich, eine wirksame und einheitliche Lebensmittelüberwachung sicherzustellen. Diese Verantwortung folgt aus Art. 84 Abs. 3 S. 1 GG, wonach die Bundesregierung die Aufsicht darüber ausübt, dass die Länder die Bundesgesetze gemäß dem geltenden Recht ausführen.[337] Es besteht demnach eine „Teilung von innerstaatlicher Funktionszuständigkeit (Länder) und der gemeinschaftsrechtlichen Verantwortung nach außen (Bund)“[338].

Aus der Gesamtverantwortung des Bundes ergibt sich, dass der Bund zumindest in gewissem Maße in die Lebensmittelüberwachung eingebunden sein muss. Dies haben auch diverse länder- und staatenübergreifende Lebensmittelskandale gezeigt.[339] Die Pflicht zur Zusammenarbeit bestimmt seit dem Jahr 2013[340] § 49 a LFGB ausdrücklich. Diese Vorschrift wurde aufgrund der mit dem
„EHEC-Geschehen“[341] gesammelten Erfahrungen neu in das LFGB eingefügt.[342] § 49 a S. 1 LFGB verpflichtet Bund und Länder, im Rahmen ihrer Zuständigkeiten und Befugnisse zur Gewährleistung der Sicherheit der Erzeugnisse zusammenzuwirken. Hierzu kann gem. § 49 a S. 2 LFGB eine Vereinbarung getroffen werden, in der vor allem besondere Gremien für das Zusammenwirken vorgesehen werden können.

(2) Beteiligte Behörden auf Bundesebene

In die Zusammenarbeit mit den Ländern sind verschiedene Bundesbehörden eingebunden. Von besonderer Bedeutung sind das *Bundesministerium für Ernährung und Landwirtschaft*[343] – *BMEL* – sowie das *Bundesamt für Ver-*

---

337 Zum Ganzen *BWV*, Organisation des Verbraucherschutzes 2012, S. 29 f., 78; *BWV*, Organisation des Verbraucherschutzes 2001, S. 52, 76.

338 *BWV*, Organisation des Verbraucherschutzes 2001, S. 66.

339 *Rohnfelder/Freytag*, in: Erbs/Kohlhaas (Begr.), Nebengesetze, LFGB § 49a Rn. 1.

340 Eingefügt durch *Drittes Gesetz zur Änderung des Lebensmittel- und Futtermittelgesetzbuches sowie anderer Vorschriften* v. 22.5.2013 (BGBl I 2013, S. 1319).

341 *Bundestag*, Gesetzentwurf v. 11.12.2012, Drucks. 17/11818, S. 11.

342 *Bundestag*, Gesetzentwurf v. 11.12.2012, Drucks. 17/11818, S. 7, 11; *Boch*, LFGB, § 49 a Rn. 1; *Rohnfelder/Freytag*, in: Erbs/Kohlhaas (Begr.), Nebengesetze, LFGB § 49a Rn. 1.

343 Bezeichnung gem. Ziff. I. 3 des Organisationserlasses der Bundeskanzlerin v. 17.12.2013 (BGBl I 2013, S. 4310).

braucherschutz und Lebensmittelsicherheit – BVL – und das *Bundesinstitut für Risikobewertung – BfR –*.[344]

(a) Bundesministerien

Auf Bundesebene ist die Lebensmittelüberwachung dem BMEL zugewiesen. Wahrgenommen wird diese Funktion von der Abteilung 3 – *Lebensmittelsicherheit, Tiergesundheit*. Die Lebensmittelüberwachung ist insbesondere in der Unterabteilung 31 – *Sicherheit der Lebensmittelkette* und dort im Referat 312 – *Lebensmittelüberwachung, Krisenmanagement* angesiedelt.[345]

Im Bereich der Lebensmittelsicherheit erarbeitet das BMEL bspw. Rechtsvorschriften sowie Risikomanagementmaßnahmen und wählt geeignete Maßnahmen aus.[346]

(b) Bundesoberbehörden

Im Geschäftsbereich des BMEL sind zwei Bundesoberbehörden angesiedelt, das BVL und das BfR, die seit Ende 2002[347] die Lebensmittelüberwachungsbehörden bei ihrer Aufgabenwahrnehmung unterstützen.[348] Sie sind für das Risikomanagement und die Risikobewertung zuständig. Diese Aufgaben nehmen sie institutionell und organisatorisch getrennt voneinander wahr.[349]

---

344 Siehe zu diesen und weiteren beteiligten Bundesbehörden im Bereich des Veterinärverwaltung sowie der Lebensmittelüberwachung *Geßler/Marx*, Veterinärwesen, Erl. 1.3.

345 Siehe *BMEL*, Organisationsplan, Stand: Juli 2015, abrufbar unter: http://www.bmel.de/SharedDocs/Downloads/Ministerium/Organisationsplan.pdf?__blob=publicationFile (zuletzt abgerufen am 29.8.2015); s. zudem *BRD*, Kontrollplan, S. 32.

346 Siehe *BMELV*, Lebensmittelsicherheit, S. 8.

347 Beide Behörden wurden zum 1. November 2002 auf Grundlage des *Gesetzes zur Neuorganisation des gesundheitlichen Verbraucherschutzes und der Lebensmittelsicherheit* v. 6. August 2002 (BGBl. I 2002, S. 3082) gegründet; s. auch *Böschen*, in: Feindt/Saretzki (Hrsg.), Technikkonflikte, S. 104 (112 f.).

348 *Müller/Wallau/Grube*, Lebensmittelkontrolle, S. 36.

349 *Bundestag*, Gesetzentwurf v. 8.4.2002, Drucks. 14/8747, S. 1, 27, 30; *BfR*, EU-Almanach, S. 21.

(aa) Bundesamt für Verbraucherschutz und Lebensmittelsicherheit

Das BVL ist als selbstständige Bundesoberbehörde im Geschäftsbereich des BMEL errichtet worden.[350] Zuständig für die Lebensmittelsicherheit ist die Abteilung 1 des BVL.[351]

Vorrangige Aufgabe des BVL ist das Risikomanagement.[352] Nach der Legaldefinition des Art. 3 Ziff. 12 VO (EG) Nr. 178/2002 bedeutet Risikomanagement *den von der Risikobewertung unterschiedenen Prozess der Abwägung strategischer Alternativen in Konsultation mit den Beteiligten unter Berücksichtigung der Risikobewertung und anderer berücksichtigenswerter Faktoren und gegebenenfalls der Wahl geeigneter Präventions- und Kontrollmöglichkeiten*. In dieser Funktion übernimmt das BVL u. a. die Koordination zwischen dem Bund, den Ländern und der EU.[353] So wirkt es etwa mit den Ländern an Überwachungsprogrammen und -maßnahmen mit und wird koordinierend tätig, um eine einheitliche Überwachung in allen Ländern sicherzustellen.[354]

(bb) Bundesinstitut für Risikobewertung

Demgegenüber ist das BfR entsprechend der funktionellen Trennung zwischen BfR und BVL schwerpunktmäßig mit der Risikobewertung betraut.[355] Nach der Legaldefinition des Art. 3 Ziff. 11 VO (EG) Nr. 178/2002 bezeichnet Risikobewertung *einen wissenschaftlich untermauerten Vorgang mit den vier Stufen Gefahrenidentifizierung, Gefahrenbeschreibung, Expositionsabschätzung und Risikobeschreibung*. Es geht mithin um die Einschätzung eines Risikos mittels wissenschaftlicher Methoden.[356] Neben dieser Aufgabe ist das

350 § 1 des *Gesetzes über die Errichtung eines Bundesamtes für Verbraucherschutz und Lebensmittelsicherheit (BVL-Gesetz – BVLG)* v. 6. August 2002 – *BVLG* – (BGBl. I 2002, S. 3082 (3084)); zuletzt geändert durch Gesetz v. 7.1.2015 (BGBl I 2015, S. 2).

351 Siehe *BVL*, Organisationsplan, Stand: 1. Juli 2015, abrufbar unter: http://www.bvl.bund.de/SharedDocs/Downloads/07_Bundesamt/Organigramm.pdf?__blob=publicationFile&v=19 (zuletzt abgerufen am 29.8.2015).

352 *Bundestag*, Gesetzentwurf v. 8.4.2002, Drucks. 14/8747, S. 1, S. 33 f.; *BfR*, EU-Almanach, S. 22; *Böschen*, in: Feindt/Saretzki (Hrsg.), Technikkonflikte, S. 104 (112); *Geßler/Marx*, Veterinärwesen, Erl. 1.3.5.1.

353 *BMELV*, Lebensmittelsicherheit, S. 18; *Geßler/Marx*, Veterinärwesen, Erl. 1.3.5.1.

354 *Bundestag*, Gesetzentwurf v. 8.4.2002, Drucks. 14/8747, S. 34; *BfR*, EU-Almanach, S. 22; s. auch *Geßler/Marx*, Veterinärwesen, Erl. 1.3.5.1.

355 *Bundestag*, Gesetzentwurf v. 8.4.2002, Drucks. 14/8747, S. 1, 27.

356 *BfR*, EU-Almanach, S. 6; ausführlich zudem *BfR*, Leitfaden Bewertungen, S. 6.

BfR für die Risikokommunikation[357] zuständig.[358] Hier geht es um „den zielgerichteten Austausch von Informationen und Meinungen über Risiken zwischen interessierten Beteiligten".[359]

Das BfR ist eine bundesunmittelbare rechtsfähige Anstalt des öffentlichen Rechts im Geschäftsbereich des BMEL.[360] Es ist eine wissenschaftliche Einrichtung der Bundesregierung,[361] die im Hinblick auf ihre wissenschaftlichen Bewertungen und Forschungen unabhängig ist, im Übrigen aber der Aufsicht des BMEL untersteht.[362] Für die Lebensmittelsicherheit ist die Abteilung 5 des BfR zuständig.[363]

Im Rahmen seiner Aufgabenwahrnehmung berät und unterstützt das BfR die Bundesregierung im Bereich der Lebensmittelsicherheit und des gesundheitlichen Verbraucherschutzes auf wissenschaftlicher Grundlage.[364] Zur Erfüllung dieser wissenschaftlichen Beratungs- und Unterstützungsfunktion erstellt das BfR wissenschaftliche Ausarbeitungen, Gutachten und Stellungnahmen zu Fragen der Lebensmittelsicherheit und des Verbraucherschutzes, § 2 Abs. 1 Ziff. 1 BfRG. Die Abteilung 5 etwa bewertet Lebensmittel im Hinblick auf ihre stofflichen Risiken.[365] In Ausübung seiner Kommunikationsaufgabe un-

---

357 Gemäß Art. 3 Ziff. 13 VO (EG) Nr. 178/2002 versteht man hierunter *im Rahmen der Risikoanalyse den interaktiven Austausch von Informationen und Meinungen über Gefahren und Risiken, risikobezogene Faktoren und Risikowahrnehmung zwischen Risikobewertern, Risikomanagern, Verbrauchern, Lebensmittel- und Futtermittelunternehmen, Wissenschaftlern und anderen interessierten Kreisen einschließlich der Erläuterung von Ergebnissen der Risikobewertung und der Grundlage für Risikomanagemententscheidungen.*

358 *Bundestag*, Gesetzentwurf v. 8.4.2002, Drucks. 14/8747, S. 28 f.; *Böschen*, in: Feindt/Saretzki (Hrsg.), Technikkonflikte, S. 104 (112 f.).

359 *BfR*, Leitfaden Bewertungen, S. 7.

360 § 1 des *Gesetzes über die Errichtung eines Bundesinstitutes für Risikobewertung (BfR-Gesetz – BfRG)* v. 6. August 2002 – *BfRG* – (BGBl. I 2002, S. 3082); zuletzt geändert durch Gesetz v. 22.5.2013 (BGBl. I 2013, S. 1324).

361 *BfR*, Fragen und Antworten, S. 1.

362 Vgl. § 2 Abs. 3, § 8 Abs. 1 S. 1 BfRG; s. auch *Bundestag*, Gesetzentwurf v. 8.4.2002, Drucks. 14/8747, S. 1 f., 27, f., 32; *Döhler*, in: Bogumil/Jann/Nullmeier (Hrsg.), Politik, S. 208 (218).

363 Siehe hierzu *BfR*, Organisationsplan, Stand: Juli 2015, abrufbar unter: http://www.bfr.bund.de/de/organigramm-6617.html (zuletzt abgerufen am 29.8.2015).

364 Vgl. § 2 BfRG; s. zudem *Bundestag*, Gesetzentwurf v. 8.4.2002, Drucks. 14/8747, S. 1 f., 27. f.; *BfR*, Fragen und Antworten, S. 1; *Geßler/Marx*, Veterinärwesen, Erl. 1.3.5.2.

365 Siehe *BfR*, Abteilung Lebensmittelsicherheit, http://www.bfr.bund.de/de/abteilung_lebensmittelsicherheit-7890.html (zuletzt abgerufen am 29.8.2015).

terrichtet das BfR u. a. die Öffentlichkeit über Risiken gesundheitlicher Art und sonstige Erkenntnisse.[366]

3. Ausgestaltung der Lebensmittelüberwachung als Pflichtaufgabe zur Erfüllung nach Weisung

a. Einordnung als Pflichtaufgabe zur Erfüllung nach Weisung

In Nordrhein-Westfalen ist der Vollzug des LFGB i. S. d. § 39 LFGB und damit die Durchführung der Lebensmittelüberwachung als Pflichtaufgabe zur Erfüllung nach Weisung ausgestaltet. Dies bestimmt ausdrücklich § 1 S. 1 lit. a) LFBRVG NRW. Da in dieser Vorschrift die *Kreisordnungsbehörden* als zuständige Behörden bestimmt werden, ergibt sich die Aufgabenzuordnung daneben schon aus § 3 Abs. 1, 1. Hs. OBG NRW. Die in § 1 S. 1 lit. a) LFBRVG NRW enthaltene Einordnung der Lebensmittelüberwachung als Pflichtaufgabe zur Erfüllung nach Weisung hat mithin lediglich deklaratorische Wirkung.[367]

b. Sonderaufsichtsbehörden

Welche Behörden für die Sonderaufsicht über die Durchführung der Lebensmittelüberwachung durch die Kreisordnungsbehörden zuständig sind, richtet sich mangels spezieller Regelung im LFBRVG NRW grundsätzlich nach § 7 OBG NRW.

Gem. § 7 Abs. 2 S. 1 OBG NRW üben die Bezirksregierungen die Sonderaufsicht über die Kreisordnungsbehörden aus. Mit Wirkung vom 1. Januar 2007 sind allerdings die Aufsichtsbefugnisse der Bezirksregierungen auf dem Gebiet der Lebensmittelüberwachung nach § 10 Abs. 1 S. 1 BehEinglG NRW[368] auf das *Landesamt für Natur, Umwelt und Verbraucherschutz – LANUV –* übertragen worden.[369] Diese Aufsichtsbefugnisse nimmt das LANUV

---

366 § 2 Abs. 1 Ziff. 12 BfRG; *Bundestag*, Gesetzentwurf v. 8.4.2002, Drucks. 14/8747, S. 28, 31.

367 *Roth*, Lebensmittelüberwachung, S. 95 – Fn. 490.

368 *Gesetz zur Eingliederung von Landesoberbehörden, Unteren Landesbehörden und Einrichtungen des Landes* v. 12.12.2006 (GV. NRW. 2006, S. 622) – *BehEinglG NRW*.

369 Siehe auch *LRH NRW*, Jahresbericht 2014, S. 172.

gem. § 3 Abs. 1 S. 2 LANUV-ErG[370] als Sonderordnungsbehörde i. S. v. § 12 OBG NRW wahr.

Oberste Aufsichtsbehörde ist nach § 7 Abs. 3 OBG NRW das jeweils zuständige Ministerium. Nach dem derzeit aktuellen Organisationserlass der Ministerpräsidentin ist dies das *Ministerium für Klimaschutz, Umwelt, Landwirtschaft, Natur- und Verbraucherschutz – MKULNV.*[371]

c. Sonderaufsichtsbefugnisse

Die Befugnisse der Sonderaufsichtsbehörden ergeben sich im Grundsatz mangels spezieller Regelungen aus dem OBG NRW.

aa. Unterrichtungsrecht, § 8 OBG NRW

Den Sonderaufsichtsbehörden steht das Unterrichtungsrecht nach § 8 OBG NRW zu. Hiernach können sie sich jederzeit über die Angelegenheiten der Ordnungsbehörden unterrichten.

bb. Weisungsrecht, § 9 OBG NRW, § 4 LFBRVG NRW

Neben dem Unterrichtungsrecht können die Aufsichtsbehörden den Kreisen und kreisfreien Städten Weisungen erteilen.

(1) Rechtmäßigkeitsweisungen, § 9 Abs. 1 OBG NRW

Sie können zum einen Weisungen erteilen, um die gesetzmäßige Erfüllung der ordnungsbehördlichen Aufgaben zu sichern, § 9 Abs. 1 OBG NRW.

(2) Zweckmäßigkeitsweisungen, § 9 Abs. 2 OBG NRW

Zum anderen können die Aufsichtsbehörden den Kreisen und kreisfreien Städten allgemeine und besondere Weisungen im Hinblick auf die zweckmä-

---

370 *Gesetz über die Errichtung des Landesamtes für Natur, Umwelt und Verbraucherschutz (LANUV-Errichtungsgesetz)* v. 12.12.2006 (GV. NRW. 2006, S. 622) – *LANUV-ErG* –; zuletzt geändert durch Gesetz v. 1.4.2014 (GV. NRW. 2014, S. 254).

371 Ziff. 7.5 der *Bekanntmachung der Neufassung der Geschäftsbereiche der obersten Landesbehörden* v. 15.5.2014 (GV. NRW. 2014, 302); s. auch *LRH NRW*, Jahresbericht 2014, S. 172.

ßige Aufgabenwahrnehmung erteilen, § 9 Abs. 2 OBG NRW. Im Unterschied zu den Rechtmäßigkeitsweisungen nach Abs. 1 ist dieses Recht der Aufsichtsbehörden nach Abs. 2 beschränkt.[372] Allgemeine Weisungen sind nach § 9 Abs. 2 lit. a) OBG NRW nur zulässig, um die gleichmäßige Durchführung der Aufgabe zu sichern. Besondere Weisungen können lediglich erteilt werden, wenn das Verhalten der zuständigen Ordnungsbehörde zur Erledigung ordnungsbehördlicher Aufgaben nicht geeignet erscheint oder überörtliche Interessen gefährden kann, § 9 Abs. 2 lit. b) OBG NRW.

(3) Befristete Weisungen nach § 4 LFBRVG NRW

Neben den aufgeführten Weisungsrechten verfügen die Aufsichtsbehörden über ein in § 4 LFBRVG NRW spezialgesetzlich geregeltes Weisungsrecht, das über die Weisungsbefugnisse nach § 9 OBG NRW hinausgeht.[373] Nach S. 1 dieser Vorschrift können das MKULNV und das LANUV befristete Weisungen u. a. über die Zahl der von einzelnen Lebensmitteln zu entnehmenden Proben sowie über die Art der Untersuchung und die Inanspruchnahme bestimmter Untersuchungseinrichtungen erteilen, auch wenn die Voraussetzungen von § 9 OBG NRW nicht gegeben sind. Nach S. 2 der Vorschrift können die Weisungen insbesondere der Feststellung, ob ordnungsbehördliche Maßnahmen eingeleitet werden müssen, oder der Feststellung der tatsächlichen Belastung der Bevölkerung durch Schadstoffe oder Zusatzstoffe dienen.

cc. Selbsteintrittsrecht, § 10 OBG NRW

Schließlich können die Aufsichtsbehörden unter den Voraussetzungen des § 10 Abs. 1 OBG NRW die Befugnisse der ihrer Aufsicht unterstehenden Ordnungsbehörden selbst ausüben oder die Ausübung einem Dritten übertragen.

---

[372] Anders bspw. in Sachsen, wo das Land über ein unbeschränktes Weisungsrecht gegenüber den Lebensmittelüberwachungs- und Veterinärämtern verfügt, § 4 SächsGDG.

[373] Siehe zu dieser Vorschrift auch *Landtag NRW*, Gesetzentwurf v. 2.10.1984, Drucks. 9/3714, S. 12; *Landtag NRW*, Evaluierungsbericht aus dem Geschäftsbereich des MKULNV v. 9.12.2011, Vorlage 15/1043, S. 4; zudem *Geßler*, ZLR 1986, 352 (359 ff.).

II. Rechtliche Ausgestaltung der Veterinärverwaltung

1. Gegenstand und rechtliche Grundlagen der Veterinärverwaltung

Die Veterinärverwaltung befasst sich mit den Belangen des öffentlichen Veterinärwesens. Die wesentlichen Aufgaben des Veterinärwesens sind der „Schutz des Menschen vor Gesundheitsgefährdung und Schädigung durch Lebensmittel oder Erzeugnisse tierischer Herkunft oder durch Tierkrankheiten, die Verhütung und Bekämpfung von Tierseuchen und anderen Krankheiten der Tiere, die Erhaltung der Umwelt vor Verunreinigungen aufgrund tierischer Abfälle und der Schutz des Lebens und Wohlbefindens der Tiere sowie der Verhütung von Leiden“[374]. Schon an dieser Aufgabenbeschreibung zeigt sich, dass es sich beim Recht der Veterinärverwaltung in Deutschland nicht um ein „in sich selbst abgeschlossenes, isoliertes Rechtsgebäude, das ausschließlich veterinärspezifische Regelungen beinhaltet“[375], handelt. Es ergeben sich vielmehr Überschneidungen mit anderen Aufgabenbereichen.[376] Besonders eng verzahnt ist die Veterinärverwaltung mit der Lebensmittelüberwachung, vor allem in Bezug auf Lebensmittel tierischer Herkunft.[377] Dies kommt auch in der organisatorisch gemeinsamen Wahrnehmung dieser beiden Aufgaben durch ein gemeinsames Amt in den Kreisen und kreisfreien Städten zum Ausdruck.[378]

Schwerpunktmäßig wird die Veterinärverwaltung mithin auf den Gebieten des Tierschutzes, der Tiergesundheit sowie der Lebensmittel- und Tierarzneimittelüberwachung tätig. Die zuständigen Veterinärbehörden überwachen die Einhaltung der Vorschriften in diesen Bereichen.[379] Die grundlegende Zielrichtung der Aufgaben der Veterinärverwaltung gilt dabei „zunächst dem Tier und den vom Tier gewonnen Lebensmitteln, mit beidem zugleich auch dem Menschen und indirekt schließlich der Umwelt“[380].

---

[374] *Adam*, Veterinärrecht, S. 1; s. zudem *Geßler/Marx*, Veterinärwesen, Ziff. 1.1.

[375] *Geßler/Marx*, Veterinärwesen, Ziff. 1.1.

[376] *Geßler/Marx*, Veterinärwesen, Ziff. 1.1.

[377] *Geßler/Marx*, Veterinärwesen, Ziff. 1.5.4.

[378] Vgl. *Geßler/Marx*, Veterinärwesen, Ziff. 1.1; s. zudem unten § 4 B. I. 1. a, b.

[379] Vgl. *NRW*, Kontrollplan, S. 8.

[380] *Geßler/Marx*, Veterinärwesen, Ziff. 1.1.

Zentrale Rechtsgrundlagen auf Bundesebene sind insbesondere das *Tierschutzgesetz* i. d. F. d. Bek. v. 18. Mai 2006[381] – *TierSchG* –, das *Gesetz zur Vorbeugung vor und Bekämpfung von Tierseuchen (Tiergesundheitsgesetz – TierGesG)* v. 22. Mai 2013[382] – *TierGesG* – sowie das *Tierische Nebenprodukte-Beseitigungsgesetz (TierNebG)* v. 25. Januar 2004[383] – *TierNebG* –. Daneben gibt es zahlreiche bundesrechtliche Verordnungen, wie etwa die *Verordnung zum Schutz gegen die Geflügelpest (Geflügelpest-Verordnung)* i. d. F. d. Bek. v. 8. Mai 2013[384] – *GeflpestV* –. Häufig beruhen diese Regelungen, so z. B. die GeflpestV,[385] auf Vorgaben der Europäischen Union. Daneben wird die Veterinärverwaltung durch unmittelbar anwendbares Unionsrecht bestimmt, wie etwa durch die VO (EG) Nr. 882/2004. Ergänzt werden die genannten Bestimmungen durch landesrechtliche Normen, die insbesondere die Zuständigkeiten im Veterinärbereich betreffen.[386]

2. Aufbau der Veterinärverwaltung

a. Gesetzgebungszuständigkeiten

Das Veterinärwesen ist, wie das Lebensmittelrecht, stark unionsrechtlich geprägt. Es gibt zahlreiche primär- und sekundärrechtliche Vorschriften, die die Veterinärverwaltung betreffen.[387] Dies gilt auch für die Überwachung in diesem Bereich. So enthält bspw. die VO (EG) Nr. 882/2004 nicht nur Vorgaben zur amtlichen Kontrolle im Lebensmittelbereich,[388] sondern auch Regelungen in Bezug auf die amtliche Kontrolle im Bereich der Tiergesundheit und des Tierschutzes.

Auf nationaler Ebene steht dem Bund nach Art. 74 Abs. 1 Ziff. 19 GG die konkurrierende Gesetzgebungskompetenz für das Recht der Bekämpfung von

---

381 BGBl. I 2006, S. 1206; zuletzt geändert durch Gesetz v. 28.7.2014 (BGBl. I 2014, S. 1308).

382 BGBl. I 2013, S. 1324.

383 BGBl. I 2004, S. 82; zuletzt geändert durch Gesetz v. 22.12.2011 (BGBl. I 2011, S. 3044).

384 BGBl. I 2013, S. 1212; zuletzt geändert durch Gesetz v. 17.4.2014 (BGBl. I 2014, S. 388).

385 Die GeflpestV dient der Umsetzung der *Richtlinie 2005/94/EG des Rates v. 20. Dezember 2005 mit Gemeinschaftsmaßnahmen zur Bekämpfung der Aviären Influenza und zur Aufhebung der Richtlinie 92/40/EWG*, ABl. L 10, S. 16.

386 Siehe unten § 4 A. II. 2. b.

387 *Geßler/Marx*, Veterinärwesen, Ziff. 1.1.

388 Siehe oben § 4 A. I. 2. a.

Tierseuchen und das Berufsrecht der Tierärzte sowie das Arznei- und Betäubungsmittelrecht zu. Nach Art. 74 Abs. 1 Ziff. 20 GG hat der Bund ferner die Kompetenz für das Recht der Lebensmittel einschließlich der ihrer Gewinnung dienenden Tiere und den Tierschutz. Diese Kompetenzen hat der Bund umfangreich genutzt. Angesichts der Dichte an unionsrechtlichen Vorgaben beschränkt sich die Kompetenz des Bundes inzwischen aber im Wesentlichen darauf, Durchführungsvorschriften zu den unionsrechtlichen Rechtsakten zu erlassen.[389]

Neben den bundes- und unionsrechtlichen Vorschriften zum Veterinärwesen bleibt für die Länder nur wenig Raum für eigene gesetzliche Regelungen. Diese beschränken sich im Wesentlichen auf Regelungen zur Durchführung der veterinärrechtlichen Vorschriften.[390] Hierzu gehören verschiedene Zuständigkeitsverordnungen, wie die *Verordnung über Zuständigkeiten und zur Übertragung von Ermächtigungen zum Erlass von Rechtsverordnungen auf dem Gebiet des Tierschutzrechts (Zuständigkeitsverordnung Tierschutz Nordrhein-Westfalen – ZustVO Tierschutz NRW)* v. 3. Februar 2015[391] – *ZustVO Tierschutz NRW* sowie die *Verordnung über Zuständigkeiten auf den Gebieten der Tiergesundheit, Tierseuchenbekämpfung und Beseitigung tierischer Nebenprodukte sowie zur Übertragung von Ermächtigungen zum Erlass von Tierseuchenverordnungen* v. 27. Februar 1996[392] – *TierSZVO* –. Weitere Zuständigkeitsregelungen enthält die *Verordnung über Zuständigkeiten im Arzneimittelwesen und nach dem Medizinproduktegesetz* v. 11. Dezember 1990[393] – *MPGZustV NRW* –.

b. Vollzug der Veterinärangelegenheiten

Die bundes- und unionsrechtlichen Vorschriften in Bezug auf das Veterinärwesen werden, wie bei der Lebensmittelüberwachung, durch die Mitgliedstaaten und auf nationaler Ebene durch die Länder als eigene Angelegenheiten

---

389 Zum Ganzen *Geßler/Marx*, Veterinärwesen, Ziff. 1.1; näher zu den Kompetenztiteln aus Art. 74 Abs. 1 Ziff. 19, 20 GG s. auch *Maunz*, in: Maunz/Dürig (Begr.), GG Bd. V, Art. 74 Rn. 210 ff., 224 ff.; *Seiler*, in: Epping/Hillgruber (Hrsg.), GG, Art. 74 Rn. 70 ff., 75 ff.

390 Vgl. *Geßler/Marx*, Veterinärwesen, Ziff. 1.1.

391 GV. NRW. 2015, 212.

392 GV. NRW. 1996, S. 104, zuletzt geändert durch Verordnung v. 13.5.2014 (GV. NRW. 2014, S. 293).

393 GV. NRW. 1990, S. 659, zuletzt geändert durch Verordnung v. 3.2.2015 (GV. NRW. 2015, 210).

nach Art. 83 GG vollzogen.[394] Auch im Veterinärbereich ist der Verwaltungsaufbau in Nordrhein-Westfalen – wie in den meisten Ländern –[395] mit einer obersten und mittleren Landesbehörde sowie den unteren Vollzugsbehörden dreistufig ausgestaltet.[396]

Die wesentlichen Vollzugsaufgaben, insbesondere auch die Überwachung im Bereich Tiergesundheit, Tierschutz, Lebensmittel und Tierarzneimittel, ist in Nordrhein-Westfalen – wie auch in den meisten anderen Ländern –[397] den Kommunen zugewiesen. Zuständig für die Durchführung der Aufgaben des Tierschutzes, der Tiergesundheit und der Lebensmittelüberwachung sind nach § 1 ZustVO Tierschutz NRW, §§ 1, 25 TierSZVO sowie § 1 S. 1 lit. a) LFBRVG NRW i. V. m. § 1 Abs. 1 Ziff. 1 ZustVOVS NRW im Grundsatz die Kreisordnungsbehörden. Dies sind nach § 3 Abs. 1, 1. Hs. OBG NRW die Kreise und kreisfreien Städte. Für den Tierarzneimittelbereich werden ebenfalls die Kreise und kreisfreien Städte als zuständige Behörden bestimmt, § 1 Abs. 1, § 2 Abs. 1 S. 1 MPGZustV NRW.

Wie bei der Lebensmittelüberwachung sind auch im Bereich des Veterinärwesens Bundesbehörden am Vollzug beteiligt.[398] Zuständig für das Veterinärwesen ist insbesondere das BMEL.[399] Die Veterinärangelegenheiten werden, wie auch die Lebensmittelsicherheit, von der Abteilung 3 – *Lebensmittelsicherheit, Tiergesundheit* wahrgenommen.[400] Das BMEL ist im Bereich des Veterinärwesens u. a. für die Rechtsetzung, aber auch für die Koordinierung der Aufgabendurchführung durch die Länder sowie das Krisenmanagement zuständig.[401] Ebenfalls mit dem Veterinärwesen befasst sind das BVL, das BfR und weitere Bundeseinrichtungen.[402] Im Bereich der Tier-

---

394 Vgl. *Geßler/Marx*, Veterinärwesen, Ziff. 1.1.
395 *Geßler/Marx*, Veterinärwesen, Ziff. 1.4.
396 *NRW*, Kontrollplan, S. 4.
397 *Geßler/Marx*, Veterinärwesen, Ziff. 1.5.1.
398 Siehe hierzu *Geßler/Marx*, Veterinärwesen, Ziff. 1.3.
399 Näher hierzu *Geßler/Marx*, Veterinärwesen, Ziff. 1.3.1.
400 Siehe *BMEL*, Organisationsplan (s. Fn. 345); s. zudem *BRD*, Kontrollplan, S. 43, 46, 58 f.
401 Siehe *BMEL*, Aufbau des öffentlichen Veterinärwesens auf der Bundesebene, abrufbar unter: http://www.bmel.de/DE/Tier/Tiergesundheit/_texte/Veterinaerwesen AufbauBund. html (zuletzt abgerufen am 29.8.2015).
402 Siehe hierzu *BMEL*, Aufbau des öffentlichen Veterinärwesens (s. Fn. 401); *Geßler/Marx*, Veterinärwesen, Ziff. 1.3.5; s. i. Ü. die Ausführungen unter § 4 A. I. 2. b. dd. (2) (b).

arzneimittel übernimmt zudem das *Bundesministerium für Gesundheit – BMG* – wichtige Aufgaben.[403]

Auch das Lebensmittel- und Veterinäramt spielt im Veterinärbereich eine Rolle. Es sorgt nicht nur in Bezug auf Lebensmittel, sondern auch im Bereich Tierschutz und Tiergesundheit für wirksame Kontrollsysteme in den Mitgliedstaaten.[404]

3. Ausgestaltung der veterinärrechtlichen Angelegenheiten als Pflichtaufgabe zur Erfüllung nach Weisung

a. Einordnung als Pflichtaufgabe zur Erfüllung nach Weisung

Die Überwachung auf den Gebieten des Tierschutzes, der Tiergesundheit, der tierischen Lebensmittel[405] sowie der Tierarzneimittel sind in Nordrhein-Westfalen als Pflichtaufgabe zur Erfüllung nach Weisung ausgestaltet.[406]

Die Durchführung des TierSchG und weiterer tierschutzrechtlicher Vorschriften ist den Kreisen und kreisfreien Städten gem. § 1 ZustVO Tierschutz NRW i. V. m. § 3 Abs. 1, 1. Hs. OBG NRW als Pflichtaufgabe zur Erfüllung nach Weisung zugewiesen. Für die Überwachung der tiergesundheitlichen Vorschriften, u. a. des TierGesG und des TierNebG, ergibt sich dieser Aufgabencharakter aus §§ 1, 25 TierSZVO NRW i. V. m. § 3 Abs. 1, 1. Hs. OBG NRW. Die Tierarzneimittelüberwachung nehmen die Kreise und kreisfreien Städte gem. § 2 Abs. 1 S. 1 MPGZustV NRW als Pflichtaufgabe zur Erfüllung nach Weisung wahr.

b. Sonderaufsichtsbehörden

Die zuständigen Sonderaufsichtsbehörden ergeben sich, wie bei der Lebensmittelüberwachung, im Grundsatz aus § 7 OBG NRW. Auch im Bereich der Veterinärangelegenheiten übernimmt diese Aufgabe seit 2007 das LANUV

[403] Vgl. *BMG*, Organisationsplan, Stand: 8.1.2015, abrufbar unter: http://www.bmg.bund.de/fileadmin/dateien/Downloads/O/Organisationsplan/Organigramm_BMG_Stand_080115.pdf (zuletzt abgerufen am 29.8.2015); s. zudem *Geßler/Marx*, Veterinärwesen, Ziff. 1.3.2.

[404] Siehe hierzu *European Commission*, Welche Rolle spielt das Lebensmittel- und Veterinäramt bei der Wahrnehmung dieser Aufgabe? (s. Fn. 327).

[405] Allgemein zur Lebensmittelüberwachung s. bereits oben § 4 A. I. 3. a.

[406] *NRW*, Kontrollplan, S. 12.

gem. § 10 Abs. 1 S. 1 BehEinglG NRW und nach § 3 Abs. 1 S. 2 LANUV-ErG als Sonderordnungsbehörde. Oberste Aufsichtsbehörde i. S. d. § 7 Abs. 3 OBG NRW ist ebenfalls das MKULNV.[407]

Im Bereich der Tierarzneimittelüberwachung sind die zuständigen Sonderaufsichtsbehörden ausdrücklich in § 2 Abs. 1 S. 3 MPGZustV NRW bestimmt. Aufsichtsbehörden sind hiernach die Bezirksregierungen. Gem. § 10 Abs. 1 S. 1 BehEinglG NRW übernimmt diese Aufsichtsfunktion aber ebenfalls das LANUV und zwar als Sonderordnungsbehörde nach § 3 Abs. 1 S. 2 LANUV-ErG. Oberste Aufsichtsbehörde ist gem. § 2 Abs. 1 S. 3 MPGZustV NRW das für das Veterinärwesen zuständige Ministerium, mithin das MKULNV.

c. Sonderaufsichtsbefugnisse

Die Sonderaufsichtsbehörden haben im Bereich der Veterinärangelegenheiten im Wesentlichen die gleichen Aufsichtsbefugnisse wie bei der Lebensmittelüberwachung. Das LANUV und das MKULNV verfügen demnach über das Unterrichtungsrecht nach § 8 OBG NRW, die Weisungsrechte nach § 9 OBG NRW sowie über das Selbsteintrittsrecht nach § 10 OBG NRW. Für den Lebensmittelbereich gilt zudem das Weisungsrecht nach § 4 LFBRVG NRW.

Im Bereich der Tierarzneimittelüberwachung sind die Aufsichtsbefugnisse gesondert geregelt. Nach § 2 Abs. 1 S. 2 MPGZustV NRW können sich die Aufsichtsbehörden jederzeit über die Wahrnehmung der Aufgaben unterrichten lassen. Gem. § 2 Abs. 2 MPGZustV NRW sind sie befugt, Weisungen zu erteilen, um die gesetzmäßige Erfüllung der Aufgaben zu sichern. Daneben können die Aufsichtsbehörden zur zweckmäßigen Aufgabendurchführung allgemeine und besondere Weisungen erteilen, wenn das Verhalten der zuständigen Behörden zur sachgerechten Aufgabenwahrnehmung nicht geeignet erscheint oder überörtliche Interessen gefährden kann, § 2 Abs. 3 Ziff. 2 MPGZustV NRW. Darüber hinaus kann das Ministerium nach § 2 Abs. 3 Ziff. 1 i. V. m. Abs. 4 MPGZustV NRW für im Einzelnen aufgezählte Fälle Verwaltungsvorschriften erlassen, um die gleichmäßige Durchführung der Aufgaben zu sichern.

407 Siehe Ziff. 7.5 der *Bekanntmachung der Neufassung der Geschäftsbereiche der obersten Landesbehörden* v. 15.5.2014 (GV. NRW. 2014, 302).

B. Steuerungspraxis

Im Folgenden wird die Steuerungspraxis des Landes im Bereich der Lebensmittelüberwachung und der Veterinärverwaltung dargestellt. Dabei ist versucht worden, die Steuerungspraxis umfänglich zu erfassen. Wegen der praktisch unbegrenzten Vielzahl an Mechanismen ist dies allerdings nicht in Voll-Vollständigkeit allerdings zu erreichen.

Die Steuerungspraxis im Bereich der Lebensmittelüberwachung und Veterinärverwaltung wird anhand der Organisation der Kommunal- und Sonderaufsichtsbehörden (I.), der verwaltungsinternen (II.) und abschließend anhand der verwaltungsexternen Steuerung (III.) dargestellt.

I. Organisation der kommunalen Behörden und der Sonderaufsichtsbehörden

1. Kommunale Behörden

a. Lebensmittelüberwachungsbehörden

Derzeit führen 50 kommunale Behörden die Lebensmittelüberwachung in Nordrhein-Westfalen durch.[408] Eigentlich wären 53 Behörden für diese Aufgabe zuständig, da es aktuell 53 Kreisordnungsbehörden, nämlich 30 Kreise, 22 kreisfreie Städte und die Städteregion Aachen gibt.[409] Nicht jede Kommune betreibt aber ein eigenes Lebensmittelüberwachungsamt.[410] Die Stadt Herne und der Kreis Recklinghausen haben im Sommer 2012 eine öffentlich-rechtliche Vereinbarung geschlossen, wonach der Kreis Recklinghausen die Aufgaben der Lebensmittelüberwachung und des Veterinärwesens für die Stadt Herne wahrnimmt.[411] Auf ähnliche Weise sind die Städte Solingen, Wuppertal und Remscheid verfahren. Aufgrund einer Kooperation dieser drei Städte nimmt seit dem 1. Januar 2010 das *Bergische Veterinär- und Lebens-*

---

408 Vgl. *LANUV*, Lebensmittelüberwachungsämter (s. Fn. 312).

409 Vgl. *NRW*, Kontrollplan, S. 4.

410 Vgl. *LANUV*, Lebensmittelüberwachungsämter (s. Fn. 312).

411 *Öffentlich-rechtliche Vereinbarung zwischen dem Kreis Recklinghausen und der Stadt Herne zur Übernahme der Aufgaben des Veterinärwesens und der Lebensmittelüberwachung durch den Kreis Recklinghausen* v. 21.6.2012, abrufbar unter: https://www.kreis-re.de/dok/ortsrecht/Or3-25.pdf (zuletzt abgerufen am 29.8.2015).

mittelüberwachungsamt am Standort Solingen die Aufgaben gebündelt wahr.[412]

Innerhalb der Kreisordnungsbehörden erfüllt in der Regel das *Lebensmittelüberwachungsamt* die Aufgaben der Lebensmittelüberwachung.[413] Diese Bezeichnung ist nach § 1 S. 3 LFBRVG NRW vorgeschrieben, kann aber mit anderen Bezeichnungen kombiniert werden.[414] In der Regel sind die Lebensmittelüberwachung und das Veterinärwesen organisatorisch in einem Amt angesiedelt und tragen die Bezeichnung *Veterinär- und Lebensmittelüberwachungsamt*[415].

Die Anzahl an Mitarbeitern in den einzelnen Lebensmittelüberwachungsämtern variiert von Kommune zu Kommune.[416] Dies gilt auch für den vorhandenen Sachverstand. Das Personal in den Ämtern setzt sich aus Mitarbeitern mit unterschiedlichen fachlichen Qualifikationen zusammen. Beschäftigt sind u. a. Lebensmittelkontrolleure, Lebensmittelchemiker, amtliche Kontrollassistenten, Tierärzte und Verwaltungspersonal.[417] In einigen Kommunen wird auch externer Sachverstand herangezogen.[418] Die Kreise und kreisfreien Städte tragen grundsätzlich die Kosten für den Vollzug der Lebensmittelüberwachung und damit auch für das Personal.[419] Das Personal der Lebensmittel-

---

412 Siehe hierzu *Landtag NRW*, Kleine Anfrage 1109 v. 24.4.2013, Drucks. 16/2717, S. 1; *Stadt Solingen*, Bergisches Veterinär- und Lebensmittelüberwachungsamt, abrufbar unter: http://www2.solingen.de/C125739700649BBD/html/FA2F3E3D68D2CCA6C1257777002FD35F?OpenDocument (zuletzt abgerufen am 29.8.2015).

413 Vgl. *LANUV*, Lebensmittelüberwachungsämter (s. Fn. 312).

414 Näher zu dieser Regelung *Geßler*, ZLR 1986, 352 (356 f.); zudem *Landtag NRW*, Evaluierungsbericht aus dem Geschäftsbereich des MKULNV v. 9.12.2011, Vorlage 15/1043, S. 2; die vorgeschriebene Bezeichnung wird allerdings nicht bei allen Kreisordnungsbehörden eingehalten, bspw. ist in Münster das *Amt für Gesundheit, Veterinär- und Lebensmittelangelegenheiten* zuständig, abrufbar unter: http://www.muenster.de/stadt/sae/sae53.html (zuletzt abgerufen am 29.8.2015).

415 So z. B. das *Veterinär- und Lebensmittelüberwachungsamt* im Kreis Warendorf, abrufbar unter: http://rathaus.citeq.de/kreis-warendorf/service/verwaltungseinheit/veterinaer-und-lebensmittelueberwachungsamt/index.html (zuletzt abgerufen am 29.8.2015); vgl. *LANUV*, Lebensmittelüberwachungsämter (s. Fn. 312).

416 Vgl. *Landtag NRW*, Ergebnisse der Erhebung der Betriebs- und Personalzahlen (Zeitraum 2011) im Bereich der amtlichen Lebensmittelüberwachung v. 21.11.2013, Vorlage 16/1422, Anlage 4.

417 Vgl. *LKT NRW*, EILDIENST LKT NRW 2013, 404 (406); *Landtag NRW*, Ergebnisse der Erhebung der Betriebs- und Personalzahlen (Zeitraum 2011) im Bereich der amtlichen Lebensmittelüberwachung v. 21.11.2013, Vorlage 16/1422, Ziff. III. 3; *NRW*, Kontrollplan, S. 9.

418 *LKT NRW*, EILDIENST LKT NRW 2013, 404 (406).

419 *LRH NRW*, Jahresbericht 2014, S. 174.

überwachungsbehörden wird dementsprechend im Haushalt der jeweiligen Kreise bzw. kreisfreien Städte ausgewiesen.[420]

b. Veterinärbehörden

Im Hinblick auf die Veterinärbehörden gelten im Wesentlichen die Ausführungen zu den Lebensmittelüberwachungsbehörden. Es sind ebenfalls 50 Kreise und kreisfreie Städte für die Durchführung der Aufgaben der Veterinärverwaltung zuständig. Innerhalb der Kommunen sind die Veterinärämter zuständig, die – wie zuvor dargelegt – vielfach als *Veterinär- und Lebensmittelüberwachungsamt* in den Kommunen organisiert sind. Beschäftigt sind insbesondere Tierärzte, wissenschaftliches Personal, Kontrolleure und Verwaltungsmitarbeiter. Das Personal ist ebenfalls im Haushalt der Kommunen ausgewiesen.[421]

2. Sonderaufsichtsbehörden

a. Ministerium für Klimaschutz, Umwelt, Landwirtschaft, Natur- und Verbraucherschutz

Aufgaben im Zusammenhang mit der Lebensmittelüberwachung und der Veterinärverwaltung werden beim MKULNV von der Abteilung VI – *Verbraucherschutz* wahrgenommen. Dort sind u. a. Mitarbeiter aus dem Referat VI-2 – *Lebensmittel pflanzlicher Herkunft, Kosmetika, Bedarfsgegenstände*, dem Referat VI-3 – *Lebensmittel tierischer Herkunft, Futtermittel, Zoonosen* und dem Referat VI-5 – *Tierschutz* mit diesen Aufgaben befasst. In rechtlichen Angelegenheiten beschäftigt sich zudem das Referat VI-6 – *Rechtsangelegenheiten* mit Aufgaben im Lebensmittelbereich und der Veterinärverwaltung.[422]

---

[420] *NRW*, Kontrollplan, S. 24.

[421] Vgl. zum Ganzen die Ausführungen unter § 4 B. I. 1. a.

[422] Siehe zum Ganzen *MKULNV*, Organisationsplan, Stand: 14.8.2015, abrufbar unter: https://www.umwelt.nrw.de/fileadmin/redaktion/PDFs/organisationsplan_mkulnv2015.pdf; zudem *MKULNV*, Geschäftsverteilungsplan, Stand: 15.6.2015, S. 96 ff., abrufbar unter: https://www.umwelt.nrw.de/fileadmin/redaktion/PDFs/geschaefts verteilungsplan_mkulnv_2015.pdf (beide Seiten zuletzt abgerufen am 29.8.2015).

Das Personal ist im Landeshaushalt ausgewiesen.[423] Beschäftigt sind u. a. Lebensmittelchemiker, Tierärzte, Juristen und Verwaltungsmitarbeiter.

b. Landesamt für Natur, Umwelt und Verbraucherschutz

Aufgaben im Bereich der Lebensmittelüberwachung und des Veterinärwesens werden beim LANUV von der Abteilung 8 – *Verbraucherschutz, Tiergesundheit, Agrarmarkt* wahrgenommen. Die Abteilung ist in verschiedene Fachbereiche, wie etwa den Fachbereich 84 – *Tierschutz* oder den Fachbereich 86 – *Lebens- und Futtermittel, Kosmetika, Bedarfsgegenstände, Tabak* unterteilt.[424]

Nach eigener Aufgabenbeschreibung „koordiniert das LANUV als landesweite Fachaufsicht alle Lebensmittelüberwachungs- und Veterinärämter in den Kreisen und kreisfreien Städten“[425] und „sorgt für einheitliche Überwachungsmethoden und Vorgehensweisen“[426]. Wahrgenommen werden diese Aufgaben u. a. von Tierärzten, Lebensmittelchemikern und Verwaltungspersonal.[427] „[Z]ur Stärkung der Fachaufsicht“[428] ist im LANUV seit 2011 für den Bereich der Lebensmittel- und Futtermittelsicherheit zudem ein Kompetenzteam mit mehreren Personen eingerichtet.[429] Das Team besteht aus Mitarbeitern unterschiedlicher Fachdisziplinen wie Juristen, Lebensmittelchemikern, Lebensmitteltechnologen, Tierärzten und Volks- bzw. Betriebswirten.[430]

---

423 *NRW*, Kontrollplan, S. 24.

424 Siehe hierzu *LANUV*, Organisationsplan, Stand: 20.4.2015, abrufbar unter: http://www.lanuv.nrw.de/service/orgaplan/orgaplan.pdf (zuletzt abgerufen am 29.8.2015).

425 *LANUV*, Jahresbericht 2014, S. 86; s. auch *LANUV*, Jahresbericht 2013, S. 55.

426 *LANUV*, Jahresbericht 2013, S. 55; s. auch *LANUV*, Jahresbericht 2014, S. 86.

427 Siehe *LANUV*, Lebensmittelüberwachung, abrufbar unter: http://www.lanuv.nrw.de/verbraucher/sicherheit/lebensmitteluebeṙwachung.htm (zuletzt abgerufen am 29.8.2015); *LANUV*, Jahresbericht 2013, S. 56.

428 *NRW*, Stellungnahme zum Gutachten des BWV, S. 9 (nicht veröffentlicht).

429 *MKULNV*, Lebensmittelüberwachung in Nordrhein-Westfalen, Folie 6, abrufbar unter: http://www.umwelt.nrw.de/fileadmin/redaktion/PDFs/verbraucherschutz/lebensmittelueberwachung_nrw.pdf; *MKULNV*, Minister Remmel: ‚Einkauf von Lebensmitteln oder ein Restaurant-Besuch darf nicht zum Glücksspiel werden‘, Pressemitteilung v. 8.6.2012, abrufbar unter: http://www.pressrelations.de/new/standard/result_main.cfm?aktion=jour_pm&r=497549 (beide zuletzt abgerufen am 29.8.2015); *NRW*, Stellungnahme zum Gutachten des BWV, S. 9 (nicht veröffentlicht).

430 *MKULNV*, Lebensmittelüberwachung in Nordrhein-Westfalen (s. Fn. 429), Folie 6; *NRW*, Stellungnahme zum Gutachten des BWV, S. 9 (nicht veröffentlicht).

Das Personal des LANUV ist wie beim MKULNV im Landeshaushalt von Nordrhein-Westfalen ausgewiesen.[431]

II. Verwaltungsinterne Steuerungsmechanismen

1. Wahrnehmung der gesetzlichen Aufsichtsinstrumente durch das Land

a. Unterrichtungsrecht, § 8 OBG NRW

aa. Berichtspflichten

Die Aufsichtsbehörden machen von ihrem Unterrichtungsrecht in umfangreichem Maße und auf verschiedene Weise Gebrauch. Es gibt diverse Berichtspflichten der Kommunen gegenüber den Aufsichtsbehörden. Diese lassen sich laut Angaben der Aufsichtsbehörden in normativ geregelte Berichtspflichten im Fachrecht sowie in Berichtspflichten einteilen, die die Sonderaufsichtsbehörden bestimmen. Die normativen Berichtspflichten, wie etwa der *Mehrjährige Nationale Kontrollplan* nach Art. 41 VO (EG) Nr. 882/2004[432] – *MNKP* –, gehören allerdings nicht zu den Berichtspflichten, die auf der Ausübung des Unterrichtungsrechts nach § 8 OBG NRW beruhen. Im Folgenden wird hierauf daher nicht näher eingegangen.

(1) Arten von Berichtspflichten

Gestützt auf das Unterrichtungsrecht gibt es nach Angabe der Sonderaufsichtsbehörden regelmäßige und anlassbezogene Berichtspflichten, die den Kommunen gegenüber den Aufsichtsbehörden obliegen. Die Aufsichtsbehörden machen in erheblichem Umfang von ihrem Unterrichtungsrecht Gebrauch. So stellt *Jock* etwa für den Bereich des Veterinärwesens in Nordrhein-

---

[431] *NRW*, Kontrollplan, S. 24.

[432] Näher zum MNKP s. *BVL*, Mehrjähriger nationaler Kontrollplan der Bundesrepublik Deutschland gem. Artikel 41 der Verordnung (EG) Nr. 882/2004, abrufbar unter: http://www.bvl.bund.de/DE/01_Lebensmittel/01_Aufgaben/02_AmtlicheLebensmittelueberwachung/02_MNKP/lm_mnkp_node.html (zuletzt abgerufen am 29.8.2015).

Westfalen allgemein einen hohen Wert an aufsichtlichen Kontakten zu den Kommunen im Rahmen des Unterrichtungsrechts fest.[433]

(a) Regelmäßige Berichtspflichten

Regelmäßige Berichtspflichten gibt es in nicht unerheblicher Anzahl. Im Bereich der Lebensmittelüberwachung bestehen nach Angaben des LANUV etwa 25 bis 30 reguläre Berichtspflichten, die sich z. B. auf die Personalausstattung, die Anzahl an regelmäßigen Betriebskontrollen, auf Herkunftsnachweise von Lebensmitteln, die Probenahmen und die Untersuchungsergebnisse beziehen. Es handelt sich häufig um *jährliche* Berichte, zum Teil bspw. auch um halbjährliche oder vierteljährliche Berichtspflichten. Nach Aussagen der Aufsichtsbehörden sind die Berichte vielfach *standardisiert*, daneben auch *teil-standardisiert*. Häufig werden die regelmäßigen Berichtspflichten im Vorhinein durch allgemeine Weisungen statuiert. Die verschiedenen Berichtspflichten können daneben Anlass für die Aufsichtsbehörden sein, bei einzelnen oder mehreren Kommunen *nachzufassen* und ein weiteres Informationsersuchen an sie zu richten.

(b) Anlassbezogene Berichtspflichten

Bei den anlassbezogenen Berichtspflichten richten die Aufsichtsbehörden aus einem konkreten Anlass Informationsersuchen an die Kommunen, z. B. weil Anhaltspunkte dafür vorliegen, dass ein Fremdkörper in einem Produkt vorkommt. Hintergrund solcher Anfragen können bspw. Informationen aus der Presse, der Öffentlichkeit, den Medien oder aus dem investigativen Journalismus sein. Diese sind laut Bekundung des MKULNV Impulsgeber.

(2) Beispiele für Abfragen aus der Praxis und auftretende Probleme

Ein konkretes Beispiel für die Ausübung des Unterrichtungsrechts des Landes ist eine durch das MKULNV durchgeführte *Abfrage zu Personal- und Betriebszahlen der amtlichen Lebensmittelüberwachung* für den Zeitraum des Jahres 2011.[434] Diese Abfrage hat das MKULNV als „fachaufsichtliches Ge-

---

433 *Jock*, Fachaufsicht, S. 134.

434 Siehe *Landtag NRW*, Antwort der LReg v. 5.3.2014 auf die Kleine Anfrage 2032, Drucks. 16/5191, S. 2; *LRH NRW*, Jahresbericht 2014, S. 173; *MKULNV*, Pressemitteilung v. 22.11.2013.

schehen"[435] bezeichnet. Über die Ergebnisse der Abfrage hat das MKULNV einen Bericht erstellt[436] und auf dessen Grundlage verschiedene weitere Maßnahmen geplant[437]. Die Aussagekraft der erhobenen Daten bzw. die hieraus gezogenen Schlussfolgerungen sind von kommunaler Seite unter Mitwirkung der kommunalen Spitzenverbände allerdings stark kritisiert worden.[438]

Ein weiteres Beispiel ist eine Abfrage, die das LANUV im Jahr 2014 zur Eingruppierung und Besoldung der Lebensmittelkontrolleure in den nordrhein-westfälischen Kreisen und kreisfreien Städten durchgeführt hat.

Im Bereich des Veterinärwesens hat das LANUV im Auftrag des MKULNV mehrere Studien zum Einsatz von Antibiotika in der Geflügelmast durchgeführt, zu deren Zweck verschiedene Daten bei den Kreisordnungsbehörden erhoben wurden.[439] Eine weitere Abfrage bei den Kreisen und kreisfreien Städten aus dem Jahr 2013 betraf das Lüftungsversagen in Mastanlagen.[440]

Wenn die Sonderaufsichtsbehörden bei den Kommunen Abfragen auf Grundlage des Unterrichtungsrechts durchführen, werden von kommunaler Seite vor allem drei Probleme gesehen. Dies betrifft zunächst den Datenschutz. So machen die Kommunen bei einigen Datenerhebungen in der Praxis datenschutzrechtliche Bedenken geltend. Ferner haben die Kreise und kreisfreien Städte Bedenken gegen die Zulässigkeit der Unterrichtungsverlangen im Hinblick auf die Reichweite der Abfragen. Es wird geltend gemacht, dass diese den Rahmen von § 8 OBG NRW überschreiten, da sie häufig nicht der Gefah-

---

435 *Landtag NRW*, Antwort der LReg v. 5.3.2014 auf die Kleine Anfrage 2032, Drucks. 16/5191, S. 2.

436 *Landtag NRW*, Ergebnisse der Erhebung der Betriebs- und Personalzahlen (Zeitraum 2011) im Bereich der amtlichen Lebensmittelüberwachung v. 21.11.2013, Vorlage 16/1422.

437 *MKULNV*, Pressemitteilung v. 22.11.2013.

438 Siehe etwa *LKT NRW*, EILDIENST LKT NRW 2013, 513; zudem *Landtag NRW*, Antwort der LReg v. 7.3.2014 auf die Kleine Anfrage 2030, Drucks. 16/5204; *Landtag NRW*, Antwort der LReg v. 5.3.2014 auf die Kleine Anfrage 2032, Drucks. 16/5191.

439 Siehe hierzu *LANUV*, LANUV legt Abschlussbericht für Antibiotika-Studie vor, Pressemitteilung v. 4.4.2012, abrufbar unter: http://www.lanuv.nrw.de/veroeffentlichungen/presse/pdf/2012/PM_Antibiotika_Studie_04_04_2012.pdf; *MKULNV*, Minister Remmel: Einsatz von Antibiotika in der Intensivtierhaltung ist alarmierend, Pressemitteilung v. 25.11.2014, abrufbar unter: https://www.umwelt.nrw.de/pressebereich/detail/news/2014-11-25-minister-remmel-einsatz-von-antibiotika-in-der-intensivtierhaltung-ist-alarmierend/ (beide zuletzt abgerufen am 29.8.2015).

440 Siehe *Landtag NRW*, Ausschussprotokoll v. 18.9.2013, APr 16/328, S. 37; *Landtag NRW*, Lüftungsversagen in Mastanlagen, Bericht v. 13.9.2013, Vorlage 16/1123, Ziff. 2.

renabwehr bzw. der Recht- oder Zweckmäßigkeitskontrolle dienten. Zudem wird in einigen Fällen die Personal- und Organisationshoheit der Kommunen angeführt und aus diesem Grunde bezweifelt, dass dem Informationsersuchen des Landes nachzukommen ist. Des Weiteren wird von kommunaler Seite bei einigen Informationsersuchen die Fristsetzung als zu kurz kritisiert. Eine kurze Fristsetzung sei nur bei besonderer Eilbedürftigkeit des Unterrichtungsverlangens gerechtfertigt.

(3) Organisation der Berichtspflichten

Die Berichtspflichten erfolgen im Grundsatz über das LANUV. Dieses aggregiert die Daten und gibt diese dann an das MKULNV weiter. Hieran zeigt sich nach Auffassung der Aufsichtsbehörden die Bündelungsfunktion des LANUV.

bb. Fachaufsichtliche Überprüfungen

Die Abteilung 8 des LANUV hat in den Jahren 2009 bis 2012 *fachaufsichtliche Überprüfungen* bei den Lebensmittelüberwachungsbehörden durchgeführt.[441] Hierzu sind mehrere Mitarbeiter des LANUV jeweils für zwei Tage zu den verschiedenen Kommunen gefahren. Gegenstand der Überprüfungen waren u. a. die Organisation, die Ausstattung, das Qualitätsmanagement, das Personal, die Ausstattung und die EDV der Behörden sowie die Probeentnahme. Zudem gab es begleitete Betriebskontrollen in einigen Betrieben. Die Überprüfungen wurden anhand von Dokumenten und Checklisten durchgeführt. Ziel der fachaufsichtlichen Überprüfungen war es insbesondere, Maßstäbe in Bezug auf das Personal, die Ausstattung und die Organisation der Behörden zu bilden sowie eine gleichmäßige Überwachungstätigkeit und Ahndung bei Verstößen zu gewährleisten.

Zum Abschluss der jeweiligen *fachaufsichtlichen Überprüfung* hat eine Abschlussbesprechung mit der geprüften Lebensmittelüberwachungsbehörde stattgefunden. Im Nachgang zu der Überprüfung hat das LANUV eine Niederschrift zur jeweiligen Prüfung erstellt. Diese wurde der jeweiligen Kreisordnungsbehörde im Entwurf übermittelt und Gelegenheit zu Anmerkungen gegeben. Anschließend hat das LANUV einen endgültigen Bericht erstellt

441 Vgl. *LRH NRW*, Jahresbericht 2014, S. 174; *NRW*, Jahresbericht Kontrollplan 2012, S. 28.

und der Kommune zugesandt. Viele Praktiker begrüßen die Berichte ausdrücklich, da sie diese der vorgesetzten Ebene in der Verwaltung vorlegen können, bspw. zur Schaffung einer weiteren Stelle. Nach Aussagen von Praktikern wurden die Protokolle den Kreisordnungsbehörden jedoch häufig erst nach sechs bis zwölf Monaten bzw. noch später und auch dann teilweise nur auf Nachfrage übersandt.[442]

Das LANUV hat den Kommunen „bei den fachaufsichtlichen Überprüfungen in den meisten Fällen Empfehlungen zur Optimierung der Aufgabenerledigung“[443] gegeben. Es habe nur „in Einzelfällen, bei denen eine unverzügliche Abstellung von konkreten Mängeln erforderlich sei, (…) von Nachkontrollen bzw. Stellungnahmen Gebrauch gemacht“[444].

Wegen Personalknappheit hat das LANUV bislang nicht in allen Lebensmittelüberwachungsämtern *fachaufsichtliche Überprüfungen* durchgeführt.[445] Sie sollen aber in der Zukunft fortgesetzt werden.[446] Zudem sollen auf Grundlage der Erkenntnisse aus den Überprüfungen „erste landesweite Handlungsempfehlungen festgelegt bzw. ein Maßnahmenkonzept für NRW entwickelt werden“[447].

cc. Übermittlung von Daten

Die Übermittlung von Daten zur Erfüllung von Berichtspflichten u. a. des Landes hat nach § 9 S. 1 LFBRVG NRW grundsätzlich auf elektronischem Wege zu erfolgen. Dies ist auch in der Praxis der Fall. Eine schriftliche Übermittlung ist demgegenüber nur ausnahmsweise zulässig, § 9 S. 2 LFBRVG NRW. Nach Auffassung des MKULNV ist diese Regelung „notwendig für eine effiziente Verwaltung“[448].

---

442 Vgl. *LKT NRW*, EILDIENST LKT NRW 2013, 404 (406).
443 *LRH NRW*, Jahresbericht 2014, S. 176.
444 *LRH NRW*, Jahresbericht 2014, S. 176.
445 *LRH NRW*, Jahresbericht 2014, S. 174.
446 *LRH NRW*, Jahresbericht 2014, S. 176.
447 *NRW*, Jahresbericht Kontrollplan 2012, S. 28; s. zudem *LRH NRW*, Jahresbericht 2014, S. 176; näher hierzu s. unten § 4 B. II. 2. k. bb.
448 *Landtag NRW*, Evaluierungsbericht aus dem Geschäftsbereich des MKULNV v. 9.12.2011, Vorlage 15/1043, S. 6; s. auch *Landtag NRW*, Gesetzentwurf v. 6.9.2007, Drucks. 14/4973, S. 196.

b. Weisungsrecht, § 9 OBG NRW

aa. Allgemeine Weisungen

Allgemeine, also an alle Kommunen gerichtete Weisungen machen den größten Teil der Weisungspraxis des MKULNV aus. Die Weisungen sind nach Aussagen von Vertretern des Ministeriums überwiegend fachlicher Natur. Sie dienen der Beantwortung von Zweifelsfragen. Zudem sollen sie fachliche Standards setzen und den Vollzug der Lebensmittelüberwachung vereinheitlichen.

Inhaltlich betreffen die bereits erlassenen Weisungen im Bereich der Lebensmittelüberwachung bspw. die Regelung des § 40 Abs. 1 a LFGB, die die Information der Öffentlichkeit durch die zuständigen Behörden zum Gegenstand hat.[449] Diese Weisung wurde nach Aussagen des MKULNV aufgrund erheblicher Zweifelsfragen zum Umgang mit dieser Regelung erlassen und sollte auf diesem Wege die Veröffentlichungspraxis vereinheitlichen. Andere Beispiele sind *Erlasse*[450] zur Dioxinbelastung von Schaflebern,[451] zum EHEC-Ausbruchsgeschehen,[452] zur Umsetzung der BHV1-VO NRW[453] oder zur Wildbrethygiene[454].

---

449 *MKULNV*, Erlass v. 24.8.2012, Az. VI-6 -74.20.80, abrufbar unter: http://www.amtstieraerzte.de/fachthemen/downloads/verbraucherschutz/doc_view/165-gesetz-zur-aenderung-des-rechts-der-verbraucherinformation-vom-15-maerz-2012 (zuletzt abgerufen am 29.8.2015).

450 In der Verwaltungspraxis wird in Bezug auf ministerielle Weisungen und sonstige Schreiben in der Regel von *Erlassen* gesprochen. Im Folgenden wird daher neben dem Begriff der Weisung ebenfalls der Begriff des *Erlasses* verwandt.

451 Vgl. *Schafzuchtverband NRW*, MKULNV NRW gibt Dioxin-Erlass zur Lebensmittelsicherheit von Schaflebern heraus, abrufbar unter: http://www.schafzucht-nrw.de/pages/index.php?section=news&id=246 (zuletzt abgerufen am 29.8.2015).

452 *MKULNV*, Erlass v. 15.7.2011, Az. VI-2 – 1.2126-1 und VI-3 – 44.60.02 (nicht veröffentlicht).

453 *MKULNV*, Erlass v. 12.12.2014, Az. VI-5-2000.16.5, abrufbar unter: http://www.lanuv.nrw.de/agrar/tierseuchen/2014_12_12%20BHV1_Erlass.pdf (zuletzt abgerufen am 29.8.2015).

454 *MKULNV*, Erlass v. 4.12.2012, Az. VI-3 – 40.20.02, abrufbar unter: http://www.ljv-nrw.de/media/1358891448_verordnung_wildbrethygiene.pdf (zuletzt abgerufen am 29.8.2015).

Auch das LANUV erteilt Weisungen, die an alle Kommunen gerichtet sind. Beispiel für einen Erlass des LANUV im Bereich Tierschutz ist das *Scheren von Fohlen zu Schauzwecken*.[455]

Häufig werden in allgemeinen Weisungen auch Berichtspflichten statuiert.[456]

Das MKULNV und das LANUV stützen sich bei ihren Erlassen bzw. Weisungen vielfach auf Stellungnahmen bzw. Empfehlungen wissenschaftlicher Einrichtungen, wie etwa des BfR.[457] So hat das MKULNV bspw. einen Erlass zum EHEC-Ausbruchsgeschehen unter ausdrücklicher Bezugnahme auf eine Stellungnahme des BfR zu Bockshornklee-Samen v. 11. Juli 2011[458] herausgegeben.[459] Im Hinblick auf die Geflügelpest hat sich das MKULNV bspw. auf Einschätzungen des Friedrich-Löffler-Instituts und des Robert Koch-Instituts gestützt.[460] Gelegentlich ziehen die Aufsichtsbehörden auch Stellungnahmen von Landesbehörden anderer Länder heran. So hat das LANUV etwa einen Erlass v. 29. September 2011 zur *Verwendung von Kangalfischen (Garra rufa) zu kosmetischen und therapeutischen Zwecken*[461] vor allem auf eine Stellungnahme des *Niedersächsischen Landesamtes für Verbraucherschutz und Lebensmittelsicherheit* gestützt.[462]

Von kommunaler Seite wird bei einigen Weisungen kritisiert, dass die dort enthaltenen Vorgaben zu viele Einzelheiten der Aufgabenausführungen bestimmten und daher die Personal- und Organisationshoheit der Kommunen tangierten. Nach Aussagen von Praktikern achten die Aufsichtsbehörden zudem teilweise zu wenig auf die Rechtmäßigkeit des angewiesenen Vorgehens.

455 *LANUV*, Erlass v. 20.9.2013, Az. 8.84-01.09.40, abrufbar unter: http://www.lanuv.nrw.de/agrar/tierschutz/pdf/Fohlenschur.pdf (zuletzt abgerufen am 29.8.2015).

456 Siehe oben § 4 B. II. 1. a aa. (1) (a).

457 Siehe hierzu näher unten § 4 B. II. 5. g.

458 *BfR*, Stellungnahme Nr. 025/2011 v. 11.7.2011, ersetzt durch die aktualisierte Stellungnahme Nr. 031/2011 v. 26.7.2011, abrufbar unter: http://www.bfr.bund.de/cm/343/bedeutung_von_ehec_o104_h4_in_bockshornkleesamen_die_zu_anderen_lebensmitteln_als_sprossen_und_keimlingen_weiterverarbeitet_werden.pdf (zuletzt abgerufen am 29.8.2015).

459 *MKULNV*, Erlass v. 15.7.2011 (s. Fn. 452), S. 1.

460 *MKULNV*, Geflügelpest: Gebiete mit Stallpflicht stehen fest, Pressemitteilung v. 25.11.2014, abrufbar unter: https://www.umwelt.nrw.de/pressebereich/detail/news/2014-11-25-gefluegelpest-gebiete-mit-stallpflicht-stehen-fest/ (zuletzt abgerufen am 29.8.2015).

461 *LANUV*, Erlass v. 29.9.2011, Az. 8.84-01.09.07.01, abrufbar unter: http://www.lanuv.nrw.de/agrar/tiergesundheit/tierschutz/pdf/110929_RdVfG_Garra Rufa.pdf (zuletzt abgerufen am 29.8.2015).

462 *LANUV*, Erlass v. 29.9.2011 (s. Fn. 461), S. 2 f.; *Strotmann/Herick*, EILDIENST LKT NRW 2015, 51 (52).

Der Schwerpunkt werde vielmehr auf die Zweckmäßigkeit gelegt. Hierdurch würden Prozess- und Haftungsrisiken hervorgerufen.

bb. Besondere Weisungen

Die *Einzelweisung* ist nach Bekundung der Aufsichtsbehörden in der Praxis der Ausnahmefall. Es gebe zwei Gründe für Einzelweisungen. Anlass für eine Einzelweisung könne zum einen eine Nachfrage der Kommunen bei den Aufsichtsbehörden sein. Zum anderen könne eine Einzelweisung ergehen, wenn die Aufsichtsbehörden auf ein kritisches Verhalten der Kommunen aufmerksam gemacht werden. Im ersten Fall laufe das Verfahren üblicherweise in der Weise ab, dass sich eine Kommune mit einer Anfrage an das LANUV wendet und dieses die Anfrage im Erlasswege beantwortet. Bei Unsicherheiten wende sich das LANUV zur Abstimmung an das MKULNV. Seitens der Aufsichtsebene besteht die Erwartung, dass sich die Kommunen an den Ausführungen im Erlass orientieren.

Im zweiten Fall werde in der Regel in der Weise vorgegangen, dass eine Informationsanfrage an die betreffende Kommune gerichtet werde, die hieraufhin einen entsprechenden Bericht abliefere. Auf dieser Grundlage werde das weitere Vorgehen überlegt. Gegebenenfalls werde im Anschluss hieran eine Einzelweisung erteilt. Nach Aussage das LANUV endet das Verfahren aber nicht immer mit einer Einzelweisung. Dies sei zwar gelegentlich der Fall. Häufig werde das LANUV stattdessen aber vor allem beratend tätig. Der zweite Fall komme generell nicht so häufig vor wie der erste. Beim MKULNV sei dieses Vorgehen zudem noch seltener als beim LANUV.

Nach Angabe von Praktikern ergehen Einzelweisungen häufig vor allem im Krisenfall. Sie werden dann aber häufig im Miteinander erlassen und dienen dabei der Rückendeckung der Kommunen.

Beispiel für Einzelweisungen des LANUV sind zwei Weisungen an den Kreis Minden-Lübbecke im „Dioxineier-Skandal" im Jahr 2012. Es ging hier um die Sperrung eines Hofs wegen der PCB-Belastung von Eiern.[463] Auf weitere Weisung des LANUV wurden einige Monate später gesperrte Teilflächen des

[463] Vgl. bspw. *Mindener Tageblatt*, „Weisung vom Landesamt: Kreis lässt Hühner aufstallen", Artikel v. 23.4.2012, abrufbar unter: http://www.mt.de/lokales/service/portale/mt_gesund/aus_dem_mt/6628978_Weisung-vom-Landesamt-Kreis-laesst-Huehner-aufstallen.html (zuletzt abgerufen am 29.8.2015).

Betriebs freigegeben.[464] In einem anderen Fall hat das LANUV im Januar 2013 die Städteregion Aachen angewiesen, in einem Schlachtbetrieb die Schlachtung von Rindern zu untersagen.[465]

Auch im Hinblick auf Einzelweisungen stützen sich das MKULNV und das LANUV zum Teil auf Empfehlungen oder Stellungnahmen wissenschaftlicher Einrichtungen wie das BfR.

cc. Weisungen nach § 4 LFBRVG NRW

Inwieweit die Aufsichtsbehörden von ihrem Weisungsrecht nach § 4 LFBRVG NRW Gebrauch machen, ist nicht bekannt.

dd. Formalien und Verfahren beim Erlass von Weisungen

(1) Verfahren vor dem Erlass von Weisungen

Bevor die Sonderaufsichtsbehörden den Kreisordnungsbehörden allgemeine Weisungen erteilen, wird den kommunalen Spitzenverbänden und den Kommunen der Weisungsentwurf in einigen Fällen vorab zugesandt und Gelegenheit zur Stellungnahme gegeben. Die Frist zur Stellungnahme fällt dabei nach Bekundungen von Praktikern allerdings zum Teil sehr knapp aus. Soweit es sich um allgemeine Weisungen des Ministeriums handelt, werden die Entwürfe zuvor auch dem LANUV mit Gelegenheit zur Stellungnahme übersandt.

(2) Hinweis auf Einordnung als allgemeine Weisung

Auf Wunsch des LKT NRW und des Städtetags NRW nimmt das MKULNV inzwischen in einigen der Erlasse an die Kommunen einen Hinweis auf, ob es sich bei dem Schreiben um eine Weisung, Empfehlung oder eine bloße Mitteilung handelt. Einige der geltenden Erlasse enthalten daher die Formulie-

---

464 Vgl. *HALLO LÜBBECKE*, „PCB-Belastung: Teilflächen auf Hof wieder nutzbar“, Artikel v. 9.8.2012, abrufbar unter: http://www.hallo-luebbecke.de/nachrichten/pcbbelastung-teilflaechen-auf-hof-wieder-nutzbar-2371.html (zuletzt abgerufen am 29.8.2015).

465 Siehe hierzu *LANUV*, Rinderschlachtung in einem Eschweiler Schlachtbetrieb (StädteRegion Aachen) aus Tierschutzgründen bis auf weiteres geschlossen, Pressemitteilung v. 17.1.2013, abrufbar unter: http://www.lanuv.nrw.de/veroeffentlichungen/presse/2013/PM_LANUV_Rinderschlachtung_17_01_13.pdf (zuletzt abgerufen am 29.8.2015).

rung „Allgemeine Weisung gemäß § 9 OBG NRW“[466]. In einer hieran angefügten Fußnote wird darauf hingewiesen, dass es sich hierbei um einen „Hinweis zum beabsichtigten Regelungsinhalt des Erlasses gemäß Anregung des Landkreistages und des Städtetages“[467] handelt.

Die Aufnahme dieses Hinweises wurde mit den kommunalen Spitzenverbänden und den Aufsichtsbehörden vereinbart. Letztere gingen zwar ursprünglich davon aus, dass der Charakter der an die Kommunen gerichteten Erlasse deutlich sei. In den Kommunen wurde der rechtliche Gehalt der Erlasse jedoch nicht stets eindeutig aufgefasst.

(3) Form

Die Weisungen ergehen in der Regel auf elektronischem Wege.

Soweit ersichtlich enthalten die Erlasse keine Formulierungen, wie „Ich weise Sie an (…)“. Es wird vielmehr die Höflichkeitsform verwandt, so z. B. „Es wird gebeten, (…)“[468], „(…) bitte ich (…)“[469] oder „Ich bitte um Kenntnisnahme, Beachtung und Information der Kreisordnungsbehörden.“[470]. Zum Teil wird aber auch in imperativer Weise formuliert, wie etwa „Die Schur von Fohlen (…) ist (…) zu untersagen“[471].

(4) Dienstweg

Soweit es sich um Weisungen des Ministeriums handelt, ergehen diese nach Aussagen von Vertretern der Aufsichtsbehörden in aller Regel auf dem Dienstweg, werden also zunächst an das LANUV übersandt und von diesem an die Kreisordnungsbehörden übermittelt.[472] Ausnahmen hiervon würden nur in Dringlichkeitsfällen gemacht. So könne es bspw. vorkommen, dass der Dienstweg im Tierseuchenfall nicht beachtet werde.

---

466 Siehe z. B. *MKULNV*, Erlass v. 4.12.2012 (s. Fn. 454), S. 1; *MKULNV*, Erlass v. 24.8.2012, S. 1 (s. Fn. 449).

467 Siehe z. B. *MKULNV*, Erlass v. 4.12.2012 (s. Fn. 454), S. 1, Fn. 1; *MKULNV*, Erlass v. 24.8.2012 (s. Fn. 449), S. 1 – Fn. 1.

468 *MKULNV*, Erlass v. 24.8.2012 (s. Fn. 449), S. 21.

469 *MKULNV*, Erlass v. 24.8.2012 (s. Fn. 449), S. 22.

470 *MKULNV*, Erlass v. 4.12.2012 (s. Fn. 454), S. 8.

471 *LANUV*, Erlass v. 20.9.2013 (s. Fn. 455), S. 2.

472 So etwa *MKULNV*, Erlass v. 4.12.2012, S. 1, 8 (s. Fn. 454).

(5) Veröffentlichung der Weisungen

Einige der Erlasse bzw. Weisungen der Aufsichtsbehörden werden auf der Homepage des MKULNV oder des LANUV veröffentlicht.[473] Viele Erlasse werden allerdings nicht von Seiten der Aufsichtsbehörden öffentlich zugänglich gemacht. Zum Teil sind einige der nicht veröffentlichten Erlasse aber im Internet auffindbar, da sie dort von anderen Institutionen eingestellt werden.

c. Selbsteintrittsrecht, § 10 OBG NRW

Fälle, in denen die Sonderaufsichtsbehörden von ihrem Selbsteintrittsrecht nach § 10 OBG NRW Gebrauch gemacht haben, sind – soweit bekannt – bislang nicht vorgekommen. Nach Bekundungen eines Vertreters des Ministeriums handelt es sich bei der Möglichkeit des Selbsteintritts im Bereich der Lebensmittelüberwachung generell um einen *eher theoretischen Fall*. Ähnliches gelte für die Durchsetzung von Weisungen über die Kommunalaufsicht, da es sich um einen sehr aufwändigen und zeitintensiven Prozess handele.

2. Wahrnehmung informaler Steuerungsinstrumente durch das Land

a. Beratung

Die Sonderaufsichtsbehörden, insbesondere das LANUV, werden nach eigenen Schilderungen vielfach gegenüber den Kommunen beratend tätig. Dies ist z. B. der Fall, wenn sich Kommunen mit einer Anfrage an das LANUV wenden. Auch wenn Schwierigkeiten bei der Aufsichtsausübung auftreten, wird nach Angabe des Landes versucht, diese „[d]urch intensive Beratungen“[474] auszuräumen.

b. Abfragen außerhalb des Unterrichtungsrechts nach § 8 OBG NRW

Zum Teil richten die Aufsichtsbehörden nach Aussagen von Praktikern auch Abfragen an die Kreise und kreisfreien Städte, die nicht auf das Unterrichtungsrecht gestützt sind. So hat es einmal eine Abfrage des Landes gegeben, bei der einige Kommunen Zweifel an der Zulässigkeit des Ersuchens als son-

---

473 So z. B. auf der Homepage des LANUV: *MKULNV*, Erlass v. 12.12.2014 (s. Fn. 453); *LANUV*, Erlass v. 20.9.2013 (s. Fn. 455).

474 *NRW*, Stellungnahme zum Gutachten des BWV, S. 9 (nicht veröffentlicht).

deraufsichtliches Unterrichtungsverlangen hatten. Auf Nachfrage hat das Land dargelegt, dass es sich bei der Abfrage um ein Informationsersuchen handele, das außerhalb eines aufsichtlichen Geschehens stehe und als Ausfluss der allgemeinen Zusammenarbeit zwischen den Behörden bzw. als Amtshilfeersuchen anzusehen sei.

c. Dienstbesprechungen

Zwischen den Sonderaufsichtsbehörden und den Kommunen finden regelmäßige Dienstbesprechungen statt. Zwei Mal im Jahr – im Frühjahr und Herbst – veranstaltet das LANUV Regionalkonferenzen mit den Kreisordnungsbehörden, an denen auch das MKULNV teilnimmt.[475] Aufgeteilt nach Regierungsbezirken (Düsseldorf und Köln einerseits, Arnsberg, Detmold und Münster andererseits) finden die Konferenzen jeweils an zwei Terminen statt. Auf diesen Konferenzen erfolgen nach Angabe von Praktikern Informationsaustausch sowie Diskussionen. Zudem lege das Land seine Rechtsauffassung zu bestimmten Themen dar. Im Vorfeld der Konferenzen frage das LANUV bei den Kommunen fachliche Themenvorschläge ab. Gegenstand der Regionalkonferenzen sind unterschiedliche Themen, wie bspw. die Regelung des § 40 Abs. 1a LFGB.[476] Der Inhalt der Regionalkonferenzen wird anschließend in einem – gemeinsamen – schriftlichen Protokoll niedergelegt.[477] Zum Teil münden die Besprechungen im Anschluss zudem in *Weisungen* bzw. *Verfügungen* der Sonderaufsichtsbehörden.

Dienstbesprechungen finden zudem auf Sonderaufsichtsebene zwischen dem LANUV und dem MKULNV statt.

d. Fachgespräche bzw. -besprechungen

Neben den Regionalkonferenzen organisieren die Aufsichtsbehörden Fachgespräche bzw. Fachbesprechungen zu verschiedenen Themen.[478] So hat das LANUV bspw. im Jahr 2010 „Gemeinsame Fachgespräche der Gesundheitsämter und Lebensmittelüberwachungsämter in Nordrhein-Westfalen“ zum

---

475 *Landtag NRW*, Antwort der LReg v. 23.5.2014 auf die Kleine Anfrage 2242, Drucks. 16/5936, S. 3.

476 Vgl. *MKULNV*, Erlass v. 24.8.2012 (s. Fn. 449), S. 21 f.

477 Siehe etwa *LKT NRW*, EILDIENST LKT NRW 2013, 404 (407 – Fn. 13).

478 Siehe etwa *Landtag NRW*, Antwort der LReg v. 5.3.2014 auf die Kleine Anfrage 2032, Drucks. 16/5191, S. 3.

Thema „Zoonosen und andere lebensmittelbedingte Infektionen" in den verschiedenen Regierungsbezirken veranstaltet.[479] Das MKULNV hat z. B. eine Fachbesprechung zur Thematik der *Liegeflächen in der Kälberhaltung* im Ministerium durchgeführt.[480] Bei diesen Besprechungen sind nicht nur die zuständigen Behörden, sondern bspw. auch Beteiligte aus der Wirtschaft[481] oder Vertreter der kommunalen Spitzenverbände[482] vertreten.

e. Arbeitsgruppen

Die Kommunen und die Sonderaufsichtsbehörden arbeiten seit einigen Jahren in verschiedenen Arbeitsgruppen zusammen. So gibt es z. B. Arbeitsgruppen zu den Themen Tierarzneimittel[483], Tierschutz oder Fleisch- und Lebensmittelhygiene. Die Treffen der Arbeitsgruppen finden nach Angabe von Praktikern in unterschiedlichen Abständen statt. Mitglieder der Arbeitsgruppen sind Vertreter des LANUV und der Kreisordnungsbehörden, die grundsätzlich von den kommunalen Spitzenverbänden bestimmt werden sollen. Zum Teil sind auch Vertreter der Untersuchungsämter und des Ministeriums in den Arbeitsgruppen vertreten. Die Organisation der Arbeitsgruppen liegt grundsätzlich beim LANUV. Themen können aber auch von den Kommunen vorgeschlagen werden.

Die Arbeitsgruppen dienen der fachlichen Zusammenarbeit und Beratung in Bezug auf Themen von kommunaler Bedeutung. Ausgearbeitet werden sollen etwa Empfehlungen für die Vorgehensweise der Behörden. Die Arbeitsgruppen sollen zudem die Kommunikation zwischen dem LANUV und den Kreisordnungsbehörden verbessern.

Im Bereich der Lebensmittelüberwachung stellt bspw. eine Arbeitsgruppe mit Vertretern der Lebensmittelüberwachungsbehörden, der Untersuchungsämter

---

479 *LANUV*, Zoonosen und andere lebensmittelbedingte Infektionen, abrufbar unter: http://www.lanuv.nrw.de/verbraucher/aktuelles/fg_zoonosen.htm (zuletzt abgerufen am 29.8.2015).

480 *Kreis Wesel*, Merkblatt Liegeflächen in der Kälberhaltung, Stand: 2.8.2011, abrufbar unter: https://www.kreis-wesel.de/C1257D23004C5410/files/liegeflaechen_in_der_kaelberhaltung.pdf/$file/liegeflaechen_in_der_kaelberhaltung.pdf?OpenElement (zuletzt abgerufen am 29.8.2015).

481 *Kreis Wesel*, Merkblatt Liegeflächen in der Kälberhaltung (s. Fn. 480).

482 Vgl. *Landtag NRW*, Antwort der LReg v. 23.5.2014 auf die Kleine Anfrage 2242, Drucks. 16/5936, S. 3.

483 Vgl. *Landtag NRW*, Antwort der LReg v. 23.5.2014 auf die Kleine Anfrage 2242, Drucks. 16/5936, S. 3.

und des MKULNV unter der Leitung des LANUV das jährliche *Landesüberwachungsprogramm*[484] auf.[485] Eine weitere Arbeitsgruppe, die *NRW-Arbeitsgruppe Qualitätsmanagement*[486], wurde mit der Erarbeitung eines landesweit einheitlichen Rahmenkonzepts für die Qualitätsmanagementsysteme der Veterinär- und Lebensmittelüberwachungsbehörden betraut.[487] Sie besteht aus Vertretern aus dem MKULNV, dem LANUV sowie im Einvernehmen mit den kommunalen Spitzenverbänden benannten Vertretern der Kreisordnungsbehörden.[488]

Laut Aussagen von Praktikern sind die Arbeitsgruppen auf eine kooperative Zusammenarbeit ausgerichtet. Nach Einschätzungen aus der Praxis stellt sich die Arbeit in den Arbeitsgruppen teilweise als *langwieriger* Prozess dar, der aber häufig mit einer größeren *Akzeptanz* des Ergebnisses verbunden ist.

f. Beteiligung der kommunalen Spitzenverbände

Allgemein stehen den kommunalen Spitzenverbänden verschiedene gesetzlich normierte Mitwirkungsrechte zu, die sowohl die Landes- als auch die Bundes- und Unionsebene betreffen.[489] Daneben wirken die kommunalen Spitzenverbände vielfach auf informale Weise mit.[490]

Im Bereich der Lebensmittelüberwachung und des Veterinärwesens werden die kommunalen Spitzenverbände abseits der gesetzlichen Mitwirkungsrechte in verschiedener Hinsicht vom Land eingebunden. So werden ihnen etwa von Landesseite Erlassentwürfe vorab zugeleitet und Gelegenheit zur Stellungnahme gegeben. Ferner werden ihnen den Kommunen erteilte Erlasse nachrichtlich übersandt. Auch im Rahmen anderer Vorgänge werden den kommunalen Spitzenverbänden Unterlagen zugesandt und um Stellungnahme gebeten.[491] Daneben findet in diversen weiteren Bereichen eine Abstimmung mit den Spitzenverbänden statt. So werden grundsätzlich die Vertreter der Kreisordnungsbehörden in den Arbeitskreisen von den kommunalen Spitzen-

---

484 Siehe hierzu unten § 4 B. II. 2. q.

485 *LANUV*, Jahresbericht 2009, S. 93.

486 Siehe *NRW*, Landes-QM-Rahmenkonzept, S. 6 ff. (nicht veröffentlicht).

487 Siehe hierzu näher unten § 4 B. II. 2. k. aa.

488 *NRW*, Landes-QM-Rahmenkonzept, S. 7 (nicht veröffentlicht).

489 Siehe hierzu *Henneke*, Spitzenverbände, Kap. 6.2, 6.3.

490 Siehe *Henneke*, Spitzenverbände, Kap. 6.4.

491 Siehe etwa *Landtag NRW*, Antwort der LReg v. 5.3.2014 auf die Kleine Anfrage 2032, Drucks. 16/5191, S. 3.

verbänden benannt. Die Spitzenverbände werden zudem über viele Vorgänge informiert. Im Landes-QM-Rahmenkonzept etwa ist ausdrücklich bestimmt, dass die Spitzenverbände z. B. über Änderungen ausreichend zu informieren sind.[492] Weiter übersendet das LANUV den kommunalen Spitzenverbänden z. B. die Tagesordnung und die Protokolle der Regionalkonferenzen. Auch haben in der Vergangenheit verschiedene Gespräche zwischen Vertretern des Landes und den Spitzenverbänden stattgefunden, in denen u. a. die Art und Weise der Zusammenarbeit besprochen wurde. Der Hinweis auf die intendierte Rechtsnatur der Erlasse[493] geht ebenfalls auf eine *Anregung* der kommunalen Spitzenverbände zurück.

Die Zusammenarbeit und Einbeziehung der kommunalen Spitzenverbände funktioniert nicht durchweg reibungslos. Die Spitzenverbände empfinden ihre Beteiligung in einigen Fällen als nicht ausreichend. Im Rahmen von Gesprächen zur Zusammenarbeit von Land und Verbänden wurde daher in der Vergangenheit verschiedentlich eine stärkere Einbeziehung gefordert. Wegen unterschiedlicher Positionen von Land und Spitzenverbänden werden letztere im Lebensmittel- und Veterinärbereich auch vielfach verbandspolitisch tätig.[494]

g. Runder Tisch

Als weitere Form der Zusammenarbeit veranstaltet das Land sog. *Runde Tische* bzw. nimmt an ihnen teil. So nutzt das Land etwa „das Instrument des runden Tisches „Lebensmittelinfektion""[495], um die Zusammenarbeit zwischen dem Gesundheits-, Lebensmittelüberwachungs- und Tiergesundheitsbereich zu verstärken und die Bereiche miteinander zu verknüpfen.[496] Die Modalitäten der Zusammenarbeit sind in einem „Zusammenarbeitserlass"[497] niedergelegt. Ferner haben das MKULNV und das LANUV an einem runden Tisch mit verschiedenen Beteiligten zum *Dülmener Wildpferdefang* teilgenommen.[498]

---

492 *NRW*, Landes-QM-Rahmenkonzept, S. 8 (nicht veröffentlicht).
493 Siehe oben § 4 B. II. 1. b. dd. (2).
494 Siehe bspw. *LKT NRW*, EILDIENST LKT NRW 2013, 404 ff.
495 *NRW*, Jahresbericht Kontrollplan 2012, S. 34.
496 *NRW*, Jahresbericht Kontrollplan 2012, S. 34.
497 *NRW*, Jahresbericht Kontrollplan 2012, S. 34.
498 *Brüske/Hiegemann*, EILDIENST LKT NRW 2015, 53 (56).

h. Vereinbarungen, Absprachen

aa. Zielvereinbarungen

Im integrierten mehrjährigen Kontrollplan der Bundesrepublik Deutschland wird aufgeführt, dass die übergeordneten Behörden in Ausübung ihrer *Fachaufsicht* „Zielvereinbarungen mit den nachgeordneten Behörden treffen"[499] können. Im Verhältnis der Sonderaufsichtsbehörden zu den Lebensmittelüberwachungs- und Veterinärbehörden in Nordrhein-Westfalen gibt es solche Zielvereinbarungen allerdings nicht. Solche Vereinbarungen sind auch nicht für die Zukunft geplant.

Eine Zielvereinbarung gibt es laut Vertretern der Aufsichtsbehörden lediglich auf Aufsichtsebene zwischen dem Ministerium und dem LANUV.[500] Die Vereinbarung betrifft sämtliche Abteilungen des LANUV, nicht nur die Lebensmittelüberwachung und die Veterinärangelegenheiten. Gegenstand der Vereinbarung sind u. a. das Controlling bei Untersuchungseinrichtungen, die Veterrinärreferendare und das *Integrierte Datenverarbeitungssystem Verbraucherschutz – IDV*.

bb. Sonstige Absprachen

Zwischen den kommunalen Spitzenverbänden und den Sonderaufsichtsbehörden hat es verschiedene Gespräche zur Zusammenarbeit der kommunalen Ebene und der Landesebene gegeben. In diesem Rahmen ist u. a. eine gemeinsame Verfahrensabrede über die Zusammenarbeit der Behörden entstanden. Sie beinhaltet z. B. Vorgaben zur Kommunikation zwischen den Behörden, zur Arbeit in den Arbeitsgruppen sowie zur Beteiligung der kommunalen Spitzenverbände.

i. Pilotprojekte

Gelegentlich setzt das Land Pilotprojekte zur Erprobung bestimmter Vorhaben in ausgewählten Kommunen ein. Allgemein handelt es sich bei Pilotprojekten um Projekte, in denen „versuchsweise neuartige Verfahren, Arbeits-

---

[499] *BRD*, Kontrollplan, S. 62.

[500] Vgl. *LANUV*, Jahresbericht 2007, S. 4.

weisen oder Ähnliches angewendet werden“[501]. Da Pilotprojekte in der Regel mit einem erheblichen Arbeitsaufwand und einem umfangreichen Vorbereitungsprozess verbunden sind, werden Pilotprojekte nach Aussage eines Vertreters des Ministeriums aber nur in seltenen Fällen durchgeführt.

aa. Kontrollbarometer

Im Bereich der Lebensmittelüberwachung betreibt das MKULNV seit 2013 als Pilotprojekt das sog. *Kontrollbarometer* für gastronomische Betriebe. Pilotkommunen sind die Städte Bielefeld und Duisburg. Das Pilotprojekt wird gemeinsam mit der Verbraucherzentrale NRW durchgeführt. Das Projekt hat zum Ziel, die Kontrollergebnisse der Lebensmittelüberwachungsbehörden von Gastronomie-betrieben grafisch aufgearbeitet im Internet zu veröffentlichen. Die Veröffentlichung erfolgt durch die Verbraucherzentrale. Die Ergebnisse werden anhand eines Kontrollbarometers dargestellt. Dieses zeigt in den Farben grün (*Anforderungen erfüllt*), gelb (*Anforderungen teilweise erfüllt*) und rot (*Anforderungen unzureichend erfüllt*) die Beurteilung des Betriebs auf.[502]

Das Pilotprojekt ist für einen Zeitraum von zwei Jahren vorgesehen.[503] Die Landesregierung hat den 17. Januar 2013 als Stichtag für den Beginn der Pilotphase bezeichnet.[504] Eingesetzt wurde das Kontrollbarometer erstmals im Dezember 2013.[505] Am Ende der Pilotphase soll eine Evaluierung stehen,

[501] *Duden*, Bedeutung Pilotprojekt, abrufbar unter: http://www.duden.de/rechtschreibung/Pilotprojekt (zuletzt abgerufen am 29.8.2015).

[502] Zum Ganzen und näher zum Pilotprojekt siehe: *MKULNV*, Die Gastro-Ampel: Das Kontrollbarometer für die Gastronomie, abrufbar unter: https://www.umwelt.nrw.de/verbraucherschutz-ernaehrung/lebensmittelsicherheit/kontrollbarometer/; *Stadt Duisburg*, Kontrollbarometer – Pilotprojekt für Mehr Transparenz + Mehr Verbraucherschutz, abrufbar unter: http://www.duisburg.de/vv/53-5/medien/PM_KB_Internet.pdf (beide zuletzt abgerufen am 29.8.2015); zudem *Landtag NRW*, Antwort der LReg v. 26.2.2013 auf die Kleine Anfrage 808, Drucks. 16/2207.

[503] *Landtag NRW*, Antwort der LReg v. 26.2.2013 auf die Kleine Anfrage 808, Drucks. 16/2207, S. 3.

[504] *Landtag NRW*, Antwort der LReg v. 27.3.2013 auf die Kleine Anfrage 946, Drucks. 16/2513, S. 2.

[505] *MKULNV*, Appetitlich-App auf Erfolgskurs – Ein Jahr Gastronomie-Kontrollbarometer für Duisburg und Bielefeld, Pressemitteilung v. 20.1.2015, abrufbar unter: https://www.umwelt.nrw.de/pressebereich/detail/news/2015-01-20-ein-jahr-gastro-ampel-in-duisburg-und-bielefeld/ (zuletzt abgerufen am 29.8.2015).

deren Modalitäten noch nicht feststehen.[506] Nach Abschluss des Projekts soll nach dem Willen der Landesregierung eine bundeseinheitliche Einführung des Kontrollbarometers folgen.[507]

bb. IDV-System

Ein weiteres Pilotprojekt ist das *Integrierte Datenverarbeitungssystem Verbraucherschutz – IDV-System –*. Als „Modellkommunen"[508] wurden der Kreis Viersen sowie die Stadt Essen ausgewählt.[509] Als weitere Pilotkommunen sind der Kreis Wesel und die Stadt Gelsenkirchen in das Pilotprojekt eingestiegen.[510] Mit dem IDV-System wird das Ziel verfolgt, „die Daten im gesundheitlichen Verbraucherschutz unter Einhaltung sämtlicher datenschutzrechtlicher Vorschriften effizient nutzen zu können und damit auch die Lebensmittelüberwachung zu verbessern"[511].

j. „Soll-Weisungen"

Zur Steuerung der kommunalen Aufgabenwahrnehmung erarbeiten die Aufsichtsbehörden nach eigenen Aussagen, zum Teil in Zusammenarbeit mit anderen Stellen, unverbindliche Vorgaben für das Handeln der Kreisordnungsbehörden, die in Form von Handbüchern, Handreichungen, Leitlinien, Leitfäden, Empfehlungen, Gutachten, Handlungsempfehlungen, Merkblättern etc. erlassen werden. Diese werden teilweise auch ohne Beteiligung der Sonderaufsichtsbehörden erarbeitet, von diesen aber im Erlasswege in Nordrhein-Westfalen implementiert.

---

506 *Landtag NRW*, Antwort der LReg v. 27.3.2013 auf die Kleine Anfrage 946, Drucks. 16/2513, S. 3; Antwort der LReg v. 26.2.2013 auf die Kleine Anfrage 808, Drucks. 16/2207, S. 3.

507 Siehe *MKULNV*, Die Gastro-Ampel: Das Kontrollbarometer für die Gastronomie (s. Fn. 502).

508 *Landtag NRW*, Antwort der LReg v. 13.11.2013 auf die Kleine Anfrage 1691, Drucks. 16/4381, S. 2.

509 *Landtag NRW*, Antwort der LReg v. 13.11.2013 auf die Kleine Anfrage 1691, Drucks. 16/4381, S. 2.

510 *Landtag NRW*, Antwort der LReg v. 13.11.2013 auf die Kleine Anfrage 1691, Drucks. 16/4381, S. 2; s. zudem *Kreis Wesel*, Drucks. 826 /VIII v. 24.10.2011, Anlage, abrufbar unter: https://www.kreis-wesel.de/kreistag/wp8/826-viii-berichtswesen-januar-bis-september-2011-hier-budget-39-7382427/ (zuletzt abgerufen am 29.8.2015).

511 *Landtag NRW*, Antwort der LReg v. 13.11.2013 auf die Kleine Anfrage 1691, Drucks. 16/4381, S. 1.

So gibt es z. B. im Veterinärbereich diverse Handbücher, die Durchführungshinweise für die Kreisordnungsbehörden insbesondere in Bezug auf den Tierschutz und die Tiergesundheit beinhalten. In Kooperation mit Niedersachsen hat das Land Nordrhein Westfalen bspw. ein gemeinsames *Tierseuchenhandbuch von NRW und Niedersachsen* erstellt.[512] Daneben gibt es mehrere Handbücher, die auf Ebene der *Länderarbeitsgemeinschaft Verbraucherschutz*[513] ausgearbeitet wurden, so etwa das *Handbuch Tierschutzüberwachung bei der Schlachtung und Tötung.*[514] Es enthält *Vollzugshinweise zur Verordnung (EG) Nr. 1099/2009 des Rates vom 24. September 2009 über den Schutz von Tieren zum Zeitpunkt der Tötung und zur Tierschutz-Schlachtverordnung vom 20. Dezember 2012.*[515] Weitere von der LAV erarbeitete Handbücher sind das *Handbuch Tierschutzüberwachung in Nutztierhaltungen*[516] sowie das *Handbuch Tiertransporte*[517].[518] Die Handbücher wurden nach Angaben des Ministeriums in Nordrhein-Westfalen per Erlass in Kraft gesetzt.[519] Sie werden nach Aussagen von Praktikern in der Praxis vielfach herangezogen und der Überwachungstätigkeit zugrunde gelegt.[520]

In Form eines Leitfadens hat das LANUV im Bereich der Lebensmittelüberwachung einen „Leitfaden für die Risikobeurteilung von Lebensmittelbetrieben in Nordrhein-Westfalen“[521] erarbeitet. Dieser Leitfaden betrifft die Risikobeurteilung im Sinne der AVV RÜb.[522] Er „soll als Beurteilungs- und Entscheidungshilfe für die Risikobeurteilung von Lebensmittelbetrieben (...)

---

512 Vgl. *NRW*, Kontrollplan, S. 16.

513 Siehe hierzu unten § 4 B. II. 5. b.

514 Handbuch Schlachtung und Tötung, Stand: Januar 2014, abrufbar unter: http://www.mlul.brandenburg.de/v/lbsvet/TEILD/D1_4_12_3.PDF (zuletzt abgerufen am 29.8.2015).

515 Handbuch Schlachtung und Tötung (s. Fn. 514), S. 1.

516 Handbuch Nutztierhaltungen, Stand: 4.12.2012, abrufbar unter: http://www.mlul.brandenburg.de/v/lbsvet/TEILD/D1_4_2_6.PDF (zuletzt abgerufen am 29.8.2015); s. zudem *NRW*, Kontrollplan, S. 13.

517 Handbuch Tiertransporte, Stand: Mai 2013, abrufbar unter: http://www.mlul.brandenburg.de/v/lbsvet/TEILD/D1_4_8_2.PDF (zuletzt abgerufen am 29.8.2015); s. zudem *NRW*, Kontrollplan, S. 13.

518 Zu den Handbüchern s. auch *BRD*, Kontrollplan, S. 48 f.

519 So bspw. auch in Brandenburg: *Ministerium für Umwelt Gesundheit und Verbraucherschutz (MUGV)*, Erlass v. 23.1.2014, Gesch.Z.: 32-2346/1+26#15072/2014, abrufbar unter: http://www.mugv.brandenburg.de/v/lbsvet/TEILD/D1_4_12_3.PDF (zuletzt abgerufen am 29.8.2015).

520 Siehe etwa *Hopp*, EILDIENST LKT NRW 2015, 50 (51).

521 *LANUV*, Leitfaden Risikobeurteilung; s. zudem *NRW*, Kontrollplan, S. 12 f.

522 *LANUV*, Leitfaden Risikobeurteilung, S. 1; *Büker*, EILDIENST LKT NRW 2014, 153.

dienen und zu einer stärkeren Vereinheitlichung des Vorgehens innerhalb Nordrhein-Westfalens beitragen"[523]. Das Land erwartet hiervon einen „[z]usätzliche[n] Effizienzgewinn"[524].

Ein Beispiel für den Einsatz von Merkblättern durch die Sonderaufsichtsbehörden ist das „Merkblatt für den Geflügelbereich"[525]. In diesem wird in Bezug auf die Besatzdichte der Geflügel-Ställe im Sommer dargelegt, „wie man als Kreis insbesondere darauf reagieren könne, wenn besondere Hitzeereignisse bevorstünden"[526].

Ein Mitarbeiter des Ministeriums bezeichnet diese in den Handbüchern, Leitfäden etc. enthaltenen Durchführungshinweise für die Kommunen als „Soll-Weisungen". Hierunter sei zu verstehen, dass das Ministerium, ähnlich wie bei Weisungen nach § 9 OBG NRW, die Verantwortung für das Handeln der Kommunen übernehme, wenn sich diese an die „Soll-Weisung" halten. Abweichendes Handeln müssten die Kommunen hingegen begründen. Unter Verantwortung sei dabei gemeint, dass das Ministerium ggf. etwaige Kosten eines gerichtlichen Verfahrens übernehme, wobei ein solcher Fall bislang nicht vorgekommen sei.

Insbesondere die Handbücher werden nach Äußerungen von Praktikern aus den kommunalen Behörden vielfach als verbindlich empfunden. Von einigen Stimmen, u. a. von Seiten der kommunalen Spitzenverbände, wird es kritisch gesehen, dass den im Ausgangspunkt unverbindlichen Empfehlungen faktisch eine Verbindlichkeit zukommt.

k. Konzepte

Als weiteres Steuerungsinstrument verwendet das Land verschiedene *Konzepte*, um die Aufgabenwahrnehmung auf kommunaler Ebene zu koordinieren.

aa. Rahmenkonzepte

In Gestalt eines Rahmenkonzeptes wurde in Nordrhein-Westfalen ein „Landes-QM-Rahmenkonzept für den Bereich des gesundheitlichen Verbraucher-

[523] *LANUV*, Leitfaden Risikobeurteilung, S. 1.
[524] *NRW*, Jahresbericht Kontrollplan 2012, S. 33.
[525] *Landtag NRW*, Ausschussprotokoll v. 18.9.2013, APr 16/328, S. 41.
[526] *Landtag NRW*, Ausschussprotokoll v. 18.9.2013, APr 16/328, S. 41.

schutzes in NRW“[527] erstellt – das sog. *Landes-QM-Rahmenkonzept*.[528] Mit diesem Konzept soll „den QM-Systemen der KOB ein gemeinsamer Rahmen gegeben werden“[529]. Hierin sollen „grundlegende Qualitätsanforderungen für NRW konkretisiert und allen im gesundheitlichen Verbraucherschutz zuständigen Behörden verbindlich vorgegeben werden“[530]. Erarbeitet wurde das Landes-QM-Rahmenkonzept im Rahmen der Arbeitsgruppe NRW-Qualitätsmanagement.[531] Verantwortliche Stelle für die Erarbeitung und Weiterentwicklung ist das MKULNV.[532] Die Vorgaben des Rahmenkonzepts hat das Ministerium im Jahr 2014 auf dem Erlasswege, gekennzeichnet als allgemeine Weisung nach § 9 OBG NRW, eingeführt.[533]

bb. Maßnahmenkonzepte

Das Land plant derzeit auf Grundlage der Erkenntnisse des LANUV aus den fachaufsichtlichen Überprüfungen ein Maßnahmenkonzept für Nordrhein-Westfalen zu entwickeln, welches „Empfehlungen zur Organisation und Aufgabenumsetzung im Sinne eines „idealen“ Lebensmittelüberwachungsamtes“[534] enthalten soll. Hierdurch soll für die Lebensmittelüberwachungs- und Aufsichtsbehörden „ein orientierender Rahmen“[535] geschaffen werden.[536]

l. Telefonkonferenzen

Bei Bedarf finden zwischen den Sonderaufsichtsbehörden und einzelnen oder mehreren Kreisordnungsbehörden Telefonkonferenzen statt. Diese betreffen nach Aussagen von Praktikern in der Regel *akute* Angelegenheiten. So fand Anfang 2011 wegen des Verdachts der Dioxinbelastung von Tierfutter in Betrieben verschiedener Kreise und kreisfreier Städte eine Telefonkonferenz

---

527 *NRW*, Landes-QM-Rahmenkonzept, (nicht veröffentlicht).

528 Siehe *Landtag NRW*, Antwort der LReg v. 13.11.2013 auf die Kleine Anfrage 1691, Drucks. 16/4381, S. 2; *NRW*, Jahresbericht Kontrollplan 2012, S. 33 f.

529 *Landtag NRW*, Antwort der LReg v. 13.11.2013 auf die Kleine Anfrage 1691, Drucks. 16/4381, S. 2.

530 *NRW*, Jahresbericht Kontrollplan 2012, S. 34.

531 Siehe hierzu oben § 4 B. II. 2. e.

532 *NRW*, Landes-QM-Rahmenkonzept, S. 2 (nicht veröffentlicht).

533 *MKULNV*, Erlass v. 9.5.2014 (nicht veröffentlicht); s. zudem *NRW*, Landes-QM-Rahmenkonzept, S. 11 (nicht veröffentlicht).

534 *LRH NRW*, Jahresbericht 2014, S. 176.

535 *LRH NRW*, Jahresbericht 2014, S. 176.

536 Zum Ganzen *LRH NRW*, Jahresbericht 2014, S. 176; s. zudem *NRW*, Jahresbericht Kontrollplan 2012, S. 28.

zwischen dem MKULNV, dem LANUV und den betroffenen Kreisen und kreisfreien Städten statt.[537] Ein weiteres Beispiel sind Telefonkonferenzen, die 2011/2012 im Hinblick auf die Pelztierhaltung in Nordrhein-Westfalen zwischen den Aufsichtsbehörden und mehreren betroffenen Kreisordnungsbehörden durchgeführt wurden, um in diesem Rahmen über den Sachstand zu informieren und das weitere Vorgehen gemeinsam abzusprechen. Weiterer Anlass für Telefonkonferenzen war die Tierseuche *Infektiöse Anämie* bei Pferden. Wegen des Verdachts der Tierseuche im Kreis Mettmann fanden zwischen dem Kreis und dem LANUV Telefonkonferenzen statt, um ermittelte Ergebnisse abzufragen und die weitere Vorgehensweise abzustimmen.[538]

Üblicherweise wird von Seiten der Aufsichtsbehörden im Anschluss an eine solche Telefonkonferenz ein Protokoll erstellt, das den Inhalt des mündlichen Gesprächs und das vereinbarte weitere Vorgehen schriftlich festhält.

Im Übrigen finden in Krisensituationen Telefonkonferenzen nicht nur zwischen den Sonderaufsichtsbehörden und den Kreisordnungsbehörden statt. Das LANUV und das MKULNV führen vielmehr auch mit beteiligten Bundesbehörden sowie anderen Behörden auf Landesebene, z. B. den Gesundheitsbehörden, Telefonkonferenzen durch.[539] Beim LANUV sind nun auch die neu eingerichteten Kontrollzentren LaTiKo und LaKoLF organisatorisch entsprechend ausgestattet, um in Krisenfällen – etwa wegen des Ausbruchs einer Tierseuche –Telefonkonferenzen durchzuführen und hierdurch ein „koordiniertes Handeln“ der beteiligten Behörden sowie ein „landesweites, länderübergreifendes, bundesweit und ggf. auch europaweit abgestimmtes Handeln“ zu ermöglichen.[540]

m. Protokolle

Im Nachgang zu den verschiedenen Formen von Besprechungen zwischen den Sonderaufsichts- und den Kreisordnungsbehörden werden häufig Protokolle erstellt und den Beteiligten zugesandt. In diesen Protokollen wird der

537 *RP-online*, Keine weiteren Dioxin-Fälle im Kreis, Artikel v. 6.1.2011, abrufbar unter: http://www.rp-online.de/nrw/staedte/kleve/keine-weiteren-dioxin-faelle-im-kreis-aid-1.1169757 (zuletzt abgerufen am 29.8.2015).

538 *Kreis Mettmann*, Jahresbericht 2012 des Amtes für Verbraucherschutz, S. 29.

539 *Landtag NRW*, Ausschussprotokoll v. 8.6.2011, APr 15/224, S. 26.

540 Zitate und Inhalt s. *LANUV*, Newsletter v. 29.2.2012, abrufbar unter: http://www.lanuv.nrw.de/veroeffentlichungen/newsletter/2012/LANUV-Newsletter%20Februar%202012.pdf (zuletzt abgerufen am 29.8.2015).

wesentliche Inhalt der jeweiligen Besprechung, Konferenz etc. wiedergegeben und etwaige Vereinbarungen oder Ergebnisse schriftlich festgehalten. Diese werden nach Erklärung von Vertretern der Aufsichtsbehörden verwendet, um ein einheitliches Vorgehen auf kommunaler Ebene zu bestimmen.

n. Musterverfügungen und Musteranschreiben

In manchen Fällen stellen die Aufsichtsbehörden den Kreisordnungsbehörden sog. Musterverfügungen bzw. -anschreiben bereit, z. B. auf der Homepage des LANUV oder als Anlage zu einem Erlass. Ein Beispiel ist das Muster „für die Erstellung einer Ordnungsverfügung zur Beendigung einer tierschutzwidrigen Tötung männlicher Küken“[541]. Dieses „soll den Veterinärämtern dazu dienen, in einem einheitlichen Verfahren das Töten männlicher Eintagsküken zu verbieten“[542]. Ein weiteres Beispiel ist ein „Musteranschreiben an Rinder-, Schaf- und Ziegenhalter zur BT-Impfung“[543], das das Ministerium den Veterinärämtern als Anlage zu einem Erlass zur *Bekämpfung der Blauzungenkrankheit*[544] übersandt hat.

o. Musterprozesse und Unterstützung bei gerichtlichen Verfahren

Gelegentlich strengt das Land zur Klärung bestimmter Rechtsfragen gerichtliche *Musterverfahren bzw. -prozesse* an. Dies ist nach Auskunft des MKULNV besonders im Tierschutz *beliebt*. Betroffene Kommunen würden in so einem Fall *gebeten* bzw. *angewiesen*, eine bestimmte Ordnungsverfügung gegenüber einem oder mehreren Tierhaltern zu erlassen. Wenn der Tierhalter gegen diese Verfügung Klage erhebt, assistiere das Land den Kommunen bei der Verfahrens- bzw. Prozessführung. Hierzu stelle es etwa rechtlichen Beistand bereit und übernehme manchmal auch die Verfahrenskosten.

---

541 *LANUV*, Materialien für die Erstellung einer Ordnungsverfügung zur Beendigung einer tierschutzwidrigen Tötung männlicher Küken, Stand: 6.12.2013, S. 1, abrufbar unter: http://www.lanuv.nrw.de/agrar/tierschutz/pdf/2013_12_06_OV_Materialien_Kueken_Untersagung.pdf (zuletzt abgerufen am 29.8.2015).

542 *LANUV*, Materialien für die Erstellung einer Ordnungsverfügung (s. Fn. 541), S. 1.

543 *MUNLV*, Erlass v. 1.4.2008, Az. VI-5 - 2 140-1000, Anlage 2a (nicht veröffentlicht)

544 *MUNLV*, Erlass v. 1.4.2008, Az. VI-5 - 2 140-1000 (nicht veröffentlicht); s. hierzu *Stadt Duisburg*, Hinweise für Duisburger Tierhalter, abrufbar unter: http://www.duisburg.de/vv/53-5/medien/Hinweise_Blauzungenkr.pdf (zuletzt abgerufen am 29.8.2015).

Ein Beispiel für ein solches Musterverfahren sind laut MKULNV die verwaltungsgerichtlichen Verfahren zum Verbot der Tötung von männlichen Eintagsküken. Das MKULNV hatte die Kreisordnungsbehörden mit Erlass v. 26. September 2013 angewiesen, ein entsprechendes Tötungsverbot gegenüber Brütereien zu verfügen. Gegen die hieraufhin ergangenen Ordnungsverfügungen der Kreisordnungsbehörden haben mehrere betroffene Brütereien beim *Verwaltungsgericht Minden* Klage erhoben,[545] denen das Verwaltungsgericht mit Urteil v. 30. Januar 2015 stattgegeben hat.[546]

Ein weiteres Beispiel für einen vom Land angestrengten Musterprozess sind laut MKULNV die Klagen von Pelztierhaltern gegen Ordnungsverfügungen der Veterinärbehörden zur Durchsetzung verschärfter Haltungsbedingungen.[547]

p. Audits

In allen nordrhein-westfälischen Behörden sind im Bereich der Lebensmittelüberwachung Auditsysteme eingerichtet, im Veterinärwesen befinden sie sich in der Einführungsphase.[548] Geplant ist, ein „behördenübergreifendes, landesweites Auditsystem“[549] aufzubauen. Bei einem Audit handelt es sich um „ein systematisches und unabhängiges Verfahren, um festzustellen, ob Tätigkeiten und damit zusammenhängende Ergebnisse der zuständigen Behörden mit den vorgesehenen Vorgaben/Anforderungen übereinstimmen und ob diese Vorgaben/Anforderungen so wirksam umgesetzt werden und ausreichend geeignet sind, dass die gesetzten Qualitätsziele erreicht werden“[550]. Die Audits, die es

---

545 Siehe hierzu *MKULNV*, Verwaltungsgericht erlaubt weiterhin die Tötung von Eintagsküken, Pressemitteilung v. 6.2.2015, abrufbar unter: http://www.umwelt.nrw.de/pressebereich/pressemitteilung/news/2015-02-06-toetung-von-eintagskueken-minister-remmel-kritisiert-urteil-des-verwaltungsgerichts-und-kuendigt-berufung-an/ (zuletzt abgerufen am 29.8.2015); *Redaktion beck-aktuell*, VG Minden: Behörden können Tötung von Eintagsküken nicht verbieten, Mitteilung v. 9.2.2015, becklink 1037068.

546 *VG Minden*, Urt. v. 30.1.2015 – 2 K 80/14 u. a. –, in: juris.

547 Siehe hierzu *MKULNV*, Tierschutz in NRW, S. 35; zudem *VG Münster*, Urt. v. 9.3.2012 – 1 K 2759/11 –, in: juris.

548 Siehe *BRD*, Jahresbericht 2013, S. 74 (Tab. QM-2).

549 *NRW*, Kontrollplan, S. 22.

550 *LAV-Arbeitsgruppe QM*, Länderübergreifende Verfahrensanweisung, Internes Audit, S. 2, abrufbar unter: https://www.verbraucherschutzministerkonferenz.de/documents/VAW_Internes_Audit_2-0.pdf (zuletzt abgerufen am 29.8.2015).

in interner und externer Form gibt, beruhen auf Art. 4 Abs. 6 VO (EG) Nr. 882/2004.[551]

Die Ergebnisse der internen Audits lässt das Land in seine Aufsichtstätigkeit einfließen, vor allem im Hinblick auf die Sicherstellung eines einheitlichen Vollzugs.[552]

q. Landesüberwachungsprogramm

Zur Festlegung von landeseinheitlichen Schwerpunkten im Rahmen der Lebensmittelüberwachung stellt das Land gemeinsam mit den Kommunen ein Landesüberwachungsprogramm – *LÜP* – auf. Das LÜP gliedert sich in die *landesweiten Untersuchungsprogramme – LUP* – (53 bis 55 Programme im Jahr) und die *landesweiten Inspektionsprogramme – LIP* – (fünf bis zehn Programme im Jahr). Koordiniert wird das LÜP vom LANUV. Das Programm wird jährlich von einer Arbeitsgruppe unter der Leitung des LANUV erarbeitet. Mitglieder der Arbeitsgruppe sind Vertreter der Lebensmittelüberwachungsämter, der Sonderaufsichtsbehörden und der Untersuchungsämter.[553]

Die Umsetzung des LÜP erfolgt in der Weise, dass das LANUV den Veterinär- und Lebensmittelüberwachungsämtern einen Erlass übersendet, z. B. zur Durchführung des LIP. Hierin teilt es die ausgewählten Programme des LIP mit. Teile der Programme werden den Kommunen verpflichtend auferlegt, andere Programme sind frei wählbar, wobei die Anzahl der durchzuführenden Programme, bspw. drei von fünf, vorgegeben werden. Das LANUV fügt hierzu auch Checklisten zur Durchführung der Kontrollen sowie eine Excel-Tabelle für die Berichterstattung bei und setzt eine Frist zur Übersendung der ausgefüllten Tabelle.

r. Unterstützung bei der Personalausstattung der Kommunen

Das Land trifft ferner Maßnahmen, um die Personalsituation der Kommunen zu verbessern. So hat das Land den Kommunen auf Kosten des Landes amtliche Kontrollassistenten zusätzlich zum Personal der Kommunen zur Verfü-

551 Siehe auch *LAV-Arbeitsgruppe QM*, Verfahrensanweisung Audit (s. Fn. 550), S. 2.

552 Vgl. *BRD*, Jahresbericht 2013, S. 72; *BRD*, Kontrollplan, S. 62; *NRW*, Jahresbericht Kontrollplan 2012, S. 34; *NRW*, Kontrollplan, S. 5.

553 Zum Ganzen *LANUV*, Jahresbericht 2009, S. 93.

gung gestellt.[554] Im Jahr 2011 waren amtliche Kontrollassistenten bei 41 Lebensmittelüberwachungsämtern abgeordnet.[555] Der *Landesrechnungshof Nordrhein-Westfalen* hat diese Bereitstellung allerdings kritisiert, da durch diese Maßnahme im Ergebnis keine Verstärkung der Personalausstattung in den Kreisen und kreisfreien Städten bewirkt worden sei.[556]

Ferner hat das Land die Kreise und kreisfreien Städte in den letzten Jahren bei der Ausbildung von zusätzlichen Lebensmittelkontrolleuren finanziell unterstützt.[557] So hat sich im Jahr 2009 z. B. der Kreis Coesfeld bereit erklärt, im Falle der Finanzierung durch das Land einen weiteren Lebensmittelkontrolleur auszubilden.[558]

s. Schulungs- und Fortbildungsveranstaltungen, Vorträge

Das MKULNV und das LANUV bieten in verschiedenen Bereichen Schulungs- bzw. Fortbildungsveranstaltungen für die Kommunen an.[559] So führt das Land etwa „landesweit externe QM- und Auditorenschulungen, insbesondere für die QM-Verantwortlichen der Kommunen"[560] durch. Mit Ausnahme der personalbezogenen Kosten der entsendenden Behörden übernimmt das Land auch die Finanzierung der QM-Schulungen.[561]

Darüber hinaus haben Vertreter des LANUV und des MKULNV in den letzten Jahren z. B. im Rahmen der sog. *Detmolder Gespräche* des *Chemischen und Veterinäruntersuchungsamts Ostwestfalen-Lippe – CVUA OWL* – zu fachlichen Themen wie „Die Veröffentlichungspflichten nach VIG und

---

554 Siehe etwa *Landtag NRW*, Antwort der LReg v. 21.4.2009 auf die Kleine Anfrage 3183, Drucks. 14/9027, S. 2; *LRH NRW*, Jahresbericht 2014, S. 174; s. zudem *LANUV*, „Amtliche Kontrollassistenten und Kontrollassistentinnen", abrufbar unter: http://www.lanuv.nrw.de/verbraucher/ausbildung/kontrollassistent.htm (zuletzt abgerufen am 29.8.2015).

555 *LRH NRW*, Jahresbericht 2014, S. 174.

556 *LRH NRW*, Jahresbericht 2014, S. 174 f.

557 *Landtag NRW*, Antwort der LReg v. 21.4.2009 auf die Kleine Anfrage 3183, Drucks. 14/9027, S. 3; *MKULNV*, Ausbildung von zusätzlichen Lebensmittelkontrolleuren hat begonnen, Pressemitteilung v. 9.10.2009, abrufbar unter: https://www.umwelt.nrw.de/pressearchiv/presse2009/presse091009.php (zuletzt abgerufen am 29.8.2015).

558 *Kreis Coesfeld*, Sitzungsvorlage SV-7-1318 v. 3.3.2009, S. 1, abrufbar unter: http://www.kreis-coesfeld.de/sessionnet/sessionnetbi/vo0050.php?__kvonr=1634 (zuletzt abgerufen am 29.8.2015).

559 *NRW*, Kontrollplan, S. 20.

560 *NRW*, Landes-QM-Rahmenkonzept, S. 12 (nicht veröffentlicht).

561 *NRW*, Landes-QM-Rahmenkonzept, S. 13 (nicht veröffentlicht).

§ 40 LFGB“[562], „Schwänzekürzen bei Ferkeln - wie kommen wir aus der Tierschutz + CC – „Falle“?“[563] oder „Antibiotikaeinsatz in Geflügelbeständen – Erfahrungen aus NRW“[564] vorgetragen.

t. Kontrollzentren

Zur Steuerung der kommunalen Aufgabenwahrnehmung werden nach Angabe der Aufsichtsbehörden des Weiteren sog. *Kontrollzentren* eingesetzt, die eine beratende Funktion haben und Empfehlungen ausarbeiten, wie z. B. Ablaufschemata oder fachliche Standards. Für den Veterinärbereich ist beim LANUV das *Landestierseuchenkontrollzentrum – LaTiKo* – eingerichtet. Aufgabe des LaTiKo ist die Koordinierung von Tierseuchen. Hierfür werden verschiedene Maßnahmen gemeinsam mit den kommunalen Behörden ausgearbeitet und umgesetzt. Weitere Aufgaben des LaTiKo sind „die Sicherstellung eines einheitlichen Vollzugs des Tierseuchenrechts“ und „das Zusammenführen der Anregungen und Anforderungen der Kreisordnungsbehörden“.[565] Für den Bereich der Lebensmittel- und Futtermittelsicherheit ist das beim LANUV eingerichtete *Landeskontrollzentrum für Lebensmittel- und Futtermittelsicherheit – LaKoLF* – zuständig.[566]

Nach Auffassung der Aufsichtsbehörden wird die Behördenhierarchie nicht durch die Kontrollzentren verwischt, da diese nur Empfehlungen abgeben, die Umsetzung aber durch die kommunalen Behörden selbst erfolge. Es handele sich um „Soll“-Vorgaben. Für den Krisenbereich ist das Instrument der Kontrollzentren nach Angabe der Aufsichtsbehörden in Erlassen kodifiziert.

---

562 *MKULNV*, Präsentation *Hülsenbusch* v. 7.11.2012, abrufbar unter: http://www.cvua-owl.de/download/pdffiles/dtgs50/Michael_Huelsenbusch_-_Die_Veroeffentlichungs pflichten_nach_VIG_und_40_LFGB.pdf; s. zudem *CVUA OWL*, Postille Nr. 178, Dezember 2012, S. 1 f., abrufbar unter: http://www.cvua-owl.de/download/pdffiles/178.pdf (beide zuletzt abgerufen am 29.8.2015).

563 *MKULNV*, Präsentation *Jaeger* v. 6.10.2010, abrufbar unter: http://www.cvua-owl.de/download/pdffiles/dtgs48/Praesentation_Jaeger_grundsatzreferat_zur_aktuell en_situation.pdf (zuletzt abgerufen am 29.8.2015).

564 *LANUV*, Präsentation *Scholten* v. 7.11.2012, abrufbar unter: http://www.cvua-owl.de/download/pdffiles/dtgs50/Peter_Scholten_-_Antibiotikaeinsatz_in_Gefluegel bestaenden_226_Erfahrungen_aus_NRW.pdf; s. auch *CVUA OWL*, Postille Nr. 178, Dezember 2012, S. 6, abrufbar unter: http://www.cvua-owl.de/download/pdffiles/178.pdf (beide zuletzt abgerufen am 29.8.2015).

565 Zum Ganzen und zu den Zitaten s. *LANUV*, Das Landestierseuchenkontrollzentrum (LaTiKo) im LANUV, abrufbar unter: http://www.lanuv.nrw.de/agrar/tierseuchen/latiko.htm (zuletzt abgerufen am 29.8.2015).

566 *LANUV*, Jahresbericht 2013, S. 58.

u. Benchmarking bzw. Leistungsvergleiche

Von Seiten des Ministeriums gibt es Bestrebungen, das Instrument des Benchmarking bzw. des Leistungsvergleichs zu nutzen, um etwa im Lebensmittelbereich Daten mit qualitativer Aussagekraft zu erhalten. Das Ganze befindet sich nach Angaben des MKULNV derzeit noch in der Entwicklung. Es werde versucht, die kommunalen Spitzenverbände von dem Vorhaben zu überzeugen und gemeinsam mit ihnen daran zu arbeiten. Nach Möglichkeit soll mit der Durchführung des Benchmarking ein externes Unternehmen beauftragt werden.

Von kommunaler Seite wird das Benchmarking zum Teil kritisch gesehen. Die Kommunen seien sehr unterschiedlich aufgestellt. Es sei daher sehr aufwändig eine Vergleichbarkeit der Daten zu erzeugen. Das Verhältnis von Aufwand und Nutzen sei deshalb fraglich.

v. EDV-Systeme

In Nordrhein-Westfalen sind für den Bereich der Lebensmittelüberwachung und die Veterinärangelegenheiten verschiedene EDV-Systeme eingerichtet. Für den Lebensmittelbereich gibt es das sog. *Informations- und Kommunikationssystem Lebensmittelüberwachung – ILM –*. Es handelt sich hierbei um ein Gemeinschaftsprojekt des MKULNV, des LANUV und des LKT NRW sowie des Städtetages NRW.[567] In dieser Datenbank sind u. a. Daten zu den Proben aus der Lebensmittelüberwachung enthalten.[568] Gepflegt wird das ILM beim LANUV.

Ferner ist mit dem – derzeit noch als Pilotprojekt – eingeführten IDV-System[569] die Einrichtung „einheitliche[r] und koordinierte[r] EDV-Strukturen“[570] geplant. Sie sollen die Strukturen in den Bereichen der Tiergesundheit und der Lebensmittel verbessern und dazu dienen, „sämtliche Berichtspflichten elektronisch erledigen zu können“[571].

---

567 Siehe Homepage des *ILM*, abrufbar unter: http://www.ilm.nrw.de/ (zuletzt abgerufen am 29.8.2015).

568 Siehe *ILM*, Welche Informationen gibt es in ILM?, abrufbar unter: http://www.ilm.nrw.de/ (zuletzt abgerufen am 29.8.2015).

569 Siehe hierzu oben § 4 B. II. 2. i. bb.

570 *NRW*, Jahresbericht Kontrollplan 2012, S. 36.

571 *NRW*, Jahresbericht Kontrollplan 2012, S. 36.

Insgesamt wird nach Aussage eines Vertreters des MKULNV im Veterinärbereich intensiver mit *EDV-Systemen* bzw. *technischen Tools* gearbeitet als in der Lebensmittelüberwachung. So geben die Kreise und kreisfreien Behörden z. B. im Bereich Tiergesundheit und Tierschutz in ein solches System ein, *was sie machen*. Dies sei für alle Behörden, auch für Bundesbehörden, einsehbar.

w. Widerspruchsverfahren

Mit Wirkung zum 1. Januar 2015 ist in Nordrhein-Westfalen u. a. für die Bereiche der Lebensmittelüberwachung und des Veterinärwesens das Widerspruchsverfahren wieder eingeführt worden.[572] Laut Gesetzesbegründung ist die Wiedereinführung in fachlicher Hinsicht notwendig, da das Widerspruchsverfahren „als Steuerungsinstrument der Fachaufsicht“[573] diene.[574] Laut MKULNV bedeutet die Wiedereinführung für die Aufsichtsbehörde „eine Erkenntnisquelle über die Aufgabenerfüllung der nachgeordneten Behörden“[575].

3. Kommunikationswege zwischen Land und Kommunen

Die Kommunikation zwischen den kommunalen Behörden und den Aufsichtsbehörden erfolgt auf unterschiedliche Weise. Soweit Daten übermittelt werden, erfolgt dies grundsätzlich auf elektronischem Wege, vgl. auch § 9 S. 1 LFBRVG NRW.[576] Daneben findet mündlicher Austausch zwischen den beteiligten Behörden im Rahmen von Dienstbesprechungen, Arbeitsgruppen, Telefonkonferenzen etc. statt.

Bei der Kommunikation der Behörden wird nach Darlegung der Aufsichtsbehörden in der Regel der Dienstweg eingehalten. Ausnahmen würden nur in eilbedürftigen Situationen wie bei Tierseuchenfällen gemacht. Wenn das Mi-

---

572 Siehe Art. 2, 4 des *Gesetzes zur Änderung des Landesbeamtengesetzes und des Justizgesetzes Nordrhein-Westfalen und zur Anpassung weiterer Rechtsvorschriften* v. 9.12.2014 (GV. NRW. 2014, S. 874).

573 *Landtag NRW*, Gesetzentwurf v. 17.6.2014, Drucks. 16/6089, S. 16.

574 Siehe hierzu auch *Tepe*, EILDIENST LKT NRW 2015, 176 (180).

575 *Landtag NRW*, Antwort der LReg v. 9.7.2014 auf die Kleine Anfrage 2353, Drucks. 16/6287, S. 4.

576 Siehe hierzu *Landtag NRW*, Gesetzentwurf v. 6.9.2007, Drucks. 14/4973, S. 196; *Landtag NRW*, Evaluierungsbericht aus dem Geschäftsbereich des MKULNV v. 9.12.2011, Vorlage 15/1043, S. 6; s. zudem oben § 4 B. II. 1. a. cc.

nisterium in Erlassen um Unterrichtung über bestimmte Ereignisse etc. bittet, weist es teilweise auch ausdrücklich auf den Dienstweg hin.

Telefonischer Kontakt erfolgt nach Berichten von Praktikern zum Teil aber auch im direkten Verhältnis von Kreisordnungsbehörden und Ministerium. Vor allem im Veterinärbereich bestehe hier ein *guter Kontakt*. Dabei habe man auch nicht das Gefühl, den Dienstweg zu umgehen.

4. Zurückhaltende Ausübung der Aufsicht des Bundes

Führen die Länder Bundesgesetze als eigene Angelegenheit nach Art. 83 GG aus – wie dies bei der Lebensmittelüberwachung und im Veterinärwesen der Fall ist –[577], unterliegen sie hierbei der Rechtsaufsicht[578] der Bundesregierung nach Art. 84 Abs. 3 GG, sog. *Bundesaufsicht*.[579] Als Aufsichtsmittel steht der Bundesregierung die Entsendung von Beauftragten zu den Ländern zur Verfügung, Art. 84 Abs. 3 S. 2 GG. Als ungeschriebene Aufsichtsbefugnis verfügt die Bundesregierung zudem über ein Informationsrecht.[580] Eine Weisungsbefugnis des Bundes besteht hingegen nicht.[581]

Der Bund übt seine Aufsichtsfunktion im Rahmen der Lebensmittelüberwachung und des Veterinärwesens in der Praxis sehr zurückhaltend aus. Der *Bundesrechnungshof* hat diese Aufsichtspraxis in seinem Gutachten als unzureichend bemängelt und den Bund zu einer stärkeren Ausübung seiner Aufsichtsfunktion aufgefordert.[582] Eine Intensivierung der Aufsichtsausübung ist jedoch nach Bekundungen von Vertretern der Bundesministerialebene nicht geplant. Die Zusammenarbeit zwischen Bund und Ländern erfolge vielmehr auf anderen Wegen.[583]

---

577 Siehe oben § 4 A. I. 2. b. bb, II. 2. b.

578 *BVerfG*, Urt. v. 22.5.1990 – 2 BvG 1/88 –, in: BVerfGE 81, 310 (331) = DVBl 1990, 763; *Pieper*, Aufsicht, S. 19.

579 Näher zur Bundesaufsicht nach Art. 84 Abs. 3 GG s. *Etscheid*, Fachaufsicht, S. 193 ff.; *Jock*, Fachaufsicht, S. 52 ff.; *Kirchhof*, in: Maunz/Dürig (Begr.), GG Bd. V, Art. 84 Rn. 191 ff.; *Pieper*, Aufsicht, S. 19.

580 *Kirchhof*, in: Maunz/Dürig (Begr.), GG Bd. V, Art. 84 Rn. 196; *Pieper*, Aufsicht, S. 19.

581 *Kirchhof*, in: Maunz/Dürig (Begr.), GG Bd. V, Art. 84 Rn. 194, 196; s. zudem *BRD*, Kontrollplan, S. 15.

582 *BWV*, Organisation des Verbraucherschutzes 2012, S. 14, 63, 79 f.

583 Diese werden im Folgenden unter § 4 B. II. 5. näher dargestellt.

Die Bundesaufsicht wirkt sich daher im Lebensmittel- und Veterinärbereich faktisch nicht bzw. kaum spürbar auf die Steuerungspraxis des Landes Nordrhein-Westfalen aus.

5. Kooperation und Koordination im Verhältnis von Bund und Ländern und der Länder untereinander

Abseits der – in der Praxis ohnehin kaum bedeutsamen – Aufsichtsbeziehung zwischen Bund und Ländern, finden zwischen ihnen sowie zwischen den Ländern untereinander verschiedene Formen der kooperativen und koordinierenden Zusammenarbeit statt.[584] Die Notwendigkeit hierzu wird darin gesehen, dass aufgrund der föderalen Struktur in Deutschland beim Vollzug der Lebensmittelüberwachung und der veterinärrechtlichen Vorschriften Abstimmungsprobleme auftreten können.[585] Gesetzliche Vorschriften, wie etwa die AVV Rüb und der im Jahr 2013 neu eingefügte § 49a LFGB, bestimmen sogar ausdrücklich, dass der Bund und die Länder bei der Aufgabenwahrnehmung zusammenarbeiten sollen.[586]

Die Steuerungspraxis des Landes Nordrhein-Westfalen bei der Wahrnehmung der Lebensmittelüberwachung und der Aufgaben des Veterinärwesens auf kommunaler Ebene kann nicht ohne die Untersuchung der Zusammenarbeit von Bund und Ländern betrachtet werden. Die auf Bund-Länder-Ebene stattfindende Zusammenarbeit wirkt sich vielmehr faktisch erheblich auf die Steuerungspraxis des Landes aus. Von ihr gehen bedeutsame Impulse auf die Steuerungspraxis und damit auf den Aufgabenvollzug durch die Kommunen aus.

a. Verbraucherschutzministerkonferenz

Die Verbraucherschutzministerkonferenz – *VSMK* – ist eine „Fachministerkonferenz für verbraucherpolitische Themen“[587]. Mitglieder sind die Minister

---

[584] Siehe hierzu überblicksartig (allerdings nicht umfassend) *BRD*, Kontrollplan, S. 21, Abb. 2: Kooperation von Bund und Ländern – die LAV und ihre relevanten Arbeitsgruppen.

[585] Vgl. *Hufen*, ZLR 1999, 755 (759); *Hufen*, in: Schmidt (Hrsg.), Wirtschaftsrecht, § 12 Rn. 75.

[586] Siehe hierzu auch *BVL*, Berichte zur Lebensmittelsicherheit 2013, BÜp, S. 1.

[587] Siehe *VSMK*, Willkommen, abrufbar unter: https://www.verbraucherschutzministerkonferenz.de/Willkommen.html (zuletzt abgerufen am 29.8.2015).

bzw. Senatoren der Länder und des Bundes. Die VSMK dient dem Informationsaustausch.[588]

Die Beschlüsse auf der VSMK betreffen häufig die Lebensmittelüberwachung und das Veterinärwesen. So hat die VSMK etwa im Jahr 2012 einen Beschluss bezüglich eines *Bundeseinheitlichen Modells zur Transparentmachung der Kontrollergebnisse von Lebensmittelunternehmen* getroffen.[589] Auf der 9. VSMK im Jahr 2013 wurde ein Beschluss zur *Umsetzung der Veröffentlichung nach § 40 Abs. 1a LFGB* gefasst.[590] Ein Beschluss aus dem Jahr 2014 betrifft den *Nationalen Aktionsplan „Pferdefleisch"*.[591]

Die VSMK ist nach Aussage des MKULNV vorrangig ein politisches Gremium, das sich auch vorwiegend an die Politik richte. Das Land profitiere daher weniger von der Arbeit der VSMK, sondern vorrangig von der *Länderarbeitsgemeinschaft Verbraucherschutz – LAV –*[592].

b. Länderarbeitsgemeinschaft Verbraucherschutz

Die LAV ist ein länderübergreifendes Gremium im Bereich des Verbraucherschutzes, in dem die obersten Landesverbraucherschutzbehörden zusammenarbeiten. Mitglieder der LAV sind die Leiter der für den Verbraucherschutz zuständigen Abteilungen in den Fachressorts der Länder. Ständige Gäste der LAV sind die Vertreter des BMEL und ggf. anderer Bundesministerien. Eingeladen werden können ferner Mitarbeiter sonstiger Behörden, Verbände, wissenschaftlicher Einrichtungen etc.[593]

---

[588] *Meyer*, in: Meyer/Streinz (Hrsg.), LFGB, § 38 Rn. 12.

[589] Ergebnisprotokoll der 8. VSMK v. 14.9.2012, TOP 7 S. 16, abrufbar unter: https://www.verbraucherschutzministerkonferenz.de/documents/Ergebnisprotokoll_8-_VSMK.pdf (zuletzt abgerufen am 29.8.2015).

[590] Ergebnisprotokoll der 9. VSMK v. 17.5.2013, TOP 11, S. 17, abrufbar unter: https://www.verbraucherschutzministerkonferenz.de/documents/Endgueltiges_Protokoll_VSMK_Bad_Nauheim_17-05-13.pdf (zuletzt abgerufen am 29.8.2015).

[591] Ergebnisprotokoll der 10. VSMK v. 16.5.2014, TOP 10, S. 19, abrufbar unter: https://www.verbraucherschutzministerkonferenz.de/documents/endgErgebnisprotokoll10-VSMK_2.pdf (zuletzt abgerufen am 29.8.2015).

[592] Siehe unten § 4 B. II. 5. b.

[593] Siehe zum Ganzen die Präambel und Ziff. 3 der *Geschäftsordnung der LAV – GO LAV –* (Stand: 6.11.2012), abrufbar unter: https://www.verbraucherschutzministerkonferenz.de/documents/2012-11-29_LAV_Geschaeftsordnung_gesamt_ueberarbeitet.pdf (zuletzt abgerufen am 29.8.2015); zudem *BRD*, Kontrollplan, S. 20.

Maßgebliche Aufgabe der LAV ist es, den Vollzug der Rechtsvorschriften im Bereich der Lebensmittelüberwachung und dem Veterinärwesen zu koordinieren.[594] Sie dient ferner dem Informationsaustausch.[595] Daneben wird die LAV beratend gegenüber der VSMK tätig, vgl., Ziff. 1. 2 GO LAV. Für die Erfüllung dieser Aufgaben sind innerhalb der LAV zwölf ständige Arbeitsgruppen, wie etwa die Arbeitsgruppe *Tierschutz – AG Tierschutz* – oder die Arbeitsgruppe *Lebensmittel- und Bedarfsgegenstände, Wein und Kosmetika – ALB* – eingerichtet.[596] Ihr vorrangiges Ziel ist es, einen möglichst einheitlichen Vollzug in der Bundesrepublik Deutschland sicherzustellen.[597] Die AG Tierschutz hat bspw. mehrere der zuvor erwähnten *Handbücher* erstellt.[598] Auch erstellen die Arbeitsgruppen der LAV diverse *länderübergreifende Verfahrensanweisungen*, z. B. im Bereich Qualitätsmanagement zu internen Audits[599] oder zur amtlichen Kontrolle[600].[601]

Die Beschlüsse der LAV sind in der Praxis bedeutsam für die Steuerung der kommunalen Aufgabenwahrnehmung durch die Sonderaufsichtsbehörden. Ziff. 5.5. GO LAV bestimmt ausdrücklich, dass die „Länder (…) die Beschlüsse bei der Wahrnehmung ihrer Aufgaben ein[beziehen]". Nach Darlegung des MKULNV orientiert sich das Land auch tatsächlich in den überwiegenden Fällen an den Beschlüssen. Diese dienten schließlich der bundesweiten Vereinheitlichung. Dementsprechend bezieht sich das MKULNV etwa in seinem als allgemeine Weisung verfassten Erlass zur Auslegung des § 40 Abs. 1a LFGB ausdrücklich und maßgeblich auf die von der LAV erarbeiteten Auslegungshinweise.[602] Ferner basiert z. B. das Landes-QM-Rahmenkonzept in Nordrhein-Westfalen auf den „rein formal für NRW angepassten länderübergreifenden Verfahrensanweisungen der LAV"[603]. Auch

594 Vgl. Präambel und Ziff. 1.1 der GO LAV; *Geßler/Marx*, Veterinärwesen, Ziff. 1.7.

595 *Meyer*, in: Meyer/Streinz (Hrsg.), LFGB, § 38 Rn. 12.

596 Vgl. Ziffer 7.1 GO LAV; s. zudem *VSMK*, LAV, abrufbar unter: https://www.verbraucherschutzministerkonferenz.de/LAV-Struktur.html (zuletzt abgerufen am 29.8.2015); *BRD*, Kontrollplan, S. 15 f., 20 ff.

597 *BRD*, Kontrollplan, S. 20 ff.; *NRW*, Kontrollplan, S. 5.

598 Siehe *NRW*, Kontrollplan, S. 13; näher zu den Handbüchern s. oben § 4 B. II. 2. j.

599 *LAV-Arbeitsgruppe QM*, Verfahrensanweisung Audit (s. Fn. 550).

600 *LAV-Arbeitsgruppe QM*, Länderübergreifende Verfahrensanweisung, Amtliche Kontrolle, abrufbar unter: https://www.verbraucherschutzministerkonferenz.de/documents/VAW_Amtliche_Kontrolle_2-0.pdf (zuletzt abgerufen am 29.8.2015).

601 Siehe *VSMK*, Qualitätsmanagement, abrufbar unter: https://www.verbraucherschutzministerkonferenz.de/LAV-Qualitaetsmanagement.html (zuletzt abgerufen am 29.8.2015).

602 *MKULNV*, Erlass v. 24.8.2012 (s. Fn. 449), S. 2.

603 *NRW*, Landes-QM-Rahmenkonzept, S. 11 (nicht veröffentlicht).

hat das MKULNV verschiedene von der LAV erarbeitete Handbücher mit Vollzugshinweisen für die kommunalen Behörden in Nordrhein-Westfalen per Erlass in Kraft gesetzt.[604]

c. Bund-Länder-Besprechungen

Der Bund und die Länder arbeiten ferner im Rahmen von regelmäßig stattfindenden Bund-Länder-Besprechungen auf Ebene der Referenten zusammen. Auf diesen Besprechungen findet ein Austausch über verschiedene Themen und Fragestellungen statt.[605]

d. Bund-Länder-Arbeitsgruppen

Zur fachlichen Erörterung von bestimmten Themen im Lebensmittel- und Veterinärbereich wirken Vertreter des Bundes und der Länder des Weiteren in verschiedenen *Bund-Länder-Arbeitsgruppen* zusammen. So gibt es etwa im Bereich Tierarzneimittel eine „Bund-Länder-Arbeitsgruppe zu Process Analytical Technology“[606]. Im Rahmen der Arbeitsgruppen werden z. B. Leitfäden zu verschiedenen Fachthemen erarbeitet.[607] Mitglieder der Arbeitsgruppen sind u. a. Vertreter von Landesbehörden, kommunalen Behörden, Untersuchungsämtern sowie Vertreter verschiedener Bundeseinrichtungen, wie etwa des BVL oder des BfR.[608]

e. Arbeitskreise und Ausschüsse

Der Bund und die Länder kommen zudem in verschiedenen Arbeitskreisen und Ausschüssen zusammen, in denen u. a. Informationsaustausch und Abstimmung der Aufgabenwahrnehmung erfolgt. Hierzu gehören insbesondere

604 Siehe hierzu oben § 4 B. II. 2. j.

605 *BRD*, Kontrollplan, S. 27; s. auch *NRW*, Kontrollplan, S. 16.

606 *BVL*, Bund und Bundesländer: Hand in Hand für einen effizienten Verbraucherschutz, abrufbar unter: http://www.bvl.bund.de/DE/07_DasBundesamt/02_Aufgaben/02_BundLaender/dasBundesamt_aufgaben_bundLaender_node.html (zuletzt abgerufen am 29.8.2015).

607 Siehe etwa *BfR*, Ausbruchsaufklärung Lebensmittelkette; *BVL*, Leitfaden zur Rückverfolgbarkeit von Futtermitteln veröffentlicht, Mitteilung v. 5.3.2007, abrufbar unter: http://www.bvl.bund.de/DE/08_PresseInfothek/01_FuerJournalisten/01_Presse_und_Hintergrundinformationen/02_Futtermittel/2007/2007_03_05_pi_rueckverfolgbarkeit.html (zuletzt abgerufen am 29.8.2015).

608 Siehe etwa *BfR*, Ausbruchsaufklärung Lebensmittelkette, S. 5; *BVL*, Bund und Bundesländer: Hand in Hand für einen effizienten Verbraucherschutz (s. Fn. 606).

der *Arbeitskreis Lebensmittelchemischer Sachverständiger der Länder und des Bundesamtes für Verbraucherschutz und Lebensmittelsicherheit – ALS –* sowie der *Arbeitskreis der auf dem Gebiet der Lebensmittelhygiene und der Lebensmittel tierischer Herkunft tätigen Sachverständigen – ALTS –*. Der ALTS ist ein „Bund-Länder-Sachverständigen-Gremium“[609], das dem wissenschaftlichen Erfahrungsaustausch etwa im Bereich von Lebensmitteln tierischer Herkunft dient. Der ALS hat die Aufgabe, die Untersuchung von Erzeugnissen nach dem LFGB innerhalb der Überwachungsbehörden der Länder abzustimmen. Mitglieder der beiden Arbeitskreise sind u. a. Vertreter der Untersuchungseinrichtungen der Länder. Gäste sind z. B. das BMEL oder das BfR. Die Geschäftsführung nimmt das BVL wahr. In den Arbeitskreisen werden Beschlüsse getroffen, die auf der Homepage des BVL veröffentlicht werden.[610]

Daneben sind beim BVL verschiedene Ausschüsse eingerichtet.[611] Hierzu gehört u. a. der *Ausschuss Überwachung*, der „gesetzesübergreifende, grundsätzliche Überwachungsfragen im Bereich des gesundheitlichen Verbraucherschutzes und der Lebensmittelsicherheit“[612] behandelt. In dem Ausschuss sind Vertreter der Länder sowie verschiedener Bundesbehörden beteiligt.[613]

f. Austausch mit dem BMEL

Nach Aussage des Ministeriums wenden sich die Länder an das BMEL, wenn Unsicherheiten in Bezug auf den Vollzug bestehen. Wenn hieraufhin fachliche Vorgaben von Bundesseite kämen, würden sich diese auf das Steuerungsverhalten des Landes gegenüber den Kommunen auswirken.

Regelmäßig komme es auch vor, dass sich Vertreter der Länder auf bilateralem Wege telefonisch an das BMEL wenden, um aufgetretene Fragen zu besprechen.

---

609 *BRD*, Kontrollplan, S. 28.

610 Zum Ganzen s. *BRD*, Kontrollplan, S. 27. f.; zudem *Meyer*, in: Meyer/Streinz (Hrsg.), LFGB, § 38 Rn. 12 f.; *Streinz*, in: Streinz (Hrsg.), Lebensmittelrechts-Handbuch, Kap. IV Rn. 89.

611 *BRD*, Kontrollplan, S. 26 f.

612 *BRD*, Kontrollplan, S. 26.

613 *BRD*, Kontrollplan, S. 26.

g. Risikobewertung des BfR und Tätigkeit sonstiger wissenschaftlicher Bundeseinrichtungen

aa. Bundesinstitut für Risikobewertung

Wie zuvor dargelegt, ist es Aufgabe des BfR, Risikobewertungen zu erstellen.[614] Es obliegt dem BfR aber nicht, die Risikobewertungen auch umzusetzen und auf ihrer Grundlage entsprechende Maßnahmen zu treffen.[615] Dies ist vielmehr „genuine Vollzugsaufgabe der Landesbehörden“[616]. Im Rahmen dieser Aufgabe sind die Länder allerdings nicht an die Bewertungen des BfR gebunden.[617] Es handelt sich für sie vielmehr um unverbindliche Stellungnahmen, die das Handeln der Länder nicht unmittelbar bestimmen. Sie entscheiden eigenverantwortlich über Vollzugsmaßnahmen.[618]

Faktisch gehen von den Bewertungen des BfR allerdings erhebliche Wirkungen aus. Die Risikobewertungen bilden in der Praxis häufig die Grundlage für Maßnahmen der Vollzugsbehörden.[619] Auch die Steuerungspraxis des Landes Nordrhein-Westfalen wird von den Bewertungen beeinflusst. Für das MKULNV sind die Risikobewertungen des BfR nach eigener Aussage sehr bedeutsam, da das Land hierdurch fachliche Angaben erhalte, die anschließend in den Vollzug eingebunden würden. Die Stellungnahmen des BfR können etwa zum Erlass ministerieller Weisungen führen. So ist bspw. ein Erlass des MKULNV zum EHEC-Ausbruchsgeschehen ergangen, in dessen Begründung sich das Ministerium ausdrücklich auf eine Stellungnahme des BfR zu Bockshornklee-Samen v. 11. Juli 2011[620] bezieht.[621] Auch in seinem Bericht

---

614 Siehe oben § 4 A. I. 2. b. dd. (2) (b) (bb).

615 *Henning*, Bundesinstitut für Risikobewertung, S. 1; *ders.*, Verbraucherschutz, S. 63 f.

616 *Henning*, Verbraucherschutz, S. 64; vgl. auch *Klindt*, NJW 2004, 465 (469 f.).

617 Vgl. *Henning*, Bundesgesundheitsblatt 1980, 321 f. – zu den früheren Richtlinien des Bundesgesundheitsamts (das BfR ist eine von mehreren Nachfolgeeinrichtungen des 1994 aufgelösten Bundesgesundheitsamts, vgl. *BfR*, Geschichte des BfR, abrufbar unter: http://www.bfr.bund.de/de/geschichte_des_bfr-1336.html (zuletzt abgerufen am 29.8.2015)); s. auch *Doepner/Hüttebräuker*, in: Dieners/Reese (Hrsg.), Pharmarecht, § 2 Rn. 87.

618 *Henning*, Bundesinstitut für Risikobewertung, S. 6.

619 Vgl. *Henning*, Bundesgesundheitsblatt 1980, 321 f.

620 *BfR*, Stellungnahme Nr. 025/2011 v. 11.7.2011, ersetzt durch die aktualisierte Stellungnahme Nr. 031/2011 v. 26.7.2011, abrufbar unter: http://www.bfr.bund.de/cm/343/bedeutung_von_ehec_o104_h4_in_bockshornkleesamen_die_zu_anderen_lebensmitteln_als_sprossen_und_keimlingen_weiterverarbeitet_werden.pdf (zuletzt abgerufen am 29.8.2015).

621 *MKULNV*, Erlass v. 15.7.2011 (s. Fn. 452), S. 1.

zur Dioxinstrategie verweist das MKULNV mehrfach auf Stellungnahmen des BfR.[622]

Andersherum erbitten die Vollzugsbehörden zum Teil sogar die Erstellung von Risikobewertungen durch das BfR. Dementsprechend wird das BfR zum Teil „[a]uf Veranlassung"[623] von Lebensmittelüberwachungsbehörden der Länder tätig. Dies war im Hinblick auf eine gesundheitliche Bewertung des BfR zu Erfrischungsgetränken der Fall.[624]

bb. Sonstige wissenschaftliche Einrichtungen auf Bundesebene

Neben dem BfR gibt es diverse weitere Einrichtungen auf Bundesebene, die wissenschaftliche Forschung betreiben und auf deren Stellungnahmen bzw. Einschätzungen sich die Aufsichtsbehörden stützen. Hierzu gehört das *Friedrich-Löffler-Institut*[625] – *FLI* –. Dieses *Bundesforschungsinstitut für Tiergesundheit* ist eine Einrichtung des BMEL, die sich insbesondere mit Tierseuchen beschäftigt.[626] Eine andere Einrichtung ist etwa das *Robert-Koch-Institut* – *RKI* –, das eine „wissenschaftlich-medizinische Leitinstitution der Bundesregierung"[627] im Bereich des BMG ist.[628] Es betreibt Forschung insbesondere im Bereich der Infektionskrankheiten.[629]

Die Empfehlungen bzw. Einschätzungen dieser Einrichtungen sind, wie auch die Risikobewertungen des BfR, für die Länder nicht verbindlich. Die Sonderaufsichtsbehörden in Nordrhein-Westfalen beziehen die Empfehlungen

---

622 *Landtag NRW*, Bericht des MKULNV v. 16.7.2013, Vorlage 16/1041, S. 3 f., 7, 9 f., 12 f., 15.

623 *BfR*, Gesundheitliche Bewertung von Erfrischungsgetränken mit zugesetzten bromierten Pflanzenölen, Stellungnahme Nr. 023/2014 v. 4.7.2014, S. 1, abrufbar unter: http://www.bfr.bund.de/cm/343/gesundheitliche-bewertung-von-erfrischungsgetraenken-mit-zugesetzten-bromierten-pflanzenoelen.pdf (zuletzt abgerufen am 29.8.2015).

624 *BfR*, Stellungnahme Nr. 023/2014, S. 1 (s. Fn. 623).

625 Siehe die Homepage des *FLI*, abrufbar unter: http://www.fli.bund.de/ (zuletzt abgerufen am 29.8.2015).

626 Siehe hierzu *BMELV*, Lebensmittelsicherheit, S. 20; *Geßler/Marx*, Veterinärwesen, Ziff. 1.3.5.3; s. zudem *BRD*, Kontrollplan, S. 18.

627 *RKI*, Gesundheit schützen, S. 3.

628 Siehe *RKI*, Aufgaben und gesetzliche Grundlagen des Robert-Koch-Instituts, abrufbar unter: http://www.rki.de/DE/Content/Institut/Aufgaben/aufgaben_node.html;jsessionid=133C780E3C51C726E71AFB4DEF6A6BD5.2_cid390 (zuletzt abgerufen am 29.8.2015).

629 Näher hierzu *RKI*, Gesundheit schützen, S. 3, 10; zudem *RKI*, Aufgaben und gesetzliche Grundlagen des Robert-Koch-Instituts (s. Fn. 628).

jedoch trotzdem häufig in ihre Aufsichtstätigkeit ein und stützen etwa Weisungen bzw. Erlasse auf diese Erkenntnisse.[630]

h. Leitfäden und sonstige Dokumente

In Zusammenarbeit von Bund und Ländern, z. B. in den Bund-Länder-Arbeitsgruppen,[631] werden diverse Leitfäden erarbeitet, die den Lebensmittel- und Veterinärbereich betreffen und diesbezügliche Empfehlungen enthalten. Beispiele sind etwa der Leitfaden zur *Ausbruchsaufklärung entlang der Lebensmittelkette*[632] oder der u. a. vom BVL und ALS in Abstimmung mit einer Arbeitsgruppe entwickelte *Leitfaden für die Probenahme und die Untersuchung zum Nachweis gentechnischer Veränderungen in Reis*[633].

Die Leitfäden dienen insbesondere dem einheitlichen Vollzug, z. B. der „einheitlichen Probenahme und Untersuchung von Reisprodukten bei der Überwachung durch die zuständigen Landesbehörden“[634].

Daneben erarbeiten der Bund und die Länder weitere Dokumente, wie etwa *Gemeinsame Berichte*. Hierzu gehören die vom BVL herausgegebenen *Berichte zur Lebensmittelsicherheit*, wie z. B. zum Monitoring[635] und zum Bundesweiten Überwachungsplan[636].

i. Pilotprojekte

Nicht nur auf Landesebene werden Pilotprojekte durchgeführt. Vielmehr wurde in Zusammenarbeit des Bundes und der Länder 2011 bis 2013 ein zweieinhalbjähriges Pilotprojekt zur *Überwachung des Internethandels mit Lebensmitteln* durchgeführt.[637]

---

630 Zu Beispielen s. oben § 4 B. II. 1. b. aa.

631 Siehe oben § 4 B. II. 5. d.

632 *BfR*, Ausbruchsaufklärung Lebensmittelkette; s. hierzu auch § 4 B. II. 5. d.

633 *BVL*, Leitfaden für die Probenahme, S. 1.

634 *BVL*, Leitfaden für die Probenahme, S. 1.

635 *BVL*, Berichte zur Lebensmittelsicherheit 2013, Monitoring.

636 *BVL*, Berichte zur Lebensmittelsicherheit 2013, BÜp.

637 *BVL*, G@ZIELT: Sicher im Internet einkaufen, abrufbar unter: http://www.bvl.bund.de/DE/01_Lebensmittel/01_Aufgaben/06_UeberwachungInternethandel/lm_ueberwachung_internethandel_node.html (zuletzt abgerufen am 29.8.2015); *Büchter/Kuhr/Schreiber*, JVL 2011, S. 375 ff.; s. zudem *BRD*, Kontrollplan, S. 33.

j. Fachinformationssystem Verbraucherschutz und Lebensmittelsicherheit

Für den Bereich des Verbraucherschutzes wurde vom BVL eine Internetplattform eingerichtet, das *Fachinformationssystem Verbraucherschutz und Lebensmittelsicherheit – FIS-VL –*. Dieses System dient dem Informationsaustausch und der Zusammenarbeit der beteiligten Behörden des Bundes, der Länder und der Kommunen, die mit Verbraucherschutz und Lebensmittelsicherheit befasst sind. Insbesondere für Krisensituationen soll hierdurch ein schneller Informationsaustausch gewährleistet werden. Das FIS-VL wird von allen Ländern, mithin auch von Nordrhein-Westfalen genutzt.[638]

k. Bundesweiter Überwachungsplan

Das BVL erstellt jährlich in Zusammenarbeit mit den Ländern den sog. *Bundesweiten Überwachungsplan – BÜp –*. Rechtsgrundlage für den BÜp ist § 11 AVV RÜb. Es handelt sich um ein für den Zeitraum von einem Jahr erarbeitetes Überwachungsprogramm für die Durchführung u. a. der Lebensmittelüberwachung durch die zuständigen Behörden der Länder. Vorschläge für BÜp-Programme können u. a. die Länder, das BMEL, das BfR und das BVL einreichen. Über die Vorschläge entscheidet sodann ein Expertengremium.[639]

Die Länder entscheiden selbstständig, ob und an welchen Programmen sie sich beteiligen.[640] Eine Verpflichtung zur Beteiligung an den BÜp-Programmen besteht nicht. Die Praxis zeigt allerdings, dass sich die Länder in erheblichem Umfang an den Programmen beteiligen.[641] Dies gilt insbesondere auch für Nordrhein-Westfalen.[642]

---

638 Zum Ganzen s. *BVL*, FIS-VL begrüßt seinen 10.000. Nutzer, Pressemitteilung v. 4.10.2010, abrufbar unter: http://www.bvl.bund.de/DE/08_PresseInfothek/01_Fuer Journalisten/01_Presse_und_Hintergrundinformationen/07_DasBundesamt/2010/ 2010_10_04_pi_fisvl.html?nn=1401276; zudem *NRW*, Kontrollplan, S. 16 sowie Homepage *FIS-VL*, abrufbar unter: http://fis-vl.bund.de/Public/irc/fis-vl/Home/main (beide zuletzt abgerufen am 29.8.2015).

639 Zum Ganzen *BRD*, Kontrollplan, S. 35 f.; *BVL*, Berichte zur Lebensmittelsicherheit 2013, BÜp, S. 3.

640 *BRD*, Kontrollplan, S. 36; *BVL*, Berichte zur Lebensmittelsicherheit 2013, BÜp, S. 3.

641 Vgl. Tabelle 3.2. in: *BVL*, Berichte zur Lebensmittelsicherheit 2013, BÜp, S. 7.

642 Vgl. Tabelle 3.2. in: *BVL*, Berichte zur Lebensmittelsicherheit 2013, BÜp, S. 7.

l. Monitoring

Zum frühzeitigen Erkennen von Gefahren für die menschliche Gesundheit wird auf Grundlage von §§ 50 ff. LFGB durch die zuständigen Behörden der Länder ein Monitoring durchgeführt. Hierbei handelt es sich um ein System, bei dem u. a. Lebensmittel auf nicht erwünschte Stoffe untersucht werden.[643] Das Monitoring wird in Nordrhein-Westfalen durch die Untersuchungseinrichtungen umgesetzt.[644]

Die Ergebnisse von Monitoring-Programmen können zum Ergreifen von Steuerungsmaßnahmen durch die Sonderaufsichtsbehörden führen. So hat das MKULNV z. B. aufgrund entsprechender Monitoring-Ergebnisse die Kreisordnungsbehörden angewiesen, Schafleber als nicht genusstauglich zu kennzeichnen.[645]

m. Kooperation und Koordination in Bezug auf Krisensituationen

Speziell für Krisensituationen wie Lebensmittelkrisen oder Tierseuchenfälle, haben Bund und Länder besondere Formen der Zusammenarbeit und Koordination vereinbart und eingerichtet. So haben der Bund und die Länder für den Bereich der Lebensmittelsicherheit auf der 8. VSMK am 14. September 2012 eine *Vereinbarung über die Zusammenarbeit zwischen dem Bund und den Ländern in Krisenfällen im Bereich der Lebensmittel- und Futtermittelsicherheit* geschlossen.[646] Die Vereinbarung enthält Bestimmungen über ein „länderübergreifendes Krisenmanagement“[647] „in länderübergreifenden Krisensituationen“[648]. Sie sieht u. a. die Einrichtung einer *Task Force „Lebensmittel- und Futtermittelsicherheit“*[649] vor.[650] Des Weiteren gibt es einen *BVL - Kri-*

---

[643] Siehe § 50 LFGB; näher hierzu *BVL*, Berichte zur Lebensmittelsicherheit 2013, Monitoring, S. 1 ff.

[644] Siehe hierzu *MKULNV*, Lebensmittel-Monitoring, abrufbar unter: https://www.umwelt.nrw.de/verbraucherschutz-ernaehrung/lebensmittelsicherheit/lebensmittel-monitoring/ (zuletzt abgerufen am 29.8.2015).

[645] Siehe *Landtag NRW*, Bericht des MKULNV v. 16.7.2013, Vorlage 16/1041, S. 8; *MKULNV*, Remmel: „Dioxin in der Umwelt muss bekämpft werden“, Pressemitteilung v. 14.3.2011, abrufbar unter: https://www.umwelt.nrw.de/pressearchiv/presse2011/presse110314.php (zuletzt abgerufen am 29.8.2015).

[646] Ergebnisprotokoll der 8. VSMK v. 14.9.2012 (s. Fn. 589), TOP 8 S. 17 ff.

[647] Ergebnisprotokoll der 8. VSMK v. 14.9.2012 (s. Fn. 589), TOP 8 S. 17.

[648] Ergebnisprotokoll der 8. VSMK v. 14.9.2012 (s. Fn. 589), TOP 8 S. 17.

[649] Siehe Präambel und § 5 der Vereinbarung, abgedr. im Ergebnisprotokoll der 8. VSMK v. 14.9.2012 (s. Fn. 589), TOP 8 S. 21.

senleitfaden, der die Vorgehensweise bei Krisen im Lebensmittelbereich zum Gegenstand hat.[651] Für Krisensituationen im Veterinärbereich gibt es ebenfalls verschiedene Zusammenarbeits- und Koordinationsformen, wie etwa die *Task Force Tierseuchenbekämpfung*.[652]

Eine weitere Form der Zusammenarbeit in Krisenfällen ist die Einberufung von Sondersitzungen. So hat etwa im Februar 2013 eine Sondersitzung der Verbraucherminister von Bund und Ländern zum Pferdefleisch-Skandal stattgefunden, in deren Rahmen ein gemeinsamer Aktionsplan vereinbart wurde.[653] Zudem finden in Krisensituationen Telefonkonferenzen zwischen dem Bund und den Ländern zur Abstimmung des weiteren Vorgehens statt.[654] Weiterer Austausch erfolgt etwa über die Internetplattform FIS-VL, die einem schnellen Informationsfluss in Krisensituationen dient.[655]

Ferner findet alle zwei Jahre unter Leitung des *Bundesamts für Bevölkerungsschutz und Katastrophenhilfe – BBK* – eine *Länderübergreifende Krisenmanagementübung/Exercise – LÜKEX* – statt. Hier wird das Verhalten im Ernstfall anhand eines Krisenszenarios erprobt.[656] An dieser Übung haben im Jahr 2013 Nordrhein-Westfalen, u. a. auch das LaKoLF teilgenommen.[657]

6. Unionsaufsicht

Soweit eine Aufgabe unionsrechtlich geprägt ist, übt auch die Europäische Union Aufsicht aus. Bedeutendste Aufsichtsbehörde der Union ist die Europä-

---

650 Näher zur Task Force s. Ergebnisprotokoll der 8. VSMK v. 14.9.2012 (s. Fn. 589), TOP 8 S. 21, 23 ff., S. 32 f.; s. zudem *BRD*, Kontrollplan, S. 58.

651 *BVL*, BVL-Krisenleitfaden, Version 1.6, Stand: 8.8.2014, abrufbar unter: http://www.bvl.bund.de/SharedDocs/Downloads/07_Bundesamt/krisenleitfaden2014.pdf?__blob=publicationFile&v=7 (zuletzt abgerufen am 29.8.2015).

652 Siehe hierzu und zu anderen Formen der Zusammenarbeit und Koordination auf Bund-Länder-Ebene *BRD*, Kontrollplan, S. 29 ff., 58.

653 Siehe hierzu *BMEL*, Konsequenzen aus Skandal um Pferdefleisch: Verbraucherminister von Bund und Ländern verständigen sich auf gemeinsamen Aktionsplan, Pressemitteilung Nr. 57 v. 18.2.2013, abrufbar unter: http://www.bmel.de/SharedDocs/Pressemitteilungen/2013/057-AI-NationalerAktionsplan.html?nn=312878 (zuletzt abgerufen am 29.8.2015); *Bruggmann*, LMuR 2013, 46 (47).

654 *Landtag NRW*, Ausschussprotokoll v. 8.6.2011, APr 15/224, S. 26; s. zudem oben § 4 B. II. 2. l.

655 Siehe hierzu § 4 B. II. 5. j.

656 Siehe hierzu *BBK*, LÜKEX, Faltblatt, abrufbar unter: http://www.bbk.bund.de/SharedDocs/Downloads/BBK/DE/Publikationen/Broschueren_Flyer/Flyer_Luekex_10_14.pdf?__blob=publicationFile (zuletzt abgerufen am 29.8.2015).

657 *LANUV*, Jahresbericht 2013, S. 59.

ische Kommission als *Hüterin der Verträge*. Nach Art. 17 Abs. 1 S. 3 EUV überwacht sie die Anwendung des Unionsrechts unter der Kontrolle des Gerichtshofs der Europäischen Union. Die Kommission beaufsichtigt mithin die Umsetzung sowie den Vollzug des Unionsrechts durch die Mitgliedstaaten. Diese Aufsicht ist grundsätzlich eine reine Rechtsaufsicht. Kontrollobjekt sind die Mitgliedstaaten. Von der Unionsaufsicht umfasst werden aber alle Träger nationaler Gewalt, also auch die Länder und die Kommunen.[658]

Die Bereiche der Lebensmittelüberwachung sowie der Veterinärverwaltung sind nicht nur in normativer Hinsicht erheblich durch das Unionsrecht geprägt.[659] Vielmehr übt in besonderem Maße das Lebensmittel- und Veterinäramt Einfluss auf den Vollzug der Lebensmittelüberwachung und der Überwachung im Veterinärbereich aus. Eine der Aufgaben dieses Amtes ist es, die Einhaltung des Unionsrechts durch die Mitgliedstaaten in Bezug auf die Lebensmittelüberwachung, Futtermittelkontrolle und die Veterinäraufsicht zu kontrollieren.[660]

Als wesentliches Instrument zur Erfüllung dieser Aufgabe führt das Lebensmittel- und Veterinäramt Inspektionen in den Mitgliedstaaten durch.[661] In der Praxis erfolgen diese in Gestalt mehrtägiger Vor-Ort-Inspektionen von Teams der europäischen Behörde bei den zuständigen Überwachungsbehörden der Länder.[662] In Nordrhein-Westfalen hat z. B. ein Inspektionsbesuch im Jahr 2004 stattgefunden.[663] Im Anschluss an die Inspektionen erstellt und veröffentlicht das Lebensmittel- und Veterinäramt einen Inspektionsbericht, der u. a. Empfehlungen zur Behebung etwaiger Mängel enthält.[664] Die zuständige Behörde kann zu diesem Bericht Stellung nehmen. Die Behörde wird ferner aufgefordert, einen Aktionsplan im Hinblick auf die Mängelbeseitigung zu

---

658 Zum Ganzen *Kahl*, in: Hoffmann-Riem/Schmidt-Aßmann/Voßkuhle (Hrsg.), Grundlagen Bd. III, § 47 Rn. 218 ff. m. w. N.; zudem *Hatje*, Steuerung, S. 154 f.

659 Siehe oben § 4 A. I. 1. a, 2. a, II. 1, 2. a.

660 *BWV*, Organisation des Verbraucherschutzes 2001, S. 18, 50; *European Commission*, Welche Rolle spielt das Lebensmittel- und Veterinäramt bei der Wahrnehmung dieser Aufgabe? (s. Fn. 327).

661 *European Commission*, Wie trägt das Lebensmittel- und Veterinäramt zur Wahrnehmung dieser Aufgabe bei?, abrufbar unter: http://ec.europa.eu/food/fvo/how_de.htm (zuletzt abgerufen am 29.8.2015).

662 *BWV*, Organisation des Verbraucherschutzes 2001, S. 65.

663 *Europäische Kommission*, Endgültiger Bericht über den Inspektionsbesuch in Deutschland 2. - 6. Februar 2004, S. 7, abrufbar unter: http://www.bvl.bund.de/SharedDocs/Downloads/01_Lebensmittel/inspektionen/lm_inspektionen_2004_7066_lmhyg.pdf?__blob=publicationFile (zuletzt abgerufen am 29.8.2015).

664 Siehe bspw. *Europäische Kommission*, Endgültiger Bericht über den Inspektionsbesuch in Deutschland 2. - 6. Februar 2004 (s. Fn. 663).

erstellen, dessen Umsetzung anschließend vom Lebensmittel- und Veterinäramt überwacht wird.[665]

Nach Aussagen von Praktikern haben diese Inspektionen eine große Bedeutung für die Aufgabendurchführung der kommunalen Behörden.

III. Verwaltungsexterne Steuerungsmechanismen

1. Öffentlichkeit und Medien

Die Öffentlichkeit und die Medien spielen im Bereich der Lebensmittelüberwachung und im Veterinärwesen eine bedeutende Rolle. Den Medien kommt dabei „zweifelsfrei eine herausragende Bedeutung für die öffentliche Meinungsbildung zu“[666].

Wie bereits einleitend dargestellt, rufen insbesondere Krisensituationen ein enormes mediales und öffentliches Interesse hervor.[667] Mitunter geraten hierbei auch die für die Lebensmittelüberwachung zuständigen Behörden in den Fokus der Aufmerksamkeit und in die Kritik.[668] Dies kann das Handeln der Sonderaufsichtsbehörden beeinflussen und sie zum Ergreifen von Maßnahmen bewegen.

Aber auch außerhalb von Krisensituationen können die Medien und die Öffentlichkeit das Handeln der Sonderaufsichtsbehörden beeinflussen und auf ihre Steuerungspraxis einwirken. Nach Aussagen eines Vertreters des MKULNV sind die Öffentlichkeit, die Presse, die Medien und der investigative Journalismus Impulsgeber für die Aufsichtsbehörden. Sie könnten Anhaltspunkte liefern, aufgrund derer die Sonderaufsichtsbehörden aufsichtliche Maßnahmen ergreifen, in der Regel zunächst in Form der Ausübung des Unterrichtungsrechts.[669]

Besondere Bedeutung kommt daneben Organisationen, wie z. B. *foodwatch* oder Tierschutzvereinen, zu. Nach Auffassung eines Vertreters des MKULNV

---

665 *European Commission*, Wie trägt das Lebensmittel- und Veterinäramt zur Wahrnehmung dieser Aufgabe bei? (s. Fn. 661).

666 *Bosch/Leible/Wallau* (Hrsg.), Lebensmittel in den Medien, Vorwort.

667 Siehe hierzu § 4.

668 Siehe hierzu *Pfohl*, NuR 2009, 238.

669 Siehe auch bereits oben § 4 B. II. 1. a. aa. (1) (b).

gehen insbesondere vom *Verbandsklagerecht der Tierschutzorganisationen*[670] Impulse aus. Wenn diese mit einer Klage drohten, bewirke dies eine *Themensteuerung* auf der kommunikativen Ebene. Dies sei etwa der Fall, wenn ein Amtstierarzt nicht die erforderliche *Vollzugsempathie* aufweise. Es handele sich hierbei zwar nicht um ein zielgerichtetes Instrument des Ministeriums, aber dennoch um ein wichtiges Mittel, das sich im Sinne des Landes auswirke. Von Praktikern wird dieser Befund bestätigt. Es handele sich sozusagen um ein *hintenrum steuerndes* Instrument.

2. Verwaltungsgerichtliche Kontrolle

a. Klagen gegen Weisungen

Klagen von Kommunen gegen Weisungen der Aufsichtsbehörden im Lebensmittel- und Veterinärbereich sind nicht bekannt. Nach Einschätzung eines Vertreters des Ministeriums handelt es sich bei der Klagemöglichkeit eher um eine *theoretische* Option. In der Praxis werde von den Kommunen vorwiegend der – relativ häufig gewählte – Weg der Remonstration gegen Weisungen beschritten. Nach Berichten von Praktikern der kommunalen Behörden wird die Erhebung einer verwaltungsgerichtlichen Klage gegen aufsichtliche Maßnahmen und insbesondere gegen Weisungen des Landes allerdings in manchen Fällen diskutiert und zumindest in Betracht gezogen.

b. Klagen gegen ordnungsbehördliche Verfügungen, Musterprozesse

Stärker als durch Klagen von Kommunen gegen Weisungen wirken andere Formen der verwaltungsgerichtlichen Kontrolle auf die Steuerungspraxis des Landes ein. Dies ist der Fall bei Klagen etwa von Lebensmittelunternehmern oder Tierhaltern gegen ordnungsbehördliche Verfügungen der Lebensmittelüberwachungs- und Veterinärämter. Als Beispiel sind hier diverse Klagen von Lebensmittelunternehmern gegen die Information der Öffentlichkeit über im

[670] Zum Verbandsklagerecht s. *MKULNV*, Verbandsklagerecht für Tierschutzvereine, abrufbar unter: http://www.umwelt.nrw.de/laendliche-raeume-landwirtschaft-tierhaltung/tierhaltung-und-tierschutz/verbandsklagerecht-der-tierschutzvereine/ (zuletzt abgerufen am 29.8.2015).

Rahmen von Routinekontrollen aufgedeckte Mängel nach § 40 Abs. 1a LFGB zu nennen.[671]

In diesem Zusammenhang spielen insbesondere auch die gerichtlichen Verfahren der vom Ministerium angestrengten Musterprozesse eine bedeutende Rolle für die Steuerungspraxis des Landes.[672]

c. Einbeziehung von Handbüchern, Leitfäden, Risikobewertungen etc.

Zum Teil beziehen die Gerichte – nicht nur die Verwaltungsgerichte – auch die vom Land eingesetzten Handbücher, Leitfäden, Risikobewertungen etc. in ihre Entscheidungen ein. So hat das *Oberlandesgericht Stuttgart* 2012 in einem Urteil das *Handbuch Tiertransporte* in seine Entscheidungsgründe einbezogen.[673] Die Risikobewertungen des BfR werden von den Gerichten – auch in Nordrhein-Westfalen – ebenfalls im Rahmen ihrer Urteilsfindung herangezogen.[674] Auch sind z. B. die Beschlüsse des ALS und des ALTS gelegentlich Gegenstand von gerichtlichen Entscheidungen.[675]

Die Gerichte folgen den Stellungnahmen etc. allerdings nicht stets.[676]

3. Rechnungshofkontrolle

a. Kontrolle durch den Landesrechnungshof Nordrhein-Westfalen

Die Lebensmittelüberwachung und das Veterinärwesen sind in der Vergangenheit mehrfach Gegenstand der Kontrolle durch den *Landesrechnungshof*

---

671 Siehe etwa *OVG Münster*, Beschl. v. 24.4.2013 – 13 B 192/13 –, in: DVBl 2013, 923 = NVwZ-RR 2013, 627; Beschl. v. 24.4.2013 – 13 B 238/13 –, in: ZLR 2013, 472; s. zudem *MKULNV*, Erlass v. 24.8.2012 (s. Fn. 449), S. 22.

672 Siehe hierzu oben § 4 B. II. 2. o.

673 *OLG Stuttgart*, Beschl. v. 29.3.2012 – 1 Ss 142/12 –, in: RdTW 2013, 33 (34) = NZWiSt 2014, 301.

674 Siehe z. B. *OVG Münster*, Urt. v. 4.11.2014 – 4 A 775/14 –, in: GewArch 2015, 86 (86, 88 ff.); Urt. v. 17.6.2014 – 13 A 1135/13 –, in: juris Rn. 59 f.; zudem *BayVGH*, Beschl. v. 13.11.2014 – 20 CS 14.2022 –, in: juris Rn. 15; vgl. auch *Henning*, Bundesinstitut für Risikobewertung, S. 3; *BfR*, Leitfaden Bewertungen, S. 5, 7, 16.

675 Siehe z. B. *BayVGH*, Urt. v. 13.3.2013 – 9 B 09.2135 –, in: juris Rn. 42; *OVG Berlin-Brandenburg*, Beschl. v. 10.7.2014 – OVG 5 N 27.12 –, in: LRE 68, 357 (359); *VG Lüneburg*, Urt. v. 14.3.2013 – 6 A 41/10 –, in: LRE 66, 156 (164).

676 Siehe z. B. *OVG Berlin-Brandenburg*, Beschl. v. 10.7.2014 – OVG 5 N 27.12 –, in: LRE 68, 357 (359).

Nordrhein-Westfalen – LRH NRW – gewesen.[677] Zuletzt hat der LRH NRW im Jahr 2014 die „Aufsicht des Landes über die kommunalen Lebensmittelüberwachungsämter"[678] geprüft. Verbunden war diese Prüfung mit Stellungnahmen seitens des MKULNV.[679] In seinem Jahresbericht 2014 zum Geschäftsjahr 2013 kommt er zu dem Ergebnis, dass das Land „seinen Aufsichtspflichten gegenüber den kommunalen Lebensmittelüberwachungsämtern nicht in erforderlichem Umfang nach[gekommen]"[680] ist.

Gegenstand der Überprüfung durch den LRH NRW waren u. a. die fachaufsichtlichen Überprüfungen der Lebensmittelüberwachungs- und Veterinärämter durch das LANUV. Der LRH NRW kritisiert, dass die Behebung der durch die fachaufsichtliche Überprüfung festgestellten Mängel vom LANUV nicht konsequent verfolgt worden seien. Dies sei vielmehr ins Belieben der kommunalen Behörden gestellt worden.[681]

Ferner bemängelt der LRH NRW in seinem Bericht die Bereitstellung der amtlichen Kontrollassistenten auf Kosten des Landes. Diese Maßnahme habe nicht zu einer Verstärkung des Personals der Lebensmittelüberwachungsbehörden geführt. Der LRH NRW kritisiert insoweit, dass es keine entsprechende Vereinbarung zwischen dem Land und den Kreisen bzw. kreisfreien Städten gegeben habe.[682]

b. Gutachten des Bundesrechnungshofs

Der Bundesrechnungshof – *BRH* – hat in den letzten Jahren zwei Gutachten erstellt, die Empfehlungen zur Organisation des Verbraucherschutzes im Lebensmittelbereich enthalten. So haben der jeweilige *Präsident des Bundesrechnungshofes als Bundesbeauftragter für Wirtschaftlichkeit – BWV –* im Jahr 2001[683] sowie im Jahr 2012[684] Gutachten unter dem Titel *Organisation des gesundheitlichen Verbraucherschutzes (Schwerpunkt Lebensmittel)* mit Empfehlungen für den Bereich der Lebensmittelüberwachung ausgearbeitet.

---

677 So bspw. *LRH NRW*, Jahresbericht 2006, S. 291 ff., abrufbar unter: http://www.lrh.nrw.de/LRHNRW_documents/Jahresbericht/LRH_NRW_Jahresbericht_2006.pdf (zuletzt abgerufen am 29.8.2015).

678 *LRH NRW*, Jahresbericht 2014, S. 172 ff.

679 *LRH NRW*, Jahresbericht 2014, S. 173, 175 ff.

680 *LRH NRW*, Jahresbericht 2014, S. 172.

681 *LRH NRW*, Jahresbericht 2014, S. 174.

682 Zum Ganzen *LRH NRW*, Jahresbericht 2014, S. 174 f.; s. zudem oben § 4 B. II. 2. r.

683 *BWV*, Organisation des Verbraucherschutzes 2001.

684 *BWV*, Organisation des Verbraucherschutzes 2012.

Dem Gutachten aus dem Jahr 2012 ist eine schriftliche Befragung der Länder u. a. zur Situation der Fachaufsicht vorausgegangen.[685] Auch das Gutachten aus dem Jahr 2001 basiert u. a. auf Ausarbeitungen der Länder.[686]

Die Kritik und Empfehlungen in den Gutachten haben zu nicht unerheblicher Aufmerksamkeit und Reaktionen bei den für den gesundheitlichen Verbraucherschutz zuständigen Stellen, in der Öffentlichkeit, den Medien und der Politik geführt.[687] Dementsprechend gehen einige Entwicklungen der letzten Jahre auf die Empfehlungen der Gutachten zurück. So ist z. B. die Einrichtung des FIS-VL in Folge der Kritik des BWV am Informationsmanagement zwischen den Ländern und dem Bund eingeführt worden.[688] Auch die Aufgabensteuerung durch das Land Nordrhein-Westfalen wird zum Teil von den Empfehlungen des BWV beeinflusst. So begründet das MKULNV etwa die Durchführung der Abfrage zu den Betriebs- und Personalzahlen der amtlichen Lebensmittelüberwachung[689] mit den Ausführungen im Gutachten des BWV aus dem Jahr 2012.[690]

4. Parlamentarische Kontrolle

Die Lebensmittelüberwachung ist häufig Gegenstand von Kleinen Anfragen von Abgeordneten des nordrhein-westfälischen Landtags nach § 92 der *Geschäftsordnung des Landtags von Nordrhein-Westfalen* v. 1. November

685 *BWV*, Organisation des Verbraucherschutzes 2012, S. 21, Anlage 3 S. 135 ff.

686 *BWV*, Organisation des Verbraucherschutzes 2001, S. 1.

687 Siehe bspw. *BRD*, Jahresbericht 2013, S. 77; *Landtag NRW*, Antrag der Fraktion der SPD und der Fraktion BÜNDNIS 90/DIE GRÜNEN v. 2.7.2013, Drucks. 16/3429, S. 1 ff.; Ergebnisprotokoll der 8. VSMK v. 14.9.2012 (s. Fn. 589), TOP 9 S. 34 ff.; *NRW*, Koalitionsvertrag 2012-2017, S. 58, abrufbar unter: http://www.gruene-nrw.de/fileadmin/user_upload/gruene-nrw/politik-und-themen/12/koalitionsvertrag/Koalitionsvertrag_2012-2017.pdf; s. zudem diverse Berichte u. a. in den Medien und Fachzeitschriften: z. B. *BLL* u. a., Stellungnahme zum Gutachten „Organisation des gesundheitlichen Verbraucherschutzes (Schwerpunkt Lebensmittel), abrufbar unter: http://www.bll.de/de/der-bll/positionen/stellungnahme-bll-bvl-hde-dbv-vzbv-gutachten-bwv; *Grugel*, ZLR 2001, 635 ff.; *stern*, Rechnungshof rügt Ehec-Chaos, Artikel v. 22.11.2011, abrufbar unter: http://www.stern.de/wirtschaft/news/missmanagement-bei-lebensmittelskandalen-rechnungshof-ruegt-ehec-chaos-1753953.html (alle zuletzt abgerufen am 29.8.2015).

688 *BVL*, FIS-VL begrüßt seinen 10.000. Nutzer, Pressemitteilung v. 4.10.2010 (s. Fn. 638).

689 Siehe oben § 4 B. II. 1. a. aa. (2).

690 *Landtag NRW*, Ergebnisse der Erhebung der Betriebs- und Personalzahlen (Zeitraum 2011) im Bereich der amtlichen Lebensmittelüberwachung v. 21.11.2013, Vorlage 16/1422 Ziff. I.

2013[691] – *GO LT NRW* –.[692] Zum Teil werden in diesem Zusammenhang auch Fragen ausdrücklich zur Aufsichtsausübung des Landes gestellt. In einer Kleinen Anfrage v. 12. Februar 2014 lautete bspw. eine Frage:

> „Wieso nutzt das Ministerium nicht die bewährten Instrumente der Fachaufsicht (§§ 8ff. OBG NRW), um vermeintliche Defizite in der kommunalen Lebensmittelüberwachung zu erkennen, mit den betroffenen Behörden konkret zu erörtern und ggf. abzustellen?“[693]

Da die Landesregierung aufgrund eines Informationsanspruchs des Abgeordneten grundsätzlich und innerhalb von vier Wochen, § 92 Abs. 3 GO LT NRW, zur Beantwortung von Kleinen Anfragen verpflichtet ist,[694] muss das MKULNV also ggf. sein aufsichtliches Handeln bzw. Unterlassen im Rahmen von Antworten auf Kleine Anfragen erklären und begründen. Hierdurch kann das Steuerungsverhalten des Landes beeinflusst werden.

5. Haftung der Kommunen und des Landes

Die kommunalen Behörden sind nach Aussagen von Praktikern häufig besorgt, dass sie wegen ordnungsbehördlicher Maßnahmen Haftungsansprüchen, insbesondere Amtshaftungsansprüchen etwa von Lebensmittelunternehmen oder Tierhaltern ausgesetzt sein können.[695] Auch wenn ein solcher Fall wohl bislang nicht eingetreten ist, bestehen hier erhebliche Bedenken auf kommunaler Seite. Dies gilt laut Erklärung eines Vertreters des Ministeriums besonders für den Tierseuchenbereich, da es hier um *immense Summen* gehe. Daher komme es vor, dass sich die Kommunen ausdrücklich an das Land wenden, um eine entsprechende Weisung zu erhalten, aufgrund derer die Kommunen im Haftungsfalle abgesichert sind. Nach Auffassung des Ministeriums ist diese Sorge angesichts der hohen Voraussetzungen für einen Amtshaftungsanspruch allerdings unbegründet.

---

691 Stand: 17.10.2013, abrufbar unter: http://www.landtag.nrw.de/portal/WWW/GB_I/I.1/Geschaeftsordnung/Geschaeftsordnung.jsp (zuletzt abgerufen am 29.8.2015).

692 Siehe nur *Landtag NRW*, Kleine Anfrage 2032 v. 12.2.2014, Drucks. 16/5080; Kleine Anfrage 2849 v. 24.10.2014, Drucks. 16/7132; Kleine Anfrage 2708 v. 16.9.2014, Drucks. 16/6846; Kleine Anfrage 2088 v. 6.3.2014, Drucks. 16/5197.

693 *Landtag NRW*, Kleine Anfrage 2032 v. 12.2.2014, Drucks. 16/5080, S. 1.

694 Vgl. Art. 30 Abs. 2 LVerf NRW; *VerfGH NRW*, Urt. v. 4.10.1993 – VerfGH 15/92 – , in: OVGE MüLü 43, 274 (276 ff.) = NVwZ 1994, 678; *Grawert*, LV NRW, Art. 30 Erl. 6.

695 Siehe hierzu etwa *Althaus*, Tierärztl Prax 2010, 5 f.

Nach Einschätzung eines Vertreters des MKULNV hängt auch die Häufigkeit der Remonstrationen von Kommunen gegen Weisungen[696] damit zusammen, dass die Kommunen Amtshaftungsansprüchen entgehen möchten. Als Reaktion auf die Remonstration erteile das Ministerium eine weitere Weisung, in der es die Verantwortung für die Vorgaben der ursprünglichen Weisung übernehme. Nach Auffassung des Ministeriums sind solche Remonstrationen allerdings nicht unproblematisch, da dieser Vorgang zu den Akten genommen werde und die Verwaltung bei einem etwaigen Verfahren vor Gericht mithin nicht einheitlich auftrete. Dies sei etwa der Fall, wenn ein Tierhalter gegen eine Ordnungsverfügung einer Kommune klage, die die Kommune auf Anweisung der Aufsichtsbehörde erlassen, aber zuvor gegen sie remonstriert hat.

6. Strafrechtliche Risiken

Im strafrechtlichen Bereich können sich Risiken vor allem wegen Nichteinschreitens gegen bekannte Missstände oder Ähnliches ergeben. Es stellt sich hier die Frage, inwieweit Amtsträger, wie Amtstierärzte, strafrechtliche Konsequenzen zu befürchten haben, wenn sie nicht gegen solche Missstände bzw. gegen eine unzureichende Lebensmittelüberwachung oder Überwachung im Veterinärbereich vorgehen.[697] Auch stellt sich die Frage, inwieweit das Personal der Aufsichtsbehörden wegen Nichteinschreitens strafrechtlich zur Rechenschaft gezogen werden kann.[698]

Diese strafrechtlichen Risiken können ggf. die Steuerungspraxis des Landes beeinflussen. In der Praxis in Nordrhein-Westfalen scheint diese Thematik bislang eine eher untergeordnete Rolle zu spielen. In Bayern ist aber bspw. im Jahr 2013 der Leiter eines Veterinäramts wegen eines Verstoßes gegen das Tierseuchengesetz angeklagt worden.[699]

---

696 Siehe hierzu oben § 4 B. III. 2. a.

697 Siehe zu dieser Thematik *Pfohl*, NuR 2009, 238 ff.; *Kemper*, Garantenstellung der Amtstierärztinnen und Amtstierärzte, S. 7 ff.; *ders.*, NuR 2007, 790 ff.; zudem *Hopp*, EILDIENST LKT NRW 2015, 50 (51).

698 Allgemein zur Strafbarkeit von Amtsträgern von Genehmigungs- und Aufsichtsbehörden s. *Horn*, NJW 1981, 1 ff.

699 Siehe *das allgäu online*, Leiter des Oberallgäuer Veterinäramts wegen Verstoßes gegen das Tierseuchengesetz angeklagt, Artikel v. 12.9.2013, abrufbar unter: http://www.all-in.de/nachrichten/rundschau/Leiter-des-Oberallgaeuer-Veterinaer amts-wegen-Verstosses-gegen-das-Tierseuchengesetz-angeklagt;art2757,1412892 (zuletzt abgerufen am 29.8.2015).

IV. Steuerungsintensität und Steuerungsstil des Landes aus Sicht der kommunalen Ebene

Die Art und Intensität der Steuerung des Landes bei der Aufgabenwahrnehmung im Bereich der Lebensmittelüberwachung und der Veterinärverwaltung gestaltet sich nach Aussagen von Praktikern der kommunalen Ebene sehr unterschiedlich. Vieles sei dabei abhängig von den jeweils handelnden Akteuren und den Fachbereichen.

Die Steuerung erfolge in einigen Bereichen auf *kooperativem* Wege zusammen mit den Kommunen. So finde eine kooperative Zusammenarbeit, ein *Miteinander* bspw. in den Arbeitsgruppen statt. Auch Weisungen im Krisenfall ergehen nach Angabe von Praktikern in der Regel auf einvernehmlichem Wege. Das MKULNV selbst weist zum Teil ebenfalls auf die „[e]nge Zusammenarbeit mit den Kommunen“[700] hin.

Bei bestimmten Themen, die etwa seitens des Landes als politisch besonders wichtig eingestuft würden, werde demgegenüber auf sehr *hierarchische* Weise bzw. *top down* gesteuert. Einige Praktiker beschreiben die Steuerung hier zum Teil sogar als *rigoros* oder *drastisch*. Zum Teil würden Ziele des Landes zu stark und nicht auf ausreichender sachlicher Grundlage durchgesetzt.

In vielen Fällen bemängelt die kommunale Ebene zudem *Steuerungsdefizite*. Kritisiert wird in diesem Zusammenhang insbesondere die zahlenmäßige und fachliche Personalsituation des LANUV.[701] Die personellen und fachlichen Engpässe führten dazu, dass es zum Teil sehr schwierig sei, einen Ansprechpartner beim LANUV zu erreichen. Bei Anfragen bekomme man häufig keine oder sehr späte Antworten.[702] Einige Kommunen sind daher nach Berichten von Praktikern dazu übergegangen, den Aufsichtsbehörden eine geplante Vorgehensweise schriftlich zu schildern und darauf hinzuweisen, dass man davon ausgehe, dass die geplante Vorgehensweise in Ordnung sei, wenn innerhalb einer bestimmten Frist keine Rückmeldung seitens der Aufsichtsbehörde erfolge.[703] Weiter ist es nach Aussagen von Praktikern schwierig, Mit-

---

[700] *Landtag NRW*, Antwort der LReg v. 21.4.2009 auf die Kleine Anfrage 3183, Drucks. 14/9027, S. 3.

[701] *LKT NRW*, EILDIENST LKT NRW 2013, 404 (405 f.); s. zudem *Landtag NRW*, Ausschussprotokoll v. 25.11.2013, APr 16/410, S. 11 f.

[702] *LKT NRW*, EILDIENST LKT NRW 2013, 404 (406).

[703] *LKT NRW*, EILDIENST LKT NRW 2013, 404 (406).

arbeiter in den Sonderaufsichtsbehörden telefonisch zu erreichen.[704] Ferner würden viele Vorgänge, wie z. B.. die Übersendung der Berichte zu den fachaufsichtlichen Überprüfungen, sehr lange dauern.[705] Es fehle insgesamt an Impulsen seitens des LANUV. Die Aufgabenwahrnehmung auf kommunaler Ebene erfolge daher häufig uneinheitlich. Einige Praktiker wünschen sich dementsprechend in vielen Bereichen mehr Vereinheitlichung und Koordination seitens des Landes.

Einige Praktiker sind zudem der Auffassung, dass das kommunale Handeln stärker durch die Inspektionen des Lebensmittel- und Veterinäramts beeinflusst werde als durch die Tätigkeit des Landes.

Daneben wird von einigen Praktikern eine *Schwerpunktsetzung innerhalb der Fachaufsicht* vermisst. Zum Teil kritisieren Praktiker auch, dass das Land einen zu starken Schwerpunkt der Aufsicht auf die *Zweckmäßigkeit* der Aufgabenwahrnehmung lege, die *Rechtmäßigkeit* hingegen vernachlässige.

Von Seiten der kommunalen Spitzenverbände wird daneben eine teilweise zu geringe Beteiligung und Einbeziehung der Verbände durch das Land kritisiert. Auch Praktiker der kommunalen Behörden bemängeln, dass in Bezug auf diverse Aufsichtsmaßnahmen kein genügender Austausch und keine ausreichende Einbeziehung der Kreisordnungsbehörden in den Aufsichtsprozess stattfinden. Andere Praktiker berichten hingegen, dass zumindest vor dem Erlass von Weisungen in Krisenfällen die Weisungen *nicht top down* erteilt würden, sondern auf *gemeinsamem, einvernehmlichem Wege* ergingen. Die Weisung diene dann auch als *Rückendeckung*.

Im Hinblick auf den Sprachgebrauch in der Praxis ist zudem festzustellen, dass sowohl von Seiten des Landes als auch der Kommunen fast durchgängig der Begriff der „Fachaufsicht“ verwendet wird. Der Begriff der „Sonderaufsicht“ taucht in der Praxis hingegen quasi nicht auf. Auch sehen nicht alle Mitarbeiter der Aufsichtsbehörden des Landes die Pflichtaufgaben zur Erfüllung nach Weisung als Selbstverwaltungsaufgaben an.

---

[704] *Landtag NRW*, Ausschussprotokoll v. 25.11.2013, APr 16/410, S. 34; *LKT NRW*, EILDIENST LKT NRW 2013, 404 (406 f.).

[705] *LKT NRW*, EILDIENST LKT NRW 2013, 404 (406).

§ 5 Heimaufsicht

Als drittes Referenzgebiet wurde die Steuerungspraxis des Landes im Bereich der Heimaufsicht untersucht. Die Bedeutung dieser Materie zeigt sich schon an der Zahl der pflegebedürftigen Menschen. Im Jahr 2011 waren in Deutschland 2,5 Millionen Menschen pflegebedürftig,[706] davon rund 548.000 Menschen allein in Nordrhein-Westfalen.[707] Im Dezember 2013 waren es schon 581.500 pflegebedürftige Personen.[708] Hierin kommt der demografische Wandel zum Ausdruck, der den Bereich der Heimaufsicht in besonderem Maße betrifft.[709] Bis zum Jahr 2050 wird die Zahl der pflegebedürftigen Personen in Deutschland erwartungsgemäß auf 4,5 Millionen ansteigen.[710] In Nordrhein-Westfalen wird sich die Anzahl der pflegebedürftigen Menschen voraussichtlich verdoppeln.[711]

Von den derzeit pflegebedürftigen Menschen in Nordrhein-Westfalen leben rund 160.000 in insgesamt 2.325 Pflegeheimen. Ungefähr 390.000 Personen werden zu Hause gepflegt. Bei einem Drittel hiervon erfolgt Unterstützung durch die 2.309 ambulanten Pflegedienste. Im Pflegebereich sozialversicherungspflichtig beschäftigt sind derzeit rund 190.000 Personen, was einen Anstieg von 20 Prozent in den letzten zehn Jahren bedeutet.[712]

Der Heimaufsicht wohnt damit ein „hoher demographischer Faktor“[713] inne, der mit steigenden Kosten[714] und einer stetig zunehmenden Bedeutung[715] der Materie verbunden ist.

---

706 *LReg NRW*, Pressemitteilung v. 25.6.2013.

707 *LReg NRW*, Pressemitteilung v. 25.6.2013; *MGEPA*, Pressemitteilung v. 1.10.2014.

708 *LKT NRW*, EILDIENST LKT NRW 2015, 95.

709 *Burmeister/Dinter*, NVwZ 2009, 628; *LReg NRW*, Pressemitteilung v. 25.6.2013; *Landtag NRW*, Gesetzentwurf v. 25.6.2013, Drucks. 16/3388, S. 53; s. auch Beschlussprotokoll der 86. ASMK v. 25./26.11.2009, S. 24 ff., abrufbar unter: http://www.psychiatrie-verlag.de/fileadmin/storage/files/pv_book/595-9_Ergebnis_ASMK_2009.pdf (zuletzt abgerufen am 29.8.2015).

710 *LReg NRW*, Pressemitteilung v. 25.6.2013.

711 *MGEPA*, Pressemitteilung v. 1.10.2014.

712 Zum Ganzen *MGEPA*, Pressemitteilung v. 1.10.2014.

713 *Bednarz*, Demographischer Wandel, S. 157.

714 Siehe hierzu allgemein *Bednarz*, Demographischer Wandel, S. 157 ff., ohne aber den Bereich der Heimaufsicht ausdrücklich zu nennen.

715 *Burmeister/Dinter*, NVwZ 2009, 628.

A. Rechtliche Ausgestaltung der Heimaufsicht

I. Gegenstand, rechtliche Grundlagen und Begriff der Heimaufsicht

1. Gegenstand und rechtliche Grundlagen

Die Heimaufsicht ist Teil des Heimrechts. Sie ist in Nordrhein-Westfalen im *Wohn- und Teilhabegesetz (WTG)* v. 2. Oktober 2014[716] – *WTG NRW* – geregelt. Das WTG NRW umfasst Betreuungsleistungen sowie die Überlassung von Wohnraum, wenn diese Angebote entgeltlich sind und im Zusammenhang mit den durch Alter, Pflegebedürftigkeit oder Behinderung ausgelösten Unterstützungsbedarfen und darauf bezogenen Leistungen stehen, § 2 Abs. 1 WTG NRW.[717] Das Gesetz enthält insbesondere die ordnungsrechtlichen Standards für Wohn- und Betreuungsangebote.[718]

Bei der Heimaufsicht geht es um die staatliche Überwachung der Angebote im Sinne des WTG NRW. Hierzu gehören Einrichtungen mit umfassendem Leistungsangebot, Wohngemeinschaften mit Betreuungsleistungen, Angebote des Servicewohnens, ambulante Dienste und Gasteinrichtungen, § 2 Abs. 2 WTG NRW. Die Überwachung dieser Betreuungsleistungen wird durch die gesetzlich zuständigen kommunalen Behörden ausgeübt. Ihre vorrangige Aufgabe ist es, die Einhaltung der gesetzlichen Anforderungen an die Leistungsanbieter sicherzustellen.[719] Hierzu führen die Behörden regelmäßige und anlassbezogene Prüfungen durch, vgl. §§ 14, 23, 30, 35, 41 WTG NRW. Zudem stehen sie den Betreibern im Hinblick auf festgestellte Mängel beratend zur Seite, vgl. § 15 Abs. 1 WTG NRW. Sie verfügen ferner über verschiedene Sanktionsmöglichkeiten, um auf Mängel zu reagieren, vgl. § 15 Abs. 2-7 WTG NRW. Nach der gesetzgeberischen Intention sollen die Behör-

---

[716] GV. NRW. 2014, S. 625 (632 ff.).

[717] Die Aufsicht über Einrichtungen der Kinder- und Jugendhilfe, die ebenfalls als Heimaufsicht bezeichnet wird, ist nicht Gegenstand dieser Arbeit, vgl. auch § 2 Abs. 3 WTG NRW.

[718] *MGEPA*, Fragen und Antworten zum GEPA NRW, S. 2, abrufbar unter: http://www.mgepa.nrw.de/mediapool/pdf/pflege/FAQ_GEPA_NRW.pdf (zuletzt abgerufen am 29.8.2015).

[719] Vgl. zum Ganzen §§ 1, 2, 23, 30, 35, 43 WTG NRW; *Landtag NRW*, Gesetzentwurf v. 25.6.2013, Drucks. 16/3388, S. 115; *ders.*, Drucks. 14/6972, S. 58.

den dem Grundsatz der Verhältnismäßigkeit folgend vorrangig beratend tätig werden.[720]

Ergänzt werden die Regelungen des WTG NRW durch die aufgrund von § 45 Abs. 1 Ziff. 1, Ziff. 4-7 und Abs. 2 WTG NRW erlassene *Verordnung zur Durchführung des Wohn- und Teilhabegesetzes (Wohn- und Teilhabegesetz-Durchführungsverordnung – WTG DVO)* v. 23. Oktober 2014[721] – *WTG DVO.*

Neben diesen zentralen Rechtsgrundlagen wirken zahlreiche weitere Vorschriften auf den Bereich der Heimaufsicht ein. Hierzu gehören etwa baurechtliche, gesundheitsrechtliche und lebensmittel- sowie infektionsschutzrechtliche Vorschriften.[722]

2. Begriff der Heimaufsicht

Der Begriff der *Heimaufsicht* wird im WTG NRW an keiner Stelle verwandt. Gleiches gilt für den Begriff des *Heims*. Der Gesetzgeber sieht den Heimbegriff, der noch dem bundesrechtlichen HeimG entstammt,[723] als nicht mehr zeitgemäß an.[724] Er lehnt eine Ausrichtung am „klassischen „Heimbegriff““[725] ab, um insbesondere auch neue Wohnformen unter das Gesetz fassen zu können.[726] Zum Teil wird daher in der Praxis inzwischen nicht mehr von Heimaufsichtsbehörden, sondern von „WTG-Behörden“[727] gesprochen. Kritisiert wird auch, dass der Begriff *Heimaufsicht* nicht den beratenden und kooperativen Charakter der Tätigkeiten der zuständigen Behörden zum Ausdruck bringe.[728] In diesem Sinne bezeichnet § 43 Abs. 1 S. 1 WTG NRW die zuständigen Behörden nun als *Beratungs- und Prüfbehörden*. Sowohl im Hinblick auf den beratenden Aspekt der Tätigkeit der kommunalen Behörden als auch in Bezug auf den Geltungsbereich des WTG NRW, das nicht nur Heime im herkömm-

720 *Landtag NRW*, Gesetzentwurf v. 25.6.2013, Drucks. 16/3388, S. 89 f.

721 GV. NRW. 2014, S. 686.

722 *Commander*, EILDIENST LKT NRW 2013, 399 (400); *MGEPA*, Bericht zur Sitzung des Ausschusses für Arbeit u. a., Ziff. 2.); vgl. zudem bspw. § 4 Abs. 4, 7, § 14 Abs. 3 S. 4, 5 WTG NRW; s. auch § 12 Abs. 2 S. 1 WTG NRW.

723 Siehe § 1 Abs. 1 S. 2 HeimG; näher hierzu *Burmeister/Dinter*, NVwZ 2009, 628.

724 So schon im Hinblick auf das WTG NRW 2008, s. *Landtag NRW*, Gesetzentwurf v. 10.6.2008, Drucks. 14/6972, S. 2, 39.

725 *Landtag NRW*, Gesetzentwurf v. 25.6.2013, Drucks. 16/3388, S. 59.

726 *Landtag NRW*, Gesetzentwurf v. 25.6.2013, Drucks. 16/3388, S. 59.

727 Siehe z. B. *Di Bella*, RDG 2014, 306; *Kreis Minden-Lübbecke*, Tätigkeitsbericht, S. 1 ff.

728 *Bundesministerium für Familie, Senioren, Frauen und Jugend*, Handbuch, S. 76.

lichen Sinne, sondern auch andere Betreuungsleistungen, wie etwa ambulante Dienste, erfasst, vgl. § 2 Abs. 2 Ziff. 4 WTG NRW, erscheint dieser Begriff geeigneter. Da sich der Begriff der Heimaufsicht jedoch – zumindest noch – in der Praxis etabliert hat und von den meisten zuständigen Fachbehörden weiterverwandt wird,[729] wird er auch dieser Arbeit zugrunde gelegt.[730]

II. Aufbau der Heimaufsicht

1. Gesetzgebungszuständigkeiten

Die Heimaufsicht fällt seit September 2006 in die Gesetzgebungszuständigkeit der Länder, vgl. Art. 70 GG i. V. m. Art. 74 Abs. 1 Nr. 7 a. E. GG.

Ursprünglich gehörte das Heimrecht als Bestandteil der öffentlichen Fürsorge i. S. v. Art. 74 Abs. 1 Nr. 7 GG a. F.[731] zur konkurrierenden Gesetzgebungskompetenz des Bundes,[732] der hiervon mit dem *Heimgesetz*[733] – *HeimG* – Gebrauch gemacht hat. Mit Inkrafttreten des Gesetzes zur Föderalismusreform[734] zum 1. September 2006 ist die Gesetzgebungskompetenz für das Heimrecht – zumindest, soweit es Bestandteil des Ordnungsrechts ist –[735] in die ausschließliche Kompetenz der Länder nach Art. 70 Abs. 1 GG übergegangen,

---

729 Siehe etwa *Ennepe-Ruhr-Kreis*, Wahrnehmung der Heimaufsicht, abrufbar unter: http://www.enkreis.de/politikverwaltung/verwaltung/dienstleistung-a-z/dienstleistung/show/wahrnehmung-der-heimaufsicht.html; *Rhein-Erft-Kreis*, Die Wohn- und Betreuungsaufsicht (Heimaufsicht), abrufbar unter: http://www.rhein-erft-kreis.de/Internet/Themen/Jugend_Soziales_und_Gesundheit/Pflege_im_Rhein-Erft-Kreis/heimaufsicht/; *Stadt Münster*, Kommunale Qualitätssicherung Pflege und Teilhabe (Heimaufsicht), abrufbar unter: http://www.stadt-muenster.de/sozialamt/heimaufsicht.html; s. aber auch *Stadt Düsseldorf*, Heimaufsicht, abrufbar unter: https://www.duesseldorf.de/soziales/pflegebeduerftige/heimaufsicht/index.shtml (alle Seiten zuletzt abgerufen am 29.8.2015).

730 Siehe zu dieser Thematik auch *Froese/Michelchen*, WTG NRW, Einführung, § 13 Rn. 3.

731 Grundgesetz in der Fassung bis zum 31.8.2006.

732 Siehe auch *BVerwG*, Beschl. v. 5.4.2012 – 4 BN 1/12 –, in: BauR 2012, 1384.

733 *Gesetz über Altenheime, Altenwohnheime und Pflegeheime für Volljährige (Heimgesetz – HeimG)* v. 7.8.1974 (BGBl. I 1974, S. 1873); i. d. F. d. Bek. v. 5.11.2001 (BGBl. I 2001, S. 2970); zuletzt geändert durch Gesetz v. 29.7.2009 (BGBl I 2009, S. 2319).

734 *Gesetz zur Änderung des Grundgesetzes (Artikel 22, 23, 33, 52, 72, 73, 74, 74a, 75, 84, 85, 87c, 91a, 91b, 93, 98, 104a, 104b, 105, 107, 109, 125a, 125b, 125c, 143c)* v. 28.8.2006 – (BGBl I 2006, S. 2034 (2038)).

735 *BVerwG*, Beschl. v. 5.4.2012 – 4 BN 1/12 –, in: BauR 2012, 1384.

vgl. Art. 74 Abs. 1 Nr. 7 a. E. GG.[736] Auf dieser Grundlage haben inzwischen alle Länder eigene Landesheimgesetze[737] erlassen.

Der nordrhein-westfälische Gesetzgeber hat erstmals im Jahr 2008 von seiner Gesetzgebungskompetenz Gebrauch gemacht. Er hat das HeimG zunächst durch das *Gesetz über das Wohnen mit Assistenz und Pflege in Einrichtungen (Wohn- und Teilhabegesetz – WTG)* v. 18. November 2008[738] – *WTG NRW 2008* – ersetzt, das am 10. Dezember 2008[739] in Kraft getreten ist. Im Zuge eines mehrjährigen Novellierungsprozesses ist mit Wirkung vom 16. Oktober 2014[740] das WTG NRW an die Stelle des WTG NRW 2008 getreten.

2. Vollzug der Heimaufsicht

Entsprechend der allgemeinen Regel des Art. 30 GG wird das WTG NRW als landeseigenes Gesetz grundsätzlich vom Land Nordrhein-Westfalen durchgeführt. Diese Vollzugsaufgabe hat das Land den Kommunen zugewiesen. Die Kreise und kreisfreien Städte führen das Gesetz als sachlich zuständige *Beratungs- und Prüfbehörden* durch, § 43 Abs. 1 S. 1 WTG NRW. Örtlich zuständig ist die Beratungs- und Prüfbehörde, in deren Bezirk das Leistungsangebot erbracht wird, § 43 Abs. 2 WTG NRW.

736 *Bundestag*, Drucks. 16/813, S. 12; *Landtag NRW*, Gesetzentwurf v. 10.6.2008, Drucks. 14/6972, S. 1, 39; *Koehler*, NordÖR 2012, 524.

737 Siehe z. B. das *Niedersächsische Heimgesetz (NHeimG)* v. 29.6.2011 (Nds. GVBl. 2011, S. 196); als letztes hat Thüringen mit dem *Thüringer Gesetz über betreute Wohnformen und Teilhabe (Thüringer Wohn- und Teilhabegesetz - ThürWTG -)* v. 10.6.2014 (GVBl. 2014, S. 161) von seiner Gesetzgebungskompetenz Gebrauch gemacht.

738 GV. NRW. 2008, S. 738; das WTG NRW 2008 wurde ergänzt durch die *Durchführungsverordnung zum Gesetz über das Wohnen mit Assistenz und Pflege in Einrichtungen (Wohn- und Teilhabegesetz – WTG)* v. 18. November 2008 – *WTG DVO* – (GV. NRW. 2008, S. 738).

739 Vgl. § 23 Abs. 1 S. 1 WTG NRW 2008.

740 Vgl. § 49 Abs. 1 S. 1 WTG NRW.

III. Ausgestaltung der Heimaufsicht als Pflichtaufgabe zur Erfüllung nach Weisung

1. Einordnung als Pflichtaufgabe zur Erfüllung nach Weisung

Nach § 43 Abs. 1 S. 2 WTG NRW ist die Heimaufsicht Pflichtaufgabe zur Erfüllung nach Weisung.

Unter der Geltung des HeimG war die Heimaufsicht in Nordrhein-Westfalen als pflichtige Selbstverwaltungsaufgabe ausgestaltet.[741] Durch das WTG NRW 2008 hat der Gesetzgeber die Heimaufsicht im November 2008 erstmals in eine Pflichtaufgabe zur Erfüllung nach Weisung umgewandelt, vgl. § 13 Abs. 1 S. 2 WTG NRW 2008. Die Beibehaltung dieser Aufgabenform im neuen WTG NRW ist nach Aussage von Ministerin Steffens im Rahmen der Evaluierung des WTG NRW 2008 nicht in Frage gestellt worden.[742] Das „kooperative Miteinander der beteiligten Behörden“[743] habe zur Akzeptanz der Aufgabenform beigetragen.

Der Grund für die Änderung des Aufgabencharakters war das Bestreben des Gesetzgebers, eine einheitliche Anwendung des Gesetzes sicherzustellen.[744] Das damalige *Ministerium für Arbeit, Gesundheit und Soziales*[745] – *MAGS* – hat dies als wesentlichen Eckpunkt des damals neu zu erlassenden Landesheimgesetzes angesehen und diesbezüglich ausgeführt:

> „Eine einheitliche Rechtsanwendung soll dadurch gesichert werden, dass die kommunalen Heimaufsichtsbehörden ihre Aufgaben als Pflichtaufgabe zur Erfüllung nach Weisung wahrnehmen. Dadurch er-

---

[741] Vgl. § 1 der außer Kraft getretenen *Verordnung über Zuständigkeiten nach dem Heimgesetz* v. 16.9.1975 (GV. NRW. 1975, S. 548); *Landtag NRW*, Gesetzentwurf v. 10.6.2008, Drucks. 14/6972, S. 58.

[742] *Steffens*, EILDIENST LKT NRW 2013, 396 (397).

[743] *Steffens*, EILDIENST LKT NRW 2013, 396 (397).

[744] *Landtag NRW*, Gesetzentwurf v. 10.6.2008, Drucks. 14/6972, S. 58; *Froese/Michelchen*, WTG NRW, § 13 Rn. 2; *Kassen u. a.*, WTG NRW, Kap. H Rn. 2.

[745] Vgl. Ziff. 6 der *Geschäftsbereiche der obersten Landesbehörden; Bekanntmachung der Neufassung* v. 17.8.2005 (GV. NRW. 2005, S. 733).

> hält das Land eine moderate Steuerungskompetenz, um landesweit gleiche Rechtsverhältnisse sichern zu können."[746]

Als weiterer Beweggrund kam hinzu, dass in Nordrhein-Westfalen alle anderen ordnungsbehördlichen Aufgaben ebenfalls als Pflichtaufgaben zur Erfüllung nach Weisung wahrgenommen werden.[747]

2. Sonderaufsichtsbehörden

Sonderaufsichtsbehörden über die Kreise und kreisfreien Städte sind die Bezirksregierungen, § 43 Abs. 3 S. 1 WTG NRW.

Oberste Sonderaufsichtsbehörde ist nach § 43 Abs. 4 WTG NRW das zuständige Ministerium. Dieses ergibt sich aus dem Organisationserlass der Ministerpräsidentin.[748] Bei Inkrafttreten des WTG NRW 2008 war dies zunächst das damalige MAGS.[749] Später wechselte die Zuständigkeit auf das derzeitige *Ministerium für Gesundheit, Emanzipation, Pflege und Alter*[750] – *MGEPA* –. Nach dem aktuellen Organisationserlass der Ministerpräsidentin ist das MGEPA weiterhin oberste Sonderaufsichtsbehörde.[751]

3. Sonderaufsichtsbefugnisse

Das WTG NRW weist den Sonderaufsichtsbehörden in § 43 Abs. 5, 6 WTG NRW ein Unterrichtungs- und ein Weisungsrecht zu.

---

746 *MAGS*, NRW: Landeskabinett hat Eckpunkte für ein Landesheimgesetz beschlossen, Pressemitteilung v. April 2007, abrufbar unter: http://www.carelounge.de/pflegeberufe/news/news_ansehen.php?meldungID=1888 (zuletzt abgerufen am 29.8.2015).

747 *Landtag NRW*, Gesetzentwurf v. 10.6.2008, Drucks. 14/6972, S. 58; *Froese/Michelchen*, WTG NRW, § 13 Rn. 2; *Kassen* u. a., WTG NRW, Kap. H Rn. 2.

748 *Landtag NRW*, Gesetzentwurf v. 25.6.2013, Drucks. 16/3388, S. 115.

749 *Dickmann*, WTG NRW, § 13 Rn. 1.

750 Ziff. 1.2.5 der *Bekanntmachung über Änderungen der Geschäftsbereiche der obersten Landesbehörden* v. 25.3.2011 (GV. NRW. 2011, S. 192).

751 Vgl. Ziff. 12.3 der *Bekanntmachung der Neufassung der Geschäftsbereiche der obersten Landesbehörden* v. 15.5.2014 (GV. NRW. 2014, S. 302).

a. Unterrichtungsrecht, § 43 Abs. 5 S. 1 WTG NRW

Die Sonderaufsichtsbehörden können sich nach § 43 Abs. 5 S. 1 WTG NRW jederzeit über die Aufgabenwahrnehmung durch die Kreise und kreisfreien Städte unterrichten.

b. Weisungsrecht, § 43 Abs. 5 S. 2, Abs. 6 WTG NRW

Die Sonderaufsichtsbehörden können den zuständigen Kommunen zudem Weisungen erteilen.

Sie sind zum einen befugt, Rechtmäßigkeitsweisungen zu erlassen. § 43 Abs. 5 S. 2 WTG NRW bestimmt insoweit, dass die Aufsichtsbehörden allgemeine oder besondere Weisungen erteilen können, um die rechtmäßige Erfüllung der Aufgabe zu sichern. Dieses Weisungsrecht ist unbeschränkt.[752]

Zum anderen haben die Aufsichtsbehörden die Möglichkeit, Weisungen im Hinblick auf die zweckmäßige Aufgabenerfüllung zu erteilen, § 43 Abs. 6 WTG. Diese beiden Weisungsrechte sind allerdings beschränkt.[753] Allgemeine Weisungen dürfen sie lediglich erlassen, um die gleichmäßige Durchführung der Aufgaben zu sichern, § 43 Abs. 6 Ziff. 1 WTG NRW. Besondere Weisungen können die Aufsichtsbehörden nur erteilen, wenn dies im Einzelfall zur Sicherung des Zwecks des WTG NRW geboten erscheint, § 43 Abs. 6 Ziff. 2 WTG NRW.

c. Kein Selbsteintrittsrecht

Über ein Selbsteintrittsrecht verfügen die Sonderaufsichtsbehörden nicht, da das WTG NRW ein solches Recht nicht vorsieht.

---

[752] Vgl. *Kassen* u. a., WTG NRW, Kap. H Rn. 4 zum unverändert übernommenen § 13 Abs. 4 S. 2 WTG NRW 2008.

[753] Laut Gesetzesbegründung ist diese Begrenzung wegen Art. 78 *Abs. 3* LVerf NRW geboten, s. *Landtag NRW*, Gesetzentwurf v. 25.6.2013, Drucks. 16/3388, S. 115 – es dürfte aber wohl Art. 78 *Abs. 4 S. 2* LVerf NRW gemeint sein.

B. Steuerungspraxis

Im Unterschied zur Lebensmittelüberwachung und zum Veterinärwesen ist die Steuerungspraxis des Landes auf dem Gebiet der Heimaufsicht noch relativ jung. Die Bezirksregierungen und das MGEPA (bzw. zuvor das MAGS) haben hier erst mit Umwandlung der Aufgabe in eine Pflichtaufgabe zur Erfüllung nach Weisung im Jahre 2008 eine entsprechende Steuerungsaufgabe erhalten. In relativ kurzer Zeit hat zudem ein umfangreicher Reformprozess der zugrunde liegenden Rechtsgrundlagen stattgefunden. Die Heimaufsicht eignet sich aber in besonderer Weise, um zu untersuchen, wie das Land seine neue Steuerungsaufgabe übernommen und ausgestaltet hat und wie sich auf diesem Gebiet eine Steuerungspraxis entwickelt hat. Wie bei der Lebensmittelüberwachung und beim Veterinärwesen ist versucht worden, die Steuerungspraxis umfänglich zu erfassen. Dies ist wegen der praktisch unbegrenzten Vielzahl an Mechanismen aber ebenfalls nicht in Vollständigkeit zu erreichen.

Die Steuerungspraxis im Bereich der Heimaufsicht wird zunächst anhand der Organisation der Heimaufsichts- und Sonderaufsichtsbehörden (I.), der Wahrnehmung der verwaltungsinternen (II.) und anschließend anhand der verwaltungsexternen Steuerung (III.) dargestellt.

I. Organisation der Heimaufsichts- und Sonderaufsichtsbehörden

1. Heimaufsichtsbehörden

Derzeit sind insgesamt 53 kommunale Behörden für die Heimaufsicht zuständig.[754] Sie setzen sich aus 30 Kreisen, 22 kreisfreien Städten und der Städteregion Aachen zusammen.[755]

In welchem Amt die Heimaufsicht innerhalb der kommunalen Behörde angesiedelt ist, ist in den einzelnen Kommunen unterschiedlich organisiert. Bei

---

[754] Eine Übersicht aller Heimaufsichtsbehörden findet sich auf der Homepage des *MGEPA*, abrufbar unter: http://www.mgepa.nrw.de/mediapool/pdf/pflege/Heimaufsichten_2012_11_16.pdf (zuletzt abgerufen am 29.8.2015).

[755] Siehe bspw. *Landeshauptstadt Düsseldorf*, Tätigkeitsbericht 2012, S. 9.

den meisten Kommunen ist sie im Sozialamt,[756] gelegentlich auch im Gesundheitsamt[757] oder im Ordnungsamt[758], zum Teil auch in sonstigen Ämtern[759] angesiedelt.

Unterschiedlich ist zudem die personelle Ausstattung der Heimaufsichtsbehörden. Die Anzahl an Stellen variiert von Kommune zu Kommune. In der Stadt Wuppertal sind z. B. 1,85 Vollzeitäquivalente beschäftigt.[760] Im Kreis-Minden-Lübbecke sind vier Mitarbeiter mit einem Stellenanteil von 3,4 beschäftigt.[761] Der Kreis Wesel beschäftigt 3,5 Vollzeitkräfte.[762] Im Kreis Viersen arbeiten sechs Mitarbeiter mit einem Stellenumfang von 4,3 Vollzeitäquivalenten.[763] Im Rhein-Erft-Kreis sind sieben Mitarbeiter mit einem Vollzeitstellenanteil von 6,0 tätig.[764] Neben dem fest angestellten Personal wird in einigen Kommunen zudem weiteres Fachpersonal auf Honorarbasis zu den Prüfungen in den Einrichtungen hinzugezogen.[765]

Ebenfalls unterschiedlich sind die fachlichen Qualifikationen, die die Sachbearbeiter in den Heimaufsichtsbehörden vorweisen. Beschäftigt sind u. a. Verwaltungskräfte, Sozialarbeiter, Hygienefachkräfte und Pflegefachkräfte.[766] Zum Teil sind die Kommunen mit multiprofessionellen Teams ausgestattet. Nicht jede Heimaufsichtsbehörde beschäftigt aber bspw. eine eigene Pflege-

---

[756] So bspw. bei der Stadt Münster, vgl. *Stadt Münster*, Tätigkeitsbericht, S. 1; Kreis-Minden-Lübbecke, vgl. *Kreis-Minden-Lübbecke*, Tätigkeitsbericht, S. 4; *Rhein-Sieg-Kreis*, Tätigkeitsbericht, S. 7.

[757] So bspw. bei der *Stadt Essen*, Heimaufsicht, abrufbar unter: https://www.essen.de/rathaus/aemter/ordner_53/abteilung_53_1_5/Heimaufsicht.de.html (beide zuletzt abgerufen am 29.8.2015).

[758] So etwa beim *Kreis Düren*, Heimaufsicht, abrufbar unter: http://www.kreis-dueren.de/kreishaus/amt/32/Heimaufsicht.php (zuletzt abgerufen am 29.8.2015).

[759] Siehe z. B. *Kreis Recklinghausen*, Fachdienst 57 – Seniorenangel., Eingliederungshilfe, Betreuungsstelle u. kom. Integrationszentrum, abrufbar unter: http://www.kreis-re.de/default.asp?asp=aemterdetails&amtsziffer=57&amtmenu=57 (zuletzt abgerufen am 29.8.2015).

[760] *Stadt Wuppertal*, Tätigkeitsbericht, S. 2.

[761] *Kreis-Minden-Lübbecke*, Tätigkeitsbericht, S. 4.

[762] Vgl. *Kreis Wesel*, Drucks. 187 /IX, S. 10.

[763] *Kreis Viersen*, Tätigkeitsbericht, S. 7.

[764] *Rhein-Erft-Kreis*, Tätigkeitsbericht, S. 7.

[765] So z. B. *Rhein-Sieg-Kreis*, Tätigkeitsbericht, S. 7.

[766] Vgl. *Kreis-Minden-Lübbecke*, Tätigkeitsbericht, S. 4; *Kreis Wesel*, Drucks. 187 /IX, S. 10; *Rhein-Sieg-Kreis*, Tätigkeitsbericht, S. 7.

fachkraft. Diese werden daher häufig als Honorarkräfte zur Begutachtung der Pflegequalität in den Einrichtungen herangezogen.[767]

Die Kosten für die Durchführung der Heimaufsicht sowie das diesbezügliche Personal tragen die Kreise und kreisfreien Städte.

2. Sonderaufsichtsbehörden

a. Ministerium für Gesundheit, Emanzipation, Pflege und Alter

Im MGEPA ist die Sonderaufsicht über die kommunalen Heimaufsichtsbehörden in der *Abteilung 4 – Pflege, Alter, demographische Entwicklung* und dort in der *Gruppe 41* angesiedelt. Sie wird vom *Referat 415 – Landesrecht Pflege, Wohn- und Teilhabegesetz* wahrgenommen. In diesem Referat sind derzeit fünf Mitarbeiter beschäftigt, von denen drei Mitarbeiter für das Wohn- und Teilhabegesetz zuständig sind. Dieses Team setzt sich aus dem Referatsleiter, einem juristischen Referenten und einem Sachbearbeiter zusammen.

b. Bezirksregierungen

Bei den Bezirksregierungen ist die Sonderaufsicht über die kommunalen Heimaufsichtsbehörden in der *Abteilung 2 – Ordnungsrecht, Gesundheit, Sozialwesen, Gefahrenabwehr, Verkehr* und dort im *Dezernat 24* angesiedelt, das u. a. für die öffentliche Gesundheit und das Sozialwesen zuständig ist.

In den Bezirksregierungen ist im Grundsatz eine volle Sachbearbeiterstelle im gehobenen Dienst für den Bereich der Aufsicht über die Tätigkeit der Heimaufsichtsbehörden vorgesehen. Der genaue Stellenanteil, z. B. 0,8 oder 1,0, variiert in den Bezirksregierungen. In manchen Bezirksregierungen ist zudem eine Aufstockung der Stelle z. B. von 0,8 auf 1,2 vorgesehen. Ferner ist in den Bezirksregierungen ein in der Regel juristischer Mitarbeiter im höheren Dienst zu einem gewissen Stellenteil – z. B. 0,1 – für den Bereich der Heimaufsicht tätig.

---

[767] Siehe z. B. *Kreis Olpe*, Tätigkeitsbericht, S. 6; *Rhein-Sieg-Kreis*, Tätigkeitsbericht, S. 7.

II. Verwaltungsinterne Steuerungsmechanismen

1. Wahrnehmung der gesetzlichen Aufsichtsinstrumente durch das Land

a. Unterrichtungsrecht, § 43 Abs. 5 S. 1 WTG NRW

aa. MGEPA

Das MGEPA übt sein Unterrichtungsrecht nach eigenem Bekunden bislang eher *punktuell* aus. Anlass von Informationsersuchen sind gelegentliche Petitionen im Landtag oder Kleine Anfragen. Zur Beantwortung dieser Anfragen führt das MGEPA in der Regel *ad-hoc-Erhebungen* in den Kommunen durch. Standardisierte Abfragen gibt es bisher nicht. Daneben richtet das MGEPA Informationsersuchen aus anderen konkreten Anlässen an die Kommunen. So hat das MGEPA im Dezember 2010 eine Abfrage durchgeführt, mit der es – über die Bezirksregierungen – die Kommunen aufgefordert hat, eine Übersicht über ihre Maßnahmen vorzulegen, die sie in Bezug auf *neue Wohnformen* ergriffen haben.[768]

Ein anderes Beispiel ist eine Abfrage des MGEPA aus dem Jahr 2011. Hierbei ging es um die Vornahme der gesetzlich vorgeschriebenen Anzahl an wiederkehrenden Prüfungen in Einrichtungen durch die Heimaufsichtsbehörden nach § 18 Abs. 1 WTG NRW 2008. Aufgrund von Zweifeln, ob die Behörden die gesetzlich erforderliche Anzahl an Prüfungen im relevanten Zeitraum vornehmen werden, forderte das MGEPA die Kommunen zur Beantwortung mehrerer Fragen im Hinblick auf die Erfüllung der Prüfquote auf.[769] Neben der Abfrage der bislang durchgeführten Prüfungen hat das Ministerium die Heimaufsichtsbehörden im Rahmen dieser Abfrage zu ihrer Personalausstattung befragt. Dies ist in den Kommunen allerdings im Hinblick auf die Personalhoheit und das Konnexitätsprinzip auf Kritik gestoßen.

Ferner verlangt das Ministerium gelegentlich punktuell die Vorlage von Tätigkeitsberichten, die die Kommunen nach § 14 Abs. 11 S. 1 WTG NRW bzw. früher nach § 16 Abs. 3 S. 1 WTG NRW 2008 alle zwei Jahre erstellen müssen.

---

[768] *Landeshauptstadt Düsseldorf*, Tätigkeitsbericht 2010, S. 39.
[769] *MGEPA*, Erlass v. 9.8.2011 (nicht veröffentlicht).

In einigen landesweiten Erlassen[770] „bittet“ das Ministerium zudem um Berichterstattung, falls z. B. Schwierigkeiten mit der Umsetzung von Vorgaben des Erlasses entstehen.[771]

Das MGEPA nimmt ferner gelegentlich an Vor-Ort-Prüfungen in Betreuungseinrichtungen teil. Geschäftsprüfungen in den kommunalen Heimaufsichtsbehörden hat das MGEPA bislang nicht durchgeführt.

bb. Bezirksregierungen

Einige der Bezirksregierungen machen von ihrem Informationsrecht häufiger Gebrauch als das MGEPA. Hier gibt es aber nicht unerhebliche Unterschiede zwischen den einzelnen Bezirksregierungen.

Turnusmäßige Berichtspflichten, die von den Sonderaufsichtsbehörden festgesetzt wurden, gibt es nicht. In der Regel handelt es sich vielmehr um anlassbezogene Informationsersuchen. Häufiger Anlass sind Beschwerden Angehöriger von betreuten Personen, die beim MGEPA oder bei den Bezirksregierungen eingehen. Die Bezirksregierungen teilen diese Beschwerden den Heimaufsichtsbehörden mit und erbitten weitere Informationen über den Sachverhalt und um Stellungnahme.

Weiterer Anlass für Unterrichtungsverlangen war in der Vergangenheit die Vorlage von Prüfberichten. Nach § 16 Abs. 1 S. 2 WTG NRW 2008 waren die Kommunen in bestimmten Fällen verpflichtet, der Bezirksregierung ihre Prüfberichte vorzulegen.[772] Wenn eine Behörde dieser Vorlagepflicht nicht nachgekommen ist, haben dies einige Bezirksregierungen zum Anlass für eine Anfrage bei den Kommunen genommen.

Auch im Hinblick auf die Tätigkeitsberichte haben einige Bezirksregierungen von ihrem Informationsrecht Gebrauch gemacht und forderten diesen Bericht ein. Nach der neuen Rechtslage sind die Kommunen zur Vorlage der – wei-

---

[770] Siehe hierzu unten § 6 B. II. 1. b. aa. (1).

[771] So z. B. *MAGS*, Erlass v. 20.4.2009 – Az. V A 3 - 5404.1.0, S. 5, abrufbar unter: http://www.mgepa.nrw.de/mediapool/pdf/pflege/interner_bereich_wtg/Bemessungsgrundlage_f__r_die_Ermittlung_der_Fachkraftquote.pdf (zuletzt abgerufen am 29.8.2015).

[772] Diese müssen nach der neuen Rechtslage nicht mehr den Bezirksregierungen vorgelegt werden; es sind vielmehr nunmehr die wesentlichen Ergebnisse der Regelprüfungen zu veröffentlichen, § 14 Abs. 9 S. 1 WTG NRW.

terhin im 2-Jahres-Rhythmus zu erstellenden – Tätigkeitsberichte nun sogar gesetzlich ausdrücklich verpflichtet, § 14 Abs. 11 S. 2 WTG NRW.

Nach Berichten von Praktikern war im Jahr 2013/2014 – diesmal von Bezirksregierungsseite – die Einhaltung der gesetzlichen Zahl an jährlichen Prüfungen durch die Heimaufsichtsbehörden ein weiterer Anlass für ein Informationsersuchen. Nach Auswertung der Erhebung wurden zudem einige Kommunen aufgefordert, ein Konzept zur Verbesserung der Situation vorzulegen.

Einige Bezirksregierungen nehmen – wie das MGEPA – gelegentlich an Vor-Ort-Prüfungen in Betreuungseinrichtungen teil. Diese Begehungen können anlassbezogen sein. Zum Teil nutzen die Mitarbeiter der Bezirksregierungen diese Begehungen auch dazu, das Verfahren der Prüfungen kennenzulernen und sich so ein Bild von der Lage zu verschaffen. Geschäftsprüfungen in den kommunalen Heimaufsichtsbehörden wurden auch von Seiten der Bezirksregierungen bislang nicht durchgeführt.

Für die Zukunft sind nach Aussagen eines Vertreters einer Bezirksregierung zudem Vor-Ort-Geschäftsprüfungen geplant.

b. Weisungsrecht, § 43 Abs. 5, 6 WTG NRW

aa. MGEPA

Im Bereich der Heimaufsicht wird in der Verwaltungspraxis in Bezug auf ministerielle Weisungen und sonstige Schreiben in der Regel von *Erlassen* gesprochen. Diese Terminologie wird daher in der folgenden Darstellung der Steuerungspraxis ebenfalls verwandt.

(1) Landesweite ministerielle Erlasse

Das MAGS bzw. das MGEPA als oberste Sonderaufsichtsbehörde haben den kommunalen Heimaufsichtsbehörden ungefähr 30 landesweite *Erlasse* zum WTG NRW 2008[773] und bislang einen Erlass zum WTG NRW bekanntgegeben.

---

[773] Siehe *Commander*, EILDIENST LKT NRW 2013, 399 (401).

(a) Erlasse zum WTG NRW 2008

Bei einem großen Teil der Erlasse handelt es sich um landesweite, also an alle kommunalen Heimaufsichtsbehörden gerichtete Erlasse. Überwiegend handelt es sich nach Aussagen eines Vertreters des MGEPA um „norminterpretierende Erlasse“[774]. Bei diesen sei es vorrangig um Rechtsfragen gegangen, die mit dem – damals – neuen WTG NRW 2008 sowie mit dem alten HeimG in Zusammenhang standen. Der Zusammenhang zum HeimG ergab sich laut MGEPA daraus, dass das WTG NRW 2008 einige Regelungen aus dem HeimG übernommen hat. Da das Land während der Geltung des HeimG aber nur die Kommunalaufsicht über die Kommunen ausüben konnte, sah das Land nach Inkrafttreten des WTG NRW 2008 einen Anlass, auch insoweit von seinem Weisungsrecht Gebrauch zu machen. Vereinzelt habe es zudem *ermessensleitende* Erlasse gegeben.

Thematisch behandelten die Erlasse zum WTG NRW 2008 u. a. den Geltungsbereich des WTG NRW 2008,[775] die Bemessungsgrundlage für die Fachkraftquote,[776] den Begriff der Barrierefreiheit,[777] die Befreiung von Anforderungen nach § 7 Abs. 5 WTG NRW 2008 und Abweichungen von Mitwirkungsregeln nach § 6 Abs. 5 WTG,[778] den landesweit einheitlichen Rahmenprüfkatalog[779] sowie den Dienstweg[780].

---

774 *MGEPA*, Erlass v. 13.11.2014 – Az. 412 – PA 5410, abrufbar unter: http://www.aidshilfen.de/CMS/newsletter/upload/01_NL_ahnrw/2014/2014_11_20_NL_07/erlass_mgepa_inkrafttreten_wtg.pdf (zuletzt abgerufen am 29.8.2015).

775 *MAGS*, Erlass v. 5.2.2009 – Az. V A 3 - 5401.1, abrufbar unter: http://www.mgepa.nrw.de/mediapool/pdf/pflege/interner_bereich_wtg/Grunderlass_Geltungsbereich.pdf (zuletzt abgerufen am 29.8.2015).

776 *MAGS*, Erlass v. 20.4.2009 (s. Fn. 771).

777 *MAGS*, Erlass v. 18.9.2009 – Az. V A 3 – 5404.31, abrufbar unter: http://www.mgepa.nrw.de/mediapool/pdf/pflege/interner_bereich_wtg/Barrierefreiheit__Begriff.pdf (zuletzt abgerufen am 29.8.2015).

778 *MAGS*, Erlass v. 3.5.2010 – Az. V A 3 – 5419, abrufbar unter: http://www.mgepa.nrw.de/mediapool/pdf/pflege/interner_bereich_wtg/Grundsatzerlass_Befreiung___7_Abs__5_WTG.pdf (zuletzt abgerufen am 29.8.2015).

779 *MAGS*, Erlass v. 16.12.2009 – Az. V A 3 – 5416, abrufbar unter: http://www.mgepa.nrw.de/mediapool/pdf/pflege/interner_bereich_wtg/In-Kraft-Treten_des_Rahmenpr__fkataloges_und_der_offenen_Fachkraftberufsliste.pdf sowie *MGEPA*, Erlass v. 11.5.2011, abrufbar unter: http://www.mgepa.nrw.de/mediapool/pdf/pflege/interner_bereich_wtg/Verwendung_des_Rahmenpr__fkatalogs__vom_11__Mai_2011_.pdf (beide zuletzt abgerufen am 29.8.2015).

780 *MAGS*, Erlass v. 3.4.2009 – Az. V A 3 –, abrufbar unter: http://www.mgepa.nrw.de/mediapool/pdf/pflege/interner_bereich_wtg/Dienstweg.pdf (zuletzt abgerufen am 29.8.2015).

Hintergrund der Erlasse war laut MGEPA u. a. die nach Inkrafttreten des WTG NRW 2008 aufgekommene Kritik am neuen Gesetz und Probleme bei dessen Umsetzung. Daher gab es häufig Anfragen der Kommunen an die oberste Sonderaufsichtsbehörde mit der Bitte um einen Erlass. Die meisten der Erlasse hat das MGEPA dementsprechend auch bereits zwischen 2009 und 2011 herausgegeben.

Die Vielzahl der Erlasse, die in diesem Zeitraum an die Kommunen gerichtet wurden, hat nach Aussagen eines Vertreters des MGEPA zu Kritik an der Erlasspraxis aus den Reihen der Kommunalpolitik geführt. Hier sei der Eindruck entstanden, dass die Kommunen zu sehr *gegängelt* würden. Das MGEPA spricht selbst von „zahlreichen Erlasse[n]“[781] und einer „unübersichtlichen Erlasslage“[782]. Daher hat das MGEPA die Erlasspraxis stark eingeschränkt. Seit Beginn der Evaluierung des WTG NRW 2008 hat es daher nur wenige Erlasse gegeben.

(b) Erlasse zum WTG NRW

Zum neuen WTG NRW hat das MGEPA den kommunalen Behörden bislang einen Erlass v. 13. November 2014 zum Inkrafttreten des neuen WTG NRW bekanntgegeben.[783] Dieser befasst sich nach Aussagen eines Vertreters des Ministeriums mit den *ersten und dringenden Rechtsfragen*, die zum neuen Gesetz aufgetaucht sind. Diese beziehen sich u. a. auf den Rahmenprüfkatalog und die Verwaltungsgebühren.[784] In dem Erlass wird zudem darauf hingewiesen, dass weitere zu klärende Fragen im Rahmen der Einführungsveranstaltungen zum neuen Recht erörtert werden[785] bzw. weitergehende Konkretisierungen von Auslegungsfragen zeitnah erfolgen werden[786]. Zudem gibt das MGEPA Hinweise, wie in Bezug auf bestimmte Tätigkeiten übergangsweise zu verfahren ist.[787] Im Übrigen setzt das MGEPA die Erlasse, die zum WTG NRW 2008 ergangen sind, grundsätzlich außer Kraft.[788]

---

781 *Landtag NRW*, Bericht des MGEPA v. 8.7.2011, Vorl. 15/741, Ziff. 2.), S. 5.
782 *Landtag NRW*, Bericht des MGEPA v. 8.7.2011, Vorl. 15/741, Ziff. 2.), S. 9.
783 *MGEPA*, Erlass v. 13.11.2014 (s. Fn. 774).
784 *MGEPA*, Erlass v. 13.11.2014 (s. Fn. 774), Ziff. 4 S. 3 f., Ziff. 9 S. 7 f.
785 *MGEPA*, Erlass v. 13.11.2014 (s. Fn. 774), S. 9.
786 *MGEPA*, Erlass v. 13.11.2014 (s. Fn. 774), Ziff. 2 S. 2.
787 *MGEPA*, Erlass v. 13.11.2014 (s. Fn. 774), z. B. Ziff. 1 S. 1 f.
788 *MGEPA*, Erlass v. 13.11.2014 (s. Fn. 774), Ziff. 12 S. 9.

Als weiteren Erlass hat das MGEPA am 11. März 2015 einen Erlass zur *Durchführung des Wohn- und Teilhabegesetzes, Regelungen der Zusammenarbeit der Behörden* herausgegeben.[789] Ursprünglich sollte dieser Erlass in Gestalt einer Verfahrensvereinbarung zwischen dem MGEPA, den Bezirksregierungen und den kommunalen Heimaufsichtsbehörden ergehen.[790] Mit dem Erlass beabsichtigt das Land „die Sicherstellung einer kooperativen Gestaltung der Aufsicht nach dem WTG“[791]. Die Zusammenarbeit der Behörden soll nach der im Erlass zum Ausdruck gebrachten Vorstellung des Ministeriums „von einem hohen Maß an Transparenz und gegenseitiger Kooperationsbereitschaft getragen sein“[792]. Der Erlass enthält insbesondere eine Beschreibung der Aufgaben der Behörden sowie Vorgaben zu den Kommunikationswegen – etwa zum Dienstweg –, zum Berichtswesen, zu den Anfragen der kommunalen Behörden, zu den Dienstbesprechungen, zur Meldung besonderer Sachverhalte, zur Mitteilung von Gerichtsentscheidungen und zu den Tätigkeitsberichten.[793]

(2) Einzelerlasse

Neben den landesweiten Erlassen hat das MGEPA zum WTG NRW 2008 zudem diverse *Einzelerlasse* erteilt, die nur an einzelne Behörden gerichtet sind. Diese betreffen z. B. den Geltungsbereich des WTG NRW 2008 oder das Personal in den Einrichtungen.

Hintergrund dieser Einzelerlasse sind in der Regel Anfragen der Kommunen an das Ministerium. Die kommunalen Heimaufsichtsbehörden – einzeln oder als Arbeitskreis – haben sich häufig an das MGEPA gewandt mit der Bitte um Beantwortung von Rechtsfragen oder die rechtliche Bewertung eines Sachverhalts.[794] Diese Anfragen hat das MGEPA in der Regel per Einzelerlass an

---

789 *MGEPA*, Erlass v. 11.3.2015 – Az. 412 – PA 5410 – (nicht veröffentlicht).
790 Siehe hierzu näher unten § 5 B. II. 2. g. aa.
791 *MGEPA*, Erlass v. 11.3.2015 (s. Fn. 789), S. 1.
792 *MGEPA*, Erlass v. 11.3.2015 (s. Fn. 789), S. 1.
793 *MGEPA*, Erlass v. 11.3.2015 (s. Fn. 789), S. 1 ff.
794 Siehe z. B. Anfrage des *Ennepe-Ruhr-Kreises* v. 11.5.2011 – Az. 53/2, abrufbar unter: http://www.vdw-rw.de/fileadmin/www.vdw-rw.de/Wohnen_im_Alter_neu/Sitzungsprotokolle/AK-Wohnen_210312_Anl-3.pdf (zuletzt abgerufen am 29.8.2015).

die anfragende kommunale Behörde beantwortet.[795] Es hat sich hier eine gewisse Frage-/Antwortpraxis zwischen dem MGEPA und den Kommunen entwickelt, in die die Bezirksregierungen in der Regel nicht eingebunden wurden. Inzwischen findet aber vermehrt eine Einbeziehung der Bezirksregierungen statt.[796]

Nach Aussagen des MGEPA haben die Einzelerlasse, auch wenn sie nur an einzelne Kommunen gerichtet waren, häufig auch ihren Weg in andere Behörden gefunden, da die Behörden gut untereinander vernetzt sind.

Zum WTG NRW sind bislang – soweit bekannt – noch keine Einzelerlasse ergangen.

(3) Form der Erlasse und rechtliche Einordnung aus Sicht der Behörden

Die landesweiten Erlasse des Ministeriums ergehen in der Regel auf elektronischem Wege. Sie werden nicht als *Allgemeine Weisung* überschrieben. Auch nutzt das Ministerium keine Formulierungen, wie „Ich weise an (…)". Benutzt werden vielmehr Formulierungen, wie „Ich bitte, im Sinne einer landeseinheitlichen Rechtsanwendung die vorstehenden Hinweise zu beachten."[797] Oder es wird formuliert: „Zur Durchführung (…) gebe ich folgende erste Hinweise"[798]. In einigen Erlassen wird auch keine entsprechende Formulierung verwandt. Stattdessen beinhalten sie ausschließlich die inhaltlichen Ausführungen.[799]

Ähnliches gilt für die Einzelerlasse. Das Ministerium kennzeichnet seine Einzelerlasse ebenfalls nicht ausdrücklich als *besondere Weisungen*. Auch wird nicht formuliert „Ich weise an (…)", sondern vielfach „Ich teile Ihre Auffassung, dass (…)".

Das Ministerium selbst versteht die landesweiten Erlasse als allgemeine und damit verbindliche Weisungen i. S. d. § 43 Abs. 6 Ziff. 1 WTG NRW. Es geht davon aus, dass die Adressaten die Erlasse als verbindliche Weisungen ver-

---

795 Siehe z. B. das Schreiben des *MGEPA* v. 2.3.2012 – Az. 411 - 5420 (Antwort auf die Anfrage des Ennepe-Ruhr-Kreises v. 11.5.2011), abrufbar unter: http://www.vdw-rw.de/fileadmin/www.vdw-rw.de/Wohnen_im_Alter_neu/Sitzungsprotokolle/AK-Wohnen_210312_Anl-3.pdf (zuletzt abgerufen am 29.8.2015).

796 Siehe hierzu näher unten § 5 B. II. 3, IV. 2.

797 *MAGS*, Erlass v. 5.2.2009 (s. Fn. 775), S. 3.

798 *MGEPA*, Erlass v. 13.11.2014 (s. Fn. 774), S. 1.

799 So etwa *MAGS*, Erlass v. 3.5.2010 (s. Fn. 778).

stehen. Dies gilt in ähnlicher Weise für die Einzelerlasse, die in der Regel als besondere Weisungen intendiert sind. Auch hier wird von Ministeriumsseite davon ausgegangen, dass die Adressaten die Erlasse als verbindliche Weisungen verstehen. Nach Aussage eines Vertreters des Ministeriums handelt es sich bei den Einzelerlassen aber selten um Weisungen, die sich gegen den Willen der Betroffenen richten. Vielmehr fragen die kommunalen Behörden die Erlasse in der Regel beim Ministerium selbst an.

Bei den kommunalen Heimaufsichtsbehörden werden die Erlasse unterschiedlich eingeordnet und beurteilt. Vielfach werden die Erlasse ebenfalls als verbindliche Weisungen aufgefasst. Zum Teil sehen die kommunalen Behörden die Erlasse aber als eine Art unverbindliche Empfehlung oder als bloße Mitteilung der Rechtsauffassung an, die sie befolgen können, aber nicht müssen. Dies hängt nach Aussagen von Praktikern u. a. damit zusammen, dass die Erlasse nicht als Weisungen betitelt sind bzw. nicht formuliert wird „Ich weise an (…)“, sondern vielfach „Ich teile Ihre Auffassung, dass (…)“ oder „Die von Ihnen aufgeworfenen Fragen schätze ich rechtlich wie folgt ein (…)“. Zum Teil wird auch darauf verwiesen, dass die Erlasse zu kompliziert formuliert seien. Andere Behörden wiederum empfinden die Erlasse als hilfreiche Unterstützung ihrer Tätigkeit und hätten gerne mehr Vorgaben.

Nach Einschätzung von Praktikern, sind die Erlasse letztlich dennoch häufig *handlungsleitend* für die kommunalen Behörden.[800] Bei den Einzelerlassen geht diese Wirkung auch häufig über den Adressatenkreis hinaus, da die Kommunen diese Erlasse vielfach untereinander austauschen. Einige der Einzelerlasse macht das Ministerium zudem in einem internen Internetbereich[801] für alle Kommunen zugänglich.

---

[800] So die Einschätzung einiger der befragten Praktiker der Heimaufsichtsbehörden; s. zudem *Froese/Michelchen*, WTG NRW, Einführung; *kurz und bündig*, Newsletter 22 v. 29.6.2010, abrufbar unter: http://www.diakonierwl.de/cms/media//pdf/publikationen/newsletter/kurz-buendig_FV_EFA/100629_kurzundbuendig-22.pdf (zuletzt abgerufen am 29.8.2015).

[801] Siehe hierzu näher unten § 5 B. II. 2. i.

(4) Veröffentlichung der Erlasse

Die Erlasse zum WTG NRW 2008 hat das MGEPA ursprünglich nicht veröffentlicht, nach Inkrafttreten aber für eine gewisse Zeit auf seiner Homepage[802] eingestellt. Die aktuellen Erlasse sind bislang nicht veröffentlicht. Allerdings sind einige Erlasse über andere Seiten im Internet abrufbar.[803]

bb. Bezirksregierungen

Weisungen wurden seitens der Bezirksregierungen bisher nicht oder nur vereinzelt erteilt. Dies wird von Vertretern der Bezirksregierungen damit begründet, dass Weisungen als massive Maßnahmen anzusehen seien, die ohnehin nur in Betracht kommen, wenn trotz vorheriger Erörterung keine einvernehmliche Lösung gefunden wurde.

Im Übrigen leiten die Bezirksregierungen zum Teil Weisungen des MGEPA an die kommunalen Heimaufsichtsbehörden weiter.

2. Wahrnehmung informaler Steuerungsinstrumente durch das Land

Das MGEPA verfolgt nach eigener Darstellung einen „kooperativen „Aufsichts-Stil"""[804]. Das Verhältnis der beteiligten Behörden ist nach Aussage von Ministerin *Steffens* von einem „kooperative[n] Miteinander"[805] geprägt. Als Folge der Kritik an der anfänglichen intensiven Erlasspraxis nutzt das Ministerium nach eigener Darlegung verstärkt andere Formen der Steuerung der kommunalen Aufgabenwahrnehmung.

a. Beratung

Die Sonderaufsichtsbehörden bedienen sich im Bereich der Heimaufsicht vielfach des Steuerungsmittels der Beratung. Beratend werden vor allem die Bezirksregierungen tätig. Dies ist – neben der Ausübung ihres Unterrich-

802 *MGEPA*, Erlasse, früher abrufbar unter: http://www.mgepa.nrw.de/pflege/rechtsaufsichten/wohn-_und_teilhabegesetz/interner_bereich/Erlasse/index.php (zuletzt abgerufen am 28.4.2015, inzwischen nur mit Authentisierung abrufbar).

803 So etwa der Erlass des *MGEPA* v. 13.11.2014 (s. Fn. 774).

804 *Steffens*, EILDIENST LKT NRW 2013, S. 396 (397).

805 *Steffens*, EILDIENST LKT NRW 2013, S. 396 (397).

tungsrechts – ihre schwerpunktmäßige Tätigkeit in der Praxis.[806] Der Kontakt geht insoweit in der Regel von den Heimaufsichtsbehörden aus. Diese wenden sich an die Bezirksregierungen, wenn sie Fragen etwa zur Auslegung von Rechtsvorschriften oder zur Handhabung eines bestimmten Sachverhalts haben. In solchen Fällen beraten die Bezirksregierungen die kommunalen Behörden und geben ihnen Hilfestellungen. Neben der Unterstützung verfolgen die Bezirksregierungen mit der Beratungstätigkeit das Ziel, eine einheitliche Vorgehensweise der Heimaufsichtsbehörden zu bewirken.

Aber auch das MGEPA wird in diversen Situationen beratend tätig. Dies ist insbesondere der Fall, wenn sich die Kommunen mit Anfragen an das MGEPA richten, was vor allem in den Anfangsjahren des WTG NRW 2008 häufig vorkam. In vielen Fällen hat das MGEPA die Anfragen aber nach eigenem Verständnis in Form von Einzelweisungen beantwortet.

b. Dienstbesprechungen

aa. Gemeinsame Dienstbesprechungen der Sonderaufsichtsbehörden und der Heimaufsichtsbehörden

Das MGEPA veranstaltet ein bis zwei Mal im Jahr Dienstbesprechungen mit den kommunalen Heimaufsichtsbehörden und den Bezirksregierungen.[807]

In den Dienstbesprechungen werden „fachspezifische Themen und Problemstellungen erörtert (…)“[808]. Gegenstand sind Rechtsfragen, bei denen Unklarheit im Vollzug besteht und die im Sinne einer einheitlichen Rechtsanwendung auf den Dienstbesprechungen diskutiert werden. So ging es auf der Dienstbesprechung im Mai 2014 z. B. um die Personalbemessung in der Eingliederungshilfe. Weiterhin nutzt das MGEPA die Dienstbesprechungen, um über verschiedene Dinge zu informieren, zuletzt bspw. über den aktuellen Stand der Gesetzesnovellierung. Manchmal dienen die Dienstbesprechungen darüber hinaus dem fachlichen Input. So hat das Ministerium etwa einen Vortrag über freiheitsentziehende Maßnahmen organisiert.

---

806 So die Aussagen von Vertretern der Bezirksregierungen; s. zudem in Bezug auf die Bezirksregierung Münster *Kreis Coesfeld*, Tätigkeitsbericht, S. 26.

807 Siehe hierzu *MGEPA*, Bericht zur Sitzung des Ausschusses für Arbeit u. a., Ziff. 2.); *Kreis Coesfeld*, Tätigkeitsbericht, S. 25; *Rhein-Sieg-Kreis*, Tätigkeitsbericht, S. 21.

808 *Kreis Coesfeld*, Tätigkeitsbericht, S. 25.

Die Dienstbesprechungen dienen damit dem Austausch von Informationen und der Diskussion über praxisrelevante Fragestellungen. Verbindliche Anweisungen seitens des Ministeriums werden hier nicht erteilt. Das MGEPA teilt aber häufig seine rechtliche Einschätzung mit oder schlägt vor, wie bis zur endgültigen Klärung der Frage vorgegangen werden sollte. Das MGEPA prüft zudem im Nachhinein, ob es gewisse Fragestellungen zum Gegenstand eines Erlasses macht.

Für die Zukunft plant das MGEPA das Instrument der Dienstbesprechung verstärkt einzusetzen, um „eine einheitliche Rechtsanwendung und einheitliche Prüfungen“[809] sicherzustellen. In der Vergangenheit konnten die Dienstbesprechungen aufgrund hoher Arbeitsbelastung nicht durchgängig zwei Mal im Jahr stattfinden. Dies wird für die Zukunft aber wieder angestrebt.

Nach Aussagen von Praktikern gehen von den Dienstbesprechungen Anregungen und Steuerungsimpulse aus. Ferner werden gelegentlich Fragestellungen, die auf den Dienstbesprechungen erörtert wurden, später im Erlasswege umgesetzt.

bb. Dienstbesprechungen zwischen MGEPA und Bezirksregierungen

Neben der großen Dienstbesprechung findet, soweit es die Arbeitsbelastung zulässt, zweimal jährlich eine Dienstbesprechung auf Ebene der Sonderaufsichtsbehörden, also zwischen dem MGEPA und den Bezirksregierungen, statt.[810]

cc. Dienstbesprechungen der Bezirksregierungen untereinander

Zwischen den Bezirksregierungen untereinander findet ebenfalls ein Austausch statt. Vereinzelt haben auch eigene Dienstbesprechungen stattgefunden. Dies soll in Zukunft nach Möglichkeit verstärkt werden.

---

809 *Landtag NRW*, Antwort der LReg v. 11.12.2014 auf die Kleine Anfrage 2909, Drucks. 16/7602, S. 3.

810 Vgl. *Landtag NRW*, Bericht des MGEPA v. 8.7.2011, Vorl. 15/741, Ziff. 2.), S. 5.

dd. Dienstbesprechungen zwischen Bezirksregierung und Heimaufsichtsbehörden

Vereinzelt veranstalten die Bezirksregierungen zudem Dienstbesprechungen nur mit den Heimaufsichtsbehörden ihres Regierungsbezirks.[811] Derzeit gibt es Überlegungen, unter der Federführung der Bezirksregierungen regelmäßige Besprechungen auf Ebene der Regierungsbezirke einzuführen. Hierdurch soll der Kontakt zur kommunalen Ebene intensiviert werden.

c. Arbeitskreise der Heimaufsichtsbehörden

Die kommunalen Heimaufsichtsbehörden kommen regelmäßig in fünf regionalen *Arbeitskreisen* bzw. *Arbeitsgemeinschaften* zusammen. So gibt es die Arbeitskreise Münster, Düsseldorf, Arnsberg, Detmold und Bergheim. In diesen Foren tauschen die Beteiligten ihre Erfahrungen aus der Praxis aus.[812] Die Arbeitskreise dienen insbesondere der gegenseitigen Information – z. B. über gerichtliche Verfahren –, der Erörterung von Fragen und Problemen, der Abstimmung einer einheitlichen Vorgehensweise und der Erarbeitung einheitlicher Verfahrensregeln.[813]

Durchgeführt und organisiert werden die Arbeitskreise von den Heimaufsichtsbehörden selbst, nicht von den Sonderaufsichtsbehörden. Hintergrund hiervon ist, dass die Arbeitskreise bereits während der Geltung des HeimG entstanden sind, als die Heimaufsicht noch als pflichtige Selbstverwaltungsaufgabe ausgeübt wurde.[814] Nach Einschätzungen aus der Praxis haben sie mit Inkrafttreten des WTG NRW 2008 aber sogar an Bedeutung gewonnen.[815]

Die Einteilung der Arbeitskreise ist im Wesentlichen an den fünf Regierungsbezirken ausgerichtet, wobei es Abweichungen und Überschneidungen gibt. Anstelle eines Kölner Arbeitskreises gibt es den *Bergheimer Arbeitskreis*

---

811 Siehe etwa *Kreis Coesfeld*, Tätigkeitsbericht, S. 26.

812 Siehe z. B. *Commander*, EILDIENST LKT NRW 2013, 399 (401); *Kreis-Minden-Lübbecke*, Tätigkeitsbericht, S. 13; *Landeshauptstadt Düsseldorf*, Tätigkeitsbericht 2012, S. 36.

813 Vgl. *Commander*, EILDIENST LKT NRW 2013, 399 (401); *Kreis Coesfeld*, Tätigkeitsbericht, S. 27; *Kreis-Minden-Lübbecke*, Tätigkeitsbericht, S. 13; *Rhein-Sieg-Kreis*, Tätigkeitsbericht, S. 21.

814 Vgl. *Kreis Minden-Lübbecke*, Tätigkeitsbericht, S. 13.

815 Siehe *Kreis Coesfeld*, Tätigkeitsbericht, S. 27; *Rhein-Sieg-Kreis*, Tätigkeitsbericht, S. 21; *Stadt Köln*, Tätigkeitsbericht, S. 19.

Heimaufsicht[816]. Zudem nehmen laut Aussagen von Praktikern einige Heimaufsichtsbehörden an mehreren Arbeitskreisen oder an einem Arbeitskreis in einem anderen Regierungsbezirk teil.[817]

Im Hinblick auf die Organisation gibt es einige Unterschiede zwischen den Arbeitskreisen. Jeder Arbeitskreis legt seine genaue Struktur, den Rhythmus,[818] den Ort des Zusammenkommens etc. selbst fest. In einem Arbeitskreis gibt es zudem ein „zugriffsgeschütztes Internet-Forum"[819], das dem vertraulichen Austausch der registrierten Kollegen dient und in das unterschiedliche Dokumente, wie bspw. Gerichtsurteile, eingestellt werden. Manche der Arbeitskreise bilden innerhalb ihres Arbeitskreises anlassbezogene Unterarbeitsgruppen. So wurde z. B. im Arbeitskreis des Regierungsbezirks Detmold wegen der gestiegenen Zahl an Pflegefachkräften bei den Heimaufsichtsbehörden in Ostwestfalen-Lippe eine *Unterarbeitsgruppe Pflege* eingerichtet.[820]

Da die Arbeitskreise ein Forum der Heimaufsichtsbehörden sind, nehmen nach Angabe von Praktikern an ihnen in erster Linie die Sachbearbeiter[821] und teilweise die Abteilungsleitungen der Behörden teil.

Häufig werden daneben Vertreter der Aufsichtsbehörden eingeladen. Das MAGS bzw. das MGEPA hat in der Anfangszeit des WTG NRW 2008 an einigen Sitzungen der Arbeitskreise teilgenommen.[822] In jüngerer Zeit hat das Ministerium nach eigener Darstellung allerdings wegen hoher Arbeitsbelastung – insbesondere während des Novellierungsverfahrens des WTG NRW 2008 – nur sporadisch teilgenommen. Grundsätzlich ist das MGEPA der Teilnahme gegenüber aber aufgeschlossen und plant, in der Zukunft wieder häufiger teilzunehmen.

---

816 Hierzu *Rhein-Erft-Kreis*, Tätigkeitsbericht, S. 9.

817 Siehe hierzu auch *Landeshauptstadt Düsseldorf*, Tätigkeitsbericht 2012, S. 36; *Stadt Köln*, Tätigkeitsbericht, S. 18.

818 Der Arbeitskreis im Regierungsbezirk Münster trifft sich i. d. R. vierteljährlich, s. *Kreis Coesfeld*, Tätigkeitsbericht, S. 27; der Arbeitskreis Düsseldorf tagt ebenfalls quartalsweise, *Landeshauptstadt Düsseldorf*, Tätigkeitsbericht 2012, S. 36; der Arbeitskreis im Regierungsbezirk Detmold mindestens einmal im Jahr, s. *Kreis Minden-Lübbecke*, Tätigkeitsbericht, S. 13.

819 *Commander*, EILDIENST LKT NRW 2013, 399 (401).

820 *Kreis-Minden-Lübbecke*, Tätigkeitsbericht, S. 13.

821 Siehe *Commander*, EILDIENST LKT NRW 2013, 399 (401).

822 Siehe z. B. *Landeshauptstadt Düsseldorf*, Tätigkeitsbericht 2008, S. 29; *Landtag NRW*, Bericht des MGEPA v. 8.7.2011, Vorl. 15/741, Ziff. 2.), S. 5.

Die Bezirksregierungen nehmen in stärkerem Umfang an den Sitzungen der Arbeitskreise teil als das Ministerium.[823] Die Teilnahme variiert aber von Arbeitskreis zu Arbeitskreis bzw. von Bezirksregierung zu Bezirksregierung. Die Vertreter der Bezirksregierungen beteiligen sich an den besprochenen Themen der Treffen, halten sich aber im Grundsatz eher zurück.

Zum Teil wurden auch die kommunalen Spitzenverbände zu den Arbeitskreistreffen eingeladen. Aufgrund hoher Arbeitsbelastung haben diese aber nicht an den Sitzungen teilgenommen. Gelegentlich werden auch Mitarbeiter des *Medizinischen Dienstes der gesetzlichen Krankenversicherung – MDK* – zu den Treffen eingeladen.

Zum Teil sind den Arbeitskreissitzungen mit Vertretern der Sonderaufsichtsbehörden Vorgespräche ohne die Aufsichtsbehörden vorgeschaltet.

Da die Arbeitskreise von den Kommunen durchgeführt werden, findet in diesem Rahmen vorrangig eine Eigensteuerung der kommunalen Behörden statt. Durch die Teilnahme an den Arbeitskreisen haben die Aufsichtsbehörden aber die Gelegenheit, sich über die Praxis der Heimaufsichtsbehörden zu informieren und ggf. bei bestimmten Punkten mitzuwirken.

d. Arbeitsgruppen

Für spezifische Themen bildet das MGEPA gelegentlich Arbeitsgruppen, in denen z. B. mehrere Praktiker der Heimaufsichtsbehörden und der kommunalen Spitzenverbände vertreten sind, um Empfehlungen, Vorschläge etc. zu erarbeiten.

So hat das MGEPA z. B. eine vorbereitende Arbeitsgruppe für die Schulungsangebote zum neuen WTG NRW mit rund zehn Praktikern aus den Heimaufsichtsbehörden sowie Mitarbeitern der Bezirksvertretungen gegründet. Diese sollten ein Konzept und Inhalte der Schulungsangebote erarbeiten und Probleme sowie klärungsbedürftige Fragen zusammentragen.[824]

---

823 Z. B. Bezirksregierung Detmold, vgl. *Kreis-Minden-Lübbecke*, Tätigkeitsbericht, S. 13; Bezirksregierung Düsseldorf, vgl. *Landeshauptstadt Düsseldorf*, Tätigkeitsbericht 2012, S. 36; Bezirksregierung Münster, vgl. *Kreis Coesfeld*, Tätigkeitsbericht, S. 26.

824 *MGEPA*, Durchführung des Wohn- und Teilhabegesetzes, Schulungsangebote zur Anwendung des neuen Rechts, Schreiben an die Kreise und kreisfreien Städte sowie die Bezirksregierungen v. 2.4.2014 (nicht veröffentlicht).

e. Arbeitsgemeinschaft zur Beratung der Landesregierung und Zusammenarbeit mit dem Medizinischen Dienst der Krankenversicherung

In das Steuerungsgeschehen des Landes werden nicht nur die direkt beteiligten Heimaufsichtsbehörden, sondern auch sonstige Vereine, Verbände etc. einbezogen, deren Tätigkeit die Heimaufsicht betrifft. Hier ist zum einen die gesetzlich verankerte Arbeitsgemeinschaft zur Beratung der Landesregierung nach § 17 WTG NRW zu nennen (a) sowie die sonstige Zusammenarbeit mit anderen Organisationen (b).

aa. Arbeitsgemeinschaft zur Beratung der Landesregierung, § 17 WTG NRW

Gesetzlich ist nach § 17 Abs. 1 S. 1 WTG NRW die Bildung einer Arbeitsgemeinschaft zur Beratung der Landesregierung vorgesehen. Ihr gehören nach § 17 Abs. 1 S. 2 WTG NRW u. a. Vertreter der kommunalen Spitzenverbände, der Landschaftsverbände, des MDK, der Heimaufsichtsbehörden, der Behindertenverbände, der Verbraucherzentrale, der Architektenkammer und viele weitere Mitglieder an.

Unter dem WTG NRW 2008 gab es ebenfalls eine Arbeitsgemeinschaft. Die neue gesetzliche Regelung enthält einige Änderungen, die insbesondere die genaue Zusammensetzung der Arbeitsgemeinschaft betreffen. Bislang waren etwa Vertreter der Heimaufsichtsbehörden nach der gesetzlichen Regelung des § 17 WTG NRW 2008 nicht als Mitglieder vertreten. Die kommunalen Spitzenverbände haben zwar üblicherweise Praxisvertreter der Heimaufsichten in die Arbeitsgemeinschaft entsandt.[825] Nun sind aber ausdrücklich sowohl die kommunalen Spitzenverbände, § 17 Abs. 1 S. 2 Ziff. 1 lit. a) WTG NRW, als auch die Heimaufsichtsbehörden, § 17 Abs. 1 S. 2 Ziff. 1 lit. e) WTG NRW, in der Arbeitsgemeinschaft vertreten.

Aufgabe der Arbeitsgemeinschaft ist die Beratung der Landesregierung bei der Umsetzung und Weiterentwicklung des WTG NRW, § 17 Abs. 2 S. 1 WTG NRW. Hierzu soll sie nach Satz 2 u. a. bei der Erarbeitung von Verfahrensregeln zur Koordination der Prüftätigkeit, bei der inhaltlichen Ausgestaltung der Prüfungen im Rahmen der behördlichen Qualitätssicherung, bei der Erarbeitung von Vorgaben zur Anerkennung von Ausbildungs-

825 *Commander*, EILDIENST LKT NRW 2013, 399 (400 f.).

gängen als gleichwertige Ausbildung zur sozialen Betreuung und vor Erlass von allgemeinen Verwaltungsvorschriften durch die oberste Landesbehörde beteiligt werden.

Auf der Grundlage dieser Aufgabenzuweisung wird die Arbeitsgemeinschaft in die Aufsichtstätigkeit des MGEPA als oberste Landesbehörde einbezogen. Durch die Beteiligung beim Erlass allgemeiner Verwaltungsvorschriften etwa wirkt die Arbeitsgemeinschaft unmittelbar bei der Erarbeitung allgemeiner Weisungen des MGEPA mit. Nach Schilderung des MGEPA hat die Arbeitsgemeinschaft nach dem WTG NRW 2008 in der Vergangenheit häufig auch Anregungen für weitere Maßnahmen gegeben.

bb. Zusammenarbeit mit dem Medizinischen Dienst der Krankenversicherung

Von besonderer Bedeutung für die Tätigkeit der Heimaufsichtsbehörden ist der MDK, der auch als Mitglied in der Arbeitsgemeinschaft nach § 17 WTG NRW vorgesehen ist. Seine Bedeutung ergibt sich aus zahlreichen Überschneidungen mit der Prüftätigkeit der Heimaufsichtsbehörden. Seitens der geprüften Einrichtungen werden insoweit häufig Doppelprüfungen und unterschiedliche Empfehlungen durch MDK und Heimaufsicht beklagt.

Eine Zusammenarbeit mit dem MDK gibt es bislang nur in geringem Umfang. Das Ministerium sieht zwar grundsätzlich Handlungsbedarf bezüglich der Koordination der beiden Prüftätigkeiten. Bislang wurde von Landesseite aber erst ein Austauschtreffen organisiert. Zum aktuellen Zeitpunkt finden nur zwischen einigen kommunalen Heimaufsichtsbehörden und dem MDK – ohne Beteiligung der Sonderaufsichtsbehörden – gemeinsame Arbeitsgruppen statt. Mit diesen Treffen wird das Ziel verfolgt, bei Überschneidungen der Tätigkeit von MDK und Heimaufsicht etwaige Abweichungen möglichst gering zu halten.

Im WTG NRW ist nun in § 44 Abs. 3 gesetzlich vorgeschrieben, dass mit den Verbänden der Kranken- und Pflegeversicherungen und u. a. unter Beteiligung des MDK, eine Vereinbarung über die Koordination der Prüftätigkeiten geschlossen wird. Es ist daher zu erwarten, dass in Zukunft eine entsprechende Koordinationsvereinbarung getroffen werden wird.

cc. Zusammenarbeit mit sonstigen Behörden

Einige Heimaufsichten pflegen daneben den Austausch mit anderen Ämtern, z. B. der Bauaufsicht oder dem Lebensmittelüberwachungsamt.[826] Hier gibt es aber keine auf Landesebene organisierten Treffen.

f. Beteiligung der kommunalen Spitzenverbände

Der Kontakt zwischen dem Ministerium und den kommunalen Spitzenverbänden ist relativ eng. Das MGEPA bezieht die kommunalen Spitzenverbände auf verschiedene Art und Weise in seine Steuerungstätigkeit ein und wendet sich mit unterschiedlichen Anliegen an die Spitzenverbände. In Bezug auf viele Vorhaben erfolgt eine Abstimmung mit den kommunalen Spitzenverbänden.

So wurde etwa in Absprache mit den kommunalen Spitzenverbänden die Arbeitsgruppe zur Vorbereitung der Schulungen zum neu geschaffenen WTG NRW gebildet.[827] Daneben erfolgt eine Abstimmung zwischen MGEPA und den kommunalen Spitzenverbänden im Hinblick auf Gesetzesvorhaben und ministerielle Erlasse. Den kommunalen Spitzenverbänden werden die Entwürfe der Gesetzes- und Erlassvorhaben vorab übersandt und ihre Stellungnahme erbeten. Die Spitzenverbände hören hieraufhin die Kommunen an und übermitteln anschließend eine entsprechende Stellungnahme an das MGEPA. Das MGEPA wendet sich zudem mit der Bitte um Übermittlung bestimmter Informationen oder Unterlagen der Kommunen an die kommunalen Spitzenverbände. In manchen Fällen bezieht das Ministerium die Spitzenverbände auch in die Weitergabe von Informationen an die Kommunen ein. Zudem informiert das Ministerium die Spitzenverbände über gewisse Dinge. So übersendet das MGEPA den Spitzenverbänden bspw. nachrichtlich die an die Kommunen adressierten Erlasse.

Des Weiteren waren die kommunalen Spitzenverbände gemeinsam mit Vertretern der Heimaufsichtsbehörden in einer Arbeitsgruppe für eine landesweit einheitliche Gebührenerhebung in Bezug auf die Tarifstelle 10a der Anlage zur AVerwGebO NRW zum WTG NRW 2008 vertreten.[828] In diesem Rah-

---

[826] Z. B. *Kreis Coesfeld*, Tätigkeitsbericht, S. 24.
[827] Siehe oben § 5 B. II. 2. d.
[828] *Honnen*, EILDIENST LKT NRW 2013, 402 (403); *Kreis Coesfeld*, Tätigkeitsbericht, S. 27.

men wurde eine „Empfehlung einer Gebührenfestsetzung für Amtshandlungen nach dem WTG – Tarifstelle 10a der Allgemeinen Verwaltungsgebührenordnung“[829] erarbeite. Diese diente den Heimaufsichtsbehörden im Hinblick auf Amtshandlungen nach dem WTG NRW 2008 als Arbeitsgrundlage für die Gebührenerhebung.[830]

Zu den gemeinsamen Dienstbesprechungen des MGEPA mit den Heimaufsichtsbehörden und Bezirksregierungen werden die kommunalen Spitzenverbände nicht eingeladen.

Seitens der Bezirksregierungen erfolgt in der Regel keine direkte Beteiligung der kommunalen Spitzenverbände.

Gelegentlich wenden sich auch die Kommunen mit fachlichen Fragen an die Spitzenverbände. Verbandspolitische Maßnahmen im Bereich der Heimaufsicht haben die kommunalen Spitzenverbände bislang aber nicht ergriffen. Nach Einschätzung des LKT NRW bewirkt die Beteiligung der Spitzenverbände in der Regel eine bessere Akzeptanz von Maßnahmen etc. des Landes auf kommunaler Ebene.

g. Schriftliche Vereinbarungen

aa. *Verfahrensvereinbarung zur Zusammenarbeit von Aufsichtsbehörden und Kommunen*

Um die Zusammenarbeit zwischen Sonderaufsichtsbehörden und Kommunen im Rahmen der Aufsicht zu regeln, hat das MGEPA ursprünglich geplant, eine schriftliche Verfahrensvereinbarung zur Kooperation zwischen Ministerium, Bezirksregierungen und kommunalen Spitzenverbänden abzuschließen.[831] Die Vereinbarung sollte „einen verlässlichen Rahmen für die Beteili-

829 Abrufbar unter: https://www.kreis-wesel.de/www%5Ckreistag%5Csitzungsdienst8.nsf/HTML/F7E1890C21E4D1A3C1257934003EF6F2/$FILE/Kreis%20Wesel%20Drucksache%20822%20VIII%20-%20Anlage.pdf (zuletzt abgerufen am 29.8.2015).

830 Die Empfehlungen werden bspw. benutzt vom *Kreis Coesfeld*, Tätigkeitsbericht, S. 27; Kreis Viersen, s. *Honnen*, EILDIENST LKT NRW 2013, 402 (403); *Kreis Wesel*, Drucks. 822 /VIII, abrufbar unter: https://www.kreis-wesel.de/www%5Ckreistag%5Csitzungsdienst8.nsf/HTML/F7E1890C21E4D1A3C1257934003EF6F2/$FILE/Kreis%20Wesel%20Drucksache%20822%20VIII.pdf; *Landeshauptstadt Düsseldorf*, Dienstanweisung, Rundschreiben v. 2.11.2011, abrufbar unter: https://www.duesseldorf.de/soziales/pflegebeduerftige/heimaufsicht/gebuehren.pdf (beide Seiten zuletzt abgerufen am 29.8.2015).

831 Vgl. *Landtag NRW*, Bericht des MGEPA v. 8.7.2011, Vorl. 15/741, Ziffer 2.), S. 6.

gung der verschiedenen Aufsichtsbehörden und die entsprechenden Verfahrensabläufe regeln"[832]. Im März 2015 hat das MGEPA diese Vereinbarung allerdings in Form eines Erlasses herausgegeben.[833]

bb. Zielvereinbarungen

(1) Zielvereinbarungen im Sonderaufsichtsverhältnis

Innerhalb des Sonderaufsichtsverhältnisses wurden bislang keine Zielvereinbarungen geschlossen oder angedacht. Es gibt bislang weder Zielvereinbarungen zwischen dem MGEPA und den Heimaufsichtsbehörden noch zwischen den Bezirksregierungen und den Heimaufsichtsbehörden. Das Ministerium schließt solche Vereinbarungen aber für die Zukunft nicht prinzipiell aus.

(2) Zielvereinbarungen außerhalb des Sonderaufsichtsverhältnisses

Außerhalb des Sonderaufsichtsverhältnisses wurden vereinzelt Zielvereinbarungen geschlossen, und zwar im Verhältnis von kommunaler Heimaufsichtsbehörde und Betreibern von Pflegeeinrichtungen. So wurde im Kreis Coesfeld mit dem Betreiber einer Pflegeeinrichtung eine „Zielvereinbarung zur Sicherung der Versorgung der in der Pflegeeinrichtung lebenden Bewohnerinnen und Bewohner"[834] geschlossen.

Zwischen dem MGEPA und den Bezirksregierungen gibt es keine Zielvereinbarungen.

h. Leitfäden

Das Ministerium bedient sich zur Steuerung der kommunalen Aufgabenwahrnehmung – neben dem Erlass verbindlicher Anordnungen – unverbindlicher Instrumente wie *Leitfäden*. Einen solchen „Leitfaden"[835] stellt nach eigener Charakterisierung des Ministeriums der landesweit einheitliche Rahmenprüf-

832 *Landtag NRW*, Bericht des MGEPA v. 8.7.2011, Vorl. 15/741, Ziffer 2.), S. 6.

833 Siehe hierzu näher oben § 5 B. II. 1. b. aa. (1). (b).

834 *Kreis Coesfeld*, Tätigkeitsbericht, S. 24.

835 *MAGS*, Rahmenprüfkatalog, S. 6, abrufbar unter: https://broschueren.nordrhein westfalendirekt.de/broschuerenservice/mgepa/landesweit-einheitlicher-rahmenpruef katalog-zur-ueberwachung-von-betreuungseinrichtungen/376 (zuletzt abgerufen am 29.8.2015).

katalog des MAGS dar, den das Ministerium zur Vereinheitlichung der Prüfungen durch die Heimaufsichtsbehörden herausgegeben hat. Auch wenn er per Erlass in Kraft gesetzt wurde,[836] ist der Rahmenprüfkatalog nur als „Rahmen für die Prüfungen“[837] gedacht, der den Kommunen „Hilfestellungen“[838] geben soll. Sie sollen die Prüfungen weiterhin „in kommunaler Verantwortung“[839] durchführen.

i. Interner Bereich für die Heimaufsichtsbehörden und die Bezirksregierungen auf der Homepage des MGEPA

Das MGEPA hat auf seiner Homepage einen geschützten *Internen Bereich für kommunale Heimaufsichtsbehörden und Bezirksregierungen* eingerichtet.[840] In diesen Bereich stellt das MGEPA zum einen (Rund-)Erlasse und zum anderen Einzelfragen mit den Antworten des Ministeriums ein.

aa. Ministerielle Erlasse

Unterteilt nach themenspezifischen Rubriken, z. B. *Geltungsbereich*, *Anforderungen* an *Wohnqualität* und *Personelle Anforderungen*, stellt das MGEPA im internen Bereich unter der Überschrift *Erlasse (Runderlasse)* seine landesweiten und an einzelne Behörden gerichteten Erlasse als pdf-Dokumente ein, darunter auch die Erlasse des Vorgänger-Ministeriums. Diese können jederzeit von den zuständigen Mitarbeitern der Behörden abgerufen werden. Die Erlasse sind allerdings nicht vollständig eingestellt worden.

bb. Einzelfragen, FAQ-Liste

Neben den Erlassen hat das Ministerium unter der Überschrift *Fragen und Antworten* einige Einzelfragen in den internen Bereich eingestellt. Es geht hierbei um Anfragen der kommunalen Heimaufsichtsbehörden an das MGEPA, die das Ministerium beantwortet hat und die von allgemeinem Interesse für die Heimaufsichtsbehörden sind. Bislang ist allerdings nur ein Teil, näm-

---

836 *MAGS*, Erlass v. 16.12.2009 (s. Fn. 779).

837 *MGEPA*, Erlass v. 11.5.2011 (s. Fn. 779), S. 2.

838 *MGEPA*, Erlass v. 11.5.2011 (s. Fn. 779), S. 2.

839 *MGEPA*, Erlass v. 11.5.2011 (s. Fn. 779), S. 2.

840 *MGEPA*; Wohn- und Teilhabegesetz 2014, abrufbar unter: http://www.mgepa.nrw.de/pflege/rechtsaufsichten/wohn-_und_teilhabegesetz_2014/index. php (zuletzt abgerufen am 29.8.2015) sowie *Landtag NRW*, Bericht des MGEPA v. 8.7.2011, Vorl. 15/741, Ziff. 2.), S. 5.

lich sechs solcher Einzelfragen in dem internen Bereich veröffentlicht, obwohl es deutlich mehr solcher Einzelanfragen gegeben hat. Laut MGEPA soll dieser Bereich nach Erlass des WTG NRW intensiver gepflegt werden. Geplant ist, „eine Informationsbörse und eine sogenannte FAQ-Liste zum internen Austausch der Heimaufsichten über wichtige Rechtsfragen“[841] einzurichten. Das MGEPA beabsichtigt, mit diesen Mitteln „das Ziel einer möglichst landesweit einheitlichen Anwendung des WTG“[842] zu fördern.

j. Schulungs- und Fortbildungsangebote

Das MGEPA veranstaltet zum Teil Schulungen für die Praktiker der Heimaufsichtsbehörden im Hinblick auf die Durchführungen des WTG NRW. Solche Schulungen wurden zunächst in der Anfangszeit des WTG NRW 2008 angeboten, zwischenzeitlich aber nicht weitergeführt. Fortbildungsmöglichkeiten für die Beschäftigten der Heimaufsichtsbehörden gab es daher eine Zeit lang nur im Oberbergischen Kreis bei der *Akademie Gesundheitswirtschaft und Senioren*.[843]

In Bezug auf das WTG NRW hat das MGEPA für das Frühjahr 2015 unter der Leitung des Fachreferats Veranstaltungen zur Einführung in das neue Recht in den fünf Regierungsbezirken geplant.[844] Diese sollen vom Fachreferat des MGEPA durchgeführt werden. Vorbereitet wurden die Einführungsveranstaltungen von einer vom MGEPA eingesetzten Arbeitsgruppe.[845]

Für die Folgezeit sind ebenfalls Schulungs- bzw. Fortbildungsveranstaltungen geplant. Solche Fortbildungen und fachlicher Austausch sind nach Auffassung von Ministerin *Steffens* „deutlich Erfolg versprechender als „Weisungen“ aus der Landeshauptstadt.“[846] Geplant sind auch Vertiefungsveranstaltungen zu bestimmten Themen.

---

841 *Landtag NRW*, Bericht des MGEPA v. 8.7.2011, Vorl. 15/741, Ziff. 2.) S. 5.

842 *Landtag NRW*, Bericht des MGEPA v. 8.7.2011, Vorl. 15/741, Ziff. 2.) S. 6.

843 Siehe Schulungsangebot AGewiS, abrufbar unter: http://www.agewis.de/index.php?option=com_docman&task=doc_download&gid=2588&Itemid=; zudem *Knoop*, Musterschulung für das ganze Land, in: KStA v. 24.6.2009, abrufbar unter: http://www.agewis.de/index.php?option=com_docman&task=doc_download&gid=169&Itemid= (beide zuletzt abgerufen am 29.8.2015).

844 Vgl. *MGEPA*, Erlass v. 13.11.2014 (s. Fn. 774), Ziff. 1 S. 1; zudem *Landtag NRW*, Antwort der LReg v. 11.12.2014 auf die Kleine Anfrage 2909, Drucks. 16/7602, S. 3.

845 Siehe oben § 5 B. II. 2. d.

846 *Steffens*, EILDIENST LKT NRW 2013, S. 396 (397).

Von Seiten der Kommunen sind entsprechende Angebote ausdrücklich gewünscht.[847]

k. Gemeinsame Datenbank

Eine gemeinsame Datenbank für die Sammlung von Daten aus der Tätigkeit der Heimaufsichtsbehörden gibt es bislang noch nicht. Derzeit ist nur im Bereich Altenpflege eine zentrale Datenbank vorhanden, die Altenpflege-Umlage-Datenbank. Sie beinhaltet die Stammdaten aller Einrichtungen.

Wegen der fehlenden gemeinsamen Datenbank nutzen die Heimaufsichtsbehörden derzeit unterschiedliche Systeme. Einige Kommunen nutzen die Datenbank ANDA.[848] Auf diese haben die Sonderaufsichtsbehörden aber keinen Zugriff.

Das MGEPA plant für den Bereich der Heimaufsicht auf die Datenbank im Bereich Altenpflege aufzubauen und diese zu erweitern. Der neu geschaffene § 9 Abs. 2 S. 1 WTG NRW nimmt auf eine solche Datenbank Bezug. Das Ministerium erhofft sich von einer gemeinsamen Datenbank u. a. eine Erleichterung der Ausübung des Unterrichtungsrechts, da sich einige Abfragen bei den Kommunen erübrigen könnten. Auf die Datenbank könnte z. B. für die Beantwortung parlamentarischer Anfragen zurückgegriffen werden.

l. Beauftragung externer Beratung

Das MGEPA macht sich gelegentlich auch externe Beratung zunutze. Im Jahr 2013 hat das Ministerium das *Deutsche Institut für angewandte Pflegeforschung e. V. – dip –* aus Köln damit beauftragt, die „Weiterentwicklung des WTG-Rahmenprüfkatalogs zur Qualitätssicherung in NRW“[849] wissenschaftlich zu begleiten. Das dip soll nach Aussage eines Vertreters des MGEPA Vorschläge für den neuen Rahmenprüfkatalog unterbreiten, die in der Arbeitsgemeinschaft zur Diskussion gestellt werden. Dieser Prozess soll mit einer Entscheidung des MGEPA im Erlasswege abgeschlossen werden.

---

847 Siehe bspw. *Commander*, EILDIENST LKT NRW 2013, S. 399 (401 f.).

848 Z. B. vom *Kreis Minden-Lübbecke*, s. Tätigkeitsbericht, S. 11.

849 *dip*, Projekte, abrufbar unter: http://www.dip.de/projekte/projekt-details/?L=%25A&tx_ttnews%5BbackPid%5D=57&tx_ttnews%5Btt_news%5D=202&cHash=84d56e3df2c5852020f8d5426ada3ccf (zuletzt abgerufen am 29.8.2015).

3. Kommunikationswege zwischen Land und Kommunen

Die schriftliche Kommunikation zwischen den kommunalen Behörden und den Sonderaufsichtsbehörden erfolgt in der Regel auf elektronischem Wege per E-Mail, zum Teil auch per Fax. Die geplante Verfahrensvereinbarung zur Zusammenarbeit der Behörden soll hierzu einige Vorgaben treffen, z. B. bezüglich der E-Mail-Postfächer. Zudem soll es dort Vorgaben zur Erreichbarkeit im Notfall geben. Daneben findet mündlicher Austausch, etwa über die Dienstbesprechungen oder auf telefonischem Wege statt.

Die Kommunikation zwischen dem MGEPA und den Bezirksregierungen erfolgt ebenfalls über Telefongespräche, E-Mail-Verkehr und die Dienstbesprechungen. Daneben findet Austausch über Berichte und Erlasse statt.

Bei der Kommunikation der Behörden untereinander wird nicht immer der Dienstweg eingehalten. Insbesondere in der Anfangszeit des WTG NRW 2008 haben sich die Kommunen mit ihren Anliegen in der Regel „auf dem kurzen Dienstweg“ direkt an das Ministerium gewandt. Es fand daher viel Kontakt direkt zwischen dem Ministerium und der kommunalen Ebene statt. Dies rührt nach Aussagen von Praktikern aus der Zeit, als die Heimaufsicht noch pflichtige Selbstverwaltungsaufgabe und nur das Ministerium Ansprechpartner war. Von Seiten einiger Bezirksregierungen wurde diese Vorgehensweise kritisiert. Das Ministerium hat daher im Jahr 2009 den Dienstweg zum Gegenstand eines Erlasses gemacht[850] und weist inzwischen verstärkt auf die Einhaltung des Dienstwegs hin. Inzwischen wenden sich daher auch viele Heimaufsichtsbehörden direkt an die Bezirksregierungen.[851]

4. Kooperation und Koordination im Verhältnis von Bund und Ländern

Da es sich beim WTG NRW um ein landeseigenes Gesetz handelt, das von den Ländern selbst vollzogen wird, stehen dem Bund keine Aufsichtsbefugnisse etwa nach Art. 84 GG zu. Einflüsse und Steuerungsimpulse von Seiten des Bundes können sich daher allenfalls mittelbar im Rahmen der Zusammenarbeit von Bund und Ländern ergeben.

---

850 *MAGS*, Erlass v. 3.4.2009 (s. Fn. 780).

851 Siehe oben § 5 B. II. 2. a.

a. Bund-Länder-Besprechungen

Ein bis zwei Mal im Jahr finden Bund-Länder-Besprechungen in wechselnden Ländern statt. Nach Darlegung des MGEPA werden auf diesen Veranstaltungen auf Ebene der Referenten grundsätzliche Themen besprochen, die auch das Heimrecht betreffen können. Zum Teil werden diese Themen anschließend in die sog. *Arbeitsminister- und Sozialministerkonferenz – ASMK –*[852] eingebracht.

b. Bund-Länder-Arbeitsgruppe

Zudem kommen der Bund und die Länder in einer „Bund-Länder Arbeitsgruppe zur Stärkung der Rolle der Kommunen in der Pflege“[853] zusammen, die erstmals im September 2014 getagt hat. Hierin soll u. a. die Zusammenarbeit zwischen Bund, Ländern und Kommunen und diesbezügliche Verbesserungspotentiale erörtert werden. Mitglieder sind neben Vertretern verschiedener Bundesministerien die Gesundheitsminister der Länder und Vertreter der kommunalen Spitzenverbände auf Bundesebene.[854]

c. Arbeits- und Sozialministerkonferenz

Im Bereich des Arbeits- und Sozialwesens tagt jedes Jahr unter wechselndem Vorsitz die ASMK. Es handelt sich hierbei um eine von verschiedenen Fachministerkonferenzen der 16 Länder – wie bspw. die VSMK[855]. Die ASMK dient der Zusammenarbeit und Koordination der Länderinteressen – zum einen bezogen auf die jeweiligen Ressorts, zum anderen im Hinblick auf die Zusammenarbeit mit dem Bund. Die Hauptkonferenz der ASMK findet einmal im Jahr im November statt. Daneben werden bei Bedarf Sonderkonferen-

---

852 Näher unter § 5 B. II. 4. c.

853 *BMG*, Hilfsmaßnahmen besser verzahnen: Bund-Länder-AG zur Stärkung der Rolle der Kommunen in der Pflege kommt zusammen, Pressemitteilung Nr. 42 v. 29.9.2014, S. 1, abrufbar unter: http://www.bmg.bund.de/fileadmin/dateien/Pressemitteilungen/2014/2014_03/140929_PM_Bund_Laender_AG_Pflege_vor_Ort.pdf (zuletzt abgerufen am 29.8.2015).

854 Zum Ganzen *BMG*, Pressemitteilung Nr. 42 v. 29.9.2014 (s. Fn. 853), S. 1 f.

855 Siehe oben § 4 B. II. 5. a.

zen veranstaltet. Vorsitz und Geschäftsführung werden jedes Jahr von einem anderen Land übernommen.[856]

Bedarfsabhängig werden zudem Arbeitsgruppen zu bestimmten Themen eingerichtet, so etwa die ASMK-Arbeitsgruppe „Qualitätssicherung in der Pflege", deren Einsetzung von der 88. ASMK im Jahr 2011 beschlossen wurde.[857]

Auf den Konferenzen der ASMK werden „wichtige und grundsätzliche Angelegenheiten der Arbeits- und Sozialpolitik"[858] beraten und beschlossen. Unter anderem ist auch das Heimrecht Gegenstand der ASMK.[859] So wurde z. B. auf der letzten ASMK der Bericht der ASMK-Arbeitsgruppe „Qualitätssicherung in der Pflege" vorgelegt.[860] Laut eines Vertreters des MGEPA ist das Heimrecht auf der ASMK aber grundsätzlich ein untergeordnetes Thema. Steuerungsimpulse gingen hiervon, insbesondere nach Inkrafttreten der verschiedenen Landesgesetze, weniger aus. Erst kürzlich wurde aber ein Modellversuch zur Pflegedokumentation, der Gegenstand eines Beschlusses der ASMK war, für einige Zeit in Nordrhein-Westfalen durchgeführt.[861]

d. Modellversuch zur Pflegedokumentation unter Zusammenarbeit von Bund und Land

In Nordrhein-Westfalen wurde von verschiedenen Einrichtungen – beteiligt waren sieben stationäre Einrichtungen und 20 ambulante Pflegedienste – ein Modellversuch zur Entbürokratisierung der Pflege erprobt.[862] Bei diesem Praxistest handelt es sich um ein vom BMG unterstütztes Projekt „Praktische

---

856 Zum Ganzen s. die Homepage des *Ministeriums für Soziales, Arbeit, Gesundheit und Demografie des Landes Rheinland Pfalz*, Arbeits- und Sozialministerkonferenz 2014 in Rheinland-Pfalz, abrufbar unter: http://msagd.rlp.de/arbeits-und-sozialministerkonferenz-2014/ (zuletzt abgerufen am 29.8.2015).

857 Ergebnisprotokoll der 88. ASMK v. 23./24.11.2011, TOP 5.2 S. 27 f., abrufbar unter: http://msagd.rlp.de/arbeits-und-sozialministerkonferenz-2014/ergebnisse/ (zuletzt abgerufen am 29.8.2015).

858 Vgl. Homepage des *Ministeriums für Soziales, Arbeit, Gesundheit und Demografie des Landes Rheinland Pfalz* (s. Fn. 856).

859 Siehe bspw. die jüngsten Ergebnisprotokolle der 91. ASMK v. 26./27.11.2014, TOP 5.12 S. 27 sowie der 90. ASMK v. 27./28.11.2013, TOP 5.7 S. 18 f., jeweils abrufbar unter: http://msagd.rlp.de/arbeits-und-sozialministerkonferenz-2014/ergebnisse/ (zuletzt abgerufen am 29.8.2015).

860 Ergebnisprotokoll der 91. ASMK v. 26./27.11.2014 (s. Fn. 859), TOP 5.12 S. 27, Bericht der ASMK-Arbeitsgruppe „Qualitätssicherung in der Pflege" S. 78 ff. (Kurzfassung), S. 84 ff. (vollständiger Bericht).

861 Siehe hierzu unten § 5 B. II. 4. d.

862 *Landtag NRW*, Kleine Anfrage 2909 v. 12.11.2014, Drucks. 16/7291, S. 1; Antwort der LReg v. 11.12.2014, Drucks. 16/7602, S. 2.

Anwendung des Strukturmodells – Effizienzsteigerung der Pflegedokumentation in der ambulanten und stationären Langzeitpflege“,[863] das in fünf Ländern getestet wurde.[864] Es geht hierbei um die Einrichtung eines neuen Dokumentationssystems.[865] Dieses beruht auf Empfehlungen der Ombudsfrau zur Entbürokratisierung der Pflege, an deren Entwicklung Vertreter von Bundes- und Landesebene und verschiedene fachlichen Experten beteiligt waren.[866] Der Erarbeitung der Empfehlungen ist ein Beschluss der 90. ASMK 2013 vorausgegangen.[867]

Auf der Dienstbesprechung des MGEPA im Mai 2014 wurden das Projekt und die Erfahrungen hiermit vorgestellt und das weitere Vorgehen bezüglich der Einführung des Modells diskutiert.[868] Eine Weisung des MGEPA an die Kreise und kreisfreien Städte in Bezug auf eine verbindliche Einführung des Dokumentationssystems in den nordrhein-westfälischen Pflegeeinrichtungen soll es allerdings nicht geben.[869] Die Einführung liegt nach Auffassung des MGEPA im Verantwortungsbereich der Einrichtungsträger.[870]

5. Unionsrechtliche Einflüsse

Einflüsse der EU spielen im Bereich der Heimaufsicht – ganz im Gegensatz zur Lebensmittelüberwachung und zum Veterinärwesen – nahezu keine Rolle. Nach Darlegung des Ministeriums sei bislang überhaupt nur einmal eine unionsrechtliche Frage aufgetaucht, welche die wohl im Ergebnis zu verneinende Anwendbarkeit der Dienstleistungsrichtlinie betroffen habe.

---

863 Siehe hierzu der *BMG*, Abschlussbericht, S. 1.
864 *BMG*, Abschlussbericht, S. 6 f.
865 *BMG*, Abschlussbericht, S. 6.
866 *BMG*, Abschlussbericht, S. 6.
867 90. ASMK v. 27./28.11.2013 (s. Fn. 859), Ergebnisprotokoll, TOP 5.10, S. 22 f.; *BMG*, Abschlussbericht, S. 7.
868 Siehe *Landtag NRW*, Antwort der LReg v. 11.12.2014 auf die Kleine Anfrage 2909, Drucks. 16/7602, S. 2.
869 *Landtag NRW*, Antwort der LReg v. 11.12.2014 auf die Kleine Anfrage 2909, Drucks. 16/7602, S. 3.
870 *Landtag NRW*, Antwort der LReg v. 11.12.2014 auf die Kleine Anfrage 2909, Drucks. 16/7602, S. 3.

III. Verwaltungsexterne Steuerungsmechanismen

1. Öffentlichkeit und Medien

Angesichts der bereits jetzt hohen Zahl an pflegebedürftigen Menschen und des demografischen Wandels rückt das Thema der Betreuung pflegebedürftiger Menschen mehr und mehr in den Fokus der Öffentlichkeit und der Medien. Berichte über „Pflegeskandale"[871] können – zumindest zeitweise – zu verstärkter Aufmerksamkeit und Interesse sowie Kritik an den Zuständen in Betreuungseinrichtungen führen. Dies ist häufig auch mit Kritik an der Heimaufsicht verbunden, die bspw. als nicht ausreichend erachtet wird. Dies kann sich ggf. auch auf die Sonderaufsichtsbehörden auswirken und diese zum Handeln und Ergreifen von Aufsichtsmaßnahmen bewegen.[872] Bspw. hat das MGEPA in einem Erlass an die Heimaufsichtsbehörden, in dem es die Kommunen zur Einhaltung der gesetzlich vorgeschriebenen Anzahl an Prüfungen anhält, auf die Pflegeskandale und die damit häufig einhergehende anhaltende Aufmerksamkeit seitens der Öffentlichkeit hingewiesen.[873]

2. Verwaltungsgerichtliche Kontrolle

Die Kommunen haben – soweit bekannt – bislang keine gerichtlichen Schritte unmittelbar gegen Aufsichtsmaßnahmen des Landes ergriffen. Auch diesbezügliche Überlegungen sind nicht bekannt.

Zum WTG NRW 2008 sind bereits einige verwaltungsgerichtliche Verfahren geführt worden, die diverse Rechtsfragen betrafen.[874]

---

871 Siehe *RP Online*, Pflegeskandal: Steffens kritisiert Heimleiter, Artikel v. 6.12.2010, abrufbar unter: http://www.rp-online.de/nrw/landespolitik/pflegeskandal-steffens-kritisiert-heimleiter-aid-1.1147261; *Focus online*, Pflegeskandal weitet sich aus, Heimleitung wusste von Misshandlung und tat nichts, Artikel v. 24.6.2012, abrufbar unter: http://www.focus.de/panorama/welt/pflegeskandal-weitet-sich-aus-heimleitung-wusste-seit-februar-von-misshandlung_aid_772158.html (beide zuletzt abgerufen am 29.8.2015).

872 Vgl. *RP Online*, Artikel v. 6.12.2010 (s. Fn. 871).

873 *MGEPA*, Erlass v. 9.8.2011 (nicht veröffentlicht).

874 Z. B. *OVG Münster*, Beschl. v. 6.11.2013 – 12 B 1074/13 –, in: juris; *VG Arnsberg*, Urt. v. 29.12.2009 – 13 K 2692/09 –, in: juris; *VG Düsseldorf*, Urt. v. 9.9.2014 – 26 K 6758/12 –, in: juris; *VG Gelsenkirchen*, Urt. v. 15.1.2014 – 10 K 2661/12 –, in: juris; *VG Münster*, Urt. v. 15.11.2011 – 6 K 1618/09 –, in: PflR 2012, 187.

3. Rechnungshofkontrolle

Der Bereich der Heimaufsicht ist, soweit bekannt,[875] bislang nicht Gegenstand der Kontrolle des LRH NRW gewesen. Eine Kontrolle durch den BRH ist bislang ebenfalls nicht erfolgt. Sie wäre ohnehin nur bei Vorliegen der Voraussetzungen des § 91 BHO möglich.

4. Parlamentarische Kontrolle

Laut MGEPA gibt es im Bereich der Heimaufsicht gelegentlich Petitionen oder Kleine Anfragen. In diesen wird zum Teil ausdrücklich nach dem Ergreifen von Aufsichtsmaßnahmen gefragt. In einer Kleinen Anfrage in Bezug auf die Pflegedokumentation der Heimaufsichtsbehörden lautete die konkrete Frage:

> „Wird die Landesregierung als oberste Aufsichtsbehörde den Kreisen und kreisfreien Städten eine Weisung erteilen, um die gleichmäßige Durchführung der Heimaufsicht unter den Bedingungen des neuen Strukturmodells der Pflegedokumentation zu gewährleisten?“[876]

Verbunden war diese Frage mit diversen Folgefragen. Zudem wurden konkret zeitliche Angaben erfragt.[877]

Nach Aussage eines Vertreters des MGEPA können parlamentarische Anfragen zum Ergreifen von Aufsichtsmaßnahmen führen. Häufig führten parlamentarische Anfragen zu Informationsersuchen an die Kommunen, um die Anfrage beantworten zu können. Gegebenenfalls könnten parlamentarische Anfragen darüber hinaus ein aufsichtliches Handeln nach sich ziehen, wenn z. B. auf bestimmte Umstände aufmerksam gemacht werde, die ein Einschreiten der Aufsichtsbehörden erforderlich machten.

5. Haftung der Kommunen und des Landes

Die Thematik der Haftung scheint im Heimaufsichtsbereich eine untergeordnete Rolle zu spielen.

---

875 In den Berichten des *LRH NRW* ist seit Erlass des WTG NRW 2008 bis heute keine Prüfung auf dem Gebiet der Heimaufsicht veröffentlicht; von Seite des *LRH NRW* wurden darüber hinaus keine Auskünfte gegeben.

876 *Landtag NRW*, Kleine Anfrage 2909 v. 12.11.2014, Drucks. 16/7291, S. 2

877 *Landtag NRW*, Kleine Anfrage 2909 v. 12.11.2014, Drucks. 16/7291, S. 2.

6. Strafrechtliche Risiken

Auch im Bereich der Heimaufsicht kann sich die Frage der Strafbarkeit von Personal der Heimaufsichts- sowie Sonderaufsichtsbehörden stellen, wenn nicht gegen bekannte Missstände etwa in Pflegeeinrichtungen eingeschritten wird. Gegebenenfalls können sich diese strafrechtlichen Risiken ebenfalls auf die Steuerungspraxis des Landes auswirken. In der Praxis scheint diese Thematik bislang aber keine oder allenfalls eine untergeordnete Rolle zu spielen.

IV. Steuerungsintensität und Steuerungsstil des Landes aus Sicht der verschiedenen Ebenen

1. MGEPA

Das Ministerium, das von einigen Praktikern als der *strategische Part* der Aufsichtsausübung beschrieben wird, verfolgt nach eigener Aussage einen kooperativen Aufsichtsstil.[878] Dies drückt sich in der Praxis durch die Beteiligung der Heimaufsichtsbehörden und kommunalen Spitzenverbände aus, z. B. in der Gestalt von Dienstbesprechungen, Arbeitsgruppen, Einbeziehung in Erlassentwürfe etc. sowie in dem Versuch, eine Vielzahl an Erlassen zu vermeiden.

Von Seiten der Kommunen wird die Aufsichtspraxis unterschiedlich beurteilt. Zum Teil wird bemängelt, dass es zu wenige konkrete Vorgaben seitens des Ministeriums gebe. Einige Praktiker fühlen sich daher zu sehr auf sich allein gestellt. Es werden mehr konkrete Vorgaben und mehr Absicherung gewünscht. Teilweise werden die Erlasse zudem als zu kompliziert empfunden. Auch gebe es nicht ausreichend Austausch mit den Sonderaufsichtsbehörden. Die Ergebnisse seien häufig unkonkret. Daher müsse Austausch sehr intensiv zwischen den Kommunen untereinander betrieben und in diesem Rahmen Informationen weitergegeben werden. Die Aufsichtsausübung wurde zudem vereinzelt als *laissez-faire* beschrieben. Eine einheitliche Wahrnehmung der Heimaufsicht sei nicht immer gewährleistet.

Von anderen Praktikern und von Seiten der kommunalen Spitzenverbände hingegen wird das Belassen von Handlungsspielräumen hingegen sehr positiv bewertet und auch für die Zukunft gewünscht. Man brauche ausreichend

[878] Siehe oben § 5 B. II. 2.

Handlungsspielräume, um auf verschiedene Situationen und regionale Besonderheiten angemessen reagieren zu können. Hierdurch werde eine selbstbestimmte und freie Aufgabenwahrnehmung ermöglicht. Es wird von einigen Praktikern zudem betont, dass das Aufsichtshandeln des Ministeriums tatsächlich sehr kooperativ ablaufe. Die kommunale Ebene werde sehr intensiv in die verschiedenen Prozesse einbezogen.

Die unterschiedliche Beurteilung der Aufsichtspraxis variiert nicht nur von Kommune zu Kommune. Teilweise wird die Aufsichtsintensität auch innerhalb einer Kommune unterschiedlich beurteilt. Hier bestehen gelegentlich auch Unterschiede auf der Sachbearbeiterebene – dort werden häufig mehr Vorgaben gewünscht – und der Leitungsebene, auf der es vielfach vorgezogen wird, mehr kommunale Handlungsspielräume zu bewahren.

Ein Praktiker beschrieb die Situation der Kommunen als *Gemengelage*, die einerseits aus dem Wunsch bestehe, Vorgaben zu erhalten, andererseits aber gerade keine Vorgaben zu bekommen.

Ein wichtiger Faktor für die Intensität der Aufsichtsausübung ist auch die Personalausstattung der Sonderaufsichtsbehörden. Aus Kapazitätsgründen ergeben sich faktische Grenzen. Die zum Teil von den Kommunen gewünschte stärkere Aufsichtstätigkeit des Landes ist daher nach Aussagen von Praktikern in der Praxis häufig nicht umzusetzen. Zum Teil wird auch gewünscht, dass im Ministerium eine Pflegefachkraft eingestellt wird, um entsprechenden Sachverstand einzubringen.

2. Bezirksregierungen

Die Bezirksregierungen sehen sich vorrangig in einer beratenden, unterstützenden Rolle gegenüber den Heimaufsichtsbehörden. Daneben beschreiben sie die Informationsaufgabe als wesentlichen Bestandteil ihrer Tätigkeit. Zwischen den einzelnen Bezirksregierungen bestehen aber Unterschiede im Hinblick auf ihr Selbstverständnis als Aufsichtsbehörde, die konkrete Aufsichtsausübung und deren Intensität. Dies hängt auch von den handelnden Akteuren und der Arbeitsbelastung ab.

Die Einbeziehung der Bezirksregierungen in die Aufsichtstätigkeit ist bislang nicht einheitlich oder verbindlich geregelt. Das MGEPA hat in der Zwischenzeit zumindest mündlich einige Grundzüge der gemeinsamen Zusammenarbeit mit den Bezirksregierungen vereinbart. In der geplanten Verfahrensvereinbarung soll die Zusammenarbeit darüber hinaus schriftlich und verbindlich festgelegt werden und eine genaue Beschreibung der Aufgaben der Bezirksregierungen erfolgen.[879]

Von den Kommunen sind die Bezirksregierungen vor allem in den Anfangsjahren als Aufsichtsbehörden kaum wahrgenommen worden. Die Aufsichtspraxis fand vielmehr vorrangig im Verhältnis von Ministerium und kommunalen Behörden statt. Der Dienstweg wurde vielfach nicht beachtet. Einige Kommunen haben daher die Aufsichtstätigkeit der Bezirksregierungen als zu gering kritisiert. Hintergrund hierzu ist die Umstellung der Aufgabenform von einer pflichtigen Selbstverwaltungsaufgabe zu einer Pflichtaufgabe zur Erfüllung nach Weisung. Denn vor der Umwandlung der Aufgabe fand Kontakt nur zwischen den Kommunen und dem Ministerium statt. Dies lief auch nach Inkrafttreten des WTG NRW 2008 so fort. Hinzu kam, dass in vielen Bezirksregierungen zu Beginn kein eigenes Personal für die Heimaufsicht vorhanden war.

Inzwischen hat es einige Entwicklungen in Bezug auf die Aufsichtsrolle der Bezirksregierungen gegeben. In den Bezirksregierungen wurde eine – zumindest anteilige – Stelle im Bereich Heimaufsicht eingerichtet. Auf Kritik einiger Bezirksregierungen hin wird seitens des Ministeriums nunmehr verstärkt auf die Einhaltung des Dienstwegs geachtet. Es findet inzwischen bei einigen Bezirksregierungen auch vermehrter Kontakt zwischen den Kommunen und den Bezirksregierungen statt. Dies geschieht zum einen durch die Teilnahme an den regionalen Arbeitskreisen. Zum anderen erfolgt dies aber auch durch Kontakt zwischen einzelnen Kommunen und der jeweiligen Bezirksregierung, z. B. durch die Ausübung des Unterrichtungsrechts und durch Beratung. Hier bestehen aber gewisse Unterschiede in der Handhabung zwischen den einzelnen Bezirksregierungen.

In der Zukunft soll die Rolle der Bezirksregierungen weiter intensiviert werden.

---

[879] Vgl. zum Ganzen *Landtag NRW*, Bericht des MGEPA v. 8.7.2011, Vorl. 15/741, Ziff. 2.), S. 6.

3. Teil: Aufgabenübergreifende rechtliche Untersuchung der Steuerungsbefugnisse des Landes

Im dritten Teil der Arbeit werden die Steuerungsbefugnisse des Landes bei der Wahrnehmung von Pflichtaufgaben zur Erfüllung nach Weisung durch die Kommunen in rechtlicher Hinsicht untersucht. Untersucht werden zunächst die gesetzlichen Sonderaufsichtsinstrumente (§ 6) und anschließend die informalen Steuerungsinstrumente (§ 7).

Die folgenden Ausführungen beziehen sich nicht nur auf die im zweiten Teil der Arbeit untersuchten Aufgabengebiete, sondern gelten grundsätzlich für alle Pflichtaufgaben zur Erfüllung nach Weisung in Nordrhein-Westfalen. Angesichts der Vielzahl an Pflichtaufgaben zur Erfüllung nach Weisung und der unterschiedlichen fachgesetzlichen Ausgestaltungen der Sonderaufsicht können jedoch, vor allem im Hinblick auf die gesetzlichen Sonderaufsichtsinstrumente, nur verallgemeinernde Aussagen getroffen und nicht jede fachspezifische Besonderheit berücksichtigt werden.

§ 6 Gesetzliche Sonderaufsichtsinstrumente

Zum Teil wird vermutet, der Steuerung mittels förmlicher Aufsichtsinstrumente komme in der Verwaltungspraxis eine eher geringe Bedeutung im Hinblick auf die Intensität ihres Einsatzes zu.[880] Dies lässt sich für die Steuerung im Bereich von Pflichtaufgaben zur Erfüllung nach Weisung nicht allgemein bestätigen. Die Häufigkeit der Anwendung gesetzlicher Aufsichtsbefugnisse variiert vielmehr von Aufgabenbereich zu Aufgabenbereich.[881] Die Bedeutung der gesetzlichen Aufsichtsinstrumente hängt zudem nicht nur mit der Intensität ihres Einsatzes zusammen.[882] Vielmehr geht von ihnen auch eine „disziplinierende Wirkung“[883] aus. Die formalen Aufsichtsinstrumente stehen den Aufsichtsbehörden schließlich stets als Option zur Verfügung, wenn auf in-

---

[880] Vgl. *Rehbinder*, Rechtssoziologie, Rn. 181; s. auch *Wegrich*, Steuerung, S. 218 ff.

[881] Siehe oben § 4 B. II. 1, § 5 B. II. 1.

[882] *Wegrich*, Steuerung, S. 218 f.

[883] *Wegrich*, Steuerung, S. 219; s. zudem unten § 7.

formalem, insbesondere kooperativem Wege keine Einigung erzielt werden kann.[884]

Im Zusammenhang mit den gesetzlichen Aufsichtsbefugnissen des Landes stellen sich in der Praxis diverse Fragen, die den Inhalt und die Grenzen der Sonderaufsichtsinstrumente betreffen und denen im Folgenden nachgegangen werden soll.

A. Inhalt und Grenzen der gesetzlichen Aufsichtsinstrumente

I. Unterrichtungsrecht

1. Erfordernis einer Ermächtigungsgrundlage

In vielen der fachgesetzlichen Regelungen zur Sonderaufsicht ist ein Unterrichtungsrecht der Aufsichtsbehörden explizit geregelt. Bei anderen Pflichtaufgaben zur Erfüllung nach Weisung wiederum nicht.[885] Die ausdrückliche gesetzliche Normierung ist aber Voraussetzung dafür, dass den Aufsichtsbehörden eine Informationsbefugnis gegenüber den Kommunen zusteht.[886] Zum Teil wird zwar vertreten, dass den Sonderaufsichtsbehörden auch dann die Befugnis zustehe, sich bei den Kommunen über die Aufgabenwahrnehmung zu informieren, wenn dies im jeweiligen Fachgesetz nicht ausdrücklich geregelt ist.[887] Dem ist jedoch nicht zuzustimmen. Aufsicht kann zwar ohne die Möglichkeit, sich über das Handeln der Aufsichtsobjekte zu unterrichten, nicht sinnvoll ausgeübt werden.[888] *Schönenbroicher* formuliert insoweit treffend: „Steuern (…) kann nur, wer überhaupt weiß, was vor sich geht."[889] Es ist aber Aufgabe des Gesetzgebers, eine Rechtsgrundlage zu schaffen, die den Aufsichtsbehörden eine entsprechende Informationsbefugnis gibt. Denn aufgrund des Selbstverwaltungscharakters der Pflichtaufgaben zur Erfüllung

---

884 *Wegrich*, Steuerung, S. 219; vgl. auch *Scharpf*, Interaktionsformen, S. 323.

885 Siehe oben § 2 B. III. 3. a.

886 *Erichsen*, Kommunalrecht, § 15 C; *Pieper*, Aufsicht, S. 89, 426 f.; s. auch *Rhein*, OBG NRW, § 8 Rn. 1; *Rietdorf* u. a., Ordnungs- und Polizeirecht, § 8 Rn. 1.

887 Siehe etwa *Becker/Winkel*, in: Held u. a. (Hrsg.), GO NRW, § 119 Erl. 4.5, § 127 Erl. 3; *Peters*, Selbstverwaltung in Preussen, S. 234.

888 *Kuschke* u. a., ÖGDG NRW, Erl. 6.2; *Lafontaine/Stollmann*, NWVBl 1999, 170 (174); *Mayntz*, Soziologie, S. 221.

889 *Schönenbroicher*, in: Schönenbroicher/Heusch (Hrsg.), OBG NRW, § 8 Rn. 2.

nach Weisung ist der Gesetzesvorbehalt des Art. 28 Abs. 2 S. 1 GG[890] zu beachten. Eingriffe in das Selbstverwaltungsrecht der Kommunen können demnach nur auf gesetzlicher Grundlage erfolgen. Konkret für die Pflichtaufgaben zur Erfüllung nach Weisung bestimmt daneben Art. 78 Abs. 4 S. 2 LVerf NRW, dass sich das Land ein „Weisungs- und *Aufsichts*recht[891] nach näherer gesetzlicher Vorschrift" vorbehalten kann. Auch vor diesem Hintergrund ist daher eine gesetzliche Normierung des Unterrichtungsrechts zwingend erforderlich. Ausreichend ist nach der landesverfassungsrechtlichen Regelung ein Gesetz im materiellen Sinne und damit auch eine Rechtsverordnung.[892]

Soweit in den Fachgesetzen kein Unterrichtungsrecht normiert ist, können sich die Sonderaufsichtsbehörden folglich nur auf Informationen stützen, die sie auf anderem Wege als durch verbindliche Anfragen bei den Kommunen erhalten haben. Dies können etwa Informationen aus der Öffentlichkeit bzw. den Medien oder freiwillige Angaben der Kommunen sein.

2. Rechtliche Einordnung von Unterrichtungsverlangen

Fraglich ist, ob das Unterrichtungsverlangen einer Sonderaufsichtsbehörde als Verwaltungsakt oder als verwaltungsinterne Maßnahme einzuordnen ist. *Schönenbroicher* ordnet Informationsersuchen als „verwaltungsinternen Akt"[893] ein und lehnt die Verwaltungsaktqualität daher ab.[894]

Dem ist nicht zuzustimmen. Unterrichtungsverlangen einer Sonderaufsichtsbehörde sind vielmehr als Verwaltungsakte i. S. v. § 35 S. 1 VwVfG NRW einzuordnen.[895] Bei einem Informationsersuchen handelt es sich um eine An-

---

890 Näher zur Einordnung des Art. 28 Abs. 2 S. 1 GG als Gesetzesvorbehalt s. etwa *Hellermann*, in: Epping/Hillgruber (Hrsg.), GG, Art. 28 Rn. 44 ff.; *Mehde*, in: Maunz/Dürig (Begr.), GG, Art. 28 Abs. 2 Rn. 103 ff.

891 Hervorhebung von der Verfasserin hinzugefügt.

892 Vgl. *Grawert*, LV NRW, Art. 78 Erl. 8; *Wansleben*, in: Held u. a. (Hrsg.), GO NRW, § 3 Erl. 2.

893 *Schönenbroicher*, in: Schönenbroicher/Heusch (Hrsg.), OBG NRW, § 8 Rn. 6.

894 Insoweit widersprüchlich bejaht er demgegenüber die Außenwirkung bei sonderaufsichtlichen Weisungen und qualifiziert diese als Verwaltungsakte: *Schönenbroicher*, in: Schönenbroicher/Heusch (Hrsg.), OBG NRW, § 9 Rn. 19; s. zudem unten § 6 A. II. 2.

895 So wohl auch *Burgi*, in: Dietlein/Burgi/Hellermann (Hrsg.), Öffentliches Recht, § 2 Rn. 133; *v. Lennep*, in: Rehn u. a. (Hrsg.), GO NRW Bd. I, § 3 Erl. IV. 2 – beide Autoren beziehen sich allgemein auf Aufsichtsmaßnahmen im Rahmen der Sonderaufsicht ohne konkret das Unterrichtungsverlangen zu nennen.

ordnung einer Sonderaufsichtsbehörde und damit um eine *hoheitliche Maßnahme* einer *Behörde* i. S. v. § 1 Abs. 4 VwVfG NRW. Der *Regelung*scharakter dieser Maßnahme ergibt sich daraus, dass die Kommune grundsätzlich verpflichtet ist, dem Unterrichtungsverlangen nachzukommen.[896] Es handelt sich dabei auch nicht nur um ein „reine Vorbereitungshandlung[en]"[897], sondern eine eigenständige Maßnahme, die unabhängig von etwaigen weiteren Aufsichtsmaßnahmen eigene Rechtswirkungen erzeugt. Unterrichtungsverlangen betreffen ferner einen *Einzelfall.* Ein solcher ist gegeben, wenn sich die behördliche Maßnahme sowohl im Hinblick auf den Adressatenkreis als auch den Inhalt der Maßnahme auf einen konkreten Lebenssachverhalt bezieht.[898] Dies ist bei Informationsbegehren gegenüber Kommunen der Fall. Dies gilt zum einen für Unterrichtungsverlangen, bei denen zu einem konkreten Sachverhalt von einer oder mehreren bestimmten Kommunen als Adressaten[899] Informationen erfragt werden. Hierbei handelt es sich um *konkret-individuelle* Maßnahmen.[900] Ein Informationsersuchen betrifft aber auch dann einen Einzelfall, wenn von den Kommunen Informationen zu gewissen wiederkehrenden Situationen abgefragt werden. Es handelt sich in diesem Fall um *abstrakt-individuelle* Maßnahmen, die nach zutreffender Auffassung ebenfalls als Einzelfallmaßnahmen einzuordnen sind.[901] Das Informationsbegehren betrifft zudem das *Gebiet des öffentlichen Rechts*, nämlich das jeweils als Pflichtaufgabe zur Erfüllung nach Weisung ausgestaltete Aufgabengebiet. Vor allem ist ein sonderaufsichtliches Unterrichtungsverlangen auch *auf unmittelbare Rechtswirkung nach außen gerichtet.*[902] Die Kommunen stehen dem Land bei der Wahrnehmung von Selbstverwaltungsaufgaben als eigenständige Rechtsträger mit einer durch das Selbstverwaltungsrecht geschützten

---

[896] Zur Unterrichtungspflicht s. unten § 6 A. I. 5.

[897] So *Krüger*, Die Selbstverwaltung 1957, 339 (340).

[898] *Stelkens*, in: Stelkens/Bonk/Sachs (Hrsg.), VwVfG, § 35 Rn. 206.

[899] Siehe allgemein zur Möglichkeit von an mehrere Personen gerichteten Verwaltungsakten *Stober*, in: Wolff u. a. (Hrsg.), Verwaltungsrecht I, § 45 Rn. 71.

[900] Siehe hierzu allgemein v. *Alemann/Scheffczyk*, in: Bader/Ronellenfitsch (Hrsg.), VwVfG, § 35 Rn. 191; *Stelkens*, in: Stelkens/Bonk/Sachs (Hrsg.), VwVfG, § 35 Rn. 206.

[901] Siehe etwa v. *Alemann/Scheffczyk*, in: Bader/Ronellenfitsch (Hrsg.), VwVfG, § 35 Rn. 193; *Heyle*, NVwZ 2008, 390 ff.; *Stelkens*, in: Stelkens/Bonk/Sachs (Hrsg.), VwVfG, § 35 Rn. 206.

[902] Vgl. *Burgi*, in: Dietlein/Burgi/Hellermann (Hrsg.), Öffentliches Recht, § 2 Rn. 133; *v. Lennep*, in: Rehn u. a. (Hrsg.), GO NRW Bd. I, § 3 Erl. IV. 2; s. hierzu auch *Stelkens*, in: Stelkens/Bonk/Sachs (Hrsg.), VwVfG, § 35 Rn. 183; a. A. *Schönenbroicher*, in: Schönenbroicher/Heusch (Hrsg.), OBG NRW, § 8 Rn. 6.

eigenen Rechtsposition gegenüber.[903] Durch Informationsersuchen der Aufsichtsbehörden wird in diese – verfassungsrechtlich (Art. 78 Abs. 1, 2 i. V. m. Abs. 4 S. 2 LVerf NRW) sowie einfachgesetzlich (z. B. § 3 Abs. 2 S. 1 GO NRW, § 2 Abs. 2 S. 3 KrO NRW) –[904] geschützte Rechtsposition der Kommunen eingegriffen. Es ergeht daher gerade keine behördeninterne, sondern eine Maßnahme mit Außenwirkung.

Aus dem Eingriff in die Rechtsposition der Kommunen ergibt sich im Übrigen, dass Unterrichtungsverlangen stets als *belastende* Verwaltungsakte einzustufen sind.

3. Rechtmäßigkeitsvoraussetzungen für Unterrichtungsverlangen

Die Rechtmäßigkeitsvoraussetzungen von Unterrichtungsverlangen – und von Aufsichtsmaßnahmen generell – ergeben sich vorrangig aus den fachgesetzlichen Bestimmungen zur Sonderaufsicht. Soweit diese keine speziellen Regelungen, etwa zum Verfahren, enthalten, finden angesichts der Verwaltungsaktqualität von Unterrichtungsverlangen[905] die allgemeinen Regelungen des VwVfG NRW Anwendung.[906]

a. Formelle Rechtmäßigkeitsvoraussetzungen

aa. Zuständigkeit

Das Unterrichtungsrecht muss von der zuständigen Aufsichtsbehörde ausgeübt werden. Diese ergibt sich aus den einschlägigen Fachgesetzen,[907] wie etwa aus § 7 OBG NRW oder § 43 Abs. 3 S. 1, 4 WTG NRW.

---

[903] *Burgi*, in: Dietlein/Burgi/Hellermann (Hrsg.), Öffentliches Recht, § 2 Rn. 132 f.; s. auch *v. Lennep*, in: Rehn u. a. (Hrsg.), GO NRW Bd. I, § 3 Erl. IV. 2.

[904] Vgl. *Burgi*, in: Dietlein/Burgi/Hellermann (Hrsg.), Öffentliches Recht, § 2 Rn. 139; s. auch *v. Lennep*, in: Rehn u. a. (Hrsg.), GO NRW Bd. I, § 3 Erl. IV. 2.

[905] Siehe oben § 6 A. I. 2.

[906] Vgl. *Schoch*, Jura 2006, 358 (361); a. A. *Röhl*, in: Schoch (Hrsg.), Verwaltungsrecht, 1. Kap. Rn. 67; s. näher unten § 6 A. I. 3. a. bb.

[907] Vgl. *Schoch*, Jura 2006, 358 (361).

bb. Verfahren, insb. Anhörungspflicht

Die fachgesetzlichen Bestimmungen zur Sonderaufsicht enthalten keine Vorgaben zum Verfahren der Ausübung der Aufsichtsbefugnisse und speziell des Unterrichtungsrechts. Es sind daher die allgemeinen Regelungen des VwVfG NRW heranzuziehen.[908] Anwendung findet daher die Anhörungspflicht nach § 28 Abs. 1 VwVfG NRW. Als belastende Verwaltungsakte fallen Unterrichtungsverlangen der Sonderaufsichtsbehörden unter diese Vorschrift.

Zum Teil wird allerdings vertreten, die Institute des Verwaltungsverfahrensrechts, wie etwa die Anhörungspflicht nach § 28 Abs. 1 VwVfG NRW, würden generell nicht auf das Verhältnis von Land und Kommunen bei Pflichtaufgaben zur Erfüllung nach Weisung passen.[909] Für diese Auffassung spresprechen praktische Erwägungen, da eine Anhörungspflicht die Ausübung des Unterrichtungsrechts in der Praxis verkompliziert und einen nicht unerheblichen Aufwand auf Seiten des Landes bewirkt. In der Praxis ist es – soweit ersichtlich – bislang auch nicht üblich, die Kommunen vor dem Erlass von Informationsersuchen anzuhören.

Demgegenüber ist zu bedenken, dass es sich bei Pflichtaufgaben zur Erfüllung nach Weisung um Selbstverwaltungsaufgaben handelt und die Kommunen in diesem Rahmen über eine geschützte Rechtsposition verfügen, die durch Informationsersuchen beeinträchtigt wird. Hieraus ergibt sich die grundsätzliche Pflicht der Sonderaufsichtsbehörden, die Kommunen zuvor anzuhören.[910] Dies gilt trotz des Umstands, dass eine Anhörung bei Informationsersuchen gewisse Praktikabilitätsprobleme auf Seiten der Aufsichtsbehörden hervorruft. Angesichts der Bedeutung des Selbstverwaltungsrechts kann dies einen generellen Ausschluss der Anhörungspflicht aber nicht rechtfertigen. Besonderen Situationen kann durch § 28 Abs. 2 VwVfG NRW entsprochen werden, wonach die Aufsichtsbehörden im Einzelfall von der Anhörung absehen können. So kann etwa nach § 28 Abs. 2 Ziff. 1, 1. Alt. VwVfG NRW eine Anhörung der Kommunen wegen Gefahr in Verzug entbehrlich sein, wenn das Land von einer oder mehreren Kommunen Informationen in Bezug

[908] Vgl. *Schoch*, Jura 2006, 358 (361).

[909] So *Röhl*, in: Schoch (Hrsg.), Verwaltungsrecht, 1. Kap. Rn. 67.

[910] Siehe auch *Engel/Pfau*, in: Mann/Sennekamp/Uechtritz (Hrsg.), VwVfG, § 28 Rn. 24, die eine Anhörung in Bezug auf Maßnahmen, die das Selbstverwaltungsrecht der Kommunen betreffen, sogar verfassungsunmittelbar aus Art. 28 Abs. 2 GG herleiten.

auf Tierseuchengeschehnisse oder Lebensmittelkrisen verlangt und Eile geboten ist. Zudem kann ggf. eine Anhörung nach § 28 Abs. 2 Ziff. 4 VwVfG NRW entfallen. Ob eine Anhörung unterbleiben kann, muss die Sonderaufsichtsbehörde stets im jeweiligen Einzelfall prüfen und ihr insoweit bestehendes Ermessen ordnungsgemäß ausüben. Im Rahmen der Ermessenserwägungen ist auf der einen Seite zu berücksichtigen, wie weitgehend das Informationsersuchen die Kommunen in ihrem Selbstverwaltungsrecht betrifft und welcher Aufwand hiermit für sie verbunden ist. Auf der anderen Seite sind Aspekte wie die Dringlichkeit des Unterrichtungsverlangens oder der mit einer Anhörung verbundene Aufwand für die Sonderaufsichtsbehörden zu berücksichtigen. Auch kann in diesem Rahmen eine vorherige Anhörung der kommunalen Spitzenverbände berücksichtigt werden. Eine solche Anhörung kann das Absehen von der Anhörung der einzelnen Kommunen aber nicht allgemein, sondern nur im Einzelfall rechtfertigen. Denn die kommunalen Spitzenverbände geben in der Regel eine einheitliche Stellungnahme ab, sodass ggf. nicht alle Einwendungen der einzelnen Kommunen an das Land weitergegeben werden. Zudem äußern sich auch nicht alle betroffenen Kommunen gegenüber den kommunalen Spitzenverbänden.

cc. Form

(1) Formfreiheit

Unterrichtungsverlangen können nach § 37 Abs. 2 S. 1 VwVfG NRW schriftlich, elektronisch, mündlich oder in anderer Weise ergehen. Etwas anderes gilt nur, wenn und soweit in den Fachgesetzen spezielle Vorgaben getroffen werden.

(2) Begründungspflicht

Die Aufsichtsbehörden müssen ihre schriftlichen und elektronischen Informationsersuchen grundsätzlich begründen, § 39 Abs. 1 S. 1 VwVfG NRW. In der Begründung muss die Sonderaufsichtsbehörde die wesentlichen tatsächlichen und rechtlichen Beweggründe sowie ihre Ermessensgesichtspunkte darlegen, § 39 Abs. 1 S. 2, 3 VwVfG NRW. Ausnahmen von der Begründungspflicht normiert § 39 Abs. 2 VwVfG NRW.

(3) Rechtsbehelfsbelehrung

Nach § 37 Abs. 6 S. 1 VwVfG NRW sind schriftliche oder elektronische Verwaltungsakte, die der Anfechtung unterliegen, mit einer Rechtsbehelfsbelehrung zu versehen. Aufgrund dieser mit Gesetz v. 20. Mai 2014[911] neu in das VwVfG NRW eingefügten Regelung,[912] müssen die Aufsichtsbehörden ihren schriftlichen und elektronischen Informationsersuchen grundsätzlich eine Rechtsbehelfsbelehrung beifügen. In der Praxis geschieht dies allerdings nicht.[913] Auch wenn diese Praxis angesichts der gesetzlichen Regelung bedenklich ist,[914] führt sie jedoch nicht zur Rechtswidrigkeit der Informationsbegehren, sondern bewirkt lediglich, dass die verlängerte Widerspruchs- bzw. Klagefrist von einem Jahr nach § 58 Abs. 2 S. 1 VwGO (i. V. m. § 70 Abs. 2 VwGO) eintritt.[915]

b. Materielle Rechtmäßigkeitsvoraussetzungen

aa. Tatbestandsvoraussetzungen

Für die rechtmäßige Ausübung des Unterrichtungsrechts und von Aufsichtsmaßnahmen generell müssen zunächst die tatbestandlichen Voraussetzungen der Ermächtigungsgrundlage erfüllt sein.[916] Die Rechtsgrundlagen zum Unterrichtungsrecht sind in aller Regel sehr weit formuliert, wie etwa § 8 OBG NRW, wonach sich die Aufsichtsbehörden *jederzeit über die Angelegenheiten der Ordnungsbehörden unterrichten* können. Andere Fachgesetze enthalten ähnliche Bestimmungen, wie etwa § 43 Abs. 5 S. 1 WTG NRW. Die Sonderaufsichtsbehörden verfügen mithin – wenn ihnen ein solches gesetzlich eingeräumt ist – in aller Regel über ein sehr weitgehendes Informationsrecht.

---

911 *Gesetz zur Modernisierung des Verwaltungsverfahrensgesetzes und zur Anpassung weiterer Rechtsvorschriften* v. 20.5.2014 (GV. NRW. 2014, S. 294).

912 Näher zur gleichlautenden bundesrechtlichen Vorschrift und zur vorherigen Rechtslage s. *Schmitz/Prell*, NVwZ 2013, 745 (752); *Stelkens*, in: Stelkens/Bonk/Sachs (Hrsg.), VwVfG, § 37 Rn. 139 ff.

913 Siehe hierzu allgemein auch *Stelkens*, in: Stelkens/Bonk/Sachs (Hrsg.), VwVfG, § 35 Rn. 27b.

914 Siehe auch *Stelkens*, in: Stelkens/Bonk/Sachs (Hrsg.), VwVfG, § 37 Rn. 160, § 35 Rn. 27b.

915 Vgl. *Bundestag*, Gesetzentwurf v. 16.5.2012, Drucks. 17/9666, S. 18; *Schmitz/Prell*, NVwZ 2013, 745 (752); *Stelkens*, in: Stelkens/Bonk/Sachs (Hrsg.), VwVfG, § 37 Rn. 163 m. w. N.; *Stober*, in: Wolff u. a. (Hrsg.), Verwaltungsrecht I, § 48 Rn. 45.

916 Vgl. *Pieper*, Aufsicht, S. 442.

bb. Begrenzung des Unterrichtungsrechts durch sonstige Vorschriften

Trotz der weit gefassten Ermächtigungsgrundlagen kann das Land nicht grenzenlos bei den Kommunen Informationen abfragen. Die Ausübung der Informationsbefugnis wird vielmehr durch sonstige Vorschriften begrenzt.

(1) Begrenzung durch das Selbstverwaltungsrecht der Kommunen, insb. die Personal- und Organisationshoheit

Die Einordnung der Pflichtaufgaben zur Erfüllung nach Weisung als Selbstverwaltungsaufgaben bedeutet, dass die Kommunen bei der Wahrnehmung dieser Aufgaben als Träger eigener Rechte dem Schutz der landesverfassungsrechtlichen[917] Selbstverwaltungsgarantie aus Art. 78 Abs. 1, 2 LVerf NRW (Art. 28 Abs. 2 GG)[918] unterstehen.[919] Das Selbstverwaltungsrecht umfasst die Befugnis der Kommunen zur grundsätzlich eigenverantwortlichen Führung ihrer Geschäfte.[920] Hierzu gehören die Gemeindehoheiten, wie die Personal-, Organisations- und Finanzhoheit.[921] Sie gelten auch im Bereich der Pflichtaufgaben zur Erfüllung nach Weisung.[922] Die Personal- und

---

917 Zur Frage, ob die Kommunen auch dem bundesverfassungsrechtlichen Schutz des Art. 28 Abs. 2 GG unterstehen, s. *Burgi*, in: Dietlein/Burgi/Hellermann (Hrsg.), Öffentliches Recht, § 2 Rn. 98, 101, 139; *Schönenbroicher*, in: Heusch/Schönenbroicher (Hrsg.), LVerf NRW, Art. 78 Rn. 66.

918 Der *VerfGH NRW* zit. in st. Rspr. sowohl Art. 78 Abs. 1 (Abs. 2) LVerf NRW als auch Art. 28 Abs. 2 GG als Grundlage der Selbstverwaltungsgarantie, s. *VerfGH NRW*, Urt. v. 9.12.2014 – VerfGH 11/13 –, in: DVBl 2015, 171 (173) = NVwZ 2015, 368; Urt. v. 23.3.2010 – VerfGH 19/08 –, in: OVGE MüLü 53, 214 (223) = NVwZ-RR 2010, 705; Urt. v. 26.6.2001 – VerfGH 28/00 u. a. –, in: OVGE MüLü 48, 286 (293) = NVwZ-RR 2001, 617; Urt. v. 17.1.1995 – VerfGH 11/93 –, in: OVGE MüLü 44, 316 (318) = NVwZ-RR 1995, 436; Urt. v. 4.3.1983 – VerfGH 22/81 –, in: OVGE MüLü 36, 314 (316) = NVwZ 1983, 468; s. auch *Grawert*, LV NRW, Art. 78 Erl. 1.

919 Siehe *Burgi*, in: Dietlein/Burgi/Hellermann (Hrsg.), Öffentliches Recht, § 2 Rn. 101, 139; *Erichsen*, Kommunalrecht, § 15 E) 2; *Schoch*, in: Henneke/Meyer (Hrsg.), FG Schlebusch, S. 11 (33); s. auch *OVG Münster*, Urt. v. 10.2.2011 – 13 A 1305/09 –, in: NWVBl 2011, 352 (353) = EStT 2011, 23; offen gelassen von *OVG Münster*, Urt. v. 30.6.2005 – 20 A 3988/03 –, in: OVGE MüLü 50, 139 (141 ff.) = NuR 2006, 191.

920 *VerfGH NRW*, Urt. v. 9.12.2014 – VerfGH 11/13 –, in: DVBl 2015, 171 (173) = NVwZ 2015, 368; Urt. v. 23.3.2010 – VerfGH 19/08 –, in: OVGE MüLü 53, 214 (223) = NVwZ-RR 2010, 705; Urt. v. 9.6.1997 – VerfGH 20/95 u. a. –, in: OVGE MüLü 46, 295 (303) = NVwZ-RR 1998, 473; Urt. v. 17.1.1995 – VerfGH 11/93 –, in: OVGE MüLü 44, 316 (318) = NVwZ-RR 1995, 436.

921 *VerfGH NRW*, Urt. v. 23.3.2010 – VerfGH 19/08 –, in: OVGE MüLü 53, 214 (223) = NVwZ-RR 2010, 705.

922 In Bezug auf die Personal- und Organisationshoheit s. *Benedens*, LKV 2000, 89 (93); *Schaffarzik*, DÖV 2007, 899 (900); *Schink*, DVBl 1986, 1073 (1077); im Hin-

Organisationshoheit lassen sich als „Basiszuständigkeiten“[923] der Kommunen beschreiben. Die Personalhoheit vermittelt den Kommunen die Befugnis, das Personal auszuwählen, anzustellen, zu befördern sowie zu entlassen.[924] Aufgrund ihrer Organisationshoheit sind die Gemeinden berechtigt, für die Wahrnehmung ihrer Aufgaben die Abläufe und Entscheidungszuständigkeiten festzulegen sowie ihren Handlungsapparat selbst zu organisieren und dabei ihre Organe mit sachlichen und personellen Mitteln auszustatten.[925] Die Finanzhoheit betrifft daneben die Grundlagen der finanziellen Eigenverantwortung und gewährleistet den Kommunen ein Recht auf angemessene Finanzausstattung sowie die Befugnis, die Einnahmen- und Ausgabenwirtschaft einschließlich der Haushaltsführung im Rahmen der Gesetze selbstständig zu regeln.[926]

Das Selbstverwaltungsrecht begrenzt die Ausübung der Aufsicht des Landes. Eingriffe in das Selbstverwaltungsrecht und die Gemeindehoheiten können nach Art. 78 Abs. 2 LVerf NRW (Art. 28 Abs. 2 S. 1, 2 GG) nur durch Gesetz erfolgen, nicht hingegen durch Aufsichtsmaßnahmen, die sich nicht im Rahmen einer diesbezüglichen gesetzlichen Grundlage bewegen.[927] Dies gilt auch im Hinblick auf Unterrichtungsverlangen.[928] Das Selbstverwaltungsrecht und damit auch die Personal- und Organisationshoheit sind zwar nicht umfassend, sondern nur im Rahmen der Gesetze gewährleistet, Art. 78 Abs. 2 LVerf NRW (Art. 28 Abs. 2 S. 1, 2 GG).[929] Unterrichtungsverlangen haben aber keinen Gesetzescharakter. Wenn die Aufsichtsbehörden Informationsersuchen an die Kommunen richten, die Informationen zum Gegenstand

blick auf die Personalhoheit s. auch *BAG*, Urt. v. 16.3.1994 – 8 AZR 639/92 –, in: BAGE 76, 125 (132) = LKV 1994, 414; *Schoch*, Jura 2001, 121 (131).

923 *Schaffarzik*, DÖV 2007, 899 (900).

924 *VerfGH NRW*, Urt. v. 23.3.2010 – VerfGH 19/08 –, in: OVGE MüLü 53, 214 (223) = NVwZ-RR 2010, 705; Urt. v. 26.6.2001 – VerfGH 28/00 u. a. –, in: OVGE MüLü 48, 286 (304) = NVwZ-RR 2001, 617; vgl. auch *BVerfG*, Urt. v. 26.10.1994 – 2 BvR 445/91 –, in: BVerfGE 91, 228 (245) = NVwZ 1995, 677.

925 *VerfGH NRW*, Urt. v. 23.3.2010 – VerfGH 19/08 –, in: OVGE MüLü 53, 215 (223) = NVwZ-RR 2010, 705; Urt. v. 15.1.2002 – VerfGH 40/00 –, in: NVwZ 2002, 1502 = NWVBl 2002, 101; Urt. v. 26.6.2001 – VerfGH 28/00 u. a. –, in: OVGE MüLü 48, 286 (299) = NVwZ-RR 2001, 617; vgl. auch *BVerfG*, Urt. v. 26.10.1994 – 2 BvR 445/91 –, in: BVerfGE 91, 228 (236) = NVwZ 1995, 677.

926 *VerfGH NRW*, Urt. v. 23.3.2010 – VerfGH 19/08 –, in: OVGE MüLü 53, 214 (223) = NVwZ-RR 2010, 705; Urt. v. 15.1.2002 – VerfGH 40/00 –, in: NVwZ 2002, 1502 = NWVBl 2002, 101.

927 Vgl. *Oebbecke*, Der Landkreis 2014, 247 (250); *Schink*, DVBl 1986, 1073 (1076 f.).

928 A. A. *Krüger*, Die Selbstverwaltung 1957, 339 (340).

929 Siehe auch *VerfGH NRW*, Urt. v. 23.3.2010 – VerfGH 19/08 –, in: OVGE MüLü 53, 214 (223) = NVwZ-RR 2010, 705; Urt. v. 26.6.2001 – VerfGH 28/00 u. a. –, in: OVGE MüLü 48, 286 (300) = NVwZ-RR 2001, 617; vgl. auch *BVerfG*, Urt. v. 26.10.1994 – 2 BvR 445/91 –, in: BVerfGE 91, 228 (238, 245) = NVwZ 1995, 677.

der Personal- oder Organisationshoheit betreffen, sind diese nur zulässig, soweit sie von einer entsprechenden fachgesetzlichen Grundlage gedeckt sind, etwa Vorschriften des WTG NRW oder des LFGB. Soweit Unterrichtungsverlangen den Rahmen einer solchen gesetzlichen Grundlage verlassen oder eine solche Ermächtigung gar nicht vorhanden ist, ist es unzulässig, durch Aufsichtsmaßnahmen etwa in die Personal- und Organisationshoheit der Kommunen einzugreifen.

Aus den vorstehenden Ausführungen ergibt sich, dass Erhebungen des Landes zur Personalausstattung, wie es diese etwa im Bereich der Lebensmittelüberwachung und der Heimaufsicht durchgeführt hat,[930] grundsätzlich unzulässig sind. Das Land kann in der Regel keine Informationen zur Personalausstattung der Kommunen etwa im Hinblick auf die Anzahl an Stellen oder die fachlichen Qualifikationen der Mitarbeiter verlangen. Im Ausnahmefall können allerdings auch Unterrichtungsverlangen zur Personalausstattung als rechtmäßig zu bewerten sein. Dies kommt in Betracht, wenn die Aufsichtsbehörde begründete Zweifel daran hat, ob eine Kommune aufgrund ihrer personellen Ausstattung überhaupt in der Lage ist, die Aufgabe insgesamt ordnungsgemäß wahrnehmen zu können. In einem solchen Fall muss das Land die Möglichkeit haben, Informationen zum Personal von der betreffenden Kommune zu verlangen, um auf diesem Wege Erkenntnisse zur Aufgabenwahrnehmung zu gewinnen. Hierfür müssen dem Land aber konkrete Anhaltspunkte vorliegen, die begründete Zweifel an der ordnungsgemäßen Aufgabenwahrnehmung hervorrufen. Für ein rechtmäßiges Unterrichtungsbegehren nicht erforderlich ist demgegenüber, dass die Kommune tatsächlich nicht zu einer ordnungsgemäßen Aufgabenwahrnehmung in der Lage ist. Ausreichend ist vielmehr ein aufgrund entsprechender Anhaltspunkte berechtigter Verdacht der Aufsichtsbehörde im Rahmen einer *ex ante*-Beurteilung. Hiernach werden aber in der Praxis in aller Regel nur Informationsbegehren gegenüber einzelnen Kommunen in Betracht kommen. Der Fall, dass wegen mangelhafter Personalausstattung in sämtlichen zuständigen Kommunen eine ordnungsgemäße Aufgabenwahrnehmung nicht gewährleistet zu sein scheint, dürfte eher theoretischer Natur sein. Im Ergebnis sind daher die im Bereich der Lebensmittelüberwachung und Heimaufsicht durchgeführten Personalerhebungen, die an alle zuständigen Kommunen gerichtet waren, rechtswidrig.

---

930 Siehe oben § 4 B. II. 1. a. aa. (2), § 5 B. II. 1. a. aa.

Für Informationsanfragen, die Inhalte zum Gegenstand habe, die die Organisationshoheit oder die Finanzhoheit der Kommunen betreffen, gelten die obigen Ausführungen entsprechend.

(2) Begrenzung durch die Regelungen zu den Weisungsbefugnissen

Fraglich ist, ob das Unterrichtungsrecht zudem durch die spezialgesetzlichen Vorgaben zu den Weisungsbefugnissen, z. B. nach § 9 Abs. 2 OBG NRW oder § 43 Abs. 6 WTG NRW, begrenzt wird. Nach Auffassung von *Schönenbroicher* ist dies nicht der Fall.[931] Den Sonderaufsichtsbehörden steht nach seiner Ansicht vielmehr eine umfassende Unterrichtungsmöglichkeit zu. Weit formulierte Unterrichtungsverlangen der Aufsichtsbehörden seien daher rechtmäßig. Sie seien erst bei evidenter Willkür, Schikane oder Sonderfaktoren – wie z. B. bei Befangenheit der Aufsichtsbehörde – als unzulässig anzusehen.

Ein derart weites Verständnis ist im Hinblick auf den Sinn und Zweck des Unterrichtungsrechts abzulehnen. Das Unterrichtungsrecht dient dazu, die Aufsichtsbehörde überhaupt in die Lage zu versetzen, ihre Aufsichtsfunktion auszuüben.[932] Es ist Voraussetzung für etwaige weitere Aufsichtsmaßnahmen gegenüber den Kommunen.[933] Zudem dient es als Grundlage für die Ermessensausübung des Landes im Rahmen der weiteren Aufsichtsmaßnahmen, wie etwa bei der Erteilung einer Weisung.[934] Hieran zeigt sich, dass das Unterrichtungsrecht vor allem im Zusammenhang mit der Ausübung anderer Aufsichtsmaßnahmen – insbesondere der Weisungserteilung – steht, die ohne Informationsgrundlage nicht ergriffen werden können. Über diesen Zweck darf ein Unterrichtungsverlangen nicht hinausgehen.[935] Die Regelungen zu den Weisungsbefugnissen beschränken insoweit die Ausübung des Unterrichtungsrechts. Im Anwendungsbereich des § 8 OBG NRW etwa sind Informationsersuchen daher darauf beschränkt, dass sie sich auf die rechtmäßige (§ 9 Abs. 1 OBG NRW) oder die gleichmäßige Aufgabenwahrnehmung (§ 9 Abs. 2 lit. a OBG NRW) bzw. die Geeignetheit des Verhaltens einer Ord-

[931] *Schönenbroicher*, in: Schönenbroicher/Heusch (Hrsg.), OBG NRW, § 8 Rn. 7 – in Bezug auf § 9 OBG NRW.

[932] *Benedens*, LKV 2000, 89 (91); *Stollmann/Kämper*, LG NRW, § 8 Erl. 4.2.

[933] Vgl. *Lange*, Kommunalrecht, Kap. 17 Rn. 67; *Schoch*, Jura 2006, 358 (360).

[934] Vgl. *OVG Berlin-Brandenburg*, Beschl. v. 28.9.2005 – 7 N 112.05 –, in: juris Rn. 4.

[935] Vgl. *Salzwedel*, VVDStRL 22 (1965), 206 (249).

nungsbehörde oder die Gefährdung überörtlicher Interessen (§ 9 Abs. 2 lit. b OBG NRW) beziehen.

Die Beschränkung des Unterrichtungsrechts durch die Regelungen zu den Weisungsbefugnissen stützt im Übrigen das Ergebnis, dass das Land Erhebungen zu Gegenständen der Personal- und Organisationshoheit sowie Finanzhoheit nur ausnahmsweise erfragen darf.[936] Denn in Bezug auf Gegenstände der Personal-, Organisations- und Finanzhoheit sind ohne entsprechenentsprechende spezialgesetzliche Regelungen grundsätzlich keine Weisungen zulässig.[937]

Die vorigen Ausführungen bedeuten allerdings nicht, dass im Nachgang zur Ausübung des Unterrichtungsrechts stets auch weitere Aufsichtsmaßnahmen, wie Weisungen, folgen müssten. Schließlich kann sich aufgrund der Beantwortung einer Anfrage auch ergeben, dass keine weiteren Aufsichtsmaßnahmen zu ergreifen sind.

(3) Beachtung datenschutzrechtlicher Bestimmungen

Bei der Ausübung der Sonderaufsicht, insbesondere des Unterrichtungsrechts, muss das Land die einschlägigen datenschutzrechtlichen Bestimmungen beachten.[938] Einzuhalten sind zum einen die allgemeinen Regelungen im DSG NRW. Zum anderen gelten bei einigen Pflichtaufgaben zur Erfüllung nach Weisung besondere Datenschutzvorgaben, wie etwa im Meldewesen.[939]

Im Hinblick auf die allgemeinen Datenschutzbestimmungen sind vor allem die Vorgaben zur Erhebung, § 12 DSG NRW, Weiterverarbeitung, § 13 DSG NRW, sowie zur Übermittlung personenbezogener Daten, § 14 DSG NRW, zu beachten. Wenn die Kommunen personenbezogene Daten an die Aufsichtsbehörden übermitteln, tragen die Kommunen als übermittelnde Stellen die Verantwortung hierfür, § 14 Abs. 2 S. 1 DSG NRW. Bei einem Übermittlungsersuchen der Aufsichtsbehörde müssen sie aber lediglich prüfen, ob das Ersuchen im Rahmen der Aufgaben der Sonderaufsichtsbehörde liegt, § 14 Abs. 2 S. 2 DSG NRW. Die Kommune muss insoweit die Zuständigkeit der Sonderaufsichtsbehörde und die „plausible Subsumierung der

---

936 Siehe hierzu oben § 6 A. I. 3. b. bb. (1).

937 Siehe hierzu unten § 6 A. II. 3. b. bb. (2) (a).

938 Siehe zu dieser Thematik (zur Rechtslage in Sachsen) *Salzmann*, LKV 2010, 349 ff.

939 Vgl. z. B. §§ 9 ff. MG NRW; zudem *Zilkens*, Datenschutz, Rn. 270; zu weiteren bereichsspezifischen Sonderregelungen s. *Zilkens*, Datenschutz, Rn. 39, 159 ff.

Datenanforderung unter diese Zuständigkeit“[940] prüfen.[941] Die Rechtmäßigkeit des Ersuchens prüft die Kommune demgegenüber nur, wenn hierzu im Einzelfall Anlass besteht, § 14 Abs. 2 S. 3, 1. Hs. DSG NRW. Dies ist der Fall, wenn die Kommune begründete Zweifel an der Rechtmäßigkeit des Übermittlungsersuchens hat.[942]

Zu beachten ist ferner, dass bei Informationsanfragen der Aufsichtsbehörden im Rahmen der allgemeinen Amtshilfe nach § 5 VwVfG NRW[943] eine Datenübermittlung durch die Kommunen nur zulässig ist, wenn keine datenschutzrechtlichen Bestimmungen, vor allem § 14 DSG NRW, entgegenstehen.[944]

cc. Ermessen

Die Ausübung des Unterrichtungsrechts steht nach den einschlägigen Fachgesetzen, so etwa § 8 OBG NRW oder § 43 Abs. 5 S. 1 WTG NRW, im Ermessen der Aufsichtsbehörden. Denn nach diesen Vorschriften „können“ sich die Aufsichtsbehörden über die kommunale Aufgabenwahrnehmung unterrichten.

Das Ermessen ist nach § 40 VwVfG NRW entsprechend dem Zweck der Ermächtigung auszuüben und es sind die gesetzlichen Grenzen des Ermessens einzuhalten.

(1) Zweck der Ermächtigung

Die Aufsichtsbehörden müssen ihr Ermessen im Einklang mit dem Zweck der Ermächtigung, also in sachlicher Weise ausüben.[945] Dies bedeutet allerdings nicht, dass die Aufsichtsbehörden etwa im Rahmen von § 8 OBG NRW nur befugt sind, von ihrem Unterrichtungsrecht unmittelbar zu Zwecken der Gefahrenabwehr Gebrauch zu machen.[946] Es kann sich vielmehr etwa auch auf andere Aspekte, wie den Ersatz von Verwaltungsaufwendungen beziehen.[947]

---

940 *Stähler/Pohler*, DSG NRW, § 14 Erl. 5.
941 *Stähler/Pohler*, DSG NRW, § 14 Erl. 5.
942 *Stähler/Pohler*, DSG NRW, § 14 Erl. 5.
943 Siehe oben § 4 B. II. 2. b.
944 *Stähler/Pohler*, DSG NRW, § 14 Erl. 2.
945 *Kahl*, in: Hoffmann-Riem/Schmidt-Aßmann/Voßkuhle (Hrsg.), Grundlagen Bd. III, § 47 Rn. 109a.
946 Vgl. *VG Düsseldorf*, Urt. v. 10.11.1997 – 25 K 1346/94 –, S. 13 (nicht veröffentlicht); a. A. *Rhein*, OBG NRW, § 8 Rn. 6.
947 Vgl. *VG Düsseldorf*, Urt. v. 10.11.1997 – 25 K 1346/94 –, S. 13 (nicht veröffentlicht).

Es muss aber ein mittelbarer bzw. sachlicher Zusammenhang zu dem vom jeweiligen Fachgesetz verfolgten Zweck – etwa zur Gefahrenabwehr – vorliegen.

(2) Gesetzliche Grenzen des Ermessens

Im Hinblick auf die gesetzlichen Grenzen des Ermessens müssen die Aufsichtsbehörden insbesondere den Verhältnismäßigkeitsgrundsatz[948] sowie den Grundsatz des selbstverwaltungsfreundlichen Verhaltens,[949] das seinen Ausdruck auch in § 11 GO NRW findet,[950] beachten.

In Bezug auf die Wahl des Unterrichtungsrechts als Aufsichtsmittel stellt der Verhältnismäßigkeitsgrundsatz, insbesondere das Erforderlichkeitskriterium keine hohen Hürden auf. Denn das Unterrichtungsrecht ist im Verhältnis zu den anderen Sonderaufsichtsinstrumenten als das mildeste Mittel einzustufen.[951]

Zu beachten ist aber, dass sich Informationsersuchen auch auf den für die Aufsichtsausübung erforderlichen Umfang beschränken muss.[952] Die Aufsichtsbehörden dürfen keine unnötigen und überzogenen Informationsersuchen an die Kommunen richten.[953] Sie müssen ein „nachvollziehbares Informationsbedürfnis"[954] an den verlangten Informationen haben. „Anlasslose

---

948 *Kahl*, in: Hoffmann-Riem/Schmidt-Aßmann/Voßkuhle (Hrsg.), Grundlagen Bd. III, § 47 Rn. 109a; *Krämer/Müller*, OBG NRW, § 8 Rn. 3; *Kuschke* u. a., ÖGDG NRW, Erl. 6.2; *Lafontaine/Stollmann*, NWVBl 1999, 170 (174); *Rhein*, OBG NRW, § 8 Rn. 3; zudem *Buttler*, in: Kleerbaum/Palmen (Hrsg.), GO NRW, § 119 Erl. III; allgemein zur Geltung des Verhältnismäßigkeitsgrundsatzes im kommunalen Selbstverwaltungsbereich *BVerfG*, Beschl. v. 27.1.2010 – 2 BvR 2185/04 u. a. –, in: BVerfGE 125, 141 (167) = DVBl 2010, 509.

949 Vgl. *Buttler*, in: Kleerbaum/Palmen (Hrsg.), GO NRW, § 119 Erl. III; *Ehlers*, DÖV 2001, 412 (416); *Kahl*, in: Hoffmann-Riem/Schmidt-Aßmann/Voßkuhle (Hrsg.), Grundlagen Bd. III, § 47 Rn. 109a; *Pieper*, Aufsicht. S. 419 – Fn. 2555; *Scholz*, Rechtsschutz der Gemeinden, S. 141; *Knemeyer*, in: Mann/Püttner (Hrsg.), HdKWP Bd. 1, § 12 Rn. 81; vgl. auch *OVG Münster*, Urt. v. 8.1.1964 – 3 A 1151/61 –, in: OVGE MüLü 19, 192 (199 f.) = DVBl 1964, 678.

950 *Ehlers*, DÖV 2001, 412 (416).

951 Vgl. *Schönenbroicher*, in: Schönenbroicher/Heusch (Hrsg.), OBG NRW, § 8 Rn. 3.

952 Vgl. *Lange*, Kommunalrecht, Kap. 17 Rn. 67 f.; *Oebbecke*, Verw 48 (2015), 233 (238); *Stollmann/Kämper*, LG NRW, § 8 Erl. 4.2; *Schönenbroicher*, in: Schönenbroicher/Heusch (Hrsg.), OBG NRW, § 8 Rn. 4.

953 Vgl. *Schönenbroicher*, in: Schönenbroicher/Heusch (Hrsg.), OBG NRW, § 8 Rn. 4.

954 *Oebbecke*, Verw 48 (2015), 233 (238); s. auch *OVG Magdeburg*, Beschl. v. 11.7.2014 – 4 L 145/13 –, juris Rn. 6, 8.

Dauerkontrollen“[955] oder die pauschale Verpflichtung der Kommunen, über alle ihre laufenden Angelegenheiten zu unterrichten, sind nicht zulässig.[956] Anlass für ein Unterrichtungsersuchen müssen etwaige weitere zu treffende Maßnahmen im Rahmen der Aufsichtsausübung des Landes sein.[957] Es geht allerdings zu weit, für jedes Informationsersuchen Anhaltspunkte zu fordern, die bereits konkrete Zweifel an der recht- bzw. zweckmäßigen Aufgabenwahrnehmung durch die Kommunen begründen.[958] Dies würde die Aufsichtsbehörden in ihrer Aufsichtstätigkeit zu sehr einschränken und gewisse Unterrichtungsformen, wie regelmäßige Berichtspflichten, kaum ermöglichen. Konkrete Zweifel können daher nur in Bezug auf einzelfallbezogene Informationsbegehren verlangt werden.[959] Die Aufsichtsbehörden sind aber verpflichtet, die von ihnen statuierten allgemeinen Berichtspflichten regelmäßig daraufhin zu überprüfen, ob für diese weiterhin ein Bedürfnis besteht.

Zudem müssen die Aufsichtsbehörden angemessene Fristen zur Erfüllung der Unterrichtungsverlangen setzen. Umfangreiche sowie kurzfristige Informationsersuchen binden Kapazitäten der Kommunen, die diese für ihre laufenden Aufgaben benötigen. Diese Aspekte sind bei der Fristsetzung zu berücksichtigen. Sehr kurze Fristen dürfen daher nur in dringlichen Fällen festgelegt werden.

Der Verhältnismäßigkeitsgrundsatz, insbesondere das Erforderlichkeitskriterium, wirkt sich ferner auf die Wahl des Unterrichtungsmittels aus. Die Aufsichtsbehörde muss stets die einfachste Unterrichtungsmethode wählen.[960]

dd. Bestimmtheit und Klarheit des Unterrichtungsverlangens

Informationsbegehren müssen ferner hinreichend klar und bestimmt sein, § 37 Abs. 1 VwVfG NRW.[961] Die Sonderaufsichtsbehörden müssen den Kommu-

---

955 *Waechter*, DVBl 2014, 1149 (1151).

956 Siehe *Kuschke* u. a., ÖGDG NRW, Erl. 6.2; *Lafontaine/Stollmann*, NWVBl 1999, 170 (174); *Stollmann/Kämper*, LG NRW, § 8 Erl. 4.2; vgl. zudem *Gröpl/Sonntag*, LKRZ 2009, 326 (327); *Salzwedel*, VVDStRL 22 (1965), 206 (249); *Waechter*, DVBl 2014, 1149 (1151).

957 Vgl. *Gröpl/Sonntag*, LKRZ 2009, 326 (327); *Lange*, Kommunalrecht, Kap. 17 Rn. 67; vgl. auch oben § 6 A. I. 3. b. bb. (2).

958 In diesem Sinne auch *Gröpl/Sonntag*, LKRZ 2009, 326 (327); anders aber wohl *Benedens*, LKV 2000, 89 (91).

959 *Salzwedel*, VVDStRL 22 (1965), 206 (250).

960 *Rhein*, OBG NRW, § 8 Rn. 3; *Rietdorf* u. a., Ordnungs- und Polizeirecht, § 8 Rn. 3.

nen genau mitteilen, welche Informationen sie von ihnen verlangen. Zudem muss aus dem Unterrichtungsverlangen klar hervorgehen, ob es sich um ein Informationsbegehren handelt, das auf sonderaufsichtliche Befugnisse gestützt wird oder ob es sich um eine formlose Anfrage oder ein Ersuchen im Rahmen der Amtshilfe handelt. Dies ist in der Praxis nicht stets der Fall.[962] Informale Anfragen, Amtshilfeersuchen und Informationsersuchen im Rahmen der Sonderaufsicht unterliegen unterschiedlichen Voraussetzungen, Beschränkungen und Rechtsfolgen. Diese können die Kommunen nur überprüfen, wenn klar ist, um was für eine Abfrage es sich handelt.

4. Unterrichtungsmittel

Die Aufsichtsbehörde kann – unter Beachtung des Verhältnismäßigkeitsgrundsatzes – selbst bestimmen, auf welche Weise sie sich bei den Kommunen unterrichten möchte.[963] Zu den zulässigen Unterrichtungsmitteln gehören bspw. die Erstattung schriftlicher oder mündlicher Berichte, die Vorlage von Akten oder sonstiger Unterlagen, die Möglichkeit, bei den Kommunen vor Ort Akten einzusehen, die Unterrichtung vor Ort, die Durchführung von Inspektionen und Geschäftsprüfungen, die Teilnahme an Sitzungen und mündlichen Verhandlungen.[964]

5. Verbindlichkeit von Unterrichtungsverlangen und Umgang mit vermeintlich rechtswidrigen Unterrichtungsverlangen

Unterrichtungsverlangen sind – im Gegensatz zu bloß informalen Anfragen – für die Kommunen grundsätzlich verbindlich. Mit dem Unterrichtungs*recht* der Sonderaufsichtsbehörde korrespondiert grundsätzlich eine Unterrichtungs*pflicht* der kommunalen Behörden.[965] Die Verbindlichkeit folgt ange-

---

961 Allgemein zum Bestimmtheitserfordernis bei Verwaltungsakten s. statt vieler *Maurer*, Verwaltungsrecht, § 10 Rn. 18; *Stober*, in: Wolff u. a. (Hrsg.), Verwaltungsrecht I, § 48 Rn. 33 f.

962 Siehe etwa die oben unter § 4 B. II. 2. b. geschilderte Konstellation.

963 So zu § 8 OBG NRW *Rhein*, OBG NRW, § 8 Rn. 3.

964 Siehe *Lafontaine/Stollmann*, NWVBl 1999, 170 (174); *Rhein*, OBG NRW, § 8 Rn. 3; *Rietdorf* u. a., Ordnungs- und Polizeirecht, § 8 Rn. 3; *Schönenbroicher*, in: Schönenbroicher/Heusch (Hrsg.), OBG NRW, § 8 Rn. 5; *Schoch*, Jura 2006, 358 (360); *Stollmann/Kämper*, LG NRW, § 8 Erl. 4.2.

965 *Krämer/Müller*, OBG NRW, § 8 Rn. 4; *Lafontaine/Stollmann*, NWVBl 1999, 170 (174); *Peters*, Selbstverwaltung in Preussen, S. 234; *Pieper*, Aufsicht, S. 424; *Rietdorf* u. a., Ordnungs- und Polizeirecht, § 8 Rn. 4; *Schönenbroicher*, in: Schönenbroicher/Heusch (Hrsg.), OBG NRW, § 8 Rn. 2, 6.

sichts des Verwaltungscharakters von Informationsersuchen schon aus der Bindungswirkung wirksamer Verwaltungsakte nach § 43 VwVfG NRW.[966]

Die Kommunen sind aber befugt, Informationsbegehren der Aufsichtsbehörden auf ihre Rechtmäßigkeit hin zu überprüfen, wenn sie insoweit Zweifel haben. Anderenfalls wären die Kommunen nicht in der Lage, ihre Rechtsposition zu schützen und potentielle Beeinträchtigungen – ggf. im Klagewege –[967] abzuwehren. Dies setzt notwendigerweise eine Prüfungsbefugnis der Kommunen voraus. Ein Prüfungsrecht im Hinblick auf die Zweckmäßigkeit von Unterrichtungsverlangen steht den Kommunen hingegen grundsätzlich nicht zu.[968] Insoweit verfügen die Kommunen auch nicht über Rechtsschutzmöglichkeiten.[969]

Ist eine Kommune der Auffassung, dass ein Unterrichtungsverlangen des Landes rechtswidrig ist, muss sie diesem aber grundsätzlich dennoch nachkommen. Denn ein Verwaltungsakt – wie etwa ein sonderaufsichtliches Informationsbegehren – ist unabhängig von seiner Rechtmäßigkeit wirksam und daher zu befolgen.[970] Etwas anderes gilt, soweit ein Unterrichtungsverlangen des Landes nach § 44 VwVfG NRW nichtig ist. Denn nichtige Informationsersuchen sind nach § 43 Abs. 3 VwVfG NRW unwirksam und folglich für die Kommunen nicht verbindlich.[971] Die Kommune muss ein Unterrichtungsverlangen ferner – zumindest vorerst – nicht befolgen, wenn sie Widerspruch oder Anfechtungsklage[972] gegen das Unterrichtungsverlangen erhebt. Denn diese Rechtsmittel haben nach § 80 Abs. 1 S. 1 VwGO aufschiebende Wirkung, wenn nicht die Aufsichtsbehörde die sofortige Wirkung des Informationsbegehrens anordnet.[973] Endgültig werden die Rechtswirkungen des Unterrichtungsersuchens allerdings nur und erst dann beseitigt, wenn das eingelegte Rechtsmittel Erfolg hat.

---

966 Siehe allgemein zur Wirksamkeit und der hieraus resultierenden Verbindlichkeit von Verwaltungsakten nach § 43 VwVfG statt vieler *Schemmer*, in: Bader/Ronellenfitsch (Hrsg.), VwVfG, § 43 Rn. 10 ff., 15; *Stober*, in: Wolff u. a. (Hrsg.), Verwaltungsrecht I, § 48 Rn. 8.

967 Siehe hierzu unten § 6 B. I.

968 *Peters*, Selbstverwaltung in Preussen, S. 235.

969 Siehe unten § 6 B. I.

970 Siehe hierzu allgemein *Maurer*, Verwaltungsrecht, § 10 Rn. 21; *Stober*, in: Wolff u. a. (Hrsg.), Verwaltungsrecht I, § 48 Rn. 5.

971 Vgl. allgemein zur Wirkung nichtiger Verwaltungsakte *Maurer*, Verwaltungsrecht, § 10 Rn. 35 ff.; *Stober*, in: Wolff u. a. (Hrsg.), Verwaltungsrecht I, § 49 Rn. 41 f.

972 Näher zu den Rechtsschutzmöglichkeiten s. unten § 6 B. I.

973 Allgemein zur aufschiebenden Wirkung statt vieler *Maurer*, Verwaltungsrecht, § 10 Rn. 23; *Stober*, in: Wolff u. a. (Hrsg.), Verwaltungsrecht I, § 48 Rn. 6.

II. Weisungsrecht

1. Erfordernis einer Ermächtigungsgrundlage

Weisungsrechte des Landes können – wie die Informationsbefugnis – nur gesetzlich begründet werden, Art. 78 Abs. 4 S. 2 LVerf NRW, § 3 Abs. 1, 2 S. 1 GO NRW, § 2 Abs. 2 S. 2, 3 KrO NRW. Die beiden Vorschriften der GO NRW und KrO NRW fordern insoweit ein Gesetz im formellen Sinne.[974] Da Art. 78 Abs. 4 S. 2 LVerf NRW mit „gesetzlicher Vorschrift" aber auch Gesetze im materiellen Sinne meint, können Weisungsrechte auch in einer Rechtsverordnung begründet werden.[975]

2. Rechtliche Einordnung von Weisungen

Umstritten ist die Frage, ob sonderaufsichtliche[976] Weisungen als Verwaltungsakte einzuordnen sind. Einer Auffassung nach ist dies nicht der Fall.[977]

Diese Ansicht ist jedoch abzulehnen. Mit der inzwischen herrschenden Auffassung in Rechtsprechung und Schrifttum sind sonderaufsichtliche Weisungen vielmehr stets als Verwaltungsakte i. S. v. § 35 S. 1 VwVfG NRW einzuordnen.[978] Bei einer Weisung handelt es sich um eine *hoheitliche Maßnahme* einer Sondera ufsichts*behörde auf dem Gebiet des öffentlichen Rechts*.

---

974 *v. Lennep*, in: Rehn u. a. (Hrsg.), GO NRW Bd. I, § 3 Erl. II. 1; *Wansleben*, in: Held u. a. (Hrsg.), GO NRW, § 3 Erl. 2; *Wansleben*, in: Kirchhof u. a., KrO NRW, § 2 Erl. 10.2.

975 Vgl. *Grawert*, LV NRW, Art. 78 Erl. 8; *Wansleben*, in: Held u. a. (Hrsg.), GO NRW, § 3 Erl. 2.

976 Zur ebenfalls umstrittenen Frage der rechtlichen Einordnung von *fachaufsichtlichen* Weisungen s. etwa *BVerwG*, Urt. v. 14.12.1994 – 11 C 4/94 –, in: DVBl 1995, 744 (745) = NVwZ 1995, 910; Beschl. v. 27.2.1978 – 7 B 36/77 –, in: NJW 1978, 1820 f. = DVBl 1978, 638; *Knemeyer*, in: Mann/Püttner (Hrsg.), HdKWP Bd. 1, § 12 Rn. 87 f. m. w. N.; *Pieper*, Aufsicht, S. 452 f.; *Röhl*, in: Schoch (Hrsg.), Verwaltungsrecht, 1. Kap. Rn. 72 m. w. N.; *Vietmeier*, DVBl 1993, 190 (194 f.) m. w. N.

977 *Röhl*, in: Schoch (Hrsg.), Verwaltungsrecht, 1. Kap. Rn. 67; *Schweer*, DVBl 1956, 703 (708); *ders.*, DVBl 1957, 12 (13); im Grundsatz auch *Leidinger*, in: Erichsen/Hoppe/v. Mutius (Hrsg.), FS Menger, S. 257 (270).

978 *OVG Münster*, Urt. v. 10.2.2011 – 13 A 1305/09 –, in: NWVBl 2011, 352 = EStT NW 2011, 23; Beschl. v. 16.3.1995 – 15 B 2839/93 –, in: NVwZ-RR 1995, 502 = NWVBl 1995, 300; *VG Arnsberg*, Urt. v. 6.2.2015 – 12 K 595/12 –, S. 5 ff. (nicht veröffentlicht); *VG Düsseldorf*, Urt. v. 23.5.2003 – 25 K 5312/02 –, in: juris Rn. 15 f.; Urt. v. 9.2.2001 – 1 K 3658/99 –, in: www.nrwe.de Rn. 30 = openJur 2011, 15684; *Bätge*, in: Hofmann/Theisen/Bätge (Hrsg.), Kommunalrecht,

Fraglich ist, ob Weisungen daneben im *Einzelfall* ergehen.[979] Bei besonderen Weisungen lässt sich dies unproblematisch bejahen, da es sich hierbei stets um Maßnahmen handelt, die in Bezug auf einen konkreten Lebenssachverhalt gegenüber einer oder mehreren bestimmten kommunalen Behörden ergehen. Sie stellen mithin konkret-individuelle[980] Maßnahmen dar. Aber auch für allgemeine Weisungen gilt nichts anderes.[981] Sie stellen individuelle Maßnahmen dar, da sie sich auf mehrere bestimmte Personen, nämlich die adressierten zuständigen kommunalen Behörden beziehen. In inhaltlicher Hinsicht betreffen allgemeine Weisungen zwar wiederkehrende Situationen. Es handelt sich hierbei aber somit um abstrakt-individuelle Maßnahmen, die ebenfalls als Einzelfallmaßnahmen einzuordnen sind.[982]

Weisungen haben zudem *Regelungs*charakter, da sie Bindungswirkung gegenüber den Kommunen erzeugen und ihnen damit Pflichten auferlegen.[983]

Die *Außenwirkung* ergibt sich aus dem Selbstverwaltungscharakter der Pflichtaufgaben zur Erfüllung nach Weisung und der hiermit betroffenen eigenständigen Rechtsposition der Kommunen.[984] *Erichsen* führt insoweit

---

Kap. 2.5.3; *Burgi*, in: Dietlein/Burgi/Hellermann (Hrsg.), Öffentliches Recht, § 2 Rn. 133; *Burmeister*, Neukonzeption, S. 179 f.; *Cronauge*, in: Rehn u. a. (Hrsg.), GO NRW Bd. II, § 119 Erl. IV. 1; *Erichsen*, Kommunalrecht, § 15 E) 2; *Hartmann*, in: Articus/Schneider (Hrsg.), GO NRW, § 3 Erl. 2; *Hüttenbrink*, in: Lenz (Hrsg.), FS Gelzer, S. 215 (219); *v. Lennep*, in: Rehn u. a. (Hrsg.), GO NRW Bd. I, § 3 Erl. IV. 2; *v. Mutius*, JuS 1978, 28 (31); *Rhein*, OBG NRW, § 9 Rn. 13; *Schmitt-Kammler*, in: Burmeister (Hrsg.), FS Stern, S. 763 (772); *Schoch*, in: Henneke/Meyer (Hrsg.), FG Schlebusch, S. 11 (33); *Schönenbroicher*, in: Schönenbroicher/Heusch (Hrsg.), OBG NRW, § 9 Rn. 19; einschränkend *OVG Münster*, Urt. v. 8.7.1975 – 3 A 355/73 –, in: *Rehn/v. Mutius*, Rechtsprechung, GO NW § 106 Nr. 9; *Senger*, DVBl 1957, 10 (12), der nur besondere Weisungen eindeutig als Verwaltungsakt einordnet; offen gelassen von *OVG Münster*, Urt. v. 30.6.2005 – 20 A 3988/03 –, in: OVGE MüLü 50, 139 (141) = NuR 2006, 191; *VG Köln*, Urt. v. 7.3.1984 – 14 K 5963/82 –, in: NVwZ 1984, 745; s. ferner *VG Düsseldorf*, Urt. v. 10.11.1997 – 25 K 1346/94 –, S. 8 ff. (nicht veröffentlicht).

979 So im Ergebnis (ohne nähere Begründung) *Hüttenbrink*, in: Lenz (Hrsg.), FS Gelzer, S. 215 (219); allgemein zum Merkmal Einzelfall s. oben § 6 A. I. 2.

980 Siehe oben § 6 A. I. 2.

981 A. A. *Oldiges*, in: Stern/Grupp (Hrsg.), Gedächtnisschrift Burmeister, S. 269 (286), der allgemeine Weisungen als Allgemeinverfügungen oder Rechtsverordnungen einordnet.

982 Siehe hierzu bereits oben § 6 A. I. 2, Fn. 900.

983 Vgl. *Koll*, VR 1994, 366 (368); näher zur Verbindlichkeit der Weisungen s. zudem unten § 6 A. II. 5; im Ergebnis ebenfalls (ohne nähere Begründung) *Hüttenbrink*, in: Lenz (Hrsg.), FS Gelzer, S. 215 (219).

984 *OVG Münster*, Urt. v. 10.2.2011 – 13 A 1305/09 –, in: NWVBl 2011, 352 = EStT NW 2011, 23; s. ferner *Erichsen*, Kommunalrecht, § 15 E) 2; *v. Lennep*, in: Rehn u. a. (Hrsg.), GO NRW Bd. I, § 3 Erl. IV. 2; s. zudem oben § 6 A I. 2; im Ergebnis ebenfalls (ohne nähere Begründung) *Hüttenbrink*, in: Lenz (Hrsg.),

zutreffend aus, dass die Kommunen durch Weisungen stets in ihrer Eigenschaft als Träger eigener Rechte und Pflichten betroffen sind und die Möglichkeit der Aufsichtsbehörden, das Handeln der Kommunen unter Zweckmäßigkeitserwägungen heraus zu steuern, hieran nichts ändert.[985] *Schmitt-Kammler* führt zur Außenwirkung prägnant aus: „Die Weisung „geht aus dem Staat heraus“ und „in die Gemeinde hinein. Das ist Außenwirkung.““[986]

Wie Unterrichtungsverlangen[987] sind Weisungen *belastende* Verwaltungsakte, da Weisungen die Kommunen stets in ihrer durch das Selbstverwaltungsrecht geschützten Position betreffen.[988]

3. Rechtmäßigkeitsvoraussetzungen für Weisungen

a. Formelle Rechtmäßigkeitsvoraussetzungen

Angesichts ihrer Verwaltungsaktqualität finden auch bei Weisungen die allgemeinen Vorschriften zum VwVfG NRW Anwendung, soweit die Fachgesetze keine speziellen Regelungen hierzu treffen.[989]

aa. Zuständigkeit

Zuständig für die Erteilung von Weisungen sind die in den Fachgesetzen, z. B. in § 43 Abs. 3, 4 WTG NRW, für zuständig erklärten Aufsichtsbehörden.

FS Gelzer, S. 215 (219); einschränkend *Leidinger*, in: Erichsen/Hoppe/v. Mutius (Hrsg.), FS Menger, S. 257 (270), der eine Außenwirkung nur bejaht, wenn die Aufsicht die gesetzlichen Grenzen des Weisungsrechts überschreitet.

985 *Erichsen*, Kommunalrecht, § 15 E) 2.

986 *Schmitt-Kammler*, in: Burmeister (Hrsg.), FS Stern, S. 763 (772).

987 Siehe oben § 6 A. I. 2.

988 Vgl. *OVG Münster*, Beschl. v. 16.3.1995 – 15 B 2839/93 –, in: NVwZ-RR 1995, 502 = NWVBl 1995, 300; *Erichsen*, Kommunalrecht, § 15 E) 2; *Hüttenbrink*, in: Lenz (Hrsg.), FS Gelzer, S. 215 (218).

989 Siehe bereits beim Unterrichtungsrecht § 6 A. I. 3. a.

bb. Verfahren

(1) Anhörungspflicht

Angesichts des Verwaltungsaktcharakters von Weisungen und dem hiermit verbunden Eingriff in die Selbstverwaltungsfreiheit der Kommunen gilt grundsätzlich die Anhörungspflicht des § 28 Abs. 1 VwVfG NRW vor Erlass einer Weisung.[990] Dies gilt für alle Arten von Weisungen, nicht etwa nur bei besonderen Weisungen[991]. Da Weisungen die Kommunen noch intensiver in ihrer Selbstverwaltungsposition berühren als Unterrichtungsverlangen[992], lässt es sich hier noch weniger rechtfertigen, vom Grundsatz des § 28 Abs. 1 VwVfG NRW abzuweichen.

Besonderen Konstellationen kann auch bei Weisungen durch die Ausnahmeregelungen des § 28 Abs. 2 VwVfG NRW Rechnung getragen werden.[993] So kann etwa in Krisensituationen wie Tierseuchen oder Lebensmittelkrisen, in denen eine schnelle Entscheidung geboten ist, eine Anhörung vor Erteilung einer Weisung nach § 28 Abs. 2 Ziff. 1 VwVfG NRW entbehrlich sein. Im Rahmen der Ermessenserwägungen ist wiederum zu beachten, dass Weisungen schwerwiegendere Eingriffe in das Selbstverwaltungsrecht darstellen als Unterrichtungsverlangen. Eine Anhörung wird bei Weisungen daher häufiger erforderlich sein als bei Informationsbegehren. Bei der Ausübung des Ermessens nach § 28 Abs. 2 VwVfG NRW kann auch in Bezug auf Weisungen ggf. eine Anhörung der kommunalen Spitzenverbände Berücksichtigung finden.

In der Praxis wird häufig keine Anhörung der Kommunen durchgeführt. Dieser Mangel kann ggf. nach § 45 Abs. 1 Ziff. 3 VwVfG NRW geheilt werden.

---

[990] *Benedens*, LKV 2000, 89 (92); a. A. *Röhl*, in: Schoch (Hrsg.), Verwaltungsrecht, 1. Kap. Rn. 67; einschränkend *Oldiges*, in: Stern/Grupp (Hrsg.), Gedächtnisschrift Burmeister, S. 269 (286); s. zudem oben § 6 A. I. 3. a. bb; zum Teil wird ein Anhörungsrecht auch aus dem Grundsatz des gemeindefreundlichen Verhaltens abgeleitet: s. *Benedens*, LKV 2000, 89 (92); *Scholz*, Rechtsschutz der Gemeinden, S. 144; *Vietmeier*, DVBl 1993, 190 (194); ablehnend *Brüning/Vogelsang*, Kommunalaufsicht, Rn. 322, die es in der Praxis dennoch für empfehlenswert halten, die Kommunen vorab anzuhören.

[991] So aber *Rhein*, OBG NRW, § 9 Rn. 19; *Schoch*, Jura 2006, 358 (361); ähnlich *Schönenbroicher*, in: Schönenbroicher/Heusch (Hrsg.), OBG NRW, § 9 Rn. 13, nach dessen Auffassung bei besonderen Weisungen eine Anhörung erfolgen „sollte".

[992] Zur Anhörungspflicht bei Unterrichtungsverlangen s. oben § 6 A. I. 3. a. bb.

[993] Siehe hierzu näher oben § 6 A. I. 3. a. bb.

(2) Öffentliche Bekanntmachung von Weisungen

Eine öffentliche Bekanntmachung der Weisungen, z. B. durch Veröffentlichung im Ministerialblatt, ist – anders als bei Rechtsverordnungen – für ihre Wirksamkeit nicht erforderlich.[994] Es liegt vielmehr im Ermessen der Aufsichtsbehörden, ob sie die Weisungen veröffentlichen oder nur den Kommunen bekannt geben möchten.[995] Wie allgemein bei Verwaltungsakten ist es für die Wirksamkeit einer Weisung nach § 43 Abs. 1 S. 1 VwVfG NRW lediglich erforderlich, dass sie der bzw. den betreffenden kommunalen Behörden als Adressaten bekannt gegeben werden.[996]

cc. Form

(1) Formfreiheit

Sonderaufsichtliche Weisungen sind nicht an eine bestimmte Form gebunden, sondern können sowohl in schriftlicher, elektronischer, mündlicher oder anderer Weise erlassen werden, § 37 Abs. 2 S. 1 VwVfG NRW. In der Praxis ergehen Weisungen vielfach auf elektronischem Wege.[997] So hat das MKULNV etwa seine Weisung zu § 40 Abs. 1a LFGB[998] elektronisch an die zuständigen Kommunen übermittelt. Bei schriftlichen und elektronischen Weisungen sind die weitergehenden Anforderungen des § 37 VwVfG NRW zu berücksichtigen.

Grundsätzlich unbedenklich ist, wenn die Aufsichtsbehörden – wie dies in der Praxis häufig üblich ist –[999] die Weisungen nicht in direkter, anweisender Form, sondern z. B. als Bitte oder als „Mitteilung des Ergebnisses des gewünschten Verwaltungshandelns"[1000] erteilen.[1001] Dies nimmt den Erlassen des

---

994 Vgl. *BVerwG*, Urt. v. 8.4.1997 – 3 C 6/95 –, in: BVerwGE 104, 220 (224) = DVBl 1998, 142; *OVG Münster*, Beschl. v. 18.7.2011 – 3 A 1366/09 –, in: OVGE MüLü 55, 1 (3 f.) = ZBR 2013, 65; *Maurer*, Verwaltungsrecht, § 24 Rn. 36; *Möstl*, in: Erichsen/Ehlers (Hrsg.), Verwaltungsrecht, § 20 Rn. 23.

995 Vgl. *OVG Münster*, Beschl. v. 18.7.2011 – 3 A 1366/09 –, in: OVGE MüLü 55,1 (4) = ZBR 2013, 65.

996 Vgl. *Mainczyk/Bonnmann*, Ausführungsvorschriften, Einf. Ziff. 4.

997 Siehe oben § 4 B. II. 1. b. dd. (3); § 5. B. II. 1. b. aa. (3).

998 Siehe oben MKULNV, Erlass v. 24.8.2012 (s. Fn. 449).

999 Siehe oben § 4 B. II. 1. b. dd. (3); § 5 B. II. 1. b. aa. (3).

1000 *OVG Münster*, Urt. v. 12.10.2004 – 15 A 4023/02 –, in: juris Rn. 28.

1001 *OVG Münster*, Urt. v. 12.10.2004 – 15 A 4023/02 –, in: juris Rn. 28; *VG Düsseldorf*, Urt. v. 9.2.2001 – 1 K 3658/99 –, in: www.nrwe.de Rn. 29 = openJur 2011, 15684.

Landes nicht ihre Eigenschaft als verbindliche Weisung. Ausschlaggebend ist vielmehr der „objektive Bedeutungsgehalt der Verfügung aus der Sicht eines verständigen Empfängers“[1002]. Insoweit ist aber auch der Bestimmtheitsgrundsatz zu beachten, wonach der Weisungscharakter für die Kommunen klar erkennbar sein muss.[1003]

(2) Begründungspflicht

Schriftliche bzw. elektronische Weisungen sind grundsätzlich nach § 39 Abs. 1 VwVfG NRW zu begründen.[1004] Die Aufsichtsbehörde muss in der Weisung die Gesichtspunkte erkennen lassen, von denen sie sich im Rahmen ihres Ermessens hat leiten lassen.[1005] In der Praxis begründet das Land seine Weisungen in aller Regel ausreichend.[1006]

(3) Rechtsbehelfsbelehrung

Wie Unterrichtungsverlangen sind sonderaufsichtliche Weisungen nach § 37 Abs. 6 S. 1 VwVfG NRW mit einer Rechtsbehelfsbelehrung zu versehen.[1007] Die Aufsichtsbehörden fügen ihren Weisungen in der Praxis allerdings keine Rechtsbehelfsbelehrungen bei.[1008] Als Folge können die Kommunen innerhalb eines Jahres Klage gegen die Weisung erheben.[1009]

1002 *VG Düsseldorf*, Urt. v. 9.2.2001 – 1 K 3658/99 –, in: www.nrwe.de Rn. 29 = openJur 2011, 15684.

1003 Hierzu unten § 6 A. II. 3. b. cc.

1004 Näher hierzu s. oben § 6 I. 3. a. cc. (2); einschränkend *Oldiges*, in: Stern/Grupp (Hrsg.), Gedächtnisschrift Burmeister, S. 269 (286); *Rietdorf* u. a., Ordnungs- und Polizeirecht, § 9 Rn. 12, nach deren Auffassung sich eine Begründung lediglich „empfiehlt“ und zwar nur in Bezug auf besondere Zweckmäßigkeitsweisungen.

1005 Vgl. *OVG Münster*, Urt. v. 14.5.1992 – 10 A 279/89 –, in: NVwZ-RR 1993, 132 (134) = NWVBl 1993, 32.

1006 Siehe etwa die Weisung des *MKULNV* v. 24.8.2012 (s. Fn. 449), S. 2 f., des *LANUV* v. 20.9.2013 (s. Fn. 455), S. 1 sowie des *MGEPA* v. 11.5.2011 (s. Fn. 779), S. 1.

1007 Näher hierzu s. oben § 6 A. I. 3. a. cc. (3).

1008 Siehe etwa die Weisung des *MKULNV* v. 24.8.2012 (s. Fn. 449), des *LANUV* v. 20.9.2013 (s. Fn. 455) sowie des *MGEPA* v. 11.5.2011 (s. Fn. 779).

1009 Siehe oben § 6 A. I. 3. a. cc. (3).

b. Materielle Rechtmäßigkeitsvoraussetzungen

aa. Rechtmäßigkeitsweisungen

(1) Tatbestandsvoraussetzungen

Die auf § 9 Abs. 1 OBG NRW, § 43 Abs. 5 S. 2 WTG NRW oder ähnliche Ermächtigungen gestützte Befugnis der Sonderaufsichtsbehörden, Rechtmäßigkeitsweisungen zu erteilen, ist Ausfluss des Grundsatzes der Gesetzmäßigkeit der Verwaltung nach Art. 20 Abs. 3 GG.[1010] Hiernach sind die vollziehende Gewalt – und damit auch die kommunalen Behörden – an Gesetz und Recht gebunden.

In den Fachgesetzen ist dieses Weisungsrecht unbeschränkt ausgestaltet und wird nicht an das Vorliegen weitergehender tatbestandlicher Voraussetzungen geknüpft.[1011] Es muss sich lediglich um Weisungen handeln, die die „gesetzmäßige“[1012] bzw. „rechtmäßige“[1013] Aufgabenerfüllung sicherstellen sollen. *Gesetzmäßig* bzw. *rechtmäßig* ist dabei weit zu verstehen und bezieht sich auf die Einhaltung sämtlicher geltender Rechtsvorschriften, Gewohnheitsrecht etc.[1014] Anknüpfungspunkt für eine Rechtmäßigkeitsweisung des Landes ist mithin ein Verhalten einer oder mehrerer Kommunen, das nicht mit dem geltenden Recht in Einklang steht.[1015] Die Weisungen können zudem der Ausräumung von potentiellen oder bereits aufgetretenen rechtlichen Zweifelsfragen dienen.[1016] Diese Anforderungen erfüllt z. B. die Weisung des MKULNV zu § 40 Abs. 1a LFGB. Die hierin enthaltenen „Hinweise zur Anwendung des

---

1010 *Hüttenbrink*, in: Lenz (Hrsg.), FS Gelzer, S. 215 (216); *Krämer/Müller*, OBG NRW, § 9 Rn. 3; *Rhein*, OBG NRW, § 9 Rn. 14; *Rietdorf*, Ordnungs- und Polizeirecht, § 9 Rn. 7.

1011 Siehe etwa *Froese/Michelchen*, WTG NRW, § 13 Rn. 4; *Kassen* u. a., WTG NRW, Kap. H Rn. 4 (beide zu § 13 WTG NRW 2008).

1012 So z. B. § 9 Abs. 1 OBG NRW.

1013 So z. B. § 43 Abs. 5 S. 2 WTG NRW.

1014 *Krämer/Müller*, OBG NRW, § 9 Rn. 5; *Lafontaine/Stollmann*, NWVBl 1999, 170 (174); *Rhein*, OBG NRW, § 9 Rn. 14; *Schönenbroicher*, in: Schönenbroicher/Heusch (Hrsg.), OBG NRW, § 9 Rn. 5.

1015 *OVG Münster*, Urt. v. 10.2.2011 – 13 A 1305/09 –, in: NWVBl 2011, 352 (353) = EStT NW 2011, 23.

1016 Vgl. *Rietdorf* u. a., Ordnungs- und Polizeirecht, § 9 Rn. 5; *Schink*, DVBl 1986, 1073 (1079); *Schönenbroicher*, in: Schönenbroicher/Heusch (Hrsg.), OBG NRW, § 9 Rn. 11.

neuen § 40 Absatz 1a LFGB“[1017] beziehen sich mit § 40 Abs. 1a LFGB auf geltendes Recht und mithin auf die gesetzmäßige Aufgabenerfüllung, die in der Zukunft durch die Hinweise sichergestellt werden soll. Zum Beispiel betrifft die Weisung Rechtmäßigkeitsfragen in Bezug auf die Abgrenzung des § 40 Abs. 1a LFGB zu § 40 Abs. 1 LFGB,[1018] die Zuständigkeit und das Verfahren[1019] oder die Auslegung der Tatbestandsmerkmale des § 40 Abs. 1a LFGB[1020].

Die Aufsichtsbehörden können Rechtmäßigkeitsweisungen sowohl in Form allgemeiner als auch besonderer Weisungen erteilen. Dies gilt unabhängig davon, ob dies explizit im Fachgesetz aufgeführt ist[1021] oder nicht[1022]. Eine allgemeine Weisung ist bspw. die Weisung des MKULNV zu § 40 Abs. 1a LFGB, die sich an alle Kreisordnungsbehörden richtet und wiederkehrende Situationen betrifft.[1023]

Inhaltlich dürfen Rechtmäßigkeitsweisungen keine Bestimmungen enthalten, die die Zweckmäßigkeit des kommunalen Handelns oder politische Überlegungen betreffen.[1024] Dies bedeutet allerdings nicht, dass die Aufsichtsbehörden bei der Entscheidung, ob und in welchem Umfang sie eine Weisung erlassen, keine Zweckmäßigkeitsüberlegungen anstellen dürften. Dies ist sehr wohl möglich, da diese Entscheidung im pflichtgemäßen Ermessen der Aufsichtsbehörden steht.[1025] Zu beachten ist ferner, dass allgemeine Zweckmäßigkeitsweisungen Bestandteil der gesetzmäßigen Aufgabenerfüllung sind.[1026] Eine Rechtmäßigkeitsweisung kann daher auch ergehen, um einer allgemeinen Weisung zur Beachtung zu verhelfen.[1027] Auf diesem Wege kann eine

---

[1017] *MKULNV*, Erlass v. 24.8.2012 (s. Fn. 449), S. 2.
[1018] *MKULNV*, Erlass v. 24.8.2012 (s. Fn. 449), S. 3 f.
[1019] *MKULNV*, Erlass v. 24.8.2012 (s. Fn. 449), S. 4 ff.
[1020] *MKULNV*, Erlass v. 24.8.2012 (s. Fn. 449), S. 8 ff.
[1021] So. z. B. bei § 43 Abs. 5 S. 2 WTG NRW.
[1022] So etwa § 9 Abs. 1 OBG NRW.
[1023] Siehe *MKULNV*, Erlass v. 24.8.2012 (s. Fn. 449), S. 1 ff., 21.
[1024] *Rhein*, OBG NRW, § 9 Rn. 14; vgl. auch *BayVerfGH*, Urt. v. 15.12.1988 – Vf. 70 VI 86 –, in: DVBl 1989, 308 (311) = NVwZ 1989, 551.
[1025] Siehe unten § 6 A. II. 3. b. aa. (2).
[1026] *Krämer/Müller*, OBG NRW, § 9 Rn. 6; *Lafontaine/Stollmann*, NWVBl 1999, 170 (175); *Rhein*, OBG NRW, § 9 Rn. 15; *Rietdorf* u. a., Ordnungs- und Polizeirecht, § 9 Rn. 8.
[1027] Ziff. 9.21 der *Verwaltungsvorschrift zur Durchführung des Ordnungsbehördengesetzes – VV OBG –* v. 4.9.1980, MBl. NRW 1980, S. 2114 (zuletzt geändert 11.6.2013, MBl. NRW. 2013, S. 204); *Krämer/Müller*, OBG NRW, § 9 Rn. 6; *Lafontaine/Stollmann*, NWVBl 1999, 170 (175); *Rhein*, OBG NRW, § 9 Rn. 15; *Rietdorf* u. a., Ordnungs- und Polizeirecht, § 9 Rn. 8.

Rechtmäßigkeitsweisung daher auch der Umsetzung von Zweckmäßigkeitserwägungen dienen.

Adressaten von Rechtmäßigkeitsweisungen sind die für die Durchführung der Pflichtaufgabe zur Erfüllung nach Weisung zuständigen kommunalen Behörden.[1028] Bei Weisungen nach § 1 S. 1 LFBRVG NRW i. V. m. § 9 OBG NRW sind bspw. die Kreisordnungsbehörden die richtigen Adressaten.[1029]

(2) Ermessen

Die Befugnis Rechtmäßigkeitsweisungen zu erteilen, steht nach den einschlägigen Fachgesetzen, wie etwa § 9 Abs. 1 OBG NRW oder § 43 Abs. 5 S. 2 WTG NRW, angesichts des Wortlauts *können* im pflichtgemäßen Ermessen der Sonderaufsichtsbehörden.[1030] Es gilt mithin das Opportunitätsprinzip.[1031] Die Gegenmeinung, die vom Legalitätsprinzip ausgeht,[1032] ist angesichts des klaren Wortlauts der fachgesetzlichen Weisungsrechte sowie im Hinblick auf die Entschlusskraft und Verantwortungsfreude der Kommunen[1033] abzulehnen. Im Rahmen ihrer Ermessensausübung hat die Aufsichtsbehörde aber den Grundsatz der Gesetzmäßigkeit der Verwaltung und das Rechtsstaatsprinzip zu berücksichtigen.[1034] Häufig wird sie daher ihr Ermessen dergestalt auszuüben haben, dass sie gegen rechtswidriges Handeln der Kommunen einschreiten muss. Mit *Schönenbroicher* eine „grundsätzlich

[1028] Vgl. *Krämer/Müller*, OBG NRW, § 9 Rn. 8.

[1029] So z. B. in der Weisung des *MKULNV* v. 24.8.2012 (s. Fn. 449), S. 21.

[1030] *OVG Münster*, Urt. v. 10.2.2011 – 13 A 1305/09 –, in: NWVBl 2011, 352 (353) = EStT NW 2011, 23 (zu § 17 Abs. 3 RettG NRW a. F.); *Buttler*, in: Kleerbaum/Palmen (Hrsg.), GO NRW, § 119 Erl. III; *Schink*, DVBl 1086, 1073 (1079); s. auch *Pieper*, Aufsicht, S. 443; *Rauball*, in: Rauball u. a. (Hrsg.), GO NRW, § 106 Rn. 7; zu § 9 Abs. 1 OBG NRW offen gelassen von *OVG Münster*, Urt. v. 30.6.2005 – 20 A 3988/03 –, in: OVGE MüLü 50, 139 (143) = NuR 2006, 191; ausführlich zu dieser Thematik s. auch *Schönenbroicher*, in: Schönenbroicher/Heusch (Hrsg.), OBG NRW, § 9 Rn. 3 f. m. w. N.

[1031] *Buttler*, in: Kleerbaum/Palmen (Hrsg.), GO NRW, § 119 Erl. III; *Schink*, DVBl 1086, 1073 (1079); s. auch *Pieper*, Aufsicht, S. 443; *Rauball*, in: Rauball u. a. (Hrsg.), GO NRW, § 106 Rn. 7; ausführlich zu dieser Thematik s. *Schönenbroicher*, in: Schönenbroicher/Heusch (Hrsg.), OBG NRW, § 9 Rn. 3 f. m. w. N.

[1032] Siehe hierzu die Darstellung und die Nachweise bei *Schönenbroicher*, in: Schönenbroicher/Heusch (Hrsg.), OBG NRW, § 9 Rn. 3.

[1033] *Schink*, DVBl 1086, 1073 (1079).

[1034] Vgl. *Schönenbroicher*, in: Schönenbroicher/Heusch (Hrsg.), OBG NRW, § 9 Rn. 3 f.

bestehende[n] Pflicht der Aufsichtsbehörden“[1035] zum Einschreiten anzunehmen, geht jedoch zu weit.

Im Übrigen müssen die Aufsichtsbehörden ihr Ermessen nach § 40 VwVfG NRW entsprechend dem Zweck der Ermächtigung ausüben und die gesetzlichen Grenzen des Ermessens, insbesondere den Verhältnismäßigkeitsgrundsatz beachten.

bb. Zweckmäßigkeitsweisungen

Die Möglichkeit der Aufsichtsbehörden, Zweckmäßigkeitsweisungen zu erteilen, bedeutet, dass sie die Ermessensausübung der Kommunen steuern können.[1036] Weisungen, die die zweckmäßige Aufgabendurchführung der Kommunen steuern sollen, können sich daher nur auf Rechtsvorschriften beziehen, die den Kommunen Ermessen und damit Handlungsspielräume einräumen.[1037] Anderenfalls sind nur Rechtmäßigkeitsweisungen denkbar.[1038]

(1) Tatbestandsvoraussetzungen

(a) Allgemeine Weisungen

Allgemeine Weisungen müssen nach den meisten fachgesetzlichen Bestimmungen – wie etwa § 9 Abs. 2 lit. a OBG NRW, § 43 Abs. 6 Ziff. 1 WTG NRW – der Sicherung der *gleichmäßigen* bzw. *einheitlichen* Aufgabendurchführung dienen.[1039] Voraussetzung für die Erteilung einer allgemeinen Weisung ist mithin zunächst, dass eine einheitliche Rechtsanwendung der einschlägigen fachlichen Bestimmungen sichergestellt werden soll.[1040] Bezugspunkt der Einheitlichkeit ist die landesweite Rechtsanwendung. Als weitere Voraussetzung ist nach zum Teil vertretener Auffassung

---

[1035] *Schönenbroicher*, in: Schönenbroicher/Heusch (Hrsg.), OBG NRW, § 9 Rn. 4.

[1036] *Benedens*, LKV 2000, 89 (92); *Frings/Spahlholz*, Gefahrenabwehr, Rn. 081; *Röhl*, in: Schoch (Hrsg.), Verwaltungsrecht, 1. Kap. Rn. 71; *Schoch*, Jura 2006, 358 (359); *Vietmeier*, DVBl 1993, 190 (193).

[1037] Vgl. *OVG Münster*, Urt. v. 12.10.2004 – 15 A 4023/02 –, in: juris Rn. 38.

[1038] Vgl. *OVG Münster*, Urt. v. 12.10.2004 – 15 A 4023/02 –, in: juris Rn. 42.

[1039] Siehe oben § 2 B. III. 3. b. cc. (1).

[1040] *Rietdorf* u. a., Ordnungs- und Polizeirecht, § 9 Rn. 5; *Schink*, DVBl 1986, 1073 (1079); *Schönenbroicher*, in: Schönenbroicher/Heusch (Hrsg.), OBG NRW, § 9 Rn. 11.

das Vorliegen eines Bedürfnisses für die Weisung erforderlich.[1041] Dieses sei zu bejahen, wenn der Anspruch auf gleichmäßige Rechtsanwendung aus Art. 3 Abs. 1 GG in einem überörtlichen Bereich nicht mehr gewährleistet zu sein scheine.[1042] Ein in diesem Sinne verstandenes Bedürfnis zu fordern ist problematisch, da der Bürger gegenüber unterschiedlichen Hoheitsträgern – und damit gegenüber verschiedenen Kommunen – grundsätzlich gerade keinen Anspruch auf Gleichbehandlung aus Art. 3 Abs. 1 GG[1043] hat. Daher ist auf Tatbestandsseite vom Land nicht die Darlegung eines solchen Bedürfnisses zu verlangen.[1044] Dies gilt umso mehr, als die Aufsichtsbehörde bei der Entscheidung, ob und in welchem Umfang sie eine Weisung erteilt, ihr Ermessen pflichtgemäß ausüben muss und in diesem Rahmen ohnehin zwischen dem Selbstverwaltungsrecht und der hieraus resultierenden „Vielfalt"[1045] der Aufgabenwahrnehmung einerseits und dem Interesse – gerade auch der Bürger – an einem einheitlichen Gesetzesvollzug andererseits abzuwägen hat.

Allgemeine Weisungen müssen auf die Regelung einer unbestimmten Anzahl an Fällen gerichtet sein.[1046] Nur dann weisen sie einen *allgemeinen* Charakter auf. Dies ergibt sich auch aus dem Wortlaut der Vorschriften, wonach die allgemeinen Weisungen der *gleichmäßigen* bzw. *einheitlichen* Aufgabendurchführung dienen müssen. Nicht ausgeschlossen ist allerdings, dass ein konkreter Einzelfall Anlass für eine allgemeine Weisung sein kann.[1047]

Aus dem Wortlaut der Vorschriften folgt zudem, dass sich allgemeine Weisungen an alle zuständigen kommunalen Behörden richten müssen, nicht

---

[1041] Siehe zu § 9 OBG NRW *VG Düsseldorf*, Urt. v. 14.7.2011 – 11 K 2443/10 –, in: juris Rn. 18; *Rhein*, OBG NRW, § 9 Rn. 16; a. A. *Schönenbroicher*, in: Schönenbroicher/Heusch (Hrsg.), OBG NRW, § 9 Rn. 11.

[1042] *VG Düsseldorf*, Urt. v. 14.7.2011 – 11 K 2443/10 –, in: juris Rn. 18; *Rhein*, OBG NRW, § 9 Rn. 16.

[1043] Vgl. etwa *BVerfG*, Beschl. v. 21.12.1966 – 1 BvR 33/64 –, in: BVerfGE 21, 54 (68) = NJW 1967, 545; *OVG Münster*, Beschl. v. 15.12.2010 – 14 A 2340/10 –, in: juris Rn. 11; *VGH Koblenz*, Beschl. v. 8.6.2015 – VGH B 41/14 u. a. –, in: juris Rn. 34; s. aber auch *Kischel*, in: Epping/Hillgruber (Hrsg.), GG, Art. 3 Rn. 103 ff.

[1044] So im Ergebnis ebenfalls *Schönenbroicher*, in: Schönenbroicher/Heusch (Hrsg.), OBG NRW, § 9 Rn. 11.

[1045] *Knemeyer*, BayVBl 1989, 232 (234).

[1046] *Rietdorf* u. a., Ordnungs- und Polizeirecht, § 9 Rn. 5; zudem *Frings/Spahlholz*, Gefahrenabwehr, Rn. 081.

[1047] *Kuschke* u. a., ÖGDG NRW, Erl. 6.2; *Lafontaine/Stollmann*, NWVBl 1999, 170 (174 f.); *Rietdorf* u. a., Ordnungs- und Polizeirecht, § 9 Rn. 5.

hingegen nur an einzelne Kommunen.[1048] Anderenfalls kann schließlich keine *landesweit* einheitliche Rechtsanwendung gesichert werden.

Von ihrer Ausrichtung her dienen allgemeine Weisungen der Steuerung der künftigen Aufgabendurchführung der beaufsichtigten Kommunen.[1049] Sie dürfen dabei nur der Steuerung derjenigen Sachentscheidungen dienen, die den Kommunen nach den einschlägigen fachgesetzlichen Bestimmungen obliegen.

(b) Besondere Weisungen

Voraussetzung für eine besondere Weisung nach § 9 Abs. 2 lit. b OBG NRW oder nach vergleichbaren Vorschriften ist, dass das Verhalten der zuständigen Ordnungsbehörde zur Erledigung ordnungsbehördlicher Aufgaben *nicht geeignet erscheint* oder *überörtliche Interessen gefährden* kann. *Nicht geeignet* ist ein Verhalten einer Behörde, wenn sie gar nicht, nicht im erforderlichen Umfang oder nicht mit den gebotenen Mitteln tätig wird.[1050] Angesichts des Wortlauts („erscheint") kommt es nicht auf die tatsächlich fehlende Eignung des Verhaltens der kommunalen Behörde, sondern auf die *ex ante*-Beurteilung der Aufsichtsbehörde an, die aber auf entsprechenden Anhaltspunkten beruhen muss.[1051] Eine *Gefährdung überörtlicher Interessen* ist anzunehmen, wenn sich die Gefahr auf einen größeren Bereich als den Zuständigkeitsbereich der handelnden Behörde erstreckt und auswirken kann.[1052] Dies ist bspw. der Fall, wenn zu befürchten ist, dass sich eine Tierseuche[1053] oder eine Lebensmittelkrise bezirksübergreifend ausbreiten kann. Ein Schadenseintritt ist

1048 *Kuschke* u. a., ÖGDG NRW, Erl. 6.2; *Lafontaine/Stollmann*, NWVBl 1999, 170 (174); vgl. auch *Wegrich*, Steuerung, S. 43.

1049 Zum ganzen Absatz *VG Düsseldorf*, Urt. v. 14.7.2011 – 11 K 2443/10 –, in: juris Rn. 18; *Benedens*, LKV 2000, 89 (93); *Kuschke* u. a., ÖGDG NRW, Erl. 6.2; *Lafontaine/Stollmann*, NWVBl 1999, 170 (175); *Schink*, DVBl 1986, 1073 (1080); *Stollmann/Kämper*, LG NRW, § 8 Erl. 4.3.2.

1050 Ziff. 9.22 VV OBG zu § 9 OBG NRW; *Frings/Spahlholz*, Gefahrenabwehr, Rn. 082; *Rhein*, OBG NRW, § 9 Rn. 19; *Rietdorf* u. a., Ordnungs- und Polizeirecht, § 9 Rn. 12; *Schönenbroicher*, in: Schönenbroicher/Heusch (Hrsg.), OBG NRW, § 9 Rn. 13.

1051 *Benedens*, LKV 2000, 89 (93 f.); *Rietdorf* u. a., Ordnungs- und Polizeirecht, § 9 Rn. 12.

1052 *VG Düsseldorf*, Urt. v. 10.11.1997 – 25 K 1346/94 –, S. 12 (nicht veröffentlicht); *Rhein*, OBG NRW, § 9 Rn. 20; *Rietdorf* u. a., Ordnungs- und Polizeirecht, § 9 Rn. 13; *Schönenbroicher*, in: Schönenbroicher/Heusch (Hrsg.), OBG NRW, § 9 Rn. 13.

1053 *Rhein*, OBG NRW, § 9 Rn. 20; *Schönenbroicher*, in: Schönenbroicher/Heusch (Hrsg.), OBG NRW, § 9 Rn. 13.

für das Vorliegen der Voraussetzungen für eine besondere Weisung nicht erforderlich. Es reicht die bloße Gefahr einer Schädigung.[1054] Ausnahmsweise kann es darüber hinaus ausreichend sein, wenn anstelle eine überörtlichen Gefahr eine überörtliche *Bedeutung* vorliegt.[1055]

Bei § 43 Abs. 6 Ziff. 2 WTG NRW ist Voraussetzung für die Erteilung einer besonderen Weisung, dass diese *im Einzelfall zur Sicherung des Zwecks des Gesetzes geboten erscheint*. Anknüpfungspunkt ist hier ein rechtmäßiges, aber zweckwidriges Verhalten einer kommunalen Heimaufsichtsbehörde, das den Zweck des Gesetzes nach § 1 WTG NRW gefährdet.[1056] Dies kann z. B. der Fall sein, wenn aufgrund eines Handelns der Behörde gegen den Zweck des Gesetzes Rechte der Bewohner einer Einrichtung gefährdet werden.[1057] Maßgebend ist angesichts des Wortlauts („erscheint“) auch hier die *ex ante*-Beurteilung der Aufsichtsbehörde.

Weitere Voraussetzung einer besonderen Weisung ist, dass diese gegenüber der zuständigen Behörde ergehen muss. Dies ergibt sich bei § 9 Abs. 2 lit. b OBG NRW ausdrücklich aus dem Wortlaut der Vorschrift. Aber auch bei anderen Regelungen, in denen diese Voraussetzung nicht explizit aufgeführt ist, wie etwa bei § 43 Abs. 6 Ziff. 2 WTG NRW, ergibt sich dies aus der Natur der Sache.[1058]

Im Gegensatz zu allgemeinen Weisungen beziehen sich besondere Weisungen auf einen konkreten Einzelfall.[1059] Ansonsten hätten die Weisungen keinen *besonderen* Charakter. Dies ergibt sich auch aus dem Wortlaut der meisten Vorschriften zu den besonderen Weisungen, die häufig ausdrücklich auf das konkrete Verhalten *der zuständigen Behörde*[1060] oder den *Einzelfall*[1061] abstel-

---

[1054] *Rhein*, OBG NRW, § 9 Rn. 21; *Schönenbroicher*, in: Schönenbroicher/Heusch (Hrsg.), OBG NRW, § 9 Rn. 13.

[1055] S. hierzu *VG Düsseldorf*, Urt. v. 10.11.1997 – 25 K 1346/94 –, S. 13 f. (nicht veröffentlicht).

[1056] *Kassen* u. a., WTG NRW, Kap. H. Rn. 6 (zu § 13 WTG NRW 2008).

[1057] *Froese/Michelchen*, WTG NRW, § 13 Rn. 4 (zu § 13 WTG NRW 2008).

[1058] Zum ganzen Absatz *VG Arnsberg*, Urt. v. 6.2.2015 – 12 K 595/12 –, S. 9 (nicht veröffentlicht).

[1059] *VG Düsseldorf*, Urt. v. 10.11.1997 – 25 K 1346/94 –, S. 12 (nicht veröffentlicht); *Krämer/Müller*, OBG NRW, § 9 Rn. 11; *Rhein*, OBG NRW, § 9 Rn. 18; *Rietdorf* u. a., Ordnungs- und Polizeirecht, § 9 Rn. 6; *Schönenbroicher*, in: Schönenbroicher/Heusch (Hrsg.), OBG NRW, § 9 Rn. 13.

[1060] So z. B. § 9 Abs. 2 lit. b) OBG NRW.

[1061] So etwa § 43 Abs. 6 Ziff. 2 WTG NRW.

len. Adressaten besonderer Weisungen können eine oder mehrere einzelne Behörden sein.[1062]

(2) Beachtung sonstiger Rechtmäßigkeitsanforderungen und Rechtsvorschriften

(a) Beachtung des Selbstverwaltungsrechts der Kommunen

Wie bei Unterrichtungsverlangen[1063] müssen die Aufsichtsbehörden bei der Erteilung von Weisungen das Selbstverwaltungsrecht einschließlich der Gemeindehoheiten, insbesondere die Personal- und Organisationshoheit, beachten.[1064] Diese begrenzen das Weisungsrecht der Kommunen.[1065] Weisungen dienen nur der Steuerung von Sachentscheidungen.[1066] Die organisatorischen und personellen Bedingungen bestimmen die Kommunen hingegen selbst.[1067] Weisungen, die in die Personal- und Organisationshoheit der Kommunen eingreifen, ohne dass dies in einer gesetzlichen Regelung gestattet ist, sind wegen des Eingriffs in das Selbstverwaltungsrecht unzulässig.[1068] Denn in diesen Bereich darf nur durch Gesetz, nicht jedoch durch eine Weisung eingegriffen werden, die sich nicht im Rahmen einer entsprechenden gesetzlichen Ermächtigung bewegt.[1069] So ist das Land etwa nicht befugt, allein auf Grundlage einer Weisung die Personalausstattung der Kommunen vorzugeben.[1070] Die Kommunen können vielmehr etwa selbst entscheiden, mit welchem Personalaufwand sie die Aufgabe erledigen möchten.[1071] Ein Eingriff in die Organisationshoheit der Kommunen läge z. B. vor, wenn durch eine son-

---

1062 Vgl. *Wegrich*, Steuerung, S. 43.

1063 Siehe oben § 6 A. I. 3. b. bb (1).

1064 *Benedens*, LKV 2000, 89 (93); *Stollmann/Kämper*, LG NRW, § 8 Erl. 4.3.2; s. auch *Scholz*, Rechtsschutz der Gemeinden, S. 127 ff.

1065 *Benedens*, LKV 2000, 89 (93); *Schink*, DVBl 1986, 1073 (1079); *Stollmann/Kämper*, LG NRW, § 8 Erl. 4.3.2.

1066 *Röhl*, in: Schoch (Hrsg.), Verwaltungsrecht, 1. Kap. Rn. 71; s. zudem *VG Düsseldorf*, Urt. v. 14.7.2011 – 11 K 2443/10 –, in: juris Rn. 18; *Kuschke* u. a., ÖGDG NRW, Erl. 6.2; *Schink*, DVBl 1986, 1073 (1080); *Stollmann/Kämper*, LG NRW, § 8 Erl. 4.3.2.

1067 *Röhl*, in: Schoch (Hrsg.), Verwaltungsrecht, 1. Kap. Rn. 71.

1068 Vgl. *Haurand*, POR NRW, Ziff. 2.4; *Oebbecke*, Der Landkreis 2014, 247 (250); *Schink*, DVBl 1986, 1073 (1076 f., 1079); s. auch *Bovenschulte*, Gemeindeverbände, S. 302.

1069 *Oebbecke*, Der Landkreis 2014, 247 (250); *Schink*, DVBl 1986, 1073 (1076 f.).

1070 *Benedens*, LKV 2000, 89 (93); *Stollmann/Kämper*, LG NRW, § 8 Erl. 4.3.2.

1071 *VerfGH NRW*, Urt. v. 13.8.1996 – VerfGH 23/94 –, in: OVGE MüLü 46, 256 (259) = DVBl 1997, 121.

deraufsichtliche Weisung eine bestimmte Art der Aufgabenerfüllung vorgegeben würde.[1072] Die Organisationshoheit wäre auch betroffen, wenn die Aufsichtsbehörde den Kommunen per Weisung die organisatorischen Strukturen[1073] oder den Einsatz eines bestimmten IT-Systems[1074] vorgeben würde.

Weisungen können ferner die Finanzhoheit der Kommunen verletzen.[1075] Dies kann z. B. der Fall sein, wenn eine Kommune per Weisung verpflichtet wird, einen bestimmten Betrag an eine Einrichtung etc. zu erstatten.[1076] Ein Eingriff in die Finanzhoheit kann sich ferner daraus ergeben, dass der Kommune aufgrund einer rechtswidrigen Weisung ein finanzieller Schaden – etwa wegen der Rücknahme eines Verwaltungsakts nach § 48 Abs. 3 VwVfG NRW – entstanden ist.[1077] Fraglich ist, inwiefern die kommunale Finanzhoheit daneben aufgrund von Haftungsansprüchen der Bürger wegen Handlungen der Kommunen betroffen sein kann, die auf rechtswidrigen Aufsichtsmaßnahmen basieren. Eine solche Betroffenheit bejaht *Hüttenbrink* etwa in Bezug auf Amtshaftungsansprüche und Entschädigungsansprüche aus § 39 OBG NRW.[1078] Dem kann nur eingeschränkt zugestimmt werden. Im Hinblick auf Amtshaftungsansprüche und Ansprüche aus enteignungsgleichem Eingriff ist eine Betroffenheit der Finanzhoheit zu verneinen. Denn wenn die Kommunen Handlungen ausführen, die auf einer sie bindenden rechtswidrigen Weisung des Landes beruhen und hierdurch dem Bürger ein Schaden entsteht, haften bei Amtshaftungsansprüchen und Ansprüchen aus enteignungsgleichem Eingriff nicht die Kommunen, sondern das Land, gegen das auch der Haftungsanspruch zu richten ist.[1079] Die Kommunen werden hier finanziell nicht belastet und nicht einmal in einen Haftungsprozess hineingezogen. Etwas anderes gilt hingegen im Hinblick auf Entschädigungsansprüche aus § 39 OBG NRW, die – auch im Falle einer bindenden rechtwidrigen Weisung des Landes – stets gegen die vollziehenden Kommunen zu richten sind.[1080] Insoweit lässt sich daher eine Betroffenheit der Finanzhoheit der

---

[1072] Siehe *OVG Münster*, Urt. v. 10.2.2011 – 13 A 1305/09 –, in: NWVBl 2011, 352 (358) = EStT NW 2011, 23.

[1073] *Benedens*, LKV 2000, 89 (93); *Stollmann/Kämper*, LG NRW, § 8 Erl. 4.3.2.

[1074] *Jock*, Fachaufsicht, S. 100 f.

[1075] *VG Düsseldorf*, Urt. v. 10.11.1997 – 25 K 1346/94 –, S. 9 f. (nicht veröffentlicht); *Hüttenbrink*, in: Lenz (Hrsg.), FS Gelzer, S. 215 (218 f.).

[1076] *VG Düsseldorf*, Urt. v. 10.11.1997 – 25 K 1346/94 –, S. 9 f. (nicht veröffentlicht).

[1077] *Hüttenbrink*, in: Lenz (Hrsg.), FS Gelzer, S. 215 (218 f.).

[1078] *Hüttenbrink*, in: Lenz (Hrsg.), FS Gelzer, S. 215 (218 f.) m. w. N.

[1079] Siehe hierzu näher unten § 6 B. II 2.

[1080] Siehe hierzu näher unten § 6 B. II 2.

Kommunen diskutieren. Allerdings ist hierbei zu bedenken, dass die Kommunen, falls sie von den Gerichten verurteilt werden, ihren Schaden anschließend wiederum vom Land, etwa aus Amtshaftung oder enteignungsgleichem Eingriff, erstattet verlangen können. Die Realisierung dieser Ansprüche ist jedoch nicht ohne Risiko, da sie eine Erstattung nicht voraussetzungslos gewähren. Auch wenn davon auszugehen ist, dass das Land im Falle einer rechtswidrigen Aufsichtsmaßnahme den Kommunen ihren Schaden grundsätzlich erstatten wird, verbleibt ein gewisses Restrisiko auf Seiten der Kommunen. Dieses Risiko rechtfertigt es in Fällen, in denen ein Entschädigungsanspruch nach § 39 OBG NRW droht, eine Betroffenheit der Finanzhoheit zu bejahen.

(b) Beschränkung durch die Regelungen zum Konnexitätsprinzip

Das in Art. 78 Abs. 3 S. 1, 2 LVerf NRW enthaltene *strikte Konnexitätsprinzip*[1081] bestimmt, dass das Land, wenn es den Kommunen durch Gesetz oder Rechtsverordnung neue Aufgaben überträgt oder übertragene Aufgaben verändert, die entstehenden Kosten tragen muss.[1082] Nach dieser Regelung, die durch § 1 Abs. 1 S. 1 KonnexAG NRW ergänzt wird, wird eine Kostentragungspflicht des Landes nur durch eine Aufgabenübertragung bzw. -veränderung durch *Gesetze* und *Rechtsverordnungen* ausgelöst. Angesichts dieses klaren Wortlauts und mangels Vorliegens der Voraussetzungen für eine analoge Anwendung fallen Weisungen der Sonderaufsichtsbehörden nicht hierunter.[1083] Weisungen können mithin keine Ausgleichspflicht des Landes auslösen.[1084]

Dieser rechtliche Befund wirft die Frage auf, ob das Land das Mittel der allgemeinen Weisung nutzen kann, um hierin Aufgabenstandards zu setzen, die eigentlich konnexitätsrelevant sind, aber mangels gesetzlicher Grundlage keine Ausgleichspflicht auslösen. Nach Aussagen von Praktikern handelt es

---

1081 Siehe etwa *Landtag NRW*, Gesetzentwurf v. 6.10.2003, Drucks. 13/4424, S. 1.

1082 Ausführlich zum Tatbestand des Art. 78 Abs. 3 LVerf NRW s. *Jäger*, Konnexitätsregelung.

1083 *Jäger*, Konnexitätsregelung, S. 83 ff. m. w. N.; s. auch *Oebbecke*, der gemeindehaushalt 2014, 193 (194); anders bspw. in Bayern, s. *Landtag Bayern*, Gesetzentwurf v. 24.3.2003, Drucks. 14/12011, S. 6; *Huber/Wollenschläger*, VerwArch 2009, 305 (316) m. w. N.

1084 *Jäger*, Konnexitätsregelung, S. 89.

sich hierbei um eine in der Praxis vorkommende Vorgehensweise,[1085] die das Land bewusst wähle, um seine Kostentragungspflicht zu umgehen.[1086] Bei der Bewertung der rechtlichen Zulässigkeit dieser Vorgehensweise ist zu differenzieren. Grundsätzlich ist es möglich, dass sonderaufsichtliche Weisungen des Landes bei den Kommunen Kosten auslösen. Dies wird sogar häufig der Fall sein, da die Ausführung des in einer Weisung aufgegebenen Verhaltens regelmäßig Personal- und Sachkosten begründen wird. Dies ist rechtlich zulässig, soweit das Land mit der Weisung den Kommunen ein kostenpflichtiges Verhalten aufgibt, das von einer gesetzlichen Grundlage gedeckt ist. Wenn Letzteres allerdings nicht der Fall ist, das Land den Kommunen per Weisung also ein Verhalten aufgibt, das sich nicht im Rahmen einer gesetzlichen Regelung bewegt, ist die Vorgehensweise des Landes unzulässig. Denn eine solche konnexitätsauslösende Aufgabenveränderung bzw. -übertragung in Form einer allgemeinen Weisung scheitert schon am Gesetzesvorbehalt,[1087] da sie in das Selbstverwaltungsrecht der Kommunen, insbesondere in ihre Finanzhoheit eingreift. Eingriffe in das Selbstverwaltungsrecht der Kommunen aus Art. 78 Abs. 2 LVerf NRW (Art. 28 Abs. 2 S. 1, 2 GG) sind aber nur durch Gesetz möglich.[1088] Eine allgemeine Weisung, die konnexitätsrelevante Aufgabenveränderungen bzw. -übertragungen enthält, die nicht von einer gesetzlichen Grundlage abgedeckt sind, ist daher rechtswidrig.

(c) Beachtung der Grundrechte

Das Land muss bei dem Erlass von Weisungen, auch von Rechtmäßigkeitsweisungen, die Grundrechte beachten, an die gem. Art. 1 Abs. 3 GG alle staatliche Gewalt gebunden ist. Zwar kann bei den Kommunen selbst keine Grundrechtsverletzung eintreten, da die Kommunen nicht Träger von Grund-

---

[1085] Siehe hierzu *AG der kommunalen Spitzenverbände NRW*, Evaluation des KonnexAG NRW v. 16.1.2012, S. 6, in: Landtag NRW, Vorlage 16/1672; *LKT NRW*, EILDIENST LKT NRW 2014, 289 (293); *Oebbecke*, der gemeindehaushalt 2014, 193 (196) mit zwei Beispielen in Fn. 30.

[1086] *AG der kommunalen Spitzenverbände NRW*, Evaluation des KonnexAG NRW v. 16.1.2012, S. 5, in: Landtag NRW, Vorlage 16/1672; *LKT NRW*, EILDIENST LKT NRW 2014, 289 (294).

[1087] Vgl. *AG der kommunalen Spitzenverbände NRW*, Evaluation des KonnexAG NRW v. 16.1.2012, S. 5 f., in: Landtag NRW, Vorlage 16/1672; *LKT NRW*, EILDIENST LKT NRW 2014, 289 (293); s. auch *Huber/Wollenschläger*, VerwArch 2009, 305 (316 f.); s. aber *Jäger*, Konnexitätsregelung, S. 83, 88.

[1088] Siehe oben § 6 A. II. 3. b. bb. (2) (a).

rechten sind.[1089] Allerdings kann eine Weisung Grundrechtsrelevanz aufweisen, wenn die Kommune die Weisung umsetzt und hierdurch in Grundrechte von Bürgern eingreift.[1090] Eine andere Frage ist, inwieweit die Kommunen einen solchen Verstoß gerichtlich geltend machen können.[1091]

(d) Beschränkung durch den Vorbehalt des Gesetzes und den Grundsatz der Vorhersehbarkeit der Rechtslage für den Bürger

Die Aufsichtsbehörden werden ferner durch den Vorbehalt des Gesetzes und den Grundsatz der Vorhersehbarkeit der Rechtslage für den Bürger in der Ausübung ihres (Rechtmäßigkeits- sowie Zweckmäßigkeits-)Weisungsrechts beschränkt. Das Land ist bspw. nicht befugt, eine gesetzliche Regelung, die gegen Grundrechte verstößt, mittels Auslegung im Rahmen einer Weisung in einen verfassungskonformen Zustand zu bringen. Dies ist dem Gesetzgeber vorbehalten und kann nicht der Exekutive überlassen werden.[1092]

Gegen diesen Grundsatz hat das MKULNV in seiner Weisung zu § 40 Abs. 1a LFGB verstoßen. Das MKULNV bestimmt in der Weisung aus Verhältnismäßigkeitsgründen, dass Informationen über Verstöße etc. nur für den Zeitraum eines Jahres veröffentlicht werden dürfen und anschließend gelöscht werden müssen.[1093] Diese Bestimmung der Dauer hätte allerdings nur der Gesetzgeber, nicht aber das MKULNV als Teil der Exekutive treffen dürfen.[1094] Insoweit ist die Weisung daher rechtswidrig.

Eine andere Frage ist, ob die Kommunen zur gerichtlichen Geltendmachung eines solchen Verstoßes befugt sind.[1095]

[1089] *BVerfG*, Beschl. v. 8.7.1982 – 2 BvR 1187/80 –, in: BVerfGE 61, 82 (105 ff.) = NJW 1982, 2173; Beschl. v. 7.6.1977 – 1 BvR 108/73 u. a. –, in: BVerfGE 45, 63 (78 f.) = NJW 1977, 1960; *Remmert*, in: Maunz/Dürig (Begr.), GG Bd. III, Art. 19 Abs. 3 Rn. 46.

[1090] Vgl. zum Ganzen *Steinberg*, Bundesaufsicht, S. 34 f.

[1091] Siehe hierzu unten § 6 B. I. 1. b.

[1092] Zum Ganzen *OVG Münster*, Beschl. v. 24.4.2013 – 13 B 215/13 –, in: DVBl 2013, 923 (924) m. w. N. = NVwZ-RR 2013, 627.

[1093] *MKULNV*, Erlass v. 24.8.2012 (s. Fn. 449), S. 20.

[1094] Vgl. *OVG Münster*, Beschl. v. 24.4.2013 – 13 B 192/13 –, in: DVBl 2013, 923 (924) = NVwZ-RR 2013, 627.

[1095] Siehe hierzu unten § 6 B. I. 1. b.

(3) Ermessen

Die Befugnis, allgemeine und besondere Weisungen zu erteilen, steht – sowohl in Bezug auf die Frage, ob eine Weisung erteilt wird als auch mit welchem Inhalt –nach den einschlägigen Vorschriften im Ermessen der zuständigen Aufsichtsbehörden.[1096] Nach § 40 VwVfG ist dieses Ermessen entsprechend dem Zweck der Ermächtigung auszuüben und es sind die Grenzen der Ermächtigung einzuhalten.[1097]

(a) Zweck der Ermächtigung

Wie beim Unterrichtungsverlangen[1098] müssen die Aufsichtsbehörden ihr Ermessen in Bezug auf Weisungen im Einklang mit dem Zweck der Ermächtigung und damit in sachlicher Weise ausüben.[1099] Auch hier gilt, dass die Aufsichtsbehörden nicht nur von ihrem Weisungsrecht Gebrauch machen dürfen, wenn dieses – im Fall von § 9 OBG NRW etwa – unmittelbar der Gefahrenabwehr dient.[1100] Erforderlich ist aber ebenfalls ein mittelbarer bzw. sachlicher Zusammenhang zur Gefahrenabwehr bzw. zu dem vom jeweiligen Fachgesetz verfolgten Zweck.

(b) Gesetzliche Grenzen des Ermessens

Die Aufsichtsbehörden müssen im Rahmen ihrer Ermessensbetätigung insbesondere den Verhältnismäßigkeitsgrundsatz beachten.[1101] Da die Erteilung

---

[1096] Siehe *OVG Münster*, Urt. v. 14.5.1992 – 10 A 279/89 –, in: NVwZ-RR 1993, 132 (133) = NWVBl 1993, 32; *Lafontaine/Stollmann*, NWVBl 1999, 170 (175); *Schink*, DVBl 1986, 1073 (1079).

[1097] *Rhein*, OBG NRW, § 9 Rn. 17; *Schink*, DVBl 1986, 1073 (1080); s. auch *VG Düsseldorf*, Urt. v. 14.7.2011 – 11 K 2443/10 –, in: juris Rn. 18; *Kuschke* u. a., ÖGDG NRW, Erl. 6.2; *Lafontaine/Stollmann*, NWVBl 1999, 170 (175).

[1098] Siehe oben § 6 A. I. 3. b. cc. (1).

[1099] *VG Düsseldorf*, Urt. v. 14.7.2011 – 11 K 2443/10 –, in: juris Rn. 18; *Benedens*, LKV 2000, 89 (93); *Kahl*, in: Hoffmann-Riem/Schmidt-Aßmann/Voßkuhle (Hrsg.), Grundlagen Bd. III, § 47 Rn. 109a; *Kuschke* u. a., ÖGDG NRW, Erl. 6.2; *Lafontaine/Stollmann*, NWVBl 1999, 170 (175); *Schink*, DVBl 1986, 1073 (1080); *Stollmann/Kämper*, LG NRW, § 8 Erl. 4.3.2.

[1100] Vgl. *VG Düsseldorf*, Urt. v. 10.11.1997 – 25 K 1346/94 –, S. 13 (nicht veröffentlicht); s. zudem oben § 6 A. I. 3. b. cc. (1).

[1101] *Benedens*, LKV 2000, 89 (93); *Jestaedt*, in: Hoffmann-Riem/Schmidt-Aßmann/Voßkuhle (Hrsg.), Grundlagen Bd. I, § 14 Rn. 60; *Kahl*, in: Hoffmann-Riem/Schmidt-Aßmann/Voßkuhle (Hrsg.), Grundlagen Bd. III, § 47 Rn. 109a; *Kirchhof*, VR 1977, 369 (371); *Knemeyer*, in: Mann/Püttner (Hrsg.), HdKWP Bd. 1, § 12 Rn. 81; *Pieper*, Aufsicht, S. 375, 442; *Rhein*, OBG NRW, § 9 Rn. 11; *Schink*,

einer Weisung erforderlich sein muss, dürfen Weisungen nur ergehen, wenn gleich effektive mildere Mittel, wie das Unterrichtungsverlangen, nicht ausreichend sind, um das mit der Weisung verfolgte Ziel zu verwirklichen. Es gilt das Prinzip „so viel Weisung wie nötig, so wenig Weisung wie möglich“[1102]. In Bezug auf besondere Weisungen ist insoweit zu beachten, dass sie die „durchgriffsintensivste Möglichkeit der Einzelfallsteuerung“[1103] darstellen und daher besonders intensiv in den Wirkungskreis der Kommunen eingreifen können. Diesem Umstand ist im Rahmen des Verhältnismäßigkeitsgrundsatzes Rechnung zu tragen. Besondere Weisungen sind daher in der Regel nur erforderlich, wenn dem Anliegen der Aufsichtsbehörden nicht durch die Erteilung einer allgemeinen Weisung oder sogar schon durch die Ausübung des Unterrichtungsrechts entsprochen werden kann.[1104]

Fraglich ist zudem, ob informale Steuerungsformen den gesetzlichen Aufsichtsinstrumenten vorzuziehen sind und das Land dies im Rahmen des Verhältnismäßigkeitsgrundsatzes im Hinblick auf die Erforderlichkeit der Maßnahme berücksichtigen muss.[1105] Dies ließe sich damit begründen, dass informales Steuerungshandeln im Verhältnis zu den förmlichen Aufsichtsmitteln als milderes Mittel eingestuft werden könnte, da es keine Rechtswirkungen erzeugt und die Kommunen somit weniger in ihrem Aufgabenvollzug beschränkt werden.[1106] Dies ist im Ergebnis jedoch abzulehnen.[1107] Informales Steuerungshandeln ist stets mit der „Gefahr eines Abgleitens aus dem gesetzlichen Rahmen“[1108] verbunden. Bei den gesetzlichen Aufsichtsinstrumenten sind demgegenüber der Rahmen und die Grenzen, innerhalb derer sich Aufsichtsmaßnahmen bewegen können, normativ abgesteckt und für die Kommunen erkennbar.[1109] Hieraus lässt sich zugleich der „verbleibende[n] Frei-

DVBl 1986, 1073 (1080); *Wachter*, SKV 1976, 299 (302); einschränkend *Schoch*, Jura 2006, 358 (361).

1102 *Wachter*, SKV 1976, 299 (302); so auch *Kirchhof*, VR 1977, 369 (371).

1103 *Mehde*, Neues Steuerungsmodell, S. 189.

1104 Vgl. Ziff. 9.22 VV OBG zu § 9 OBG NRW; *Frings/Spahlholz*, Gefahrenabwehr, Rn. 082; *Rietdorf* u. a., Ordnungs- und Polizeirecht, § 9 Rn. 9; vgl. auch *Burgi*, Verw 42 (2009), 155 (175).

1105 Siehe hierzu *Fehling*, in: Hoffmann-Riem/Schmidt-Aßmann/Voßkuhle (Hrsg.), Grundlagen Bd. II, § 38 Rn. 130 m. w. N.; *Pieper*, Aufsicht, S. 438, 442.

1106 Vgl. *Fehling*, in: Hoffmann-Riem/Schmidt-Aßmann/Voßkuhle (Hrsg.), Grundlagen Bd. II, § 38 Rn. 130; *Pieper*, Aufsicht, S. 438, 442.

1107 *Fehling*, in: Hoffmann-Riem/Schmidt-Aßmann/Voßkuhle (Hrsg.), Grundlagen Bd. II, § 38 Rn. 130 m. w. N.; *Pieper*, Aufsicht, S. 438, 442.

1108 *Pieper*, Aufsicht, S. 438.

1109 *Pieper*, Aufsicht, S. 438.

heitsbereich“[1110] ableiten. Dies ist bei informalem Verwaltungshandeln aber gerade nicht möglich. Auch sprechen die bloß faktischen Wirkungen[1111] gegen einen Vorrang der informalen gegenüber den gesetzlichen Steuerungsinstrumenten. Zudem ist der Rechtsschutz der Kommunen in Bezug auf informale Handlungsformen geringer als im gesetzlich geregelten Bereich.[1112] Ein zwingend im Rahmen des Verhältnismäßigkeitsgrundsatzes zu beachtendes milderes Mittel stellen die informalen Steuerungsformen daher nicht dar.

Im Hinblick auf die Angemessenheit der Maßnahme sind die Interessen des Landes an einem einheitlichen Aufgabenvollzug auf der einen Seite sowie die Interessen der Kommunen in Bezug auf ihre Selbstverwaltung und die örtlichen Besonderheiten auf der anderen Seite abzuwägen.[1113]

Ferner ist der Grundsatz des selbstverwaltungsfreundlichen Verhaltens zu beachten.[1114]

cc. Weisungsbestimmtheit und -klarheit

Weisungen der Sonderaufsichtsbehörden müssen hinreichend klar und bestimmt sein, vgl. auch § 37 Abs. 1 VwVfG NRW.[1115] Dies gilt zum einen im Hinblick auf den Inhalt der Weisungen.[1116] Zum anderen müssen der Weisungscharakter und die damit in Zusammenhang stehende Verbindlichkeit für die Kommunen klar erkennbar sein.[1117] Unklarheiten, die trotz Auslegung

---

1110 *Pieper*, Aufsicht, S. 438.

1111 Siehe hierzu näher unten § 7 A. I. 1.

1112 *Pieper*, Aufsicht, S. 439; s. hierzu unten § 7 B. I.

1113 Vgl. *Benedens*, LKV 2000, 89 (93); *Kirchhof*, VR 1977, 369 (371); *Lafontaine/Stollmann*, NWVBl 1999, 170 (175); *Schink*, DVBl 1986, 1073 (1080); *Stollmann/Kämper*, LG NRW, § 8 Erl. 4.3.2.

1114 Siehe oben § 6 A. I. 3. b. cc. (2).

1115 *BVerfG*, Urt. v. 22.5.1990 – 2 BvG 1/88 –, in: BVerfGE 81, 310 (336 f.) = DVBl 1990, 763; *VG Düsseldorf*, Urt. v. 10.11.1997 – 25 K 1346/94 –, S. 11 f. (nicht veröffentlicht); *Benedens*, LKV 2000, 89 (93); *Schoch*, Jura 2006, 358 (361); s. zudem *Brüning/Vogelsang*, Kommunalaufsicht, Rn. 323; *Vietmeier*, Aufgaben, S. 242 f.; *ders.*, DVBl 1993, 190 (191 f.); allgemein zum Bestimmtheitserfordernis v. Verwaltungsakten s. *Maurer*, Verwaltungsrecht, § 10 Rn. 18; *Stober*, in: Wolff u. a. (Hrsg.), Verwaltungsrecht I, § 48 Rn. 33 f.

1116 Vgl. *BVerfG*, Urt. v. 22.5.1990 – 2 BvG 1/88 –, in: BVerfGE 81, 310 (336) = DVBl 1990, 763.

1117 Vgl. *BVerfG*, Urt. v. 22.5.1990 – 2 BvG 1/88 –, in: BVerfGE 81, 310 (336) = DVBl 1990, 763.

bestehen bleiben, gehen zu Lasten der erlassenden Behörde.[1118] Ein Verstoß gegen das Bestimmtheitsgebot führt zur Rechtswidrigkeit, ggf. sogar zur Nichtigkeit der Weisung.[1119]

Weisungen werden in der Praxis häufig nicht ausdrücklich als solche gekennzeichnet.[1120] Die Abgrenzung zwischen Weisungen und bloß unverbindlichen Bitten, Hinweisen, Empfehlungen etc. ist für die Adressaten in der Praxis daher nicht immer einfach festzustellen,[1121] auch wenn die Verfasser der *Erlasse* selbst in der Regel davon ausgehen, dass der Charakter ihrer Erlasse erkannt wird.[1122] Angesichts dieser Unsicherheiten in der Praxis sollten die Aufsichtsbehörden ihre allgemeinen und besonderen Weisungen gegenüber den Kommunen unter Verweis auf die einschlägige Rechtsgrundlage ausdrücklich als Weisungen kennzeichnen. Hierdurch können Unsicherheiten und Missverständnisse auf Seiten der Kommunen von vornherein vermieden werden. Dies liegt auch im eigenen Interesse der Aufsichtsbehörden, da Zweifel hinsichtlich der Einordnung der Erlasse zu ihren Lasten gehen.[1123] Vorbildlich ist daher die Praxis des MKULNV, seine Weisungen unter Nennung der Rechtsgrundlage eindeutig als solche zu kennzeichnen.[1124]

Zu beachten ist aber, dass die bloße Kennzeichnung eines Erlasses als Weisung nicht zwingend dazu führt, dass es sich auch tatsächlich um eine Weisung handelt.[1125]

1118 Siehe allgemein bei Verwaltungsakten statt vieler *OVG Münster*, Urt. v. 22.11.1994 – 11 A 4214/92 –, in: NWVBl 1995, 344 = BauR 1995, 376; *Stober*, in: Wolff u. a. (Hrsg.), Verwaltungsrecht I, § 48 Rn. 34 m. w. N.

1119 Allgemein zu den Fehlerfolgen von Verwaltungsakten wegen Unbestimmtheit siehe *Stelkens*, in: Stelkens/Bonk/Sachs (Hrsg.), VwVfG, § 37 Rn. 40 ff.; *Stober*, in: Wolff u. a. (Hrsg.), Verwaltungsrecht I, § 48 Rn. 34; *Tiedemann*, in: Bader/Ronellenfitsch (Hrsg.), VwVfG, § 37 Rn. 24 f.

1120 So etwa im Bereich der Heimaufsicht, s. oben § 5 B. II. 1. b. aa. (3); s. zudem *Döhler*, Steuerung der Verwaltung, S. 237, 310; *Etscheid*, Fachaufsicht, S. 217; anders aber bspw. im Lebensmittel- und Veterinärbereich, s. oben § 4 B. II. 1. b. dd. (2).

1121 Siehe oben § 4 B. II. 1. b. dd. (2), (3); § 5 B. II. 1. b. aa. (3); *Bogumil/Jann*, Verwaltungswissenschaft, Ziff. 3.8.4; *Döhler*, in: Voigt/Walkenhaus (Hrsg.), Verwaltungsreform, S. 15 (16); *Jock*, Fachaufsicht, S. 76; *Mayntz*, Soziologie, S. 227.

1122 Siehe oben § 4 B. II. 1. b. dd. (3); § 5 B. II. 1. b. aa. (3); *Mayntz*, Soziologie, S. 228.

1123 *OVG Münster*, Urt. v. 12.10.2004 – 15 A 4023/02 –, in: juris Rn. 28; s. zudem die Nachweise oben in Fn. 1117.

1124 Siehe oben § 4 B. II. 1. b. dd. (2); s. zudem etwa die Weisung des *MKULNV* v. 24.8.2012 (s. Fn. 449), S. 1 f.

1125 Vgl. *OVG Münster*, Urt. v. 14.5.1992 – 10 A 279/89 –, in: NVwZ-RR 1993, 132 (133 f.) = NWVBl 1993, 32.

dd. Sonstige Anforderungen

Bei der Erteilung von Weisungen ist zu beachten, dass primär die obere Aufsichtsbehörde für die Sicherstellung des recht- und zweckmäßigen Aufgabenvollzugs zuständig ist. Die oberste Aufsichtsbehörde darf nur ausnahmsweise die obere Aufsichtsbehörde umgehen und in den kommunalen Aufgabenvollzug eingreifen.[1126]

4. Bezugsrichtung von Weisungen und Verantwortungsübergang

Durch Erteilung einer Weisung erfüllt der Anweisende nicht selbst die in Frage stehende Aufgabe, sondern bestimmt lediglich gegenüber dem Angewiesenen, wie dieser die Aufgabe inhaltlich auszuführen hat.[1127] Weisungen haben hierdurch eine „doppelte Bezugsrichtung“[1128], indem sie sich zum einen auf den Angewiesenen beziehen, der zu einem bestimmten Verhalten verpflichtet wird, und zum anderen auf die Aufgabenerfüllung, die durch die Weisung inhaltlich vorbestimmt wird.[1129]

Mit der Erteilung einer sonderaufsichtlichen Weisung geht grundsätzlich ein Wechsel der Verantwortung der Kommunen auf das Land einher.[1130] Die Kompetenz zur Ausführung der Weisung und zum Erlass etwaiger Anordnungen gegenüber dem Bürger verbleibt aber bei den Kommunen.[1131] Im Hinblick auf die Ausübung des Ermessens erfolgt allerdings eine gestufte Ermessensbetätigung, wenn eine Kommune vom Land angewiesen wird, bestimmte Maßnahmen aufgrund von Ermessensvorschriften zu treffen. Die Ermessensausübung verlagert sich hier in der Weise, dass die Aufsichtsbehörde Ermessenserwägungen anstellt, die die kommunale Behörde sodann in ihrer Verfügung übernimmt.[1132]

1126 *OVG Münster*, Urt. v. 14.5.1992 – 10 A 279/89 –, in: NVwZ-RR 1993, 132 (133) = NWVBl 1993, 32; *Rietdorf* u. a., Ordnungs- und Polizeirecht, § 7 Rn. 6.

1127 *Oldiges*, in: Stern/Grupp (Hrsg.), Gedächtnisschrift Burmeister, S. 269 (285).

1128 *Oldiges*, in: Stern/Grupp (Hrsg.), Gedächtnisschrift Burmeister, S. 269 (285).

1129 Vgl. *Oldiges*, in: Stern/Grupp (Hrsg.), Gedächtnisschrift Burmeister, S. 269 (285).

1130 Siehe *BGH*, Urt. v. 7.2.1985 – III ZR 212/83 –, in: NVwZ 1985, 682 (683) = MDR 1986, 33; Urt. v. 16.12.1976 – III ZR 3/74 –, in: NJW 1977, 713 (714) = DVBl 1977, 496; Urt. v. 21.5.1959 – III ZR 7/58 –, in: NJW 1959, 1629 (1630) = DVBl 1959, 623; *Herdegen*, Verw 23 (1990), 183 (189).

1131 Vgl. oben § 2 B. III. 3. c, d.

1132 *OVG Münster*, Urt. v. 14.1.1992 – 10 A 111/88 –, in: NVwZ-RR 1993, 289 = NWVBl 1992, 249; vgl. auch *OVG Münster*, Urt. v. 23.9.2003 – 15 A 1973/98 –, in:

5. Verbindlichkeit von Weisungen und Umgang mit vermeintlich rechtswidrigen Weisungen

Sonderaufsichtliche Weisungen sind für die Kommunen grundsätzlich verbindlich.[1133] Diese Bindungswirkung ergibt sich angesichts des Verwaltungsaktcharakters von Weisungen auch schon aus deren Wirksamkeit, § 43 VwVfG NRW.[1134] Die Verbindlichkeit gilt auch für – vermeintlich – rechtswidrige Weisungen.[1135] Mit dem Weisungsrecht der Aufsichtsbehörden korrespondiert daher – wie beim Unterrichtungsrecht – eine grundsätzliche Verpflichtung der Kommunen, Weisungen zu befolgen und umzusetzen.[1136]

Etwas anderes gilt allerdings für nichtige Weisungen i. S. v. § 44 VwVfG NRW.[1137] Die Kommunen sind nicht verpflichtet, nichtige Weisungen zu beachten und umzusetzen. Nichtig sind etwa Weisungen, die die Begehung einer Straftat verlangen, § 44 Abs. 2 Ziff. 5 VwVfG NRW, oder die gegen die guten Sitten verstoßen, § 44 Abs. 2 Ziff. 6 VwVfG NRW. Zu den guten Sitten gehört insbesondere die Beachtung der Menschenwürde.[1138] Eine Kommune muss daher keine sonderaufsichtliche Weisung ausführen, wenn sie damit gegen die Menschenwürde verstoßen oder eine strafbare Handlung begehen würde. Insoweit besteht eine Parallele zu Weisungen im Beamtenverhältnis, für die diese Ausnahme ausdrücklich in § 36 Abs. 2 S. 4 BeamtStG geregelt ist.[1139]

Um ihre Umsetzungspflicht zu beseitigen, bleibt den Kommunen – abgesehen von den Nichtigkeitsfällen – nur die Möglichkeit, Klage bzw. ggf. Widerspruch gegen die für rechtswidrig erachtete Weisung zu erheben, um ihre Umsetzungspflicht zu beseitigen.[1140] Vor Erhebung der Klage bzw. des Wi-

---

NWVBl 2004, 107 (108 f.); Urt. v. 9.6.1992 – 15 A 1565/90 –, in: OVGE MüLü 43, 47 (52) = NVwZ-RR 1992, 631; *Kallerhoff*, NWVBl 1996, 53 (57).

[1133] *OVG Münster*, Urt. v. 14.1.1992 – 10 A 111/88 –, in: NVwZ-RR 1993, 289 = NWVBl 1992, 249; *VG Minden*, Urt. v. 12.2.2004 – 9 K 175/02 –, in: juris Rn. 49; *Etscheid*, Fachaufsicht, S. 217; *Schoch*, Jura 2006, 358 (361).

[1134] Siehe oben § 6 A. I. 5.

[1135] *VG Düsseldorf*, Urt. v. 9.2.2001 – 1 K 3658/99 –, in: www.nrwe.de Rn. 30 ff. = openJur 2011, 15684; so auch im Ergebnis, aber mit anderer Begründung *Vietmeier*, DVBl 1993, 190 (193 f.).

[1136] *Döhler*, Steuerung der Verwaltung, S. 237.

[1137] Vgl. *Vietmeier*, DVBl 1993, 190 (194); s. zudem oben § 6 A. I. 5.

[1138] *Schemmer*, in: Bader/Ronellenfitsch (Hrsg.), VwVfG, § 44 Rn. 59.

[1139] Siehe hierzu *Scholz*, Rechtsschutz der Gemeinden, S. 154; *Vietmeier*, DVBl 1993, 190 (196).

[1140] Zu den Rechtsschutzmöglichkeiten s. unten § 6 B. I.

derspruchs ist die Kommune nicht verpflichtet, gegen die Weisung zu remonstrieren. § 36 Abs. 2 BeamtStG findet insoweit keine Anwendung, da sich diese Vorschrift nur auf dienstliche Anordnungen innerhalb eines Beamtenverhältnisses i. S. v. § 3 Abs. 1 BeamtStG bezieht. Sonderaufsichtliche Weisungen ergehen aber nicht im Verhältnis zwischen Dienstherrn und Beamten, sondern im Verhältnis zwischen Land und Kommunen, also zwischen zwei verschiedenen Rechtsträgern. Es bleibt den Kommunen natürlich unbenommen, der Aufsichtsbehörde auf informalem Wege ihre Bedenken bezüglich der Rechtmäßigkeit einer Weisung mitzuteilen.

III. Selbsteintrittsrecht

1. Erfordernis einer Ermächtigungsgrundlage

Die Sonderaufsichtsbehörden können im Bereich der Pflichtaufgaben zur Erfüllung nach Weisung im Wege des Selbsteintritts[1141] nur dann die Befugnisse der eigentlich zuständigen kommunalen Behörden ausüben, wenn ihnen eine entsprechende gesetzliche Ermächtigung, wie etwa § 10 Abs. 1 OBG NRW,[1142] dieses Vorgehen gestattet. Ohne ausdrückliche Ermächtigungsgrundlage, wie etwa bei der Heimaufsicht,[1143] steht den Aufsichtsbehörden im Bereich der Pflichtaufgaben zur Erfüllung nach Weisung kein Selbsteintrittsrecht zu.[1144] Denn angesichts des Selbstverwaltungscharakters der Pflichtaufgaben zur Erfüllung nach Weisung stellt die Ausübung des Selbsteintrittsrechts stets einen Eingriff in das Selbstverwaltungsrecht der Kommunen dar[1145] und bedarf daher stets einer gesetzlichen Grundlage. So-

---

1141 Allgemein zum Selbsteintrittsrecht s. oben § 2 B. III. 3. c.

1142 Siehe zu dieser Vorschrift *Klaes*, Selbsteintritt, S. 154 ff.; *Rhein*, OBG NRW, § 10 Rn. 1 ff.; *Rietdorf* u. a., Ordnungs- und Polizeirecht, § 10 Rn. 1 ff.; *Schönenbroicher*, in: Schönenbroicher/Heusch (Hrsg.), OBG NRW, § 10 Rn. 1 ff.

1143 Siehe oben § 5 A. III. 3. c.

1144 *Becker/Winkel*, in: Held u. a. (Hrsg.), GO NRW, § 119 Erl. 9; *Buttler*, in: Kleerbaum/Palmen (Hrsg.), GO NRW, § 119 Erl. V, § 127 Erl. III; *Rietdorf* u. a., Ordnungs- und Polizeirecht, § 10 Rn. 1; für den Bereich der Fachaufsicht s. etwa *VGH Mannheim*, Urt. v. 24.2.1992 – 1 S 1131/90 –, in: NVwZ-RR 1992, 602 (603) = ESVGH 42, 315; *Schoch*, Jura 2006, 358 (362); s. zudem *Engel*, DVBl 1982, 757 (762), *Herdegen*, Verw 23 (1990), 183 (202 f.) sowie *Völker*, Selbsteintritt, S. 48 f., 114, die allerdings eine ungeschriebene Befugnis in Not- bzw. Eilsituationen annehmen; s. auch *VGH Kassel*, Urt. v. 13.8.1959 – OS V 42/59 –, in: NJW 1960, 1317; s. ferner die ausführliche Darstellung des Meinungsstands bei *Etscheid*, Fachaufsicht, S. 26 ff., 233 m. w. N.

1145 Siehe bereits oben zum Unterrichtungsrecht § 6 A. I. 1.

weit den Aufsichtsbehörden gesetzlich kein Selbsteintrittsrecht eingeräumt ist, verbleibt ihnen somit nur die Möglichkeit, sich zur Durchsetzung ihrer sonderaufsichtlichen Maßnahmen an die Kommunalaufsicht zu wenden.[1146]

2. Rechtliche Einordnung des Selbsteintrittsrechts

Fraglich ist, ob der Selbsteintritt – wie das Unterrichtungsverlangen und die Weisung – im Verhältnis zur hiervon betroffenen Kommune[1147] als Verwaltungsakt i. S. v. § 35 S. 1 VwVfG NRW einzuordnen ist.

Bei der Ausübung des Selbsteintrittsrechts handelt es sich um eine *hoheitliche Maßnahme einer Behörde auf dem Gebiet des öffentlichen Rechts*, nämlich die Durchsetzung einer sonderaufsichtlichen Weisung durch die anweisende Aufsichtsbehörde. Diese Maßnahme hat *Regelungs*charakter, da durch den Selbsteintritt das in der zuvor erteilten Weisung aufgetragene Verhalten, Unterlassen etc., wie etwa der Erlass einer Ordnungsverfügung gegenüber einem Lebensmittelunternehmer, durchgesetzt wird. Der Selbsteintritt erfolgt ferner im *Einzelfall*. Es handelt sich um eine konkret-individuelle Maßnahme, da die Sonderaufsichtsbehörde in Bezug auf eine bestimmte Weisung gegenüber einer bestimmten Kommune deren Befugnisse ausübt bzw. einen Dritten mit der Ausübung beauftragt. Schließlich entfaltet der Selbsteintritt auch *Außenwirkung* gegenüber der betroffenen Kommune. Für den Bereich der Fachaufsicht wird zwar vielfach vertreten, dass der Selbsteintritt gegenüber einer Kommune grundsätzlich als Innenrechtsakt ohne Außenwirkung einzuordnen sei.[1148] Dem ist jedoch zumindest[1149] in Hinblick auf die Ausübung des Selbsteintritts im Rahmen der Sonderaufsicht nicht zuzustimmen. Vielmehr ergibt sich die Außenwirkung hier – wie bei Unterrichtungsverlangen und Weisungen – aus dem Selbstverwaltungscharakter der Pflichtaufgaben zur Erfüllung

[1146] Siehe oben § 2 B. III. 3. d.

[1147] Nicht behandelt wird in diesem Rahmen die rechtliche Einordnung des Selbsteintritts im Verhältnis zum Bürger und die hieraus resultierenden weiteren Folgen, s. hierzu *Klaes*, Selbsteintritt, S. 88 ff.

[1148] *OVG Greifswald*, Beschl. v. 22.9.2011 – 2 M 155/11 –, in: juris Rn. 5; *OVG Lüneburg*, Beschl. v. 1.3.1997 – 13 M 1272/97 –, in: OVGE MüLü 47, 330 f. = NVwZ-RR 1997, 474; *Klaes*, Selbsteintritt, S. 92 ff. – jeweils m. w. N.; a. A. *Engel*, DVBl 1982, 757 (763); s. zudem *VGH Mannheim*, Beschl. v. 7.4.2000 – 11 ZS 99.2198 –, in: juris Rn. 16.

[1149] *Engel*, DVBl 1982, 757 (763) bejaht auch die Außenwirkung des Selbsteintritts bei staatlichen Auftragsangelegenheiten.

nach Weisung und der hiermit verbundenen geschützten Rechtsposition der Kommunen.[1150]

Der Selbsteintritt einer Sonderaufsichtsbehörde gegenüber einer Kommune im Bereich der Pflichtaufgaben zur Erfüllung nach Weisung stellt mithin einen Verwaltungsakt i. S. v. § 35 S. 1 VwVfG NRW dar.[1151] Er ist wie bei Unterrichtungsverlangen und Weisungen *belastender* Natur.

3. Rechtmäßigkeitsvoraussetzungen des Selbsteintritts

Für die rechtmäßige Ausübung des Selbsteintrittsrechts müssen die Zuständigkeiten gewahrt, die Kommunen grundsätzlich angehört und die Maßnahme – soweit sie auch elektronisch oder schriftlich ergeht – begründet und mit einer Rechtsbehelfsbelehrung versehen werden.[1152] Ferner müssen die tatbestandlichen Voraussetzungen der Ermächtigungsgrundlage erfüllt sein.[1153] Im Fall von § 10 Abs. 1 OBG NRW etwa ist es Voraussetzung, dass der Hauptverwaltungsbeamte eine Weisung nach § 9 Abs. 4 OBG NRW nicht innerhalb einer von der Aufsichtsbehörde bestimmten Frist durchgeführt hat.[1154] Eine ähnliche Regelung enthält z. B. § 33 Abs. 4 FSHG NRW[1155] in Bezug auf Großschadensereignisse. Hiernach ist Voraussetzung, dass die Gemeinde oder der Kreis einer Weisung der Aufsichtsbehörde nicht innerhalb einer gesetzten Frist nachkommt.

Da die Ausübung des Selbsteintrittsrechts, wie etwa bei § 10 Abs. 1 OBG NRW,[1156] grundsätzlich im Ermessen der Sonderaufsichtsbehörden steht, müssen diese ihr Ermessen ordnungsgemäß ausüben. Insoweit gelten die allgemeinen Grundsätze der Ermessensbetätigung. Angesichts der Eigenschaft der Kommunen als Selbstverwaltungskörperschaften ist in diesem Rahmen insbesondere der Grundsatz der Verhältnismäßigkeit zu beach-

---

1150 Vgl. oben § 6 A. I. 2, II. 2.

1151 Ebenso für die Rechtslage in Brandenburg *Benedens/Schumacher*, in: Schumacher u. a. (Hrsg.), BbgKVerf, § 121 Erl. 16.1.

1152 Vgl. oben § 6 A. I. 3. a, II. 3. a.

1153 Vgl. allgemein zu Aufsichtsmaßnahmen *Pieper*, Aufsicht, S. 442; in Bezug auf das Selbsteintrittsrecht nach § 10 OBG NRW s. explizit Ziff. 10.1 VV OBG.

1154 Siehe hierzu *Rhein*, OBG NRW, § 10 Rn. 3.

1155 Siehe hierzu *Steegmann*, in: Steegmann (Hrsg.), Recht des Feuerschutzes, § 33 FSHG Rn. 10 f.

1156 *Rhein*, OBG NRW, § 10 Rn. 4; s. aber auch *Schönenbroicher*, in: Schönenbroicher/Heusch (Hrsg.), OBG NRW, § 10 Rn. 1, § 9 Rn. 3.

ten.[1157] Aufgrund der Schwere des Eingriffs sind vorrangig die anderen Aufsichtsbefugnisse zu nutzen und nur im Ausnahmefall das Selbsteintrittsrecht auszuüben.[1158] Denn der Selbsteintritt ist als „schärfstes Aufsichtsinstrument"[1159] des Landes und damit als „*ultima ratio*"[1160] einzustufen.

Die Aufsichtsbehörde kann bei Vorliegen der Voraussetzungen des Selbsteintrittsrechts nach § 10 Abs. 1 OBG NRW die in der Weisung enthaltene Maßnahme in entsprechender Anwendung von § 123 Abs. 2 GO NRW entweder selbst ausführen oder einen Dritten hiermit beauftragen.[1161] Ähnliches bestimmt § 33 Abs. 4 FSHG NRW. Die Entscheidung über die Selbst- oder Drittvornahme ist auf Grundlage von Zweckmäßigkeitsgesichtspunkten zu treffen.[1162]

Auch bei der Ausübung des Selbsteintrittsrechts muss das Land den Bestimmtheitsgrundsatz beachten. Es muss klar sein, welche konkrete Maßnahme anstelle der eigentlich zuständigen Kommune ausgeführt werden soll. Soweit ein Dritter mit der Ausführung beauftragt wird, muss das Land diesem hinreichend klar und bestimmt mitteilen, welche Aufgabe er wie auszuführen hat.

Ferner sind ggf. besondere rechtliche Anforderungen zu erfüllen. So müssen die Sonderaufsichtsbehörden etwa nach § 10 Abs. 2 OBG NRW die allgemein zuständige Ordnungsbehörde unverzüglich über die getroffene Maßnahme unterrichten.[1163]

[1157] Vgl. *Engel*, DVBl 1982, 757 (762 f.); *Etscheid*, Fachaufsicht, S. 28, 234; *Klaes*, Selbsteintritt, S. 156; *ders*., DVBl 2009, 1298 (1299); s. auch *Oebbecke*, DÖV 2001, 406 (409) m. w. N.; *Pieper*, Aufsicht, S. 445; in Bezug auf § 10 OBG NRW a. A. *Rhein*, OBG NRW, § 10 Rn. 7.

[1158] Siehe Ziff. 10.1 der VV OBG in Bezug auf § 10 Abs. 1 OBG NRW; zudem *Krämer/Müller*, OBG NRW, § 10 Rn. 2.

[1159] *Döhler*, Steuerung der Verwaltung, S. 237.

[1160] *Klaes*, DVBl 2009, 1298 (1299) – Hervorhebung im Original.

[1161] Siehe hierzu *Rhein*, OBG NRW, § 10 Rn. 6 ff.; *Schönenbroicher*, in: Schönenbroicher/Heusch (Hrsg.), OBG NRW, § 10 Rn. 4.

[1162] *Rhein*, OBG NRW, § 10 Rn. 9.

[1163] Siehe hierzu *Rhein*, OBG NRW, § 10 Rn. 10; *Rietdorf* u. a., Ordnungs- und Polizeirecht, § 10 Rn. 6; *Schönenbroicher*, in: Schönenbroicher/Heusch (Hrsg.), OBG NRW, § 10 Rn. 5.

4. Geringe praktische Bedeutung des Selbsteintrittsrechts

In der Praxis ist das Selbsteintrittsrecht von untergeordneter Bedeutung. Dies hängt zum einen damit zusammen, dass die Aufsichtsbehörden bei diversen Pflichtaufgaben zur Erfüllung nach Weisung über kein Selbsteintrittsrecht verfügen. Zum anderen ist die Ausübung des Selbsteintrittsrechts, wie zuvor dargelegt, nur für den Ausnahmefall vorgesehen.

In den im Rahmen dieser Arbeit zuvor untersuchten Aufgabengebieten gibt es entweder kein Selbsteintrittsrecht[1164] oder es sind keine Fälle bekannt, in denen die Aufsichtsbehörden von ihrem Selbsteintrittsrecht Gebrauch gemacht haben[1165].

B. Rechtsschutz und Haftung

I. Verwaltungsgerichtlicher Rechtsschutz gegen Aufsichtsmaßnahmen

Der Frage des Rechtsschutzes gegen sonderaufsichtliche[1166] Maßnahmen kommt in der Praxis – entgegen der früheren Einschätzung von *Brinktrine* –[1167] inzwischen verstärkte Bedeutung zu. Zum einen waren in der Vergangenheit einige Verwaltungsgerichte mit Klagen gegen sonderaufsichtliche Weisungen befasst.[1168] Zum anderen stellen die Kommunen in einigen Bereichen mittlerweile Überlegungen an, gegen Weisungen zu klagen, auch wenn bislang vorwiegend der Weg der Remonstration gewählt wurde.

[1164] So im Bereich der Heimaufsicht, s. § 5 A. III. 3. c.

[1165] So im Lebensmittel- und Veterinärbereich, s. oben § 4 B. II. 1. c.

[1166] Zur Frage des Rechtsschutzes der Kommunen gegen fachaufsichtliche Weisungen im Bereich der Auftragsangelegenheiten s. etwa *Lange*, Kommunalrecht, Kap. 11 Rn. 35 ff. m. w. N.; *Knemeyer*, in: Mann/Püttner (Hrsg.), HdKWP Bd. 1, § 12 Rn. 83 ff.; *Pieper*, Aufsicht, S. 452 f.; *Schmidt-Jortzig*, JuS 1979, 488 (491 f.); *Scholz*, Rechtsschutz der Gemeinden; *Vietmeier*, DVBl 1993, 190 (194 f.).

[1167] *Brinktrine*, Verw 42 (2009), 565 (586).

[1168] Siehe etwa *OVG Münster*, Urt. v. 10.2.2011 – 13 A 1305/09 –, in: NWVBl 2011, 352 ff. = EStT 2011, 23; *VG Aachen*, Urt. v. 23.4.2009 – 1 K 309/09 –, in: juris; *VG Arnsberg*, Urt. v. 6.2.2015 – 12 K 595/12 – (nicht veröffentlicht); *VG Düsseldorf*, Urt. v. 10.11.1997 – 25 K 1346/94 – (nicht veröffentlicht); *VG Köln*, Urt. v. 7.3.1984 – 14 K 5963/82 –, in: NVwZ 1984, 745 f.

1. Zulässigkeit

a. Statthafte Klageart

Angesichts ihrer Verwaltungsaktqualität[1169] ist gegen sonderaufsichtliche Weisungen nach zutreffender Auffassung die Anfechtungsklage nach § 42 Abs. 1, 1. Alt. VwGO statthaft.[1170] Gleiches gilt im Hinblick auf Unterrichtungsverlangen sowie die Ausübung des Selbsteintrittsrechts.[1171]

b. Klagebefugnis

Zur Begründung der Klagebefugnis nach § 42 Abs. 2 VwGO können die Kommunen angesichts des Selbstverwaltungscharakters der Pflichtaufgaben zur Erfüllung nach Weisung die „Rechte aus dem gemeindlichen Wirkungskreis"[1172] geltend machen.[1173] Die Klagebefugnis kann sich demnach aus Art. 78 Abs. 1, 2 LVerf NRW (Art. 28 Abs. 2 GG) i. V. m. Abs. 4 S. 2 LVerf NRW sowie aus einfachgesetzlichen Rechtspositionen, wie etwa

---

[1169] Siehe oben § 6 A. I. 2., II. 2., III. 2.

[1170] *OVG Münster*, Urt. v. 10.2.2011 – 13 A 1305/09 –, in: NWVBl 2011, 352 = EStT 2011, 23; *Bätge*, in: Hofmann/Theisen/Bätge (Hrsg.), Kommunalrecht, Kap. 2.5.3; *Burgi*, in: Dietlein/Burgi/Hellermann (Hrsg.), Öffentliches Recht, § 2 Rn. 133, 131; *Hartmann*, in: Articus/Schneider (Hrsg.), GO NRW, § 3 Erl. 2; *Hüttenbrink*, in: Lenz (Hrsg.), FS Gelzer, S. 215 (218 f.); *v. Lennep*, in: Rehn u. a. (Hrsg.), GO NRW Bd. I, § 3 Erl. IV. 2; *Rhein*, OBG NRW, § 9 Rn. 13; s. auch *VG Aachen*, Urt. v. 23.4.2009 – 1 K 309/09 –, in: juris Rn. 18 ff.; *VG Arnsberg*, Urt. v. 6.2.2015 – 12 K 595/12 –, S. 5 ff. (nicht veröffentlicht); *VG Düsseldorf*, Urt. v. 23.5.2003 – 25 K 5312/02 –, in: juris Rn. 15 f.; *v. Mutius*, JuS 1978, 28 (31); a. A. *Pauly*, DÖV 1989, 884 (888 f.); *ders.*, Anfechtbarkeit, S. 183 ff., 194, 199; *Schweer*, DVBl 1957, 12 (13); s. auch *BVerwG*, Urt. v. 7.5.1982 – 4 C 55/78 –, in: DÖV 1982, 826 = BayVBl 1982, 539; offen gelassen von *BVerwG*, Urt. v. 16.3.1977 – 8 C 72/75 –, in: BVerwGE 52, 151 (154) = DVBl 1977, 497; Urt. v. 11.3.1970 – 4 C 59/67 –, in: DVBl 1970, 580 (581) = DÖV 1970, 605; *VG Köln*, Urt. v. 7.3.1984 – 14 K 5963/82 –, in: NVwZ 1984, 745.

[1171] So wohl auch *Burgi*, in: Dietlein/Burgi/Hellermann (Hrsg.), Öffentliches Recht, § 2 Rn. 133, 131; *v. Lennep*, in: Rehn u. a. (Hrsg.), GO NRW Bd. I, § 3 Erl. IV. 2; zur Verwaltungsaktqualität s. oben § 6 A. I. 2, III. 2.

[1172] *OVG Münster*, Urt. v. 10.2.2011 – 13 A 1305/09 –, in: NWVBl 2011, 352 (353) = EStT NW 2011, 23.

[1173] Vgl. *Schoch*, Jura 2006, 358 (363); offen gelassen von *OVG Münster*, Urt. v. 30.6.2005 – 20 A 3988/03 –, in: OVGE MüLü 50, 139 (141) = NuR 2006, 191.

aus § 3 Abs. 2 S. 1 GO NRW, § 2 Abs. 2 S. 3 KrO NRW, § 9 Abs. 2 OBG NRW oder § 43 Abs. 6 WTG NRW ergeben.[1174]

Die Kommunen sind im Hinblick auf Weisungen allerdings grundsätzlich nur klagebefugt, wenn sie geltend machen, dass das Weisungsrecht des Landes gar nicht bestehe oder die Aufsichtsbehörde die Grenzen der gesetzlichen Weisungsermächtigung überschritten habe. Die bloß inhaltliche Rechtswidrigkeit der Weisung können sie hingegen mangels subjektiver Rechtsposition in der Regel nicht gerichtlich überprüfen lassen.[1175] Dies gilt trotz der Zuordnung der Pflichtaufgaben zur Erfüllung nach Weisung zu den Selbstverwaltungsaufgaben. Denn die gegenteilige Auffassung[1176] verkennt, dass mit der Erteilung einer Weisung ein Verantwortungswechsel von den Kommunen auf das Land eintritt[1177] und Letzteres auch gegenüber dem Bürger für rechtswidrige Weisungen haftet[1178], so dass die Kommunen mithin durch bloß inhaltlich rechtswidrige Weisungen nicht in subjektiven Rechten betroffen werden können.[1179] Daher verletzt es eine Kommune nicht in ihrem Selbstverwaltungsrecht, wenn sie verpflichtet wird, eine rechtswidrige Handlung im eigenen Namen auszuführen.[1180] Eine Kommune wäre daher bspw. nicht klagebefugt, wenn sie die Weisung des MKULNV zu § 40 Abs. 1a LFGB mit der Begrün-

---

1174 Vgl. *Burgi*, in: Dietlein/Burgi/Hellermann (Hrsg.), Öffentliches Recht, § 2 Rn. 139; s. auch *Hüttenbrink*, in: Lenz (Hrsg.), FS Gelzer, S. 215 (218 f.); *v. Mutius*, JuS 1978, 28 (31); *Schoch*, in: Henneke/Meyer (Hrsg.), FG Schlebusch, S. 11 (33).

1175 *Burgi*, Kommunalrecht, § 8 Rn. 24, § 9 Rn. 18; *Cronauge*, in: Rehn u. a. (Hrsg.), GO NRW Bd. II, § 119 Erl. IV. 1; *Kluth*, in: Wolff u. a. (Hrsg.), Verwaltungsrecht II, § 96 Rn. 176; *Lange*, Kommunalrecht, Kap. 11 Rn. 54 ff. (anders aber noch in: Stein/Faber (Hrsg.), FS Ridder, S. 63 (68, 66)); *Leidinger*, in: Erichsen/Hoppe/v. Mutius (Hrsg.), FS Menger, S. 257 (271); *Oldiges*, in: Stern/Grupp (Hrsg.), Gedächtnisschrift Burmeister, S. 269 (287); in diesem Sinne wohl auch *Brüning/Vogelsang*, Kommunalaufsicht, Rn. 370; *Jesch*, DÖV 1960, 739 (746); *Röhl*, in: Schoch (Hrsg.), Verwaltungsrecht, 1. Kap Rn. 72; s. auch *VG Köln*, Urt. v.7.3.1984 – 14 K 5963/82 –, in: DVBl 1985, 180 (181) = NVwZ 1984, 745; *Pauly*, DÖV 1989, 884 (888 f.); *ders.*, Anfechtbarkeit, S. 194; für den Bereich der Fachaufsicht s. etwa *Vietmeier*, DVBl 1993, 190 (194); s. zudem zu Weisungen im Rahmen der Bundesauftragsverwaltung *BVerfG*, Urt. v. 22.5.1990 – 2 BvG 1/88 –, in: BVerfGE 81, 310 (332 f.) = DVBl 1990, 763.

1176 *Erichsen*, Kommunalrecht, § 15 E 2; *Hüttenbrink*, in: Lenz (Hrsg.), FS Gelzer, S. 215 (218 f.); *Lange*, in: Stein/Faber (Hrsg.), FS Ridder, S. 63 (68, 66); *Schoch*, Jura 2006, 358 (362 f.).

1177 Siehe oben § 6 II. 4.

1178 Siehe hierzu näher unten § 6 B. II. 2.

1179 Vgl zu Weisungen im Rahmen der Bundesauftragsverwaltung *BVerfG*, Urt. v. 22.5.1990 – 2 BvG 1/88 –, in: BVerfGE 81, 310 (332 f.) = DVBl 1990, 763; a. A. *Pauly*, DÖV 1989, 884 (888 ff.); *ders.*, Anfechtbarkeit, 179 ff., 239 m. w. N. zu den vertretenen Auffassungen.

1180 So aber *Hüttenbrink*, in: Lenz (Hrsg.), FS Gelzer, S. 215 (218); *Lange*, in: Stein/Faber (Hrsg.), FS Ridder, S. 63 (68, 66).

dung anfechten wollte, dass diese gegen den Grundsatz der Vorhersehbarkeit der Rechtslage für den Bürger verstoße.[1181] Gleiches gilt, wenn eine Kommune eine Weisung anfechten möchte, die nach ihrer Auffassung Grundrechte der Bürger verletzt.[1182]

Auch im Hinblick auf die Finanzhoheit ergibt sich grundsätzlich keine subjektive Rechtsposition, die den Kommunen eine Klagebefugnis vermitteln könnte. Zwar bejaht *Hüttenbrink* eine Betroffenheit der Finanzhoheit im Hinblick auf etwaige Haftungsansprüche des Bürgers gegen die Kommunen aufgrund von Handlungen, die auf rechtswidrigen Aufsichtsmaßnahmen basieren.[1183] Wie zuvor dargelegt, ist eine Betroffenheit der Finanzhoheit jedoch nicht in Bezug auf Amtshaftungsansprüche oder Ansprüche aus enteignungsgleichem Eingriff denkbar, sondern nur in Bezug auf Entschädigungsansprüche nach § 39 OBG NRW.[1184] Lediglich insoweit lässt sich daher eine Klagebefugnis aufgrund der möglichen Betroffenheit der Finanzhoheit der Kommunen diskutieren. Hier ist wiederum zu bedenken, dass die Kommunen nach entsprechender gerichtlicher Verurteilung ihren Schaden grundsätzlich vom Land erstattet verlangen können. Angesichts des bestehenden Risikos des Erfolgs dieses Erstattungsanspruchs ist es aber gerechtfertigt, in Fällen, in denen ein Entschädigungsanspruch nach § 39 OBG NRW droht, den Kommunen aufgrund einer möglichen Verletzung ihrer Finanzhoheit die Klagebefugnis zu gewähren.

c. Sonstige Voraussetzungen

Die Durchführung eines Vorverfahrens ist nach § 110 Abs. 1 JustG NRW grundsätzlich entbehrlich, wenn nicht eine der Ausnahmen des § 110 Abs. 2, 3 JustG NRW greift. Im Hinblick auf die Klagefrist ist zu beachten, dass das Land seinen Aufsichtsmaßnahmen in der Praxis bislang keine Rechtsbehelfsbelehrung beifügt. Die Kommunen können in diesem Fall innerhalb der Jahresfrist des § 58 Abs. 2 S. 1 VwGO Klage erheben.

[1181] Siehe oben § 6 A. II. 3. b. bb. (2) (d).

[1182] Siehe oben § 6 A. II. 3. b. bb. (2) (c).

[1183] Siehe oben § 6 A. II. 3. b. bb. (2) (a).

[1184] Siehe oben § 6 A. II. 3. b. bb. (2) (a) sowie unten § 6 B. II 2.

2. Begründetheit

Die Klage ist nach § 113 Abs. 1 S. 1 VwGO begründet, wenn die angefochtene Aufsichtsmaßnahme rechtswidrig ist und den Kläger dadurch in seinen Rechten verletzt.

Die Rechtsprechung hat Weisungen bspw. wegen fehlender Rechtsgrundlage als rechtswidrig eingestuft, da die Tatbestandsvoraussetzungen der Weisungsermächtigung nicht erfüllt waren.[1185] Das *Oberverwaltungsgericht für das Land Nordrhein-Westfalen* hat etwa eine Rechtmäßigkeitsweisung mit der Begründung als rechtswidrig erachtet, dass die angewiesene Kommune entgegen der Annahme der Aufsichtsbehörde nicht gegen gesetzliche Vorgaben verstoßen habe und damit seitens des Landes kein rechtmäßiges Verhalten sichergestellt werden musste.[1186] Die Verwaltungsgerichte können die Aufsichtsmaßnahmen zudem auf etwaige Ermessensfehler überprüfen.[1187]

Zu beachten ist aber, dass sich die verwaltungsgerichtliche Kontrolle nur auf die Rechtmäßigkeit des Verwaltungshandelns erstreckt.[1188] Die Zweckmäßigkeit des Handelns wird von den Verwaltungsgerichten hingegen nicht überprüft.[1189] Soweit die Weisungen die Ermessensausübung der Kommunen steuern und die Zweckmäßigkeit des kommunalen Handelns betreffen, unterliegt die jeweilige Weisung daher nur in beschränktem Umfang der gerichtlichen Überprüfung.[1190] Eine Kommune kann mithin nicht erfolgreich gegen eine Weisung klagen, die sie nur für unzweckmäßig hält.[1191] Insoweit fehlt den Kommunen mangels möglicher Rechtsverletzung auch schon die Klagebefugnis.

1185 So z. B. *OVG Münster*, Urt. v. 10.2.2011 – 13 A 1305/09 –, in: NWVBl 2011, 352 (353 ff.) = EStT 2011, 23; *VG Arnsberg*, Urt. v. 6.2.2015 – 12 K 595/12 –, S. 8 f. (nicht veröffentlicht).

1186 *OVG Münster*, Urt. v. 10.2.2011 – 13 A 1305/09 –, in: NWVBl 2011, 352 (353) = EStT 2011, 23.

1187 Siehe *VG Arnsberg*, Urt. v. 6.2.2015 – 12 K 595/12 –, S. 9 (nicht veröffentlicht); *Brüning/Vogelsang*, Die Kommunalaufsicht, Rn. 368; *Senger*, DVBl 1957, 10 (12).

1188 Statt vieler *Bull/Mehde*, Verwaltungsrecht, Rn. 414.

1189 *Bull/Mehde*, Verwaltungsrecht, Rn. 414; *Gerhardt*, in: Schoch/Schneider/Bier (Hrsg.), VwGO, Vorbem § 113 Rn. 18.

1190 *Mainczyk/Bonnmann*, Ausführungsvorschriften, Einf. Erl. 4.

1191 *Kluth*, in: Wolff u. a. (Hrsg.), Verwaltungsrecht II, § 96 Rn. 176; *Lange*, in: Stein/Faber (Hrsg.), FS Ridder, S. 63 (66); *Röhl*, in: Schoch (Hrsg.), Verwaltungsrecht, 1. Kap. Rn. 72; s. zudem *Brüning/Vogelsang*, Kommunalaufsicht, Rn. 370.

Stellt das Verwaltungsgericht fest, dass die Voraussetzungen der angefochtenen Weisung des Landes nicht erfüllt sind oder die Weisung die gesetzlichen Grenzen der Ermächtigung überschreitet, führt dies zu einer Verletzung der eigenen Rechte der Kommunen. Die Rechtsverletzung ergibt sich aus der Betroffenheit der Gemeinde in ihrem Selbstverwaltungsrecht bzw. gemeindlichen Wirkungskreis.[1192]

II. Haftung

Die Thematik der Haftung ist im Bereich der Pflichtaufgaben zur Erfüllung nach Weisung insbesondere vor dem Hintergrund bedeutsam, als mit Erteilung einer sonderaufsichtlichen Weisung ein Verantwortungswechsel von den Kommunen auf das Land eintritt.[1193] In diesem Zusammenhang stellt sich die Frage, inwieweit das Land für Schäden einzustehen hat, die den Kommunen aufgrund rechtswidriger Aufsichtsmaßnahmen, insbesondere durch rechtswidrige Weisungen, entstanden sind.

1. Keine Haftung aufgrund spezialgesetzlicher Erstattungsregelungen

In einigen Ländern sehen die Kommunalverfassungen spezielle Kostenerstattungsansprüche der Kommunen gegenüber dem Land vor, wenn ihnen aufgrund einer bindenden, aber rechtswidrigen Weisung des Landes Kosten entstanden sind.[1194] In Nordrhein-Westfalen gibt es hingegen keine eigenständige Erstattungsregelung im Falle rechtswidriger Weisungen.

2. Haftung nach allgemeinen Grundsätzen

Das Land haftet gegenüber den Kommunen für die rechtswidrige Aufsichtsausübung in Bezug auf Pflichtaufgaben zur Erfüllung nach Weisung aber nach Art. 34 S. 1 GG i. V. m. § 839 BGB, wenn den Kommunen hierdurch

---

1192 Vgl. *OVG Münster*, Urt. v. 10.2.2011 – 13 A 1305/09 –, in: NWVBl 2011, 352 (358) = EStT 2011, 23; *VG Arnsberg*, Urt. v. 6.2.2015 – 12 K 595/12 –, S. 9 (nicht veröffentlicht); s. auch *Schoch*, Jura 2006, 358 (363 f.); s. zudem oben § 6 B. I. 1. b.

1193 Siehe oben § 6 A. II. 4.

1194 So etwa § 129 Abs. 5 GemO BW; § 6 Abs. 4 NKomVG; § 3 Abs. 2 GemO RP; § 123 Abs. 7 SächsGemO; § 6 Abs. 5 KVG LSA; § 3 Abs. 3 ThürKO; näher hierzu s. *OVG Lüneburg*, Urt. v. 18.1.2011 – 10 LC 31/09 –, in: juris Rn. 22 ff.; *Ade*, GemO BW, § 129 Erl. 7; *Gabler* u. a., GemO RhPf, § 3 Erl. 5; *Gern*, Kommunalrecht, Rn. 245, 827; *Rücker* u. a., ThürKO, § 3 Erl. 4, 5.

ein Schaden entstanden ist.[1195] Die Kommunen stehen dem Land im Bereich der Sonderaufsicht bei Pflichtaufgaben zur Erfüllung nach Weisung als „Dritte“ im Sinne des § 839 Abs. 1 S. 1 BGB gegenüber.[1196] Die für einen solchen Anspruch erforderliche Amtspflichtverletzung kann insbesondere in der Verletzung der Amtspflicht zur sachgemäßen Ausübung der Aufsicht liegen, da hierdurch nicht nur das öffentliche Interesse, sondern auch die Interessen der Kommunen gefördert und geschützt und die Kommunen vor Schädigungen bewahrt werden sollen.[1197] Dies gilt für jede Art der Aufsichtsausübung – nicht nur für belastende, sondern auch für begünstigende Aufsichtsmaßnahmen.[1198] Im Hinblick auf ein etwaiges Mitverschulden der Kommunen nach § 254 BGB ist zu beachten, dass die Kommunen grundsätzlich davon ausgehen können, dass die Aufsichtsbehörden von ihrer Weisungsbefugnis „nur im Rahmen des rechtlich Gebotenen und Zulässigen“[1199] Gebrauch machen.

Neben dem Amtshaftungsanspruch können den Kommunen sonstige Haftungsansprüche, etwa aus enteignungsgleichem Eingriff gegen das Land zustehen.[1200]

Hiervon abzugrenzen ist die Konstellation, wenn einem Bürger aufgrund einer rechtswidrigen Handlung einer Kommune ein Schaden entsteht und diese rechtswidrige Handlung auf einer verbindlichen Weisung des Landes beruht. In diesem Fall besteht nach der Rechtsprechung kein Amtshaftungsanspruch des Bürgers gegen die handelnde Kommune, sondern das Land, da der angewiesene Amtsträger der Kommune aufgrund der im Innenverhältnis binden-

---

1195 Vgl. *VG Leipzig*, Urt. v. 9.6.2000 – 6 K 2377/99 –, in: LKV 2001, 477 (478); *Burgi*, Kommunalrecht, § 9 Rn. 27; *Gern*, Kommunalrecht, Rn. 827; *Pieper*, Aufsicht, S. 455 f.; *Schoch*, Jura 2006, 358 (364); anders *Oldiges*, in: Stern/Grupp (Hrsg.), Gedächtnisschrift Burmeister, S. 269 (287 f.); einschränkend *v. Komorowski*, VerwArch 93 (2002), 62 (93 f., 98).

1196 Siehe etwa *Burgi*, Kommunalrecht, § 9 Rn. 27.

1197 *BGH*, Urt. v. 18.7.2013 – III ZR 323/12 –, in: NVwZ-RR 2013, 896 (897) = KommJur 2013, 455; Urt. v. 12.12.2002 – III ZR 201/01 –, in: BGHZ 153, 198 (202 ff.) = DVBl 2003, 400; Urt. v. 24.4.1961 – III ZR 40/60 –, in: BGHZ 35, 44 (50) = WM 1961, 695; *RG*, Urt. v. 23.9.1927 – III 25/27 –, in: RGZ 118, 94 (99); *Hoppenstedt*, Die amtshaftungsrechtlichen Beziehungen, S. 129 f., 132 f.; *Oebbecke*, DVBl 2009, 1152 (1155); s. auch *Fadinger*, Rechtsstellung der Gemeinde, S. 184 ff.; näher zu den Amtspflichten bei der Ausübung des Unterrichtungs- sowie Weisungsrechts vgl. *Mitzel*, Amtshaftung, S. 156 ff., 198 ff.

1198 *BGH*, Urt. v. 12.12.2002 – III ZR 201/01 –, in: BGHZ 153, 198 (202 f.) = DVBl 2003, 400; *RG*, Urt. v. 23.9.1927 – III 25/27 –, in: RGZ 118, 94 (99).

1199 *BGH*, Urt. v. 18.10.1990 – III ZR 260/88 –, in: NVwZ-RR 1991, 171 (173) = MDR 1991, 416; zum etwaigen Mitverschulden einer Gemeinde vgl. zudem *Mitzel*, Amtshaftung, S. 226 ff.

1200 Siehe etwa *Pieper*, Aufsicht, S. 454 f.

den Weisung nicht seine Amtspflichten verletzt hat.[1201] Denn mit der Weisung geht ein Teil der Amtspflichten und damit die Verantwortung auf die anweisende Behörde und im Hinblick auf die Anwendbarkeit des § 839 BGB auf einen Beamten dieser Behörde über.[1202] Hier richtet sich der Amtshaftungsanspruch des Bürgers daher unmittelbar gegen das Land, das seine Amtspflicht zu rechtmäßigem Handeln verletzt hat.[1203] Der Kommune entsteht in diesem Fall also kein Schaden, den sie beim Land einklagen könnte.[1204] Diese Ausführungen zur Haftungspflicht des Landes im Falle einer rechtswidrigen Weisung gelten für Ansprüche aus enteignungsgleichem Eingriff gleichermaßen.[1205] Etwas anderes gilt allerdings im Hinblick auf Entschädigungsansprüche des Bürgers nach § 39 OBG NRW.[1206] Macht ein Bürger, etwa ein Tierhalter oder ein Lebensmittelunternehmer, einen Anspruch nach § 39 Abs. 1 OBG NRW geltend, ist dieser gegen die anordnende Kommune, nicht aber gegen das Land zu richten – auch wenn die Anordnung der Kommune auf einer Weisung des Landes nach § 9 OBG NRW beruht. Denn bei den Entschädigungsansprüchen nach § 39 OBG NRW finden nicht die zur Amtshaftung entwickelten Grundsätze zur Haftungspflicht des Landes Anwendung. Es gilt vielmehr § 42 Abs. 1 S. 1 OBG NRW, wonach der Trä-

1201 *BGH*, Urt. v. 7.2.1985 – III ZR 212/83 –, in: NVwZ 1985, 682 (683) = MDR 1986, 33; Urt. v. 16.12.1976 – III ZR 3/74 –, in: NJW 1977, 713 f. = DVBl 1977, 496; Urt. v. 21.5.1959 – III ZR 7/58 –, in: NJW 1959, 1629 (1630) = DVBl 1959, 623; *OLG Hamm*, Urt. v. 11.3.1994 – 11 U 165/92 – S. 24 (nicht veröffentlicht); Urt. v. 22.10.1993 – 11 U 60/92 – S. 7 ff. (nicht veröffentlicht); *OLG Koblenz*, Urt. v. 12.4.2012 – 1 U 126/10 –, in: BeckRS 2012, 11827 (Ziff. II. 2.); s. auch *Lange*, in: Stein/Faber (Hrsg.), FS Ridder, S. 63 (65, Fn. 13); *Maurer*, Verwaltungsrecht, § 26 Rn. 17; *Oldiges*, in: Stern/Grupp (Hrsg.), Gedächtnisschrift Burmeister, S. 269 (287); a. A. *Dagtoglou*, JZ 1975, 444 (446); *Menger*, VerwArch 51 (1960), 64 (73); *Papier*, in: Säcker/Rixecker (Hrsg.), MüKo-BGB, § 839 Rn. 10 ff., 192; s. zudem *Pieper*, Aufsicht, S. 456.

1202 *BGH*, Urt. v. 7.2.1985 – III ZR 212/83 –, in: NVwZ 1985, 682 (683) = MDR 1986, 33; Urt. v. 16.12.1976 – III ZR 3/74 –, in: NJW 1977, 713 (714) = DVBl 1977, 496; Urt. v. 21.5.1959 – III ZR 7/58 –, in: = NJW 1959, 1629 (1630) = DVBl 1959, 623; *OLG Hamm*, Urt. v. 11.3.1994 – 11 U 165/92 – S. 24 (nicht veröffentlicht); Urt. v. 22.10.1993 – 11 U 60/92 – S. 8 (nicht veröffentlicht).

1203 Siehe z. B. *OLG Hamm*, Urt. v. 11.3.1994 – 11 U 165/92 – S. 24 (nicht veröffentlicht); Urt. v. 22.10.1993 – 11 U 60/92 – S. 7 ff. (nicht veröffentlicht); zudem *OLG Celle*, Urt. v. 8.12.1998 – 16 U 64/98 –, in: OLGR Celle 2000, 167 ff.

1204 Dies gestaltet sich im informalen Bereich hingegen anders, s. unten § 7 B. II.

1205 *OLG Koblenz*, Urt. v. 12.4.2012 – 1 U 126/10 –, in: BeckRS 2012, 11827 (Ziff. II. 2.).

1206 Siehe hierzu und zum Folgenden *OLG Hamm*, Urt. v. 8.5.1991 – 11 U 260/90 –, in: NWVBl 1992, 110 (111) = VersR 1992, 445; *LG Münster*, Urt. v. 20.12.1991 – 10 O 367/91 –, in: LRE 28, 118 (124); vgl. ferner *OLG Hamm*, Urt. v. 11.3.1994 – 11 U 165/92 – S. 11 ff., 24 (nicht veröffentlicht); s. auch *Ostermann*, in: Großfeld u. a. (Hrsg.), Jurisprudenz, S. 505 (511).

ger der ordnungsbehördlichen Kosten i. S. v. § 45 OBG NRW entschädigungspflichtig ist. In Bezug auf die Kosten, die bei der Wahrnehmung der Pflichtaufgaben zur Erfüllung nach Weisung entstehen, sind dies nach § 45 Abs. 1 S. 2 OBG NRW die Kreise, die kreisfreien Städte oder die Gemeinden.[1207] Die Kommune kann sich aber anschließend, etwa im Wege der Amtshaftung, an das Land wenden und seinen Schaden geltend machen.

§ 7 Informale Steuerungsinstrumente

Wie die Erkenntnisse aus der Steuerungspraxis des Landes zeigen, agiert das Land vielfach auf informalem Wege, um die Aufgabenwahrnehmung der Kommunen im Bereich der Pflichtaufgaben zur Erfüllung nach Weisung zu steuern. Im Folgenden werden die in diesem Zusammenhang auftretenden rechtlichen Fragen erörtert.

A. Inhalt und Grenzen der informalen Steuerungsinstrumente

I. Generelle Zulässigkeit informaler Steuerung

Wie zuvor dargelegt,[1208] sind informale Steuerungsinstrumente rechtlich nicht verbindliche Handlungsformen, die nicht auf die Erzeugung von Rechtswirkungen gerichtet sind. Von informalem Handeln gehen aber – zum Teil erhebliche – faktische (Bindungs-)Wirkungen aus.[1209] Diese können insbesondere bei „Dauerkontakten“[1210] – wie etwa im Verhältnis von Sonderaufsichtsbehörden und Kommunen – in Gestalt von Vorabbindungen bei informalen Absprachen auftreten, von denen die Beteiligten angesichts eines sonst möglicherweise drohenden „Vertrauens- und Imageverlust[s]“[1211] nicht abweichen

[1207] *Heusch*, in: Schönenbroicher/Heusch (Hrsg.), OBG NRW, § 45 Rn. 1.

[1208] Siehe oben § 3 A. IV.

[1209] *Bauer*, in: Hoffmann-Riem/Schmidt-Aßmann/Voßkuhle (Hrsg.), Grundlagen Bd. II, § 36 Rn. 79; *Fehling*, in: Hoffmann-Riem/Schmidt-Aßmann/Voßkuhle (Hrsg.), Grundlagen Bd. II, § 38 Rn. 8 f.; *Maurer*, Verwaltungsrecht, § 15 Rn. 20.

[1210] *Fehling*, in: Hoffmann-Riem/Schmidt-Aßmann/Voßkuhle (Hrsg.), Grundlagen Bd. II, § 38 Rn. 8.

[1211] *Fehling*, in: Hoffmann-Riem/Schmidt-Aßmann/Voßkuhle (Hrsg.), Grundlagen Bd. II, § 38 Rn. 8.

werden.[1212] Mit diesen faktischen Wirkungen tritt die rechtliche Unverbindlichkeit informaler Steuerungshandlungen in Konflikt.[1213] Dieser Konflikt kann bspw. in einer „subkutanen Beeinflussung der Beaufsichtigten"[1214] bestehen. Dies gilt insbesondere vor dem Hintergrund, dass das informale Steuerungshandeln, auch wenn dies auf kooperativem Wege erfolgt, stets im Zusammenhang mit den gesetzlichen Aufsichtsbefugnissen und deren „disziplinierende[r] Wirkung"[1215] zu sehen ist. Die Kommunen werden daher häufig nur eingeschränkt freiwillig handeln, da sie sich stets der Möglichkeit des Erlasses einer Weisung bewusst sind. Dies ist nur in Bereichen anders, die nicht durch Weisung geregelt werden können, etwa weil sie Gegenstände der Personal- oder Organisationshoheit betreffen.

Ferner bewegt sich informales Handeln nicht in einem gesetzlich klar abgegrenzten Rahmen und kann zu einem Verstoß gegen den Grundsatz vom Vorrang und Vorbehalt des Gesetzes führen.[1216]

Trotz der allgemein bestehenden Bedenken an informalem Verwaltungshandeln, wie etwa der Relativierung der gesetzlichen Handlungsformen und der diesbezüglichen Vorgaben,[1217] ist es aber grundsätzlich als zulässig zu beurteilen.[1218] *Bohne* spricht sogar von einer „Unvermeidbarkeit informalen Verwaltungs- und Regierungshandelns"[1219].

II. Rechtliche Einordnung informaler Steuerungsinstrumente

Da informale Steuerungsinstrumente keine Rechtswirkungen erzeugen und damit keinen Regelungscharakter aufweisen, handelt es sich bei ihnen nicht

---

1212 Siehe *Fehling*, in: Hoffmann-Riem/Schmidt-Aßmann/Voßkuhle (Hrsg.), Grundlagen Bd. II, § 38 Rn. 8 m. w. N.

1213 *Pieper*, Aufsicht, S. 437 f. m. w. N.

1214 *Pieper*, Aufsicht, S. 437.

1215 *Wegrich*, Steuerung, S. 219.

1216 *Pieper*, Aufsicht, S. 438 m. w. N.

1217 Zu den bestehenden Bedenken s. *Bauer*, VerwArch 78 (1987), 241 (254 ff.); *Brohm*, DVBl 1994, 133; *Fehling*, in: Hoffmann-Riem/Schmidt-Aßmann/Voßkuhle (Hrsg.), Grundlagen Bd. II, § 38 Rn. 53 ff.; *Maurer*, Verwaltungsrecht, § 15 Rn. 18; *Pieper*, S. 437 ff. m. w. N.

1218 *Bauer*, VerwArch 78 (1987), 241 (260 ff.); *Bohne*, VerwArch 75 (1984), 343 (372); *Fehling*, in: Hoffmann-Riem/Schmidt-Aßmann/Voßkuhle (Hrsg.), Grundlagen Bd. II, § 38 Rn. 72; *Maurer*, Verwaltungsrecht, § 15 Rn. 19; *Pieper*, Aufsicht, S. 437 f.

1219 *Bohne*, VerwArch 75 (1984), 343 (372).

um Verwaltungsakte i. S. v. § 35 S. 1 VwVfG NRW.[1220] Sie stellen vielmehr Realakte bzw. schlichtes Verwaltungshandeln dar, die nicht einen rechtlichen, sondern einen „*tatsächlichen Erfolg*“[1221] bewirken sollen.[1222] Informales Handeln begründet daher auch keine Erfüllungsansprüche oder Ähnliches.[1223] Das Land kann die Kommunen mithin nicht auf rechtlich durchsetzbare Weise verpflichten, getroffene Absprachen etc. einzuhalten.

Diese Ausführungen gelten sowohl in Bezug auf Handlungsformen, in deren Rahmen Land und Kommunen gemeinsam auf informalem Wege zusammenarbeiten, als auch für einseitige informale Steuerungshandlungen der Aufsichtsbehörden, etwa in Gestalt von Hinweisen oder unverbindlichen Rundschreiben.[1224]

Schwierigkeiten kann es gelegentlich bereiten, ob bestimmte Steuerungsinstrumente dem informalen Bereich oder den gesetzlichen Aufsichtsinstrumentarien zuzuordnen sind. Diese Frage stellt sich etwa bei dem Einsatz von Protokollen. Wie zuvor dargelegt,[1225] finden in der Praxis eine Vielzahl unterunterschiedlicher Besprechungen zwischen dem Land und den Kommunen statt, deren Inhalt seitens der Aufsichtsbehörden in schriftlichen Protokollen niedergelegt und die den Kommunen anschließend übersandt werden. Von diesen Protokollen gehen erhebliche faktische Wirkungen aus, da die Kommunen sich vielfach an den besprochenen Vorgehensweisen und Ergebnissen, die im Protokoll festgehalten sind, orientieren und entsprechend handeln. Von ihrer faktischen Bedeutung abgesehen, stellt sich die Frage, ob den Protokollen darüber hinaus auch rechtliche Verbindlichkeit zukommt und sie mithin Rechtswirkungen gegenüber den Kommunen erzeugen können. Dies könnte sich daraus ergeben, dass die zuvor mündlich im Rahmen einer Dienstbesprechung, Telefonkonferenz etc. getätigten Aussagen der Aufsichtsbehörden als mündliche Weisung i. S. v. § 37 Abs. 2 S. 1 VwVfG NRW eingestuft werden könnten. Die Niederlegung im Protokoll könnte sodann als schriftliche oder elektronische Bestätigung dieser Weisung i. S. v. § 37 Abs. 2 S. 2, 3 VwVfG NRW eingeordnet werden. Grundsätzlich ist diese Einordnung angesichts der Regelungen in § 37 Abs. 2 VwVfG NRW rechtlich möglich

[1220] Siehe *Pieper*, Aufsicht, S. 436 f. m. w. N.
[1221] *Maurer*, Verwaltungsrecht, § 15 Rn. 1 – Hervorhebung im Original.
[1222] *Maurer*, Verwaltungsrecht, § 15 Rn. 1, 14.
[1223] *Fehling*, in: Hoffmann-Riem/Schmidt-Aßmann/Voßkuhle (Hrsg.), Grundlagen Bd. II, § 38 Rn. 7, 116; *Maurer*, Verwaltungsrecht, § 15 Rn. 20.
[1224] Vgl. *Pieper*, Aufsicht, S. 437 m. w. N.
[1225] Siehe bspw. § 4 B. II. 2. c, l, § 5 B. II. 2. b.

und zulässig. Es muss allerdings stets im Einzelfall geprüft werden, ob den Ausführungen im Protokoll tatsächlich verbindlicher Weisungscharakter beigemessen werden kann. Zu beachten ist insoweit insbesondere § 37 Abs. 1 VwVfG. Denn eine Weisung kann nur bejaht werden, wenn diese inhaltlich hinreichend bestimmt ist. Hierzu gehört auch, dass der Weisungscharakter für die Kommunen als Adressaten klar erkennbar sein muss.[1226] Die Protokolle enthalten aber üblicherweise keine klarstellenden Hinweise, welche Teile des Protokolls als verbindlich anzusehen sind und welche nicht. Zweifel gehen insoweit zu Lasten des Landes.[1227] Von einer verbindlichen Weisung im Protokoll kann daher nur ausgegangen werden, soweit dies deutlich zum Ausdruck kommt. Im Zweifel ist lediglich von einer informalen, also unverbindlichen Mitteilung der Rechtsauffassung des Landes bzw. von einem unverbindlichen Hinweis oder Ähnlichem auszugehen.

Eindeutig dem informalen Bereich zuzuordnen sind die sog. „Soll-Weisungen“[1228] des MKULNV. Das Ministerium schafft mit dieser Steuerungsform keine rechtlich verbindlichen Vorgaben, da es die „Soll-Weisungen“ gerade ausdrücklich nicht als bindende Weisungen i. S. v. § 9 OBG NRW erlässt. Faktische Wirkungen gehen von ihnen demgegenüber in nicht unerheblichem Maße aus. Durch seine Kommunikation erzeugt das Ministerium nämlich eine „Quasi-Verbindlichkeit“, indem es den Kommunen vermittelt, dass das Land die Verantwortung für das Handeln der Kommunen nur übernehme, wenn sie sich an die „Soll-Weisungen“ hielten, während abweichendes Vorgehen ausführlich zu begründen sei.

III. Grenzen informaler Steuerungsinstrumente

Auch wenn es sich bei informalem Steuerungshandeln um gesetzlich nicht geregelte Handlungsformen handelt, ist das Land nicht vollkommen frei von rechtlichen Bindungen.[1229] Es muss vielmehr dem Grundsatz der Gesetzmäßigkeit der Verwaltung nach Art. 20 Abs. 3 GG genügen, da dieser für die

---

[1226] Siehe oben § 6 A. II. 3. b. cc.
[1227] Siehe oben § 6 A. II. 3. b. cc.
[1228] Siehe oben § 4 B. II. 2. j.
[1229] *Bauer*, VerwArch 78 (1987), 241 (260, 262); *Bauer*, in: Hoffmann-Riem/Schmidt-Aßmann/Voßkuhle (Hrsg.), Grundlagen Bd. II, § 36 Rn. 79; *Maurer*, Verwaltungsrecht, § 15 Rn. 21; *Schmidt-Aßmann*, Ordnungsidee, 6. Kap. Rn. 125.

gesamte Tätigkeit der Verwaltung gilt.[1230] Daher ist zunächst der Vorrang des Gesetzes zu beachten.[1231] Das informale Steuerungshandeln muss also in Einklang mit dem geltenden Recht stehen.[1232] Im informalen Bereich bestehen allerdings deutlich weniger rechtliche Bindungen als bei den gesetzlichen Aufsichtsinstrumenten.[1233] Zudem findet im Grundsatz der Vorbehalt des Gesetzes Anwendung.[1234] Im Hinblick auf die Wahl der Steuerungsinstrumente unterliegt das informale Handeln des Landes allerdings nicht dem Gesetzesvorbehalt.[1235] Die Aufsichtsbehörden können also z. B. auch informale Steuerungsinstrumente mit den gesetzlichen Aufsichtsinstrumenten kombinieren.[1236]

Fraglich ist, ob sich die „Soll-Weisungen"[1237] des MKULNV im rechtlich zulässigen Rahmen bewegen. Durch seine Kommunikation schafft das Land einen faktischen Druck, die „Soll-Weisungen" auch tatsächlich umzusetzen. Zudem erzeugt es aufgrund der versprochenen Verantwortungs- und Haftungsübernahme einen Vertrauenstatbestand gegenüber den Kommunen. Rechtlich zu beanstanden ist diese „Soll-Weisungs"-Praxis aber nicht. Das Land vermeidet zwar bewusst den Einsatz des gesetzlich normierten Weisungsrechts. Jedoch ist das Land nicht verpflichtet, Weisungen zu erlassen, sondern ist gerade befugt, auch auf informalem Wege zu steuern. Hierdurch wird auch das Selbstverwaltungsrecht der Kommunen weniger belastet. Naturgemäß muss das Land beim Erlass von „Soll-Weisungen" den Vorrang des Gesetzes beachten. Jede „Soll-Weisung" muss mit dem geltenden Recht in Einklang stehen. Dies ist im jeweiligen Einzelfall zu prüfen. Wenn eine „Soll-

---

[1230] *Fehling*, in: Hoffmann-Riem/Schmidt-Aßmann/Voßkuhle (Hrsg.), Grundlagen Bd. II, § 38 Rn. 69 ff.; *Maurer*, Verwaltungsrecht, § 15 Rn. 21; *Pieper*, Aufsicht, S. 439; *Schmidt-Aßmann*, Ordnungsidee, 6. Kap. Rn. 125; *Schulte*, Schlichtes Verwaltungshandeln, S. 30; s. auch *Bauer*, in: Hoffmann-Riem/Schmidt-Aßmann/Voßkuhle (Hrsg.), Grundlagen Bd. II, § 36 Rn. 79.

[1231] *Fehling*, in: Hoffmann-Riem/Schmidt-Aßmann/Voßkuhle (Hrsg.), Grundlagen Bd. II, § 38 Rn. 76 ff.; *Schmidt-Aßmann*, Ordnungsidee, 6. Kap. Rn. 125.

[1232] *Bauer*, VerwArch 78 (1987), 241 (260); *Bauer*, in: Hoffmann-Riem/Schmidt-Aßmann/Voßkuhle (Hrsg.), Grundlagen Bd. II, § 36 Rn. 79; *Maurer*, Verwaltungsrecht, § 15 Rn. 3, 5, 21.

[1233] Vgl. *Maurer*, Verwaltungsrecht, § 15 Rn. 5.

[1234] Hierzu näher *Fehling*, in: Hoffmann-Riem/Schmidt-Aßmann/Voßkuhle (Hrsg.), Grundlagen Bd. II, § 38 Rn. 71 ff.; s. zudem *Schmidt-Aßmann*, Ordnungsidee, 6. Kap. Rn. 125.

[1235] *Fehling*, in: Hoffmann-Riem/Schmidt-Aßmann/Voßkuhle (Hrsg.), Grundlagen Bd. II, § 38 Rn. 71.

[1236] Vgl. *Bauer*, in: Hoffmann-Riem/Schmidt-Aßmann/Voßkuhle (Hrsg.), Grundlagen Bd. II, § 36 Rn. 78 ff., 82.

[1237] Siehe hierzu oben § 4 B. II. 2. j sowie § 7 A. II.

Weisung" gegen geltendes Recht verstößt und eine Kommune aufgrund der Beachtung der Vorgaben einen Schaden erleidet, kann dies angesichts des vom Land erzeugten Vertrauenstatbestands eine Haftungspflicht des Landes auslösen.[1238]

B. Rechtsschutz und Haftung

Auch wenn informales Handeln rechtlich unverbindlich ist, ist es nicht zugleich „rechtlich folgenlos"[1239]. Auch in Bezug auf informales Steuerungshandeln können Rechtsschutzmöglichkeiten eröffnet sein oder Haftungsansprüche in Betracht kommen.

I. Rechtsschutz

Da informellen Steuerungsinstrumenten keine Verwaltungsaktqualität zukommt, kann gegen sie – anders als gegen die gesetzlichen Aufsichtsmaßnahmen –[1240] keine Anfechtungsklage erhoben werden. Dies führt allerdings nicht dazu, dass den Kommunen Rechtsschutz völlig versagt wird. Vielmehr kommt als zulässige Klageart die Allgemeine Leistungsklage nach § 42 VwGO analog in Betracht.[1241] So kann eine Kommune etwa auf Unterlassung oder Beseitigung von Folgen informalen Verwaltungshandelns klagen.[1242] Zum Beispiel kann sie auf diesem Wege gegen informale Informationsersuchen vorgehen, also solche Begehren, die nicht die Schwelle eines Verwaltungsakts erreichen.[1243] Soweit ein feststellungsfähiges Rechtsverhältnis besteht, kann auch die Feststellungsklage nach § 43 Abs. 1 VwGO in Betracht kommen.[1244] Mangels erzeugter Rechtswirkungen ist der Rechtsschutz im Bereich des informalen Steuerungshandelns im Vergleich zu den Rechts-

1238 Siehe unten § 7 B. II.

1239 *Fehling*, in: Hoffmann-Riem/Schmidt-Aßmann/Voßkuhle (Hrsg.), Grundlagen Bd. II, § 38 Rn. 116.

1240 Siehe oben § 6 B. I. 1.

1241 Vgl. *Maurer*, Verwaltungsrecht, § 15 Rn. 7; s. zudem *Burgi*, in: Dietlein/Burgi/Hellermann (Hrsg.), Öffentliches Recht, § 2 Rn. 134.

1242 Vgl. *Maurer*, Verwaltungsrecht, § 15 Rn. 7.

1243 So zu Informationsbegehren im Rahmen der Rechtsaufsicht *Brüning/Vogelsang*, Kommunalaufsicht, Rn. 346.

1244 Vgl. *Maurer*, Verwaltungsrecht, § 15 Rn. 7; s. zudem *Burgi*, in: Dietlein/Burgi/Hellermann (Hrsg.), Öffentliches Recht, § 2 Rn. 134; s. aber auch *BVerwG*, Urt. v. 26.1.1996 – 8 C 19/94 –, in: BVerwGE 100, 262 (268 f.) = NJW 1996, 2046.

schutzmöglichkeiten bei den gesetzlichen Aufsichtsinstrumenten allerdings „reduziert“[1245].

II. Haftung

Informales Handeln kann im Falle seiner Rechtswidrigkeit zu Haftungsansprüchen der Kommunen, etwa aus Amtshaftung oder enteignungsgleichem Eingriff, gegen das Land führen.[1246]

Entsteht einer Kommune ein Schaden, weil sie auf Grundlage rechtswidriger informaler Steuerung durch das Land eine Handlung gegenüber dem Bürger vorgenommen hat, kann der Bürger – anders als bei verbindlichen Weisungen des Landes – nicht direkt gegen das Land klagen, da die informalen Steuerungshandlungen des Landes die Kommunen im Innenverhältnis nicht binden. Hier kann der Bürger Ansprüche nur gegen die Kommune selbst geltend machen. Diese wiederum kann dann aber vom Land ihren Schaden einfordern, wenn das Land seine Amtspflichten gegenüber den Kommunen verletzt hat. Denn auch im Hinblick auf informales Steuerungshandeln obliegt dem Land in seiner Funktion als aufsichtsführende Behörde die Pflicht, seine Aufsicht sachgemäß auszuüben und die Kommune vor Schäden zu bewahren. Dies gilt insbesondere auch vor dem Hintergrund der zuvor dargelegten „disziplinierende[n] Wirkung“[1247] der gesetzlichen Aufsichtsbefugnisse.[1248]

So kommt beispielsweise ein Amtshaftungsanspruch einer Kommune gegen das Land in Betracht, wenn die Kommune die Vorgaben einer „Soll-Weisung“ des Ministeriums beachtet hat und ihr hierdurch ein Schaden entstanden ist. Dies könnte etwa der Fall sein, wenn eine Kommune auf Grundlage einer „Soll-Weisung“ eine Handlung gegenüber dem Bürger vornimmt, die von den Gerichten als rechtswidrig erachtet wird und somit einen Schaden bei der Kommune erzeugt.

[1245] *Pieper*, Aufsicht, S. 439; vgl. auch *BVerwG*, Urt. v. 26.1.1996 – 8 C 19/94 –, in: BVerwGE 100, 262 (268 f.) = NJW 1996, 2046.

[1246] Vgl. *Fehling*, in: Hoffmann-Riem/Schmidt-Aßmann/Voßkuhle (Hrsg.), Grundlagen Bd. II, § 38 Rn. 7, 116 ff.; *Maurer*, Verwaltungsrecht, § 15 Rn. 3, 6.

[1247] *Wegrich*, Steuerung, S. 219.

[1248] Siehe oben § 7 A. I.

4. Teil: Zusammenfassung und Ausblick

§ 8 Zusammenfassung in Leitsätzen

1. Pflichtaufgaben zur Erfüllung nach Weisung sind als Selbstverwaltungsangelegenheiten einzuordnen.[1249]

2. Das Land beaufsichtigt die Wahrnehmung der Pflichtaufgaben zur Erfüllung nach Weisung durch die Kommunen im Wege der sog. *Sonderaufsicht* nach § 119 Abs. 2 GO NRW. Die genaue Ausgestaltung dieser Aufsichtsform – insbesondere die zuständigen Sonderaufsichtsbehörden und die Aufsichtsmittel – ergibt sich aus speziellen Fachgesetzen.[1250]

3. Als Aufsichtsmittel verfügt das Land über ein Unterrichtungs- sowie ein Weisungsrecht, zum Teil auch über ein Selbsteintrittsrecht.[1251]

4. Maßstab der Sonderaufsicht ist die Rechtmäßigkeit und – im gesetzlich näher bestimmten Umfang – die Zweckmäßigkeit des kommunalen Handelns.[1252]

5. Die Sonderaufsicht des Landes über die Kommunen bei der Wahrnehmung von Pflichtaufgaben zur Erfüllung nach Weisung ist klar von der Fachaufsicht der übergeordneten über die ihnen untergeordneten Landesbehörden nach §§ 11, 13 LOG NRW zu unterscheiden. Im Gegensatz zur Fachaufsicht handelt es sich bei der Sonderaufsicht um die Beaufsichtigung eigenständiger, mit dem Selbstverwaltungsrecht nach Art. 28 Abs. 2 GG ausgestattete Verwaltungsträger.[1253]

6. Unter *Steuerung* wird in dieser Arbeit die Einwirkung auf eine Institution zur Verhaltensbeeinflussung verstanden, mit der bestimmte Ziele erreicht werden sollen. Dies setzt ein Steuerungssubjekt, ein Steuerungsobjekt, ein Steuerungsziel sowie Steuerungsinstrumente voraus.[1254]

[1249] Siehe hierzu oben § 2 B. II.
[1250] Siehe hierzu oben § 2 B. III.
[1251] Siehe hierzu oben § 2 B. III. 3.
[1252] Siehe hierzu oben § 2 B. III. 1.
[1253] Siehe hierzu oben § 2 B. III. 1.
[1254] Siehe hierzu oben § 3 A. I.

7. Steuerung wird in dieser Arbeit als Oberbegriff für Aufsicht und Kontrolle verwandt.[1255]

8. Steuerung kann sowohl auf förmlichem Wege mittels gesetzlich normierter Steuerungsinstrumente als auch auf informalem Wege erfolgen. Unter informalen Steuerungsinstrumenten sind formlose Handlungsformen zu verstehen, die das Verhalten von anderen steuern sollen, ohne dabei formelle Rechtswirkungen zu erzeugen.[1256]

9. Im Kontext der Pflichtaufgaben zur Erfüllung nach Weisung sind die in den Fachgesetzen als zuständig bestimmten Kommunen die Steuerungsobjekte. Das Land ist in Gestalt der gesetzlich bestimmten Sonderaufsichtsbehörden das Steuerungssubjekt. Die Steuerungsziele ergeben sich ebenfalls aus den jeweiligen Fachgesetzen und beziehen sich auf die rechtmäßige und in beschränktem Umfang zweckmäßige Aufgabenwahrnehmung durch die Kommunen. Die Steuerungsinstrumente sind die fachgesetzlich eingeräumten Aufsichtsinstrumente des Landes.[1257]

10. In der Praxis setzt das Land sowohl die gesetzlichen Sonderaufsichtsmittel als auch informale Steuerungsinstrumente ein, um die Wahrnehmung der Pflichtaufgaben zur Erfüllung nach Weisung zu steuern.[1258]

11. Einen erheblichen Anteil der Steuerungspraxis des Landes macht die Steuerung mittels informaler Steuerungsinstrumente aus, etwa in Gestalt von verschiedenen Besprechungsformen, „Soll-Weisungen“, Pilotprojekten oder der Zusammenarbeit mit anderen Stellen.[1259]

12. Das Steuerungshandeln des Landes wird zudem durch verschiedene verwaltungsexterne Faktoren, wie die Öffentlichkeit oder die Rechnungshofkontrolle, beeinflusst.[1260]

13. Zwischen der Steuerungspraxis im Lebensmittel- und Veterinärbereich sowie der Heimaufsicht bestehen zum Teil erhebliche Unterschiede, etwa im Hinblick auf die Intensität und die gewählten Steuerungsinstrumente. Zudem

[1255] Siehe hierzu oben § 3 A. I. 3.
[1256] Siehe hierzu oben § 3 A. IV.
[1257] Siehe hierzu oben § 3 B.
[1258] Siehe hierzu oben § 4 B. II. 1, 2, 5, § 5 B. II. 1, 2, 4.
[1259] Siehe hierzu oben § 4 B. II. 2, 5, § 5 B. II. 2, 4.
[1260] Siehe hierzu oben § 4 B. III, § 5 B. III.

werden die Bereiche unterschiedlich stark durch z. B. unionsrechtliche Einflüsse oder verwaltungsexterne Faktoren beeinflusst.[1261]

14. In allen untersuchten Bereichen wird ein Mangel an Aufsichtspersonal kritisiert.[1262]

15. Alle Aufsichtsmittel, also sowohl das Unterrichtungsrecht als auch das Weisungs- und Selbsteintrittsrecht, bedürfen einer Ermächtigungsgrundlage in den Fachgesetzen.[1263]

16. Die Aufsichtsmaßnahmen des Landes sind Verwaltungsakte i. S. v. § 35 S. 1 VwVfG. Insbesondere handelt es sich bei ihnen um Regelungen mit Außenwirkung, da sie die Kommunen als eigenständige Rechtsträger in ihrem Selbstverwaltungsrecht betreffen.[1264]

17. Das Land muss beim Ergreifen von Aufsichtsmaßnahmen die formellen und materiellen Rechtmäßigkeitsanforderungen wahren. Soweit die Fachgesetze keine speziellen Regelungen enthalten, finden die allgemeinen Regelungen des VwVfG NRW Anwendung.[1265]

18. Beim Ergreifen von Aufsichtsmaßnahmen muss das Land die gesetzlich bestimmten Zuständigkeiten wahren.[1266]

19. Vor dem Ergreifen von Aufsichtsmaßnahmen müssen die Sonderaufsichtsbehörden die Kommunen grundsätzlich nach § 28 Abs. 1 VwVfG NRW anhören, wenn hiervon nicht ausnahmsweise nach § 28 Abs. 2 VwVfG NRW abgesehen werden kann.[1267]

20. Aufsichtsmaßnahmen unterliegen – vorbehaltlich spezialgesetzlicher Bestimmungen – keinen besonderen Formerfordernissen. Sie sind aber grundsätzlich nach § 39 Abs. 1 S. 1 VwVfG NRW zu begründen. Ihnen muss ferner gem. § 37 Abs. 6 S. 1 VwVfG NRW eine Rechtsbehelfsbelehrung beigefügt

---

[1261] Siehe hierzu insgesamt § 4 B, § 5 B.
[1262] Siehe hierzu oben § 4 B. IV, § 5 B IV.
[1263] Siehe hierzu oben § 6 A. I. 1, II. 1, III. 1.
[1264] Siehe hierzu oben § 6 A. I. 2, II. 2, III. 2.
[1265] Siehe hierzu oben § 6 A. I. 3, II. 3, III. 3.
[1266] Siehe hierzu oben § 6 A. I. 3. a. aa, II. 3. a. aa, III. 3.
[1267] Siehe hierzu oben § 6 A. I. 3. a. bb, II. 3. a. bb, III. 3.

werden. Das Fehlen der Rechtsbehelfsbelehrung führt allerdings nur zu einer Verlängerung der Klagefrist.[1268]

21. Das Land muss ferner die tatbestandlichen Voraussetzungen der Ermächtigungsgrundlagen einhalten.[1269] Bei Weisungen gelten nach den fachgesetzlichen Regelungen unterschiedliche Anforderungen für Rechtmäßigkeits- und Zweckmäßigkeitsweisungen und bei Letzteren wiederum für allgemeine und besondere Weisungen.[1270]

22. Beim Ergreifen von Aufsichtsmaßnahmen muss das Land zudem sonstige gesetzliche Beschränkungen beachten.[1271] Begrenzt werden die Aufsichtsmaßnahmen durch das Selbstverwaltungsrecht der Kommunen, insbesondere ihre Personal- und Organisationshoheit, aber auch durch ihre Finanzhoheit.[1272] Das Unterrichtungsrecht wird ferner durch die Regelungen zu den Weisungsrechten und durch datenschutzrechtliche Bestimmungen beschränkt.[1273] Das Weisungsrecht wird zusätzlich durch die Regelungen zum Konnexitätsprinzip, die Grundrechte sowie durch den Vorbehalt des Gesetzes und den Grundsatz der Vorhersehbarkeit der Rechtslage für den Bürger begrenzt.[1274]

23. Die Ausübung der Aufsichtsbefugnisse steht im Ermessen der Aufsichtsbehörden. Sie müssen ihr Ermessen nach § 40 VwVfG NRW entsprechend dem Zweck der Ermächtigung und unter Einhaltung der gesetzlichen Grenzen des Ermessens ausüben. Insbesondere muss das Land den Verhältnismäßigkeitsgrundsatz beachten.[1275]

24. Das Land muss beim Ergreifen von Aufsichtsmaßnahmen ferner den Grundsatz der Bestimmtheit und Klarheit, § 37 Abs. 1 VwVfG NRW, beachten.[1276]

25. Unterrichtungsverlangen und Weisungen des Landes sind für die Kommunen grundsätzlich verbindlich.[1277]

1268 Siehe hierzu oben § 6 A. I. 3. a. cc, II. 3. a. cc, III. 3.
1269 Siehe hierzu oben § 6 A. I. 3. b. aa, II. 3. b. aa. (1), bb. (1), III. 3.
1270 Siehe hierzu oben § 6 A. II. 3. b. aa, bb.
1271 Siehe hierzu oben § 6 A. I. 3. b. bb, II. 3. b. bb (2).
1272 Siehe hierzu oben § 6 A. I. 3. b. bb. (1), II. 3. b. bb. (2) (a).
1273 Siehe hierzu oben § 6 A. I. 3. b. bb. (2), (3).
1274 Siehe hierzu oben § 6 A. II. 3. b. bb. (2) (b), (c), (d).
1275 Siehe hierzu oben § 6 A. I. 3. b. cc, II. 3. b. aa. (2), bb. (3), III. 3.
1276 Siehe hierzu oben § 6 A. I. 3. b. dd, II. 3. b cc, III. 3.
1277 Siehe hierzu oben § 6 A. I. 5, II. 5.

26. Durch die Erteilung einer Weisung geht die Verantwortung von den Kommunen auf das Land über.[1278]

27. Die Kommunen können gegen Aufsichtsmaßnahmen vor den Verwaltungsgerichten Anfechtungsklage nach § 42 Abs. 1, 1. Alt. VwGO erheben. Die Kommunen sind nur klagebefugt, wenn sie geltend machen, dass das Weisungsrecht des Landes gar nicht bestehe oder die Aufsichtsbehörde die Grenzen der gesetzlichen Weisungsermächtigung überschritten habe. In diesem Falle ist eine Verletzung der Kommune in ihrem Selbstverwaltungsrecht bzw. ihrem gemeindlichen Wirkungskreis möglich. Die bloß inhaltliche Rechtswidrigkeit der Weisung hingegen können die Kommunen mangels subjektiver Rechtsposition in der Regel nicht gerichtlich überprüfen lassen. Eine Ausnahme besteht nur im Hinblick auf die Finanzhoheit der Kommunen, soweit Entschädigungsansprüche des Bürgers nach § 39 OBG NRW drohen.[1279]

28. Das Land haftet den Kommunen für Schäden aufgrund fehlerhafter Aufsichtsausübung nach den allgemeinen Grundsätzen, insbesondere aus Amtshaftung. Spezielle Erstattungsregelungen gibt es in Nordrhein-Westfalen nicht.[1280]

29. Eine Kommune handelt gegenüber einem Bürger nicht amtspflichtwidrig, wenn sie eine Maßnahme aufgrund einer sie bindenden, aber rechtswidrigen Weisung getroffen hat. Hier liegt vielmehr eine Amtspflichtverletzung der Aufsichtsbehörde vor. Der Bürger kann seinen Schaden daher nur vom Land, nicht aber von der Kommune erstattet verlangen. Etwas anderes gilt im Hinblick auf Entschädigungsansprüche nach § 39 OBG NRW, die der Bürger wegen § 42 Abs. 1 S. 1 OBG NRW stets gegenüber den Kommunen geltend zu machen hat. Die Kommunen können wiederum anschließend ihren entstandenen Schaden – etwa aus Amtshaftung – beim Land geltend machen.[1281]

30. Das Land ist grundsätzlich befugt, das Handeln der Kommunen mittels informaler Maßnahmen zu steuern.[1282]

1278 Siehe hierzu oben § 6 A. II. 4.
1279 Siehe zum Ganzen oben § 6 B. I.
1280 Siehe hierzu oben § 6 B. II.
1281 Siehe hierzu oben § 6 B. II. 2.
1282 Siehe hierzu oben § 7 A. I.

31. Informale Steuerungsinstrumente sind als Realakte bzw. schlichtes Verwaltungshandeln einzuordnen, da sie keine rechtlichen, sondern nur tatsächliche Folgen bewirken.[1283]

32. Auch informale Steuerungsinstrumente unterliegen rechtlichen Bindungen, wenn auch deutlich geringeren Beschränkungen als dies im gesetzlich normierten Bereich der Fall ist.[1284]

33. Gegen informale Steuerungsmaßnahmen können die Kommunen im Wege der allgemeinen Leistungsklage nach § 42 VwGO analog oder mittels Feststellungsklage nach § 43 Abs. 1 VwGO gerichtlich vorgehen. In diesem Bereich bestehen aber wegen der gerade nicht gewollten Rechtswirkungen nur eingeschränkte Rechtsschutzmöglichkeiten.[1285]

34. Trotz seiner Unverbindlichkeit ist informales Steuerungshandeln nicht ohne rechtliche Folgen. Im Falle seiner Rechtswidrigkeit können den Kommunen Haftungsansprüche insbesondere aus Amtshaftung zustehen. Haftungsansprüche des Bürgers sind – anders als bei den gesetzlichen Aufsichtsmaßnahmen – gegen die Kommunen zu richten, da informale Steuerungsmaßnahmen, auch wenn sie rechtswidrig sind, die Kommunen im Innenverhältnis nicht binden.[1286]

35. Die Steuerungspraxis begegnet in weiten Teilen keinen rechtlichen Bedenken. Gelegentlich überschreitet das Land im Bereich der gesetzlichen Sonderaufsichtsbefugnisse allerdings seine Kompetenzen, wie etwa bei Unterrichtungsverlangen, die in die Personalhoheit der Kommunen eingreifen. Bedenklich ist zudem die Praxis des Landes, den schriftlichen bzw. elektronischen Aufsichtsmaßnahmen keine Rechtsbehelfsbelehrung beizufügen. Das informale Steuerungshandeln des Landes bewegt sich in der Praxis im Grundsatz im Bereich des rechtlich Zulässigen. Allerdings ergeben sich hier zum Teil gewisse Unsicherheiten, so etwa im Hinblick auf die Frage, ob Protokolle von Besprechungen als unverbindliche Äußerungen der Rechtsauffassung des Landes oder als verbindliche Weisungen einzuordnen sind.[1287]

[1283] Siehe hierzu oben § 7 A. II.
[1284] Siehe hierzu oben § 7 A. III.
[1285] Siehe hierzu oben § 7 B. I.
[1286] Siehe hierzu oben § 7 B. II.
[1287] Insgesamt hierzu oben § 6 A., § 7 A.

§ 9 Ausblick

Die rechtliche Ausgestaltung der Pflichtaufgaben zur Erfüllung nach Weisung ermöglicht dem Land, die Kommunen bei der Wahrnehmung dieser Aufgaben zu steuern. Zulässig ist dies allerdings nur im Rahmen der in dieser Arbeit aufgezeigten Grenzen. Denn die Kommunen verfügen bei ihrer Aufgabendurchführung über eine durch das Selbstverwaltungsrecht und die einfachgesetzliche Ausgestaltung der Pflichtaufgaben zur Erfüllung nach Weisung geschützte Rechtsposition. Greift das Land in diese Rechtsposition ein, können sich die Kommunen hiergegen – notfalls vor den Verwaltungsgerichten – wehren. Diese rechtliche Ausgangslage muss das Land bei seiner Aufsichtsausübung beachten. Die Kommunen wiederum sollten sich im Rahmen ihrer Aufgabendurchführung dieser Rechtsposition bewusst sein.

In der Praxis sollte darüber hinaus anstelle des in der Praxis üblicherweise verwendeten Begriffs der *Fachaufsicht*, der Begriff der *Sonderaufsicht* genutzt werden.[1288] Es handelt sich hierbei keinesfalls um eine bloße „Förmelei“. Wie in dieser Untersuchung dargelegt wurde, stellen die Fach- und die Sonderaufsicht vielmehr zwei grundlegend unterschiedliche Aufsichtsformen dar. Die Verwendung des Begriffs der Sonderaufsicht bringt diese Unterscheidung und die in diesem Bereich bestehende stärkere Rechtsposition der Kommunen in der Praxis besser zum Ausdruck und kann das Bewusstsein hierfür verstärken.

Das Land sollte in der Praxis zudem darauf achten, dass es die Rechtsnatur seiner Aufsichtsmaßnahmen gegenüber den Kommunen als Adressaten dieser Maßnahmen klar und deutlich erkennbar macht.

[1288] Dies betont auch *Schönenbroicher*, in: Schönenbroicher/Heusch (Hrsg.), OBG NRW, § 7 Rn. 2.

Literaturverzeichnis

Adam, Ute, Veterinärrecht, Eine systematische Darstellung unter besonderer Berücksichtigung der Rechtslage in Nordrhein-Westfalen, Köln 1993, Bd. 23 der Schriftenreihe des Freiherr-vom-Stein-Instituts, zugl. Diss Univ. Münster 1993.

Ade, Klaus, Gemeindeordnung für Baden-Württemberg, Kommentar, Praxis der Kommunalverwaltung, Bd. B 2 BW, Stand: Oktober 2013 (beck-online).

v. Alemann, Florian/*Scheffczyk*, Fabian, Kommentierung zu § 35, in: Bader/Ronellenfitsch (Hrsg.), VwVfG.

Althaus, Jürgen, Die Haftung des praktizierenden Tierarztes im Bereich staatlich übertragener Aufgaben, Tierärztl Prax Suppl 2010, 5 ff.

Articus, Stephan/*Schneider*, Bernd Jürgen (Hrsg.), Gemeindeordnung Nordrhein-Westfalen, Kommentar, 4. Auflage, Stuttgart 2012.

Baden-Württemberg, Integrierter mehrjähriger Einzel-Kontrollplan von Baden-Württemberg, Stand: 06.03.2013, abrufbar unter: http://www.bvl.bund.de/SharedDocs/Downloads/01_Lebensmittel/06_mnkp_dokumente/lm_mnkp_laender plan_Baden-W%C3%BCrttemberg.pdf?__blob=publicationFile&v=3 (zuletzt abgerufen am 29.8.2015).

Bader, Johann/*Ronellenfitsch*, Michael (Hrsg.), Beck'scher Online-Kommentar VwVfG, 28. Edition, Stand: 1.7.2015, München 2015 (beck-online).

Bätge, Frank, Kap. 2.5 – Die Aufgabenarten, in: Hofmann/Theisen/Bätge (Hrsg.), Kommunalrecht.

Bauer, Hartmut, Informelles Verwaltungshandeln im öffentlichen Wirtschaftsrecht, VerwArch 78 (1987), 241 ff.

ders., § 36 Verwaltungsverträge, in: Hoffmann-Riem/Schmidt-Aßmann/Voßkuhle (Hrsg.), Grundlagen Bd. II.

Beck, Rita, Kontrolle durch Information: Transparenz und Geheimnisschutz, ZLR 2009, 123 ff.

Becker, Erich, Über den Inhalt der Gemeindeverwaltung und die Rechtsstellung des Gemeindedirektors in Nordrhein-Westfalen, DVBl 1956, 4 ff.

Becker, Ernst/*Winkel*, Johannes, Erläuterungen zu §§ 119-128, 132 GO NRW, in: Held u. a. (Hrsg.), GO NRW.

Bednarz, Hendrik, Demographischer Wandel und kommunale Selbstverwaltung, Berlin 2010, zugl. Diss. Univ. Tübingen 2009.

Benedens, Niels, Die Sonderaufsicht über kommunale Körperschaften in Brandenburg, LKV 2000, 89 ff.

ders./Schumacher, Paul, Kommentierung zu § 121, in: Schumacher u. a. (Hrsg.), BbgK-Verf.

Benz, Arthur, Der moderne Staat, Grundlagen der politologischen Analyse, 2. Auflage, München 2008.

Birkenfeld, Kommunalrecht Hessen, 5. Auflage, Baden-Baden 2011.

BfR, EU-Almanach Lebensmittelsicherheit, 3. Auflage 2014, abrufbar unter: http://www.bfr.bund.de/cm/350/eu-almanach-lebensmittelsicherheit.pdf (zuletzt abgerufen am 29.8.2015).

BfR, Fragen und Antworten zur Risikoabschätzung bei Lebensmitteln und anderen Verbrauchsgütern, FAQ des BfR vom 16. April 2007, abrufbar unter: http://www.bfr.bund.de/cm/343/fragen_und_antworten_zur_risikoabschaetzung_bei_lebensmitteln_und_anderen_verbrauchsguetern.pdf (zuletzt abgerufen am 29.8.2015).

BfR, Ausbruchsaufklärung entlang der Lebensmittelkette, Leitfaden einer am BfR eingerichteten Bund-Länder-Arbeitsgruppe zur Erarbeitung eines Leitfadens zur Ausbruchsaufklärung entlang der Lebensmittelkette, Stand 2014, Berlin 2014, abrufbar unter: http://www.bfr.bund.de/cm/343/ausbruchsaufklaerung-entlang-der-lebensmittelkette.pdf (zuletzt abgerufen am 29.8.2015).

BfR, Leitfaden für gesundheitliche Bewertungen, Ausgabe 2010, abrufbar unter: http://www.bfr.bund.de/cm/350/leitfaden-fuer-gesundheitliche-bewertungen.pdf (zuletzt abgerufen am 29.8.2015).

BMELV, Strategien der Lebensmittelsicherheit, Stand: Februar 2013, abrufbar unter: http://www.bmel.de/SharedDocs/Downloads/Broschueren/StrategienLebensmittelsicherheit.pdf?__blob=publicationFile (zuletzt abgerufen am 29.8.2015).

BMG, Projekt „Praktische Anwendung des Strukturmodells – Effizienzsteigerung der Pflegedokumentation in der ambulanten und stationären Langzeitpflege“, Im Auftrag des Bundesministeriums für Gesundheit (BMG) in Zusammenarbeit mit der Bundesarbeitsgemeinschaft der Freien Wohlfahrtspflege e. V. (BAGFW) und dem Bundesverband Privater Anbieter sozialer Dienste e. V. (bpa), Abschlussbericht, Berlin/Witten, April 2014, abrufbar unter: http://www.bmg.bund.de/fileadmin/dateien/Downloads/E/Entbuerokratisierung/Abschlussbericht_und_Anlagen__fin20140415_sicher.pdf (zuletzt abgerufen am 29.8.2015).

Boch, Thomas, Lebensmittel- und Futtergesetzbuch, 4. Auflage, Baden-Baden 2015 (beck-online).

Böschen, Stefan, Reflexive Wissenspolitik: die Bewältigung von (Nicht-)Wissenskonflikten als institutionenpolitische Herausforderung, in: Feindt/Saretzki (Hrsg.), Technikkonflikte, S. 104 ff.

Bogumil, Jörg/*Jann*, Werner, Verwaltung und Verwaltungswissenschaft in Deutschland, Einführung in die Verwaltungswissenschaft, 2. Auflage, Wiesbaden 2009.

ders./*Jann*, Werner/*Nullmeier*, Frank (Hrsg.), Politik und Verwaltung, Wiesbaden 2006.

Bohne, Eberhard, Der informale Rechtsstaat, Eine empirische und rechtliche Untersuchung zum Gesetzesvollzug unter besonderer Berücksichtigung des Immissionsschutzes, Berlin 1981, zugl. Diss. Univ. Köln 1980/81.

ders., Informales Verwaltungs- und Regierungshandeln als Instrument des Umweltschutzes – Alternativen zu Rechtsnorm, Vertrag, Verwaltungsakt und anderen rechtlich geregelten Handlungsformen? –, VerwArch 75 (1984), 343 ff.

ders., Gegenstand, methodische Grundlagen und theoretischer Bezugsrahmen der Verwaltungswissenschaft, Verw 47 (2014), 159 ff.

Borchmann, Michael/*Breithaupt*, Dankwart/*Kaiser*, Gerrit, Kommunalrecht in Hessen, 3. Auflage, Stuttgart 2006.

Bosch, Nikolaus/*Leible*, Stefan/*Wallau*, Rochus (Hrsg.), Lebensmittel in den Medien, Bayreuth 2012.

Bovenschulte, Andreas, Gemeindeverbände als Organisationsformen kommunaler Selbstverwaltung, Baden-Baden 2000, zugl. Diss. Univ. Bremen 1999.

Bracker, Reimer/*Borchert*, Hartmut/*Dehn*, Klaus-Dieter/*Lütje*, Gerd/*v. Scheliha*, Kurt-Friedrich/*Schliesky*, Utz/*Schwind*, Joachim/*Sprenger*, Dietrich/*v. Allwörden*, Jochen/*Arndt*, Marcus/*Bülow*, Jörg/*Nielsen*, Jochen/*Dieckmann*, Frank/*Ziertmann*, Marc/*Schmaal*, Bernhard/*Schulz*, Sönke/*Anhalt*, Gabriele/*Husvogt*, Frank/*Tischer*, Jakob (Hrsg.), Gemeindeordnung für Schleswig-Holstein (Gemeindeordnung – GO –), Kommentar, Praxis der Kommunalverwaltung, Bd. B 1 SH, Stand: Mai 2015 (beck-online).

Bracker, Reimer/ *Dehn*, Klaus-Dieter/*Ernst*, Christian/*v. Scheliha*, Kurt-Friedrich/*Schliesky*, Utz/*Birkner*, Helmut/*Schwind*, Joachim/*Roth*, Jürgen-Patrick/*Rocke*, Burghard (Hrsg.), Kreisordnung für Schleswig-Holstein (Kreisordnung – KrO –), Kommentar, Praxis der Kommunalverwaltung, Bd. B 3 SH, Stand: Oktober 2014 (beck-online).

Brandenburg, Integrierter mehrjähriger Einzel-Kontrollplan von Brandenburg, Stand: 08.01.2014, abrufbar unter: http://www.bvl.bund.de/SharedDocs/Downloads/01_Lebensmittel/06_mnkp_dokumente/lm_mnkp_laenderplan_Brandenburg.pdf?__blob=publicationFile&v=4 (zuletzt abgerufen am 29.8.2015).

Braun, Anette, Kommunalisierung von Umweltaufgaben im europäischen Mehrebenensystem, Baden-Baden 2012.

BRD, Integrierter mehrjähriger Kontrollplan der Bundesrepublik Deutschland, Stand: Januar 2015, abrufbar unter: http://www.bvl.bund.de/SharedDocs/Downloads/01_Lebensmittel/06_mnkp_dokumente/lm_mnkp_Rahmenplan.pdf?__blob=publicationFile&v=11 (zuletzt abgerufen am 29.8.2015).

BRD, Jahresbericht 2013 der Bundesrepublik Deutschland zum mehrjährigen nationalen Kontrollplan nach Verordnung (EG) Nr. 882/2004, Stand: 20.11.2014, abrufbar unter: http://www.bvl.bund.de/SharedDocs/Downloads/01_Lebensmittel/06_mnkp_dokumente/mnkp_Jahresbericht_2013.pdf?__blob=publicationFile&v=4 (zuletzt abgerufen am 29.8.2015).

Brems, Karen, Die Aufgabenverlagerung des Landes Nordrhein-Westfalen auf die Kommunen und die Frage der Finanzierungsfolgen, Eine Untersuchung der Verteilung der Finanzierungsverantwortung für kostenwirksame Aufgabenzuweisungen in der nordrhein-westfälischen Landesverfassung unter besonderer Berücksichtigung der Novellierung des Art. 78 Abs. 3 LV NRW, Baden-Baden 2006, zugl. Diss. Univ. Düsseldorf 2005.

Brenner, Michael, Das Weißbuch zur Lebensmittelsicherheit und das System des Europäischen Verwaltungsvollzugs, Insbesondere: Verwaltungskompetenz der Mitgliedstaaten und Grundsatz des Landesvollzugs in der Bundesrepublik Deutschland, ZLR 2001, 359 ff.

Brinktrine, Ralf, Rechtsprechungsanalyse, Maßnahmen der Kommunalaufsicht im Spiegel der verwaltungsgerichtlichen Rechtsprechung, Verw 42 (2009), 565 ff.

Brohm, Winfried, Die Eigenständigkeit der Gemeinden, DÖV 1986, 397 ff.

ders., Rechtsstaatliche Vorgaben für informelles Verwaltungshandeln, DVBl 1994, 133 ff.

Brüning, Christoph/*Vogelsang*, Klaus, Die Kommunalaufsicht, Aufgaben – Rechtsgrundlagen – Organisation, 2. Auflage, Berlin 2009.

Brüske, Raphaele/*Hiegemann*, Helmuth, Der Dülmener Wildpferdefang – Eine Herausforderung für den Tierschutz, EILDIENST LKT NRW 2015, 53 ff.

Bruggmann, Thomas, Bericht aus Berlin, LMuR 2013, 46 f.

Büchter, Britta/*Kuhr*, Claudia/*Schreiber*, Georg, Pilotprojekt zur amtlichen Kontrolle des Handels mit Lebensmitteln im Internet, JVL 2011, 375 ff.

Büker, Eberhard, Überwachung je nach Risiko, EILDIENST LKT NRW 2014, 153 ff.

Bull, Hans Peter/*Mehde*, Veith, Allgemeines Verwaltungsrecht mit Verwaltungslehre, 8. Auflage, Heidelberg 2009.

Bundesministerium für Familie, Senioren, Frauen und Jugend, Handbuch zur Praxis der Heimaufsicht, Stand: Winter 2004, abrufbar unter: http://www.bmfsfj.de/RedaktionBMFSFJ/Abteilung3/Pdf-Anlagen/handbuch-heimaufsicht-zusammen fassung,property=pdf,bereich=bmfsfj,sprache=de,rwb=true.pdf (zuletzt abgerufen am 29.8.2015).

Burgi, Martin, Kommunalisierung als gestaltungsbedürftiger Wandel von Staatlichkeit und von Selbstverwaltung, Verw 42 (2009), 155 ff.

ders., Kommunalrecht, 5. Auflage 2015.

ders., § 2 Kommunalrecht, in: Dietlein/Burgi/Hellermann (Hrsg.), Öffentliches Recht.

Burmeister, Joachim, Verfassungstheoretische Neukonzeption der kommunalen Selbstverwaltungsgarantie, München 1977.

ders. (Hrsg.), Verfassungsstaatlichkeit, Festschrift für Klaus Stern zum 65. Geburtstag, München 1997.

Burmeister, Julian/*Dinter*, Katharina, Die Heimgesetzgebung der Bundesländer – Ein Rechtsvergleich, NVwZ 2009, 628 ff.

Buttler, Dirk, Kommentierung zu §§ 119, 127 GO NRW, in: Kleerbaum/Palmen (Hrsg.), GO NRW.

BVL, Berichte zur Lebensmittelsicherheit 2013, Bundesweiter Überwachungsplan 2013, Gemeinsamer Bericht des Bundes und der Länder, 2015, abrufbar unter: http://www.bvl.bund.de/SharedDocs/Downloads/01_Lebensmittel/02_BUEp_dokumente/BUEp_Bericht_2013.pdf?__blob=publicationFile&v=2 (zuletzt abgerufen am 29.8.2015).

BVL, Berichte zur Lebensmittelsicherheit 2013, Monitoring, Gemeinsamer Bericht des Bundes und der Länder, 2015, abrufbar unter: http://www.bvl.bund.de/DE/01_Lebensmittel/01_Aufgaben/02_AmtlicheLebensmitteluebeгwachung/04_Monitoring/lm_monitoring_node.html (zuletzt abgerufen am 29.8.2015).

BVL, Leitfaden für die Probenahme und die Untersuchung zum Nachweis gentechnischer Veränderungen in Reis, Stand: 26.3.2012, abrufbar unter: http://www.bvl.bund.de/SharedDocs/Downloads/06_Gentechnik/Fachmeldungen/gvReis_Leitfaden_2012-03-08.html (zuletzt abgerufen am 29.8.2015).

BWV, Organisation des gesundheitlichen Verbraucherschutzes (Schwerpunkt Lebensmittel), Gutachten der Präsidentin des Bundesrechnungshofes als Bundesbeauftragte für Wirtschaftlichkeit in der Verwaltung, Stuttgart 2001.

BWV, Organisation des gesundheitlichen Verbraucherschutzes (Schwerpunkt Lebensmittel), Empfehlungen des Präsidenten des Bundesrechnungshofes als Bundesbeauftragter für Wirtschaftlichkeit in der Verwaltung zur Stärkung des gesundheitlichen Verbraucherschutzes, Stuttgart 2012.

Commander, Hermann, Der hohe Anspruch an die Kollegen bei den Aufsichtsbehörden, EILDIENST LKT NRW 2013, 399 ff.

Cronauge, Ulrich, Kommentierung zu §§ 119 bis 128, 132 GO, in: Rehn u. a. (Hrsg.), GO NRW Bd. II.

Dachverband Agrarforschung e. V. (Hrsg.), Wie gehen wir mit Risiken um?, Risiko und Risikomanagement in Agrarwirtschaft, Agrarpolitik und Agrarforschung, Frankfurt a. M. 2010.

Dagtoglou, Prodromos, Anmerkung, JZ 1975, 444 ff.

Dehmel, Hans-Hermann, Übertragener Wirkungskreis, Auftragsangelegenheiten und Pflichtaufgaben nach Weisung, Die Durchführung staatlicher Aufgaben durch die Gemeinden – Grundlagen und Wandlungen, Berlin 1970, zugl. Diss. Univ. Tübingen 1969.

Deutscher Städtetag, Entwurf einer Deutschen Gemeindeordnung, Mit Vorwort und Einleitung von Oberbürgermeister Ernst Böhme, Braunschweig, Braunschweig 1947.

Di Bella, Marco, GEPA NRW – die Pflegereform in Nordrhein-Westfalen, RDG 2014, 306 ff.

Dickmann, Frank, Nordrhein-westfälisches Gesetz über das Wohnen mit Assistenz und Pflege in Einrichtungen (Wohn- und Teilhabegesetz – WTG), Kommentar zu Gesetz und Durchführungsverordnung, München 2009.

Dieners, Peter/*Reese*, Ulrich (Hrsg.), Handbuch des Pharmarechts, Grundlagen und Praxis, München 2010.

Dietlein, Johannes/*Burgi*, Martin/*Hellermann*, Johannes (Hrsg.), Öffentliches Recht in Nordrhein-Westfalen, 5. Auflage, München 2014.

Doepner, Ulf/*Hüttebräuker*, Astrid, § 2 Systematische Grundlagen und Regelungsumfeld des Arzneimittelbegriffs, in: Dieners/Reese (Hrsg.), Pharmarecht.

Döhler, Marian, Die politische Steuerung der Verwaltung, Eine empirische Studie über politisch-administrative Interaktionen auf Bundesebene, Baden-Baden 2007.

ders., Staat, Verbände und politische Steuerung, in: Döhler (Hrsg.), Staat, Verbände und politische Steuerung, S. 5 ff.

ders., Aufsicht, in: Voigt/Walkenhaus (Hrsg.), Handwörterbuch, S. 15 ff.

ders., Regulative Politik und die Transformation der klassischen Verwaltung, in: Bogumil/Jann/Nullmeier (Hrsg.), Politik, S. 208 ff.

ders. (Hrsg.), Staat, Verbände und politische Steuerung, Hagen 2007.

Dols, Heinz/*Plate*, Klaus/*Schulze*, Charlotte, Kommunalrecht Baden-Württemberg, 7. Auflage, Stuttgart 2012.

Dregger, Alfred, Probleme der Auftragsverwaltung, Der Städtetag 1955, 190 ff.

Ehlers, Dirk, Die Rechtsprechung zum nordrhein-westfälischen Kommunalrecht der Jahre 1984-1989, Teil I, NWVBl 1990, 44 ff.

ders., Anmerkung, DVBl 2001, 1601 ff.

ders., Kommunalaufsicht und europäisches Gemeinschaftsrecht, DÖV 2001, 412 ff.

ders./*Fehling*, Michael/*Pünder*, Hermann (Hrsg.), Besonderes Verwaltungsrecht, Bd. 2, Planungs-, Bau- und Straßenrecht, Umweltrecht, Gesundheitsrecht, Medien- und Informationsrecht, 3. Auflage, Heidelberg 2013.

Ellwein, Thomas/*Hesse*, Joachim Jens/*Mayntz*, Renate/*Scharpf*, Fritz (Hrsg.), Jahrbuch zur Staats- und Verwaltungswissenschaft, Band 1/1987, Baden-Baden 1987.

Engel, Wolfgang, Staatlicher Selbsteintritt und kommunale Selbständigkeit, Dargestellt am Beispiel der Einrichtung von Gemeinschaftsunterkünften für Asylbewerber durch ein Bundesland, DVBl 1982, 757 ff.

Engel, Rüdiger/*Heilshorn*, Torsten, Kommunalrecht Baden-Württemberg, 10. Auflage, Baden-Baden 2015.

Engel, Rüdiger/*Pfau*, Mario, Kommentierung zu § 28, in: Mann/Sennekamp/Uechtritz (Hrsg.), VwVfG.

Engelbrecht, Knut, Schutzschild der Kommunen vor finanzieller Überforderung? – Das Konnexitätsprinzip des Art. 83 Abs. 3 BV –, BayVBl 2007, 164 ff.

Engeli, Christian/*Haus*, Wolfgang, Quellen zum modernen Gemeindeverfassungsrecht in Deutschland, Stuttgart 1975.

Epping, Volker/*Hillgruber*, Christian (Hrsg.), Beck'scher Online-Kommentar GG, Stand: 1.6.2015, Edition: 25, München 2015.

Erbs, Georg/*Kohlhaas*, Max (Begr.), *Ambs*, Friedrich (Hrsg.), Strafrechtliche Nebengesetze, 201. Ergänzungslieferung Januar 2015, München 2015.

Erichsen, Hans-Uwe, Kommunalrecht des Landes Nordrhein-Westfalen, 2. Auflage, Siegburg 1997.

ders./Ehlers, Dirk (Hrsg.), Allgemeines Verwaltungsrecht, 14. Auflage, Berlin 2010.

ders./Hoppe, Werner/*v. Mutius*, Albert (Hrsg.), System des verwaltungsgerichtlichen Rechtsschutzes, Festschrift für Christian-Friedrich Menger zum 70. Geburtstag, Köln 1985.

Ernst, Christian, Erläuterungen zu § 3, in: Bracker u. a. (Hrsg.), KrO SH.

Etscheid, Mario, Fachaufsicht neu denken und gestalten, Siegburg 2009.

Fadinger, Eckart, Die Rechtsstellung der Gemeinde im übertragenen Wirkungskreis, Augsburg 1969, zugl. Diss. Univ. München 1969.

Falk, Matthias, Die kommunalen Aufgaben unter dem Grundgesetz, Eine Untersuchung der rechtlichen Stellung der Aufgaben der kommunalen Körperschaften in der Staatsorganisation der Bundesrepublik Deutschland, Baden-Baden 2006, zugl. Diss. Univ. Frankfurt (Oder) 2006.

Fehling, Michael, § 38 Informelles Verwaltungshandeln, in: Hoffmann-Riem/Schmidt-Aßmann/Voßkuhle (Hrsg.), in: Grundlagen Bd. II.

Feindt, Peter/*Saretzki*, Thomas (Hrsg.), Umwelt- und Technikkonflikte, Wiesbaden 2010.

Franz, Thorsten, Einführung in die Verwaltungswissenschaft, Wiesbaden 2013.

ders., Kommunalrecht Sachsen-Anhalt, Baden-Baden 2004.

Frings, Wolfgang/*Spahlholz*, Lothar, Das Recht der Gefahrenabwehr in Nordrhein-Westfalen, 3. Auflage, Hamburg 2011.

Froese, Sebastian/*Michelchen*, Gunnar, Praxiskommentar, Wohn- und Teilhabegesetz – WTG, Nordrhein-Westfalen, Gesetz über das Wohnen mit Assistenz und Pflege in Einrichtungen, 2. Auflage, Stand: August 2010, Remagen 2010.

Gabler, Manfred/*Höhlein*, Burkhard/*Klöckner*, Werner/*Lukas*, Helmut/*Oster*, Rudolf/*Rheindorf*, Beate/*Schaaf*, Edmund/*Stubenrauch*, Hubert/*Tutschapsky*, Uwe/, *Nies*, Hans-Dirk/*Dazert*, Andreas/*Dietlein*, Johannes/*Manns*, Winfried/*Stamm*, Manfred/*Blickle*, Stefanie/*Drysch*, Thomas, Gemeindeordnung (GemO), Kommentar, Praxis der Kommunalverwaltung, Bd. B 1 RhPf, Stand: Dezember 2010 (beck-online).

Gärditz, Klaus Ferdinand, Hochschulorganisation und verwaltungsrechtliche Systembildung, Tübingen 2009.

Geiger, Christian, Erläuterungen zu § 132, in: Articus/Schneider (Hrsg.), GO NRW.

Geis, Max-Emanuel, Kommunalrecht, Ein Studienbuch, 3. Auflage, München 2014.

Gerhardt, Michael, Vorbemerkung § 113, in: Schoch/Schneider/Bier (Hrsg.), VwGO.

Gern, Alfons, Deutsches Kommunalrecht, 3. Auflage, Baden-Baden 2003.

ders., Sächsisches Kommunalrecht, 2. Auflage, München 2000.

Geßler, Manfred, Das neue Gesetz über den Vollzug des Lebensmittel- und Bedarfsgegenständerechts (LMBVG-NW), ZLR 1986, 352 ff.

ders./Marx, Michael, Das öffentliche Veterinärwesen, Darstellung, Praxis der Kommunalverwaltung, Bd. K 7 Bund, Stand: September 2012 (beck-online).

Gönnenwein, Otto, Gemeinderecht, Tübingen 1963.

Görisch, Christoph, Landschaftsverbandliche Aufgaben(wahrnehmung) im Lichte des kommunalen Selbstverwaltungsrechts, NWVBl 2002, 418 ff.

Götz, Markus, Politische Steuerung in der Kommune, Die Reform der Kommunalpolitik durch Netzwerke und Verhandlungssysteme, Düsseldorf 2001, zugl. Diss. Univ. Münster 2000.

Grawert, Rolf, Verfassung für das Land Nordrhein-Westfalen, Kommentar, Praxis der Kommunalverwaltung, Bd. A 3 NW, Stand: September 2012 (beck-online).

Gröpl, Christoph/*Sonntag*, Arnold, Die Informationsbefugnis der Kommunalaufsicht und ihre Durchsetzung, LKRZ 2009, 326 ff.

Groß, Thomas, Was bedeutet »Fachaufsicht«?, DVBl 2002, 793 ff.

Großfeld, Bernhard/*Pottmeyer*, Ernst/*Michel*, Klaus/*Beckmann*, Martin (Hrsg.), Westfälische Jurisprudenz, Beiträge zur deutschen und europäischen Rechtskultur, Festschrift aus Anlaß des 50jährigen Bestehens der Juristischen Studiengesellschaft Münster, Münster 2000.

Grugel, Christian, Organisation des gesundheitlichen Verbraucherschutzes in Deutschland, Zum Gutachten der Präsidentin des Bundesrechnungshofs – Empfehlungen und deren Konsequenzen für Bund und Länder, ZLR 2001, 635 ff.

Hansmann, Marc, Ersetzen Zielvereinbarungen die Rechts- und Fachaufsicht?, in: innovative Verwaltung 2006, 14 f.

Hartmann, Florian, Erläuterungen zu §§ 2, 3 GO, in: Articus/Schneider (Hrsg.), GO NRW.

Hatje, Armin, Die gemeinschaftsrechtliche Steuerung der Wirtschaftsverwaltung, Grundlagen, Erscheinungsformen, verfassungsrechtliche Grenzen am Beispiel der Bundesrepublik Deutschland, Baden-Baden 1998.

Haurand, Günter, Allgemeines Polizei- und Ordnungsrecht Nordrhein-Westfalen, Darstellung, Praxis der Kommunalverwaltung, Bd. K 30 NW, Stand: September 2014 (beck-online).

Held, Friedrich Wilhelm/*Becker*, Ernst/*Decker*, Heinrich/*Faber*, Markus/*Kirchhof*, Roland/*Klieve*, Lars Martin/*Krämer*, Franz/*Plückhahn*, Detlev/*Sennewald*, Jörg/*Wansleben*, Rudolf/*Winkel*, Johannes/*Kotzea*, Udo, Gemeindeordnung für das Land Nordrhein-Westfalen (GO), Kommentar, Praxis der Kommunalverwaltung, Bd. B 1 NW, Stand: Dezember 2014 (beck-online).

Hegele, Dorothea/*Ewert*, Klaus-Peter, Kommunalrecht im Freistaat Sachsen, 3. Auflage, Stuttgart 2004.

Hellermann, Johannes, Kommentierung zu Art. 28, in: Epping/Hillgruber (Hrsg.), GG.

Henkel, Jörg, Die Kommunalisierung von Staatsaufgaben, Eine Herausforderung für die kommunale Selbstverwaltung und ihre Dogmatik, Stuttgart 2010.

Henneke, Hans-Günter, Die kommunalen Spitzenverbände, Darstellung, Praxis der Kommunalverwaltung, Bd. A 5 Bu, Stand: November 2005 (beck-online).

ders., Verfassungsrechtlicher Schutz der Gemeindeverbände vor gesetzlichem Aufgabenentzug im dualistischen und monistischen Aufgabenmodell, ZG 2002, 72 ff.

ders./Meyer, Hubert (Hrsg.), Kommunale Selbstverwaltung zwischen Bewahrung, Bewährung und Entwicklung, Festgabe für Gernot Schlebusch zum 65. Geburtstag, Stuttgart 2006.

Henning, Klaus Jürgen, Rechtliche Behandlung von Richtlinien des Bundesgesundheitsamtes, Bundesgesundheitsblatt 1980, 321 ff.

ders., Bundesinstitut für Risikobewertung (BfR), Theorie und Praxis der Risikobewertung – Voraussetzungen und Entwicklungsmöglichkeiten des BfR, Beitrag des BfR vom 7. Mai 2003, abrufbar unter: http://www.bfr.bund.de/cm/343/theorie_und_praxis_der_risikobewertung.pdf (zuletzt abgerufen am 29.8.2015).

ders., Verbraucherschutz und Partizipation aus der europäischen Perspektive, Berlin 2004, abrufbar unter: http://www.bfr.bund.de/cm/350/verbraucherschutz_und_partizipation_aus_europaeischer_perspektive.pdf (zuletzt abgerufen am 29.8.2015).

Herdegen, Matthias, Der Selbsteintritt von Aufsichtsbehörden im Verwaltungsrecht, Verw 23 (1990), 183 ff.

Heusch, Andreas, Kommentierung zu § 45, in: Schönenbroicher/Heusch (Hrsg.), OBG NRW.

ders./Schönenbroicher, Klaus (Hrsg.), Die Landesverfassung Nordrhein-Westfalen, Kommentar, Siegburg 2010.

Heyle, Fabian, Die individuell-abstrakte Regelung des allgemeinen Verwaltungsrechts, NVwZ 2008, 390 ff.

Hinkel, Karl Reinhard, Zur Situation der kommunalen Selbstverwaltung, NVwZ 1985, 225 ff.

Hoffmann, Markus (Hrsg.), Kommunale Selbstverwaltung im Spiegel von Verfassungsrecht und Verwaltungsrecht, Stuttgart 1996.

Hoffmann, Markus/*Kromberg*, Christian/*Roth*, Verena/*Wiegand*, Bodo (Hrsg.), Kommunale Selbstverwaltung im Spiegel von Verfassungsrecht und Verwaltungsrecht, 35. Tagung der Wissenschaftlichen Mitarbeiterinnen und Mitarbeiter der Fachrichtung „Öffentliches Recht", Stuttgart 1996.

Hoffmann-Riem, Wolfgang, Tendenzen in der Verwaltungsrechtsentwicklung, DÖV 1997, 433 ff.

ders., Verwaltungskontrolle – Perspektiven, in: Schmidt-Aßmann/Hoffmann-Riem (Hrsg.), Verwaltungskontrolle, S. 325 ff.

ders./Schmidt-Aßmann, Eberhard (Hrsg.), Verwaltungsverfahren und Verwaltungsverfahrensgesetz, Baden-Baden 2002.

ders./Schmidt-Aßmann, Eberhard/*Voßkuhle*, Andreas (Hrsg.), Grundlagen des Verwaltungsrechts, Band I, Methoden, Maßstäbe, Aufgaben, Organisation, 2. Auflage, München 2012.

ders./Schmidt-Aßmann, Eberhard/*Voßkuhle*, Andreas (Hrsg.), Grundlagen des Verwaltungsrechts, Band II, Informationsordnung, Verwaltungsverfahren, Handlungsformen, 2. Auflage, München 2012.

ders./Schmidt-Aßmann, Eberhard/*Voßkuhle*, Andreas (Hrsg.), Grundlagen des Verwaltungsrechts, Band III, Personal, Finanzen, Kontrolle, Sanktionen, Staatliche Einstandspflichten, 2. Auflage, München 2013.

Hofmann, Harald/*Theisen*, Rolf-Dieter/*Bätge*, Frank (Hrsg.), Kommunalrecht in Nordrhein-Westfalen, 16. Auflage, Witten 2015.

Honnen, Anika, Die Umsetzung des WTG aus Sicht des Kreis Viersen, EILDIENST LKT NRW 2013, S. 402 f.

Hopp, Wilfried, Amtliche Tierschutzkontrollen in der Nutztierhaltung, EILDIENST LKT NRW 2015, 50 f.

Hoppenstedt, Eva, Die amtshaftungsrechtlichen Beziehungen zwischen juristischen Personen des Öffentlichen Rechts, Frankfurt a. M. 2010, zugl. Diss. Univ. Jena 2010.

Horn, Eckhard, Strafbares Fehlverhalten von Genehmigungs- und Aufsichtsbehörden?, NJW 1981, 1 ff.

Huber, Peter/*Wollenschläger*, Ferdinand, Durchgriffsverbot und landesverfassungsrechtliches Konnexitätsgebot – Das Beispiel des KiföG –, VerwArch 100 (2009), 305 ff.

Hüttenbrink, Jost, Gemeindlicher Rechtsschutz gegen aufsichtsbehördliche Maßnahmen nach § 9 OBG NW im Baugenehmigungsverfahren, in: Lenz (Hrsg.), FS Gelzer, S. 215 ff.

Hufen, Friedhelm, Verwaltungskooperation in der EG: Lebensmittel- und Veterinärrecht, ZLR 1999, 755 ff.

ders., § 12 Lebensmittelrecht, in: Schmidt (Hrsg.), Wirtschaftsrecht.

Ibler, Martin, Ersetzung förmlicher Kommunalaufsichtsmittel durch „kooperatives Verwaltungshandeln"?, in: Hoffmann u. a. (Hrsg.), Kommunale Selbstverwaltung, S. 201 ff.

Ipsen, Jörn, Niedersächsisches Kommunalrecht, 4. Auflage, Stuttgart 2011.

Isensee, Josef/*Kirchhof*, Paul (Hrsg.), Handbuch des Staatsrechts der Bundesrepublik Deutschland, Bd. VI, Bundesstaat, 3. Auflage, Heidelberg 2008.

Jäger, Cornelia, Der Tatbestand der Konnexitätsregelung des Art. 78 Abs. 3 der Landesverfassung Nordrhein-Westfalen, Stuttgart 2014, zugl. Diss. Univ. Münster 2014.

Jesch, Dietrich, Rechtsstellung und Rechtsschutz der Gemeinden bei der Wahrnehmung „staatlicher" Aufgaben, DÖV 1960, 739 ff.

Jestaedt, Matthias, § 14 Grundbegriffe des Verwaltungsorganisationsrechts, in: Hoffmann-Riem/Schmidt-Aßmann/Voßkuhle (Hrsg.), Grundlagen Bd. I.

Jock, Christian, Das Instrument der Fachaufsicht, Rechtliche und verwaltungswissenschaftliche Probleme und potenzielle Weiterentwicklungen, Göttingen 2011, zugl. Diss. Hochschule Speyer 2011.

Kadelbach, Stefan, Allgemeines Verwaltungsrecht unter europäischem Einfluß, Tübingen 1999.

Kahl, Wolfgang, Die Staatsaufsicht, Entstehung, Wandel und Neubestimmung unter besonderer Berücksichtigung der Aufsicht über die Gemeinden, Tübingen 2000.

ders., § 47 Begriff, Funktionen und Konzepte von Kontrolle, in: Hoffmann-Riem/Schmidt-Aßmann/Voßkuhle (Hrsg.), Grundlagen Bd. III.

Kallerhoff, Dieter, Das kommunalaufsichtliche Beanstandungs- und Aufhebungsrecht in der Rechtsprechung des OVG NW, NWVBl 1996, 53 ff.

Kassen, Dirk/*Pitzer*, Peter/*Zabel*, Marc/*Esmeier*, Hans-Jörg/*Fahnenstich*, Jürgen, Wohn- und Teilhabegesetz Nordrhein-Westfalen, Mit den bundesrechtlichen Regelungen zum Heimvertrag, München 2011.

Kemper, Rolf, Rechtsgutachten über „Die Garantenstellung der Amtstierärztinnen und Amtstierärzte im Tierschutz" im Auftrag des Hessischen Ministeriums für Umwelt, ländlichen Raum und Verbraucherschutz – Landestierschutzbeauftragte Dr. Madeleine Martin –, Berlin 2006, abrufbar unter: https://tierschutz.hessen.de/sites/tierschutz.hessen.de/files/content-downloads/Kemper_Garantenstellung%20der%20Amtstier%C3%A4rzte%20im%20Tierschutz_Sept2006.pdf (zuletzt abgerufen am 29.8.2015).

ders., Die Garantenstellung der Amtstierärztinnen und Amtstierärzte im Tierschutz, NuR 2007, 790 ff.

Kirchhof, Ferdinand, Kommentierung zu Art. 84 GG, in: Maunz/Dürig (Begr.), GG Bd. V.

Kirchhof, Roland, Abschied von den Pflichtaufgaben zur Erfüllung nach Weisung?, VR 1977, 369 ff.

ders., Erläuterungen zu § 64, in: Kirchhof u. a. (Hrsg.), KrO NRW.

ders./Plückhahn, Detlev, Erläuterungen zu § 57, in: Kirchhof u. a. (Hrsg.), KrO NRW.

ders./Wansleben, Rudolf/*Becker*, Ernst/*Plückhahn*, Detlev/*Klieve*, Lars Martin/*Winkel*, Johannes/*Faber*, Markus/*Kuhn*, Marco (Hrsg.), Kreisordnung für das Land Nordrhein-Westfalen (KrO NRW), Kommentar, Praxis der Kommunalverwaltung, Bd. B 2 NW, Stand: September 2013 (beck-online).

Kischel, Uwe, Kommentierung zu Art. 3 GG, in: Epping/Hillgruber (Hrsg.), GG.

Klaes, Stefanie, Selbsteintritt und kommunale Selbstverwaltung, § 102 Nds. SOG im länderübergreifenden Rechtsvergleich unter besonderer Berücksichtigung von Haftungs- und Kostenfolgen, Frankfurt a. M. 2009, zugl. Diss. Univ. Osnabrück 2008.

dies., Die kommunale Auftragsverwaltung – eine zweifelhafte Alternative zur Organleihe des Landrats?, DVBl 2009, 1298 ff.

Kleerbaum, Klaus-Viktor, Die neue Kommunalverfassung Nordrhein-Westfalen, Texte und Erläuterungen der Gemeinde- und Kreisordnung, Recklinghausen 2007.

ders./Palmen, Manfred (Hrsg.), Gemeindeordnung Nordrhein-Westfalen, Kommentar für die kommunale Praxis, 2. Auflage, Recklinghausen 2013.

Klein, Martin, Erläuterungen zu §§ 119, 127, in: Articus/Schneider (Hrsg.), GO NRW.

Klindt, Thomas, Das neue Geräte- und Produktsicherheitsgesetz, NJW 2004, 465 ff.

Kluth, Winfried, Funktionale Selbstverwaltung, Verfassungsrechtlicher Status – verfassungsrechtlicher Schutz, Tübingen 1997.

ders., § 96. Die kommunale Selbstverwaltung und ihre verfassungsrechtliche Garantie, in: Wolff u. a. (Hrsg.), Verwaltungsrecht II.

Knemeyer, Franz-Ludwig, Grenzen staatlicher Kontrolle bei der Genehmigung kommunaler Abgabensatzungen, Anmerkung zum Urteil des Bayerischen Verfassungsgerichtshofs zur Zweitwohnungssteuer (BayVBl. 1989, 237 ff.), BayVBl 1989, 232 ff.

ders., § 12 Die Staatsaufsicht über die Gemeinden und Kreise (Kommunalaufsicht), in: Mann/Püttner (Hrsg.), HdKWP Bd. 1.

Koehler, Ulrich, Unterschiedliche Entwicklungen des Heimrechtes in den Bundesländern Nordrhein-Westfalen, Niedersachsen und Sachsen-Anhalt, NordÖR 2012, 524 ff.

Koll, Jürgen, Zulässigkeit von Klagen gegen kommunale Fachaufsichtsmaßnahmen – ein Vergleich zum Rechtsschutz gegen innerdienstliche Weisungen im Beamtenrecht, VR 1994, 366 ff.

Köttgen, Arnold, Gemeindeprüfungswesen und Staatsaufsicht, VerwArch 41 (1936), 270 ff.

Kommission der Europäischen Gemeinschaften, Weissbuch zur Lebensmittelsicherheit, Brüssel, 12. Januar 2000, KOM (1999) 719 endg., abrufbar unter: http://ec.europa.eu/dgs/health_consumer/library/pub/pub06_de.pdf (zuletzt abgerufen am 29.8.2015).

v. Komorowski, Alexis, Amtshaftungsansprüche von Gemeinden gegen andere Verwaltungsträger, VerwArch 93 (2002), 62 ff.

Krämer, Franz/*Müller*, Klaus, Ordnungsbehördengesetz NW, Kommentar, 2. Auflage, Köln 1971.

Krebs, Walter, Das Zusammenwirken privater und öffentlicher Lebensmittelüberwachung: Rechtliche Möglichkeiten und Grenzen, ZLR 1990, 362 ff.

Kreis Coesfeld, Heimaufsicht des Kreises Coesfeld, Tätigkeitsbericht 2012/2013, Kreis Coesfeld März 2014, abrufbar unter: http://rathaus.citeq.de/fileadmin/civserv/5558000/forms/501001i_heimaufsicht_2012-2013.pdf (zuletzt abgerufen am 29.8.2015).

Kreis Mettmann, Jahresbericht 2012 des Amtes für Verbraucherschutz (nicht veröffentlicht).

Kreis Minden-Lübbecke, Tätigkeitsbericht der zuständigen Behörde für Aufgaben nach dem Gesetz über das Wohnen mit Assistenz und Pflege in Einrichtungen (Wohn- und Teilhabegesetz - WTG) (WTG-Behörde) im Kreis Minden-Lübbecke für 2011/2012, abrufbar unter: http://www.minden-luebbecke.de/PDF/Heimaufsicht_T%C3%A4tigkeitsbericht_2011_12.PDF?ObjSvrID=1891&ObjID=1981&ObjLa=1&Ext=PDF&WTR=1&_ts=1371618672 (zuletzt abgerufen am 29.8.2015).

Kreis Olpe, Tätigkeitsbericht Heimaufsicht, 01.01.2012 – 31.12.2013, abrufbar unter: http://www.kreis-olpe.de/media/custom/2041_1981_1.PDF?1406273971 (zuletzt abgerufen am 29.8.2015).

Kreis Wesel, Drucksache 187 /IX, IX. Wahlperiode 2014-2020, Betreff: Heimaufsicht; hier: Tätigkeitsbericht für den Zeitraum 2013 bis 2014, abrufbar unter: https://www.kreis-wesel.de/www/kreistag/sitzungsdienst14-19.nsf/HTML/B1CE3B776D5792B4C1257D7F002D9875/$FILE/Kreis%20Wesel%20Drucksachen%20Nr.%20187IX.pdf (zuletzt abgerufen am 29.8.2015).

Kreis Viersen, Aufsicht nach dem Wohn- und Teilhabegesetz, Bauberatung nach Landespflegegesetz, Tätigkeitsbericht 2012 - 2013, 2014, abrufbar unter: http://www.kreis-viersen.de/C12574EA0030CB86/files/taetigkeitsbericht_der_wtg-aufsicht_2012_2013.pdf/$file/taetigkeitsbericht_der_wtg-aufsicht_2012_2013.pdf?OpenElement (zuletzt abgerufen am 29.8.2015).

Kremer, Carsten, Kommunalisierung als Element der Verwaltungsreform, Das Beispiel Hessen: Abkehr von der Magistratsverfassung und dem monistischen Aufgabenverständnis, VerwArch 102 (2011), 242 ff.

Kronisch, Joachim, Aufgabenverlagerung und gemeindliche Aufgabengarantie, Baden-Baden 1993, zugl. Diss. Univ. Osnabrück 1992.

Krüger, Hellmuth, Grenzen des Unterrichtungsrechts der Aufsichtsbehörde?, Die Selbstverwaltung, 1957, 339 f.

Kruis, Tobias, Der Anwendungsvorrang des EU-Rechts in Theorie und Praxis. Seine Durchsetzung in Deutschland. Eine theoretische und empirische Untersuchung anhand der Finanz- und Verwaltungsgerichte und Behörden, Tübingen 2013, zugl. Diss. Univ. München 2012.

Kuschke, Wolfram/*Lafontaine*, Jörg/*Reinecke*, Heike/*Stollmann*, Frank, Das öffentliche Gesundheitswesen in Nordrhein-Westfalen – Gesetz über den öffentlichen Gesundheitsdienst (ÖGDG), Darstellung, Praxis der Kommunalverwaltung, Bd. K 6 NW, Stand: März 2012 (beck-online).

Lafontaine, Jörg/*Stollmann*, Frank, Neues Landesgesundheitsrecht – Das Gesetz über den öffentlichen Gesundheitsdienst (ÖGDG NW), NWVBl 1999, 170 ff.

Landeshauptstadt Düsseldorf, Tätigkeitsbericht der zuständigen Behörde für die Durchführung des WTG – Heimaufsicht – für das Jahr 2012, abrufbar unter: https://www.duesseldorf.de/soziales/pflegebeduerftige/heimaufsicht/taetigkeitsbericht_2012.pdf (zuletzt abgerufen am 29.8.2015).

Landeshauptstadt Düsseldorf, Tätigkeitsbericht der Heimaufsicht, Berichtsjahr 2010, abrufbar unter: https://www.duesseldorf.de/soziales/pflegebeduerftige/heimaufsicht/taetigkeitsbericht_2010.pdf (zuletzt abgerufen am 29.8.2015).

Landeshauptstadt Düsseldorf, Tätigkeitsbericht der Heimaufsicht für das Jahr 2008, abrufbar unter: https://www.duesseldorf.de/soziales/pflegebeduerftige/heimaufsicht/taetigkeitsbericht_2008.pdf (zuletzt abgerufen am 29.8.2015).

LReg NRW, Pflege: Ministerin Steffens: Landesregierung bringt umfassende Pflegereform auf den Weg, Pressemitteilung vom 25.6.2013, abrufbar unter: http://www.mgepa.nrw.de/ministerium/presse/pressemitteilungsarchiv/pm2013/pm20130625a/index.php (zuletzt abgerufen am 29.8.2015).

Lange, Klaus, Kommunalrecht, Tübingen 2013.

ders., Orientierungsverluste im Kommunalrecht: Wer verantwortet was?, DÖV 2007, 820 ff.

ders., „Staat und Gesellschaft“ in der Dogmatik des Kommunalrechts – Zur Bedeutung insbesondere der kommunalen Aufgabenarten –, in: Stein/Faber (Hrsg.), FS Ridder, S. 63 ff.

LANUV, Leitfaden für die Risikobeurteilung von Lebensmittelbetrieben in Nordrhein-Westfalen, Stand: 13.12.2012 – Version 2, abrufbar unter: https://www.bielefeld.de/ftp/dokumente/LeitfadenNRW.pdf (zuletzt abgerufen am 29.8.2015).

LANUV, Jahresbericht 2007, Landesamt für Natur, Umwelt, und Verbraucherschutz Nordrhein-Westfalen (LANUV NRW), Recklinghausen 2008, abrufbar unter: http://www.lanuv.nrw.de/veroeffentlichungen/jahresberichte/jabe2007/jabe2007.pdf (zuletzt abgerufen am 29.8.2015).

LANUV, Jahresbericht 2009, Landesamt für Natur, Umwelt, und Verbraucherschutz Nordrhein-Westfalen (LANUV NRW), Recklinghausen 2010, abrufbar unter:

http://www.lanuv.nrw.de/veroeffentlichungen/jahresberichte/jabe2009/JB_2009.pdf (zuletzt abgerufen am 29.8.2015).

LANUV, Jahresbericht 2013, Landesamt für Natur, Umwelt, und Verbraucherschutz Nordrhein-Westfalen (LANUV NRW), Recklinghausen 2014, abrufbar unter: http://www.lanuv.nrw.de/veroeffentlichungen/jahresberichte/jabe2013/Jahresbericht2013.pdf (zuletzt abgerufen am 29.8.2015).

LANUV, Jahresbericht 2014, Landesamt für Natur, Umwelt, und Verbraucherschutz Nordrhein-Westfalen (LANUV NRW), Recklinghausen 2015, abrufbar unter: http://www.lanuv.nrw.de/veroeffentlichungen/jahresberichte/jabe2014/jb2014web.pdf (zuletzt abgerufen am 29.8.2015).

Leible, Stefan/*Meyer*, Alfred Hagen (Hrsg.), Risiko als Thema des Lebensmittelrechts, Risikobewertung – Risikomanagement – Risikokommunikation, Bayreuth 2008.

Leidinger, Adalbert, Zur gerichtlichen Kontrolle von Entscheidungen der Kommunalaufsicht nach nordrhein-westfälischem Recht, in: Erichsen/Hoppe/v. Mutius (Hrsg.), FS Menger, S. 257 ff.

v. Lennep, Hans-Gerd, Kommentierung zu § 3 GO NRW, in: Rehn u. a. (Hrsg.), GO NRW Bd. I.

Lenz, Wolfgang (Hrsg.), Festschrift für Konrad Gelzer zum 75. Geburtstag, Düsseldorf 1991.

Lissack, Gernot, Bayerisches Kommunalrecht, 3. Auflage, München 2009.

LKT NRW, Landkreistag NRW legt umfassende Positionierung zur Struktur der Lebensmittelüberwachungsbehörden in NRW vor, EILDIENST LKT NRW 2013, 404 ff.

LKT NRW, Lebensmittelüberwachung: Minister Remmel rechnet mit Zerrbild, Presseerklärung vom 22. November 2013, EILDIENST LKT NRW 2013, 513.

LKT NRW, Evaluierung und Novellierung des Konnexitätsausführungsgesetzes, EILDIENST LKT NRW 2014, 289 ff.

LKT NRW, Anzahl der pflegebedürftigen Menschen gestiegen, EILDIENST LKT NRW 2015, 95 f.

LRH NRW, Jahresbericht 2014 über das Ergebnis der Prüfungen im Geschäftsjahr 2013, abrufbar unter: http://www.lrh.nrw.de/LRHNRW_documents/Jahresbericht/LRH_NRW_Jahresbericht_2014.pdf (zuletzt abgerufen am 29.8.2015).

Lühmann, Hans, Die Lebensmittelüberwachung und ihre Finanzierung, Kommunal- und gebührenrechtliche Auswirkungen der EG VO 882/2004, Berlin 2007.

Mainczyk, Lorenz/*Bonnmann*, Rüdiger, Ausführungsvorschriften zum Baugesetzbuch in Nordrhein-Westfalen, Vorschriftensammlung mit Einführung, Praxis der Kommunalverwaltung, Bd. F 1 NW, Stand: Januar 2012 (beck-online).

Mann, Thomas/*Püttner*, Günter (Hrsg.), Handbuch der kommunalen Wissenschaft und Praxis, Band 1, Grundlagen und Kommunalverfassung, 3. Auflage, Berlin 2007.

ders./*Sennekamp*, Christoph/*Uechtritz*, Michael (Hrsg.), Verwaltungsverfahrensgesetz, Großkommentar, Baden-Baden 2014.

Markull, Fritz, Gemeindeordnung für Schleswig-Holstein vom 24. Januar 1950, Mit Durchführungsverordnung, Ausführungsanweisungen, Weinheimer Entwurf, Rechtsübersicht, Stichwortverzeichnis, Schrifttumsübersicht, Göttingen 1950.

Maunz, Theodor, Kommentierung zu Art. 74, in: Maunz/Dürig (Begr.), GG Bd. V.

ders./*Dürig*, Günter (Begr.), *Herzog*, Roman/*Scholz*, Rupert/*Herdegen*, Matthias/*Klein*, Hans (Hrsg.), Grundgesetz, Kommentar, Band III, Art. 16-22, 73. Ergänzungslieferung Dezember 2014, München 2014.

ders./*Dürig*, Günter (Begr.), *Herzog*, Roman/*Scholz*, Rupert/*Herdegen*, Matthias/*Klein*, Hans (Hrsg.), Grundgesetz, Kommentar, Band IV, Art. 23-53 a, 73. Ergänzungslieferung Dezember 2014, München 2014.

ders./*Dürig*, Günter, (Begr.), *Herzog*, Roman/*Scholz*, Rupert/*Herdegen*, Matthias/*Klein*, Hans (Hrsg.), Grundgesetz, Kommentar, Band V, Art. 54-85, 73. Ergänzungslieferung Dezember 2014, München 2014.

Maurer, Hartmut, Allgemeines Verwaltungsrecht, 18. Auflage, München 2011.

Mayntz, Renate, Soziologie der öffentlichen Verwaltung, 4. Auflage, Heidelberg 1997.

dies., Politische Steuerung und gesellschaftliche Steuerungsprobleme (1987), in: Mayntz (Hrsg.), Soziale Dynamik, S. 186 ff.

dies., Politische Steuerung und gesellschaftliche Steuerungsprobleme – Anmerkungen zu einem theoretischen Paradigma, in: Ellwein u. a. (Hrsg.), Jahrbuch, S. 89 ff.

dies. (Hrsg.), Soziale Dynamik und politische Steuerung, Theoretische und methodologische Überlegungen, Frankfurt a. M. 1997.

Mehde, Veith, Neues Steuerungsmodell und Demokratieprinzip, Berlin 2000, zugl. Diss. Univ. Hamburg 1999.

ders., Kommentierung zu Art. 28 Abs. 2, in: Maunz/Dürig (Begr.), GG.

Meis, Christiane, Verfassungsrechtliche Beziehungen zwischen Bund und Gemeinden, Aufgabenzuweisung und Finanzausstattung, Baden-Baden 1989, zugl. Diss. Univ. Göttingen 1988.

Menger, Christian-Friedrich, Aus der Praxis der Verwaltung und der Verwaltungsgerichtsbarkeit, Höchstrichterliche Rechtsprechung zum Verwaltungsrecht, VerwArch 51 (1960), 64 ff.

van der Meulen, Bernd/*Gregor*, Philipp, Verantwortung, Macht, Gesetzesqualität, Die Anforderung der Art. 14, 15 und 19 der BasisVO und die Verantwortung der Lebensmittelunternehmen, ZLR 2007, 265 ff.

Meyer, Alfred Hagen, Kommentierung zu Art. 17 BasisVO, §§ 38, 48 LFGB, in: Meyer/Streinz (Hrsg.), LFGB.

ders./*Streinz*, Rudolf (Hrsg.), LFGB, BasisVO, HCVO, Lebensmittel- und Futtermittelgesetzbuch, Basis-Verordnung (EG) Nr. 178/2002, Health ClaimVO 1924/2006, Kommentar, 2. Auflage, München 2012.

Meyer, Hubert, Kommunalrecht, 2. Auflage, Baden-Baden 2002.

MGEPA, Pflege: Ministerin Steffens: Pflegereform ebnet den Weg für mehr Lebensqualität im Alter, Pressemitteilung v. 1.10.2014, abrufbar unter: http://www.mgepa.nrw.de/ministerium/presse/pressemitteilungsarchiv/pm2014/pm20141001a/index.php (zuletzt abgerufen am 29.8.2015).

MGEPA, Bericht des Ministeriums für Gesundheit, Emanzipation, Pflege und Alter des Landes Nordrhein-Westfalen zur Sitzung des Ausschusses für Arbeit, Gesundheit, Soziales und Integration am 30. November 2011 „Evaluation und Reform des Landespflegegesetzes bzw. des Wohn- und Teilhabegesetzes“, abrufbar unter:

http://www.mgepa.nrw.de/mediapool/pdf/pflege/Novellierung_LPflG_und_WTG/2__Bericht.pdf (zuletzt abgerufen am 29.8.2015).

Michael, Lothar, § 41 Formen- und Instrumentenmix, in: Hoffmann-Riem/Schmidt-Aßmann/Voßkuhle (Hrsg.), Grundlagen Bd. II.

Mitzel, Marc Ulrich, Die Amtshaftung im Rahmen der Kommunalaufsicht gegenüber Gemeinden, Hamburg 2007, zugl. Diss. Univ. Erlangen-Nürnberg 2007.

MKULNV, Tierschutz in Nordrhein-Westfalen aktiv gestalten, 2 Jahre Tierschutzpolitik, Eine Zwischenbilanz, Stand:Juli 2012, abrufbar unter: http://www.umwelt.nrw.de/fileadmin/redaktion/PDFs/naturschutz/MFU036511_Tierschutzbericht20112012_BroschuereWeb.pdf (zuletzt abgerufen am 29.8.2015).

MKULNV, Minister Remmel: „Lebensmittelkontrolle muss schlagkräftiger und transparenter werden", Pressemitteilung v. 22.11.2013, abrufbar unter: https://www.umwelt.nrw.de/pressearchiv/presse2013/presse131122_a.php (zuletzt abgerufen am 29.8.2015).

Mögele, Rudolf, Zur Struktur der Lebensmittelverwaltung: Europäische Superbehörde oder deutscher Super-Föderalismus? – Die „europäische Perspektive", ZLR 1998, 177 ff.

Möstl, Markus, § 20 Besonderer Teil, in: Erichsen/Ehlers (Hrsg.), Verwaltungsrecht.

Müller, Martin/*Wallau*, Rochus/*Grube*, Markus, Taschenbuch der Lebensmittelkontrolle, Frankfurt a. M. 2014.

Müller-Platz, Carl, Gesetz über den Feuerschutz und die Hilfeleistung (FSHG) Nordrhein-Westfalen, Kommentar, Praxis der Kommunalverwaltung, Bd. K 16 NW, Stand: August 2014 (beck-online).

v. Mutius, Albert, Grundfälle zum Kommunalrecht, JuS 1978, 28 ff.

ders., Albert, Zweiter Beratungsgegenstand: Die Steuerung des Verwaltungshandelns durch Haushaltsrecht und Haushaltskontrolle, VVDStRL 42 (1984), 147 ff.

Nierhaus, Michael, Kommunalrecht für Brandenburg, Baden-Baden 2003.

NRW, Integrierter mehrjähriger Einzel-Kontrollplan von Nordrhein-Westfalen, Version vom 11.09.2012, abrufbar unter: http://www.bvl.bund.de/SharedDocs/Downloads/01_Lebensmittel/06_mnkp_dokumente/lm_mnkp_laenderplan_Nordrhein_Westfalen.pdf?__blob=publicationFile (zuletzt abgerufen am 29.8.2015).

NRW, Jahresbericht zum Integrierten mehrjährigen Einzel-Kontrollplan. Unter Berücksichtigung der Vorgaben der Leitlinien hinsichtlich Rechtsvorschriften für Jahresberichte über Mehrjährige nationale Kontrollpläne in den Mitgliedstaaten, Nordrhein-Westfalen, Periode: 01.01.2012 bis 31.12.2012, abrufbar unter: http://www.umwelt.nrw.de/fileadmin/redaktion/Jahresbericht_2012.pdf (zuletzt abgerufen am 29.8.2015).

NRW, Landes-QM-Rahmenkonzept für den Bereich des gesundheitlichen Verbraucherschutzes in NRW, erstellt von: Silke Fugel, Stand 28.01.2014 (nicht veröffentlicht).

NRW, Stellungnahme des Landes zum Gutachten des *BWV*, „Organisation des gesundheitlichen Verbraucherschutzes (Schwerpunkt Lebensmittel)“ (Stuttgart 2012) – nicht veröffentlicht, erhalten aufgrund eines Informationsbegehrens an den BRH.

Oebbecke, Janbernd, Weisungs- und unterrichtungsfreie Räume in der Verwaltung, Bd. 7 der Schriftenreihe des Freiherr-vom-Stein-Instituts, Köln 1986.

ders., Kommunalaufsicht – nur Rechtsaufsicht oder mehr?, DÖV 2001, 406 ff.

ders., Ostdeutsche Impulse für die Entwicklung des Kommunalrechts – Öffentlich-rechtlicher Vorverband, aufsichtliche Amtshaftung und Entwidmung kommunaler Unternehmen –, DVBl 2009, 1152 ff.

ders., Finanzbedarf, Haushaltsausgleich und Selbstverwaltung, Der Landkreis 2014, 247 ff.

ders., Das Konnexitätsprinzip – Nutzen und Probleme, der gemeindehaushalt 2014, 193 ff.

ders., Rechtsprechungsanalyse Kommunalaufsicht, Verw 48 (2015), 233. ff.

ders., § 136, Verwaltungszuständigkeit, in: Isensee/Kirchhof (Hrsg.), HdbStR VI.

Oldiges, Martin, Die Gemeinde im übertragenen Wirkungskreis, in: Stern/Grupp (Hrsg.), Gedächtnisschrift Burmeister, S. 269 ff.

Ossenbühl, Fritz, Zur Staatshaftung bei behördlichen Warnungen vor Lebensmitteln, ZHR 155 (1991), 329 ff.

Ostermann, Erhard, Hormonkälber im Münsterland, Ein Skandal und seine juristischen Konsequenzen, in: Großfeld u. a. (Hrsg.), Jurisprudenz.

Pagenkopf, Kommunalrecht, Bd. 1, Verfassungsrecht, 2. Auflage, Köln 1975.

Papier, Hans-Jürgen, Kommentierung zu § 839 BGB, in: Säcker/Rixecker (Hrsg.), MüKo-BGB.

Pauly, Walter, Weisungsabwehr in der Bundesauftragsverwaltung, DÖV 1989, 884 ff.

ders., Anfechtbarkeit und Verbindlichkeit von Weisungen in der Bundesauftragsverwaltung, Berlin 1989, zugl. Diss. Univ. Bonn 1989.

Peters, Hans, Grenzen der kommunalen Selbstverwaltung in Preussen, Ein Beitrag zur Lehre vom Verhältnis der Gemeinden zu Staat und Reich, Berlin 1926.

Pfohl, Michael, Strafbarkeit von Amtstierärzten, NuR 2009, 238 ff.

Pieper, Stefan Ulrich, Aufsicht, Verfassungs- und verwaltungsrechtliche Strukturanalyse, Köln 2006.

Preuß, Vertrauen ist gut – risikobasierte Kontrolle ist besser, Amtliche Lebensmittelkontrolle mit der Verordnung (EG) 882/2004, ZLR 2005, 225 ff.

Prinz, Detlef, Lebensmittelrecht, Kommentar, Praxis der Kommunalverwaltung, Bd. K 6 a Bund, Stand: März 2013 (beck-online).

Püttner, Günter (Hrsg.), Handbuch der kommunalen Wissenschaft und Praxis, Bd. 3, Kommunale Aufgaben und Aufgabenerfüllung, 2. Auflage, Berlin 1983.

Ramsauer, Ulrich, Das Verwaltungsverfahrensrecht im Spiegel der Kommentarliteratur, in: Hoffmann-Riem/Schmidt-Aßmann (Hrsg.), Verwaltungsverfahren, S. 387 ff.

Rathke, Kurt-Dietrich, C. LFGB, Vorbemerkung zu Abschnitt 7. Überwachung, Kommentierung zu § 48, LFGB, in: Zipfel/Rathke (Hrsg.), Lebensmittelrecht.

Rauball, Johannes/*Rauball*, Reinhard/*Rauball*, Werner/*Pappermann*, Ernst/*Roters*, Wolfgang (Hrsg.), Gemeindeordnung für Nordrhein-Westfalen, Kommentar, 3. Auflage, München 1981.

Rauball, Werner, Kommentierung zu §§ 106, 116 GO, in: Rauball u. a. (Hrsg.), GO NRW.

Rehbinder, Manfred, Rechtssoziologie, Ein Studienbuch, 8. Auflage, München 2014.

Rehn, Erich/*Cronauge*, Ulrich/*v. Lennep*, Hans-Gerd/*Knirsch*, Hanspeter (Hrsg.), Gemeindeordnung für das Land Nordrhein-Westfalen, Kommentar, Bd. I, 41. Ergänzungslieferung, Stand: März 2015, Siegburg 2015.

ders./Cronauge, Ulrich/*v. Lennep*, Hans-Gerd/*Knirsch*, Hanspeter (Hrsg.), Gemeindeordnung für das Land Nordrhein-Westfalen, Kommentar, Bd. II, 41. Ergänzungslieferung, Stand: März 2015, Siegburg 2015.

ders./v. Mutius, Albert, Rechtsprechung zum kommunalen Verfassungsrecht, Entscheidungssammlung auf der Grundlage der Gemeindeordnung, Kreisordnung, Landschaftsverbandsordnung, des Gesetzes über kommunale Gemeinschaftsarbeit und des Kommunalwahlgesetzes des Landes Nordrhein-Westfalen, Band VII: KrO, GkG, KWG, Stichwortverzeichnis, 20. Ergänzungslieferung, Dezember 1978, Siegburg.

Remmert, Barbara, § 37 Einzelfälle, in: Erichsen/Ehlers (Hrsg.), Verwaltungsrecht.

dies., Kommentierung zu GG Art. 19 Abs. 3, in: Maunz/Dürig (Begr.), GG Bd. III.

Rhein, Kay-Uwe, Gesetz über Aufbau und Befugnisse der Ordnungsbehörden – Ordnungsbehördengesetz (OBG NRW) –, mit Erläuterungen, Stuttgart 2004.

Rhein-Erft-Kreis (Hrsg.), Tätigkeitsbericht der nach dem Wohn- und Teilhabegesetz NRW zuständigen Behörde (Heimaufsicht) für die Jahre 2010 und 2011, Veröffentlichung: November 2012, abrufbar unter: http://www.rhein-erft-kreis.de/stepone/data/downloads/db/8b/00/webtaetigkeitsbericht_2010_2011.pdf (zuletzt abgerufen am 29.8.2015).

Rhein-Sieg-Kreis (Hrsg.), Tätigkeitsbericht der Heimaufsicht des Rhein-Sieg-Kreises Berichtsjahre 2011-2012, Juni 2013, abrufbar unter: http://www.rhein-sieg-kreis.de/imperia/md/content/cms100/buergerservice/aemter/amt_50/50-21/t__tigkeitsbericht_2011_2012.pdf (zuletzt abgerufen am 29.8.2015).

Rietdorf, Fritz, Gedanken zum nordrhein-westfälischen Ordnungsbehördengesetz. Eine Entgegnung zu den Ausführungen von Scheerbarth DVBl. 1958 S. 83, DVBl 1958, 344 ff.

ders., Die Organisation der Landesverwaltung in Nordrhein-Westfalen, Zum Inkrafttreten des Landesorganisationsgesetzes, DÖV 1962, 593 ff.

ders./Heise, Gerd/*Böckenförde*, Dieter/*Strehlau*, Bert, Ordnungs- und Polizeirecht in Nordrhein-Westfalen – Kommentar –, 2. Auflage, Stuttgart 1972.

Riotte, Wolfgang/*Waldecker*, K., Zur Einordnung der Pflichtaufgaben zur Erfüllung nach Weisung in den Zuständigkeitskatalog des § 73 Abs. 1 VwGO, NWVBl 1995, 401 ff.

RKI, Gesundheit schützen, Risiken erforschen, 3. Auflage, Berlin 2011, abrufbar unter: http://www.rki.de/DE/Content/Institut/OrgEinheiten/Gesundheit_schuetzen_high.p

df;jsessionid=9915497A37385DC24E5A394BF1CAB9F2.2_cid381?__blob=publicationFile (zuletzt abgerufen am 29.8.2015).

Röhl, Hans Christian, Erstes Kapitel: Kommunalrecht, in: Schoch (Hrsg.), Verwaltungsrecht.

Rohnfelder, Dieter/*Freytag*, Christoph, Kommentierung zu LFGB §§ 48, 49a, in: Erbs/Kohlhaas (Begr.), Nebengesetze.

Roth, Anna, Die allgemeine Lebensmittelüberwachung als Instrument des Verbraucherschutzes, Eine systematische Darstellung unter besonderer Berücksichtigung der Rechtslage und der Organisationsstrukturen in Nordrhein-Westfalen, Stuttgart 2009, Bd. 62 der Schriftenreihe des Freiherr-vom-Stein-Instituts, zugl. Diss. Univ. Münster 2009.

Rücker, Norbert/*Dieter*, Jürgen/*Schmidt*, Axel/*Vetzberger*, Klaus/*Bender*, Joachim/*Käß*, Dieter/*Meier*, Alexander/*Müller-Grune*, Sven/*Schneider*, Matthias, Thüringer Gemeinde- und Landkreisordnung (Thüringer Kommunalordnung – ThürKO –), Kommentar, Praxis der Kommunalverwaltung, Bd. B 1 Th, Stand: März 2015 (beck-online).

Säcker, Franz Jürgen/*Rixecker*, Roland (Hrsg.), Münchener Kommentar zum Bürgerlichen Gesetzbuch, Bd. 5, 6. Auflage, München 2013.

Salzmann, Daniela, Informationsrecht kommunaler Aufsichtsbehörden und Datenschutz, LKV 2010, 349 ff.

Salzwedel, Jürgen, Staatsaufsicht in der Verwaltung, VVDStRL 22 (1965), 206 ff.

Schaffarzik, Bert, Die Standesämter und ihre weisungsfreien Weisungsaufgaben: Eine contradictio in adiecto?, DÖV 2009, 899 ff.

Scharpf, Fritz, Interaktionsformen, Akteurzentrierter Institutionalismus in der Politikforschung, Wiesbaden 2006.

Scheerbarth, Walter, Gibt es weiterhin „Auftragsangelegenheiten" im Land Nordrhein-Westfalen?, DVBl 1953, 261 ff.

ders., Baustufenverordnungen als Baupolizeiverordnungen oder Ortssatzungen?, Entgegnung zum Aufsatz von Stiefken in DÖV 1957, 204, DÖV 1957, 470 f.

ders., Gedanken zum neuen nordrh.-westf. Ordnungsbehördengesetz, DVBl 1958, 83 ff.

Schemmer, Franz, Kommentierung zu §§ 43, 44 VwVfG, in: Bader/Ronellenfitsch (Hrsg.), VwVfG.

Schink, Alexander, Vollzug des Umweltstrafrechts durch die Umweltbehörden?, DVBl 1986, 1073 ff.

Schliesky, Utz/*Schulz*, Sönke, Erläuterungen zu § 3, in: Bracker u. a. (Hrsg.), GO SH.

Schmidt, Reiner (Hrsg.), Öffentliches Wirtschaftsrecht, Besonderer Teil 2, Berlin 1996.

Schmidt, Thorsten Ingo, Kommunale Kooperation, Tübingen 2005.

Schmidt am Busch, Birgit, Die Gesundheitssicherung im Mehrebenensystem, Tübingen 2007.

Schmidt-Aßmann, Eberhard, Das allgemeine Verwaltungsrecht als Ordnungsidee, Grundlagen und Aufgaben der verwaltungsrechtlichen Systembildung, 2. Auflage, Heidelberg 2006.

ders., Verwaltungskontrolle: Einleitende Problemskizze, in: Schmidt-Aßmann/Hoffmann-Riem (Hrsg.), Verwaltungskontrolle, S. 9 ff.

ders./*Hoffmann-Riem*, Wolfgang (Hrsg.), Verwaltungskontrolle, Baden-Baden 2001.

Schmidt-Eichstaedt, Gerd, § 48 B. Die Rechtsqualität der Kommunalaufgaben, in: Püttner (Hrsg.), HdKWP Bd. 3.

Schmidt-Jortzig, Edzard, Rechtsschutz der Gemeinden gegenüber fachaufsichtlichen Weisungen bei der Fremdverwaltung – BVerwG, NJW 1978, 1820, JuS 1979, 488 ff.

ders., Kommunalrecht, Stuttgart 1982.

ders., Gemeinde- und Kreisaufgaben – Funktionsordnung des Kommunalbereiches nach „Rastede" –, DÖV 1993, 973 ff.

Schmitt-Kammler, Arnulf, Selbstverwaltung und staatliches Weisungsrecht – Die Pflichtaufgaben zur Erfüllung nach Weisung im nordrhein-westfälischen Gemeinderecht, in: Burmeister (Hrsg.), FS Stern, S. 763 ff.

Schmitz, Heribert/*Prell*, Lorenz, Planungsvereinheitlichungsgesetz, Neue Regelungen im Verwaltungsverfahrensgesetz, NVwZ 2013, 745 ff.

Schoch, Friedrich, Der verfassungsrechtliche Schutz der kommunalen Selbstverwaltung, Jura 2001, 121 ff.

ders., Die staatliche Fachaufsicht über Kommunen, Jura 2006, 358 ff.

ders., Stand der Dogmatik, in: Henneke/Meyer (Hrsg.), FG Schlebusch, S. 11 ff.

ders. (Hrsg.), Besonderes Verwaltungsrecht, 15. Auflage, Berlin 2013.

ders./Schneider, Jens-Peter/*Bier*, Wolfgang (Hrsg.), Verwaltungsgerichtsordnung, Kommentar, Stand: März 2015 (28. Ergänzungslieferung), München 2015.

Scholz, Bernhard Joachim, Der Rechtsschutz der Gemeinden gegen fachaufsichtliche Weisungen – zugleich ein Beitrag zur Rechtsstellung der Gemeinden im Bereich der kommunalen Auftragsverwaltung, Stuttgart 2002.

Schönenbroicher, Klaus, Der Entwurf eines Planungsvereinheitlichungsgesetzes des Bundes, VBlBW 2012, 445 ff.

ders., Kommentierung zu Art. 78, in: Heusch/Schönenbroicher (Hrsg.), LVerf NRW.

ders., Kommentierung zu §§ 3, 7-10, in: Schönenbroicher/Heusch (Hrsg.), OBG NRW.

ders./Heusch, Andreas (Hrsg.), Ordnungsbehördengesetz Nordrhein-Westfalen, Kommentar, Siegburg 2014.

Schomburg, Die Neuordnung des deutschen Lebensmittel- und Futtermittelrechts – Ein Überblick, NVwZ 2007, 1373 ff.

Schroeder, Werner, Europäische Lebensmittelkontrolle: Effektivität durch Zentralisierung, ZLR 2009, 531 ff.

Schulte, Martin, Schlichtes Verwaltungshandeln, Verfassungs- und verwaltungsrechtsdogmatische Strukturüberlegungen am Beispiel des Umweltrechts, Tübingen 1995.

Schulze-Fielitz, Helmuth, Der informale Verfassungsstaat, Aktuelle Beobachtungen des Verfassungslebens der Bundesrepublik Deutschland im Lichte der Verfassungstheorie, Berlin 1984.

ders., Kontrolle der Verwaltung durch Rechnungshöfe, VVDStRL 55 (1996), 231 ff.

Schumacher, Paul, Einleitung, Vorbemerkungen zu § 2, Erläuterungen zu § 2, in: Schumacher u. a. (Hrsg.), BbgKVerf.

ders./Augustesen, Jens/*Benedens*, Niels/*Erdmann*, Christian/*Obermann*, Holger/*Scheiper*, Brigitte/*Nitsche*, Barbara/*Schönmeier*, Hagen/*Prochnow*, Monika/*Liese*, Dietmar (Hrsg.), Kommunalverfassung des Landes Brandenburg, Kommentar, Praxis der Kommunalverwaltung, Bd. B 1 Br, Stand: Juni 2014 (beck-online).

Schuppert, Gunnar Folke, Verwaltungswissenschaft, Verwaltung, Verwaltungsrecht, Verwaltungslehre, Baden-Baden 2000.

Schweer, Dieter, Die Pflichtaufgaben nach Weisung nach der Gemeindeordnung von Nordrhein-Westfalen, DVBl 1956, 703 ff.

ders., Schlußwort, DVBl 1957, 12 f.

Seckelmann, Margrit, Die historische Entwicklung kommunaler Aufgaben, dms 2008, 267 ff.

Seiler, Christian, Kommentierung zu Art. 74 GG, in: Epping/Hillgruber (Hrsg.), GG.

Senger, Richard, Zur Frage der Pflichtaufgaben nach Weisung in Nordrhein-Westfalen, DVBl 1957, 10 ff.

Stadt Köln, Tätigkeitsbericht der Heimaufsicht gemäß § 16 Abs. 3 des Nordrhein-westfälischen Gesetzes über das Wohnen mit Assistenz und Pflege in Einrichtungen (Wohn- und Teilhabegesetz – WTG) für die Jahre 2010 - 2011, abrufbar unter: http://ratsinformation.stadt-koeln.de/vo0050.asp?__kvonr=36595 (zuletzt abgerufen am 29.8.2015).

Stadt Münster, Tätigkeitsbericht der Heimaufsicht 2011/2012, Juni 2013, abrufbar unter: https://www.stadt-muenster.de/sessionnet/sessionnetbi/vo0050.php?__kvonr=2004036148 (zuletzt abgerufen am 29.8.2015).

Stadt Wuppertal, Bericht der Heimaufsicht nach § 16 Abs. 3 WTG (01.01.2012 – 31.12.2013), abrufbar unter: https://politik-bei-uns.de/anhang/54eb0f391ae6a06e1c859f57 (zuletzt abgerufen am 29.8.2015).

Stähler, Franz-Gerd/*Pohler*, Vera, Datenschutzgesetz Nordrhein-Westfalen, Kommentar, 3. Auflage, Stuttgart 2003.

ders., Landesorganisationsgesetz Nordrhein-Westfalen, Kommentar, Stuttgart 2004.

Steegmann, Christoph, Erläuterungen zu § 33 FSHG, in: Steegmann (Hrsg.), Recht des Feuerschutzes.

ders. (Hrsg.), Recht des Feuerschutzes und des Rettungsdienstes in Nordrhein-Westfalen, Gesetz über den Feuerschutz und die Hilfeleistung (FSHG) und Gesetz über den Rettungsdienst sowie die Notfallrettung und den Krankentransport durch Unternehmer (RettG), Erläuterungen, Ausführungsvorschriften, wichtige Runderlasse und Nebengesetze, 4. Auflage, 35. Aktualisierung Dezember 2014, Heidelberg 2014.

Steffens, Barbara, Qualität und Selbstbestimmung, EILDIENST LKT NRW 2013, 396 f.

Stein, Ekkehart/*Faber*, Heiko (Hrsg.), Auf einem Dritten Weg, Festschrift für Helmut Ridder zum siebzigsten Geburtstag, Frankfurt a. M. 1989.

Steinberg, Rudolf, Bundesaufsicht, Länderhoheit und Atomgesetz, Heidelberg 1990.

Stelkens, Ulrich, Kommentierung zu § 35, 37, in: Stelkens/Bonk/Sachs (Hrsg.), VwVfG.

Stelkens, Paul/*Bonk*, Heinz Joachim/*Sachs*, Michael (Hrsg.), Verwaltungsverfahrensgesetz, Kommentar, 8. Auflage, München 2014.

Stepanek, Bettina, Verfassungsunmittelbare Pflichtaufgaben der Gemeinden, Berlin 2014, zugl. Diss, Univ. Würzburg 2013.

Stern, Klaus/*Grupp*, Klaus (Hrsg.), Gedächtnisschrift für Joachim Burmeister, Heidelberg 2005.

Stober, Rolf, Kommunalrecht in der Bundesrepublik Deutschland, 3. Auflage, Stuttgart 1996.

ders., § 45. Bedeutung, Zulässigkeit und Begriff des Verwaltungsaktes, § 48. Wirksamkeit und Rechtmäßigkeit von Verwaltungsakten, § 49. Fehlerhafte Verwaltungsakte, in: Wolff u. a. (Hrsg.), Verwaltungsrecht I.

Streinz, Rudolf, § 57 Lebensmittelrecht, in: Ehlers/Fehling/Pünder (Hrsg.), Verwaltungsrecht.

ders., Einführung, in: Meyer/Streinz (Hrsg.), LFGB.

ders., Einleitung, Kap. IV. Aufbau, Vollzug und Praxis der Lebensmittelüberwachung, in: Streinz (Hrsg.), Lebensmittelrechts-Handbuch.

ders. (Hrsg.), Lebensmittelrechts-Handbuch, Stand: März 2014, 35. Ergänzungslieferung, München 2014.

Strotmann, Christian/*Herick*, Jürgen, „Knabberfische" kommen in Mode – Veterinärämter kümmern sich auch auf exotischen Gebieten um den Tierschutz, EILDIENST LKT NRW 2015, 51 ff.

Tepe, Linus, Widerspruch! Zur partiellen Wiedereinführung des Widerspruchsverfahrens, EILDIENST LKT NRW 2015, 176 ff.

Theuvsen, Ludwig, Private und öffentliche Qualitätskontrolle in Lebensmittelketten: Entwicklung, Status quo, Herausforderungen, in: Dachverband Agrarforschung (Hrsg.), Risiken, S. 68 ff.

Tiedemann, Paul, Kommentierung zu § 37, in: Bader/Ronellenfitsch (Hrsg.), VwVfG.

Triepel, Heinrich, Die Reichsaufsicht, Untersuchungen zum Staatsrecht des Deutschen Reiches, Berlin 1964.

Vietmeier, Hans, Die staatlichen Aufgaben der Kommunen und ihrer Organe – Auftragsverwaltung und Organleihe in Nordrhein-Westfalen –, Köln 1992, Bd. 18 der Schriftenreihe des Freiherr-vom-Stein-Instituts, zugl. Diss. Univ. Münster 1992.

ders., Die Rechtsnatur der Pflichtaufgaben zur Erfüllung nach Weisung in Nordrhein-Westfalen, DVBl 1992, 413 ff.

ders., Die Rechtsstellung der Kommunen im übertragenen Wirkungskreis, DVBl 1993, 190 ff.

Völker, Heinrich, Der Selbsteintritt der übergeordneten Behörde, München 1970, zugl. Diss. Univ. Tübingen 1970.

Voigt, Rüdiger/*Walkenhaus*, Ralf (Hrsg.), Handwörterbuch zur Verwaltungsreform, Wiesbaden 2006.

Wachter, Bernhard, Inhalt und Grenzen des aufsichtsbehördlichen Weisungsrechts bei Pflichtaufgaben zur Erfüllung nach Weisung, SKV 1976, 299 ff.

Waechter, Kay, Kommunalrecht, Ein Lehrbuch, 3. Auflage, Köln 1997.

ders., Aufsicht, DVBl 2014, 1149 ff.

Wansleben, Rudolf, Erläuterungen zu §§ 2, 3, in: Held u. a. (Hrsg.), GO NRW.

ders., Erläuterungen zu § 2, in: Kirchhof u. a. (Hrsg.), KrO NRW.

Weck, Markus, Die Lebensmittelkontrolle – Krisengeeignete Strukturen? – Die Sicht der Kontrollierten –, ZLR 2012, 271 ff.

Wegrich, Kai, Steuerung im Mehrebenensystem der Länder, Governance-Formen zwischen Hierarchie, Kooperation und Management, Wiesbaden 2006.

Wiemers, Matthias, Hygienemanagement als Herausforderung für Betriebe und Lebensmittelüberwachung, LMuR 2010, 169 ff.

Wilkens, Winfried, Sicherheit als Kreisaufgabe, NdsVBl 2013, 63 ff.

Wolff, Hans Julius/*Bachof*, Otto/*Stober*, Rolf/*Kluth*, Winfried (Hrsg.), Verwaltungsrecht I, Ein Studienbuch, 12. Auflage, München 2007.

ders./*Bachof*, Otto/*Stober*, Rolf/*Kluth*, Winfried (Hrsg.), Verwaltungsrecht II, Ein Studienbuch, 7. Auflage, München 2010.

Wollmann, Hellmut, „Echte Kommunalisierung" der Verwaltungsaufgaben: Innovatives Leitbild für umfassende Funktionalreform?, LKV 1997, 105 ff.

Zacharias, Diana, Nordrhein-Westfälisches Kommunalrecht, Thüngersheim 2004.

Zellner, Gerhard, Risikomanagement im Spannungsverhältnis zwischen Lebensmittelsicherheit und Unternehmerinteressen, in: Leible/Meyer (Hrsg.), Risiko, S. 11 ff.

Ziebill, Otto, Geschichte des Deutschen Städtetages. Fünfzig Jahre deutsche Kommunalpolitik, 2. Auflage, Stuttgart 1956.

Zilkens, Martin, Datenschutz in der Kommunalverwaltung, Recht – Technik – Organisation, 4. Auflage, Berlin 2014.

Zipfel, Walter/*Rathke*, Kurt-Dietrich (Begr./Hrsg.), *Sosnitza*, Olaf (Hrsg.), Lebensmittelrecht, Loseblatt-Kommentar aller wesentlichen Vorschriften für das Herstellen und Inverkehrbringen von Lebensmitteln, Futtermitteln, kosmetischen Mitteln, sonstigen Bedarfsgegenständen sowie Tabakerzeugnissen, 160. Ergänzungslieferung Stand: März 2015, München 2015.

ders./*Sosnitza*, Olaf/*Rathke*, Kurt-Dietrich, B. Einführung, in: Zipfel/Rathke (Begr./Hrsg.), Lebensmittelrecht.

Zuhorn, Karl/*Hoppe*, Werner, Gemeinde-Verfassung, 2. Auflage, Siegburg 1962.

Sachverzeichnis

Schriftenreihe des Freiherr-vom-Stein-Instituts im Deutschen Gemeindeverlag/Verlag W. Kohlhammer

Band 1 Janbernd *Oebbecke*, Zweckverbandsbildung und Selbstverwaltungsgarantie, 1982, 104 Seiten, kartoniert, € 10,50.
ISBN 3-555-00530-8

Band 2 Edzard *Schmidt-Jortzig* / Alexander *Schink*, Subsidiaritätsprinzip und Kommunalordnung, 1982, 168 Seiten, kartoniert, € 14,50.
ISBN 3-555-00535-9

Band 3 Ingolf *Deubel*, Der kommunale Finanzausgleich in Nordrhein-Westfalen, 1984, 264 Seiten, kartoniert, € 17,90.
ISBN 3-555-00592-8

Band 4 Alexander *Schink*, Rechtsnachfolge bei Zuständigkeitsveränderungen in der öffentlichen Verwaltung, 1984, 340 Seiten, kartoniert, € 18,40.
ISBN 3-555-00593-6

Band 5 Janbernd *Oebbecke*, Gemeindeverbandsrecht Nordrhein-Westfalen, Eine systematische Darstellung, 1984, 168 Seiten, kartoniert, € 15,50.
ISBN 3-555-00623-1

Band 6 Hans-Jürgen *Fischedick*, Die Wahl der Benutzungsform kommunaler Einrichtungen, 1986, 121 Seiten, kartoniert, € 15,50.
ISBN 3-555-00689-4

Band 7 Janbernd *Oebbecke*, Weisungs- und unterrichtungsfreie Räume in der Verwaltung, 1986, 324 Seiten, kartoniert, € 19,50.
ISBN 3-555-00693-2

Band 8 Werner *Hauser*, Die Wahl der Organisationsform kommunaler Einrichtungen, Kriterien für die Entscheidung zwischen möglichen Organisationsformen, 1987, 300 Seiten, kartoniert (vergriffen).

Band 9 Elke *Bartels*, Abfallrecht – Eine systematische Darstellung, 1987, 224 Seiten, kartoniert (vergriffen).

Band 10 Ansgar *Müller*, Schulorganisationsrecht Nordrhein-Westfalen – Eine systematische Darstellung, 1988, 174 Seiten, kartoniert, € 23,00.
ISBN 3-555-00766-1

Band 11 Hans-Uwe *Erichsen* / Werner *Hoppe* / Adalbert *Leidinger* (Hrsg.), Kommunalverfassungen in Europa, 1988, 182 Seiten, kartoniert, € 25,50.
ISBN 3-555-00780-7

Band 12 Alexander *Schink*, Naturschutz- und Landschaftspflegerecht Nordrhein-Westfalen, 1989, 563 Seiten, kartoniert (vergriffen).

Band 13 H. Jürgen *Wolff*, Bedarfsgerechte Struktur der Kreiseinnahmen, 1990, 388 Seiten, kartoniert, € 20,35.
ISBN 3-555-00799-8

Band 14 Hans-Uwe *Erichsen*, Die Vertretung der Kommunen in den Mitgliederorganen von juristischen Personen des Privatrechts, 1990, 184 Seiten, kartoniert, € 20,35.
ISBN 3-555-00832-3

Band 15 Paul-Peter *Humpert*, Genehmigungsvorbehalte im Kommunalverfassungsrecht, 1990, 276 Seiten, kartoniert, € 22,90.
ISBN 3-555-00833-1

Band 16 Werner *Hoppe* / Alexander *Schink* (Hrsg.), Kommunale Selbstverwaltung und europäische Integration, 1990, 145 Seiten, kartoniert, € 20,35.
ISBN 3-555-00857-9

Band 17 Werner *Hoppe* / Hans-Uwe *Erichsen* / Adalbert *Leidinger* (Hrsg.), Aktuelle Probleme der kommunalen Selbstverwaltung – 10 Jahre Freiherr-vom-Stein-Institut, 1991, 210 Seiten, kartoniert, € 20,35.
ISBN 3-555-00910-9

Band 18 Hans *Vietmeier*, Die staatlichen Aufgaben der Kommunen und ihrer Organe – Auftragsverwaltung und Organleihe in Nordrhein-Westfalen, 1992, 378 Seiten, kartoniert, € 25,50.
ISBN 3-555-00913-3

Band 19 Angela *Faber*, Europarechtliche Grenzen kommunaler Wirtschaftsförderung – Die Bedeutung der Art. 92-94 EWGV für die kommunale Selbstverwaltung, 1992, 260 Seiten, kartoniert (vergriffen)

Band 20 Werner *Hoppe* / Martin *Schulte*, Rechtsschutz der Länder in Planfeststellungsverfahren des Bundes – Dargestellt am Beispiel des Denkmalschutzes in Nordrhein-Westfalen, 1993, 101 Seiten, karto- niert, € 12,70.
ISBN 3-555-00994-X

Band 21 Jan *Bodanowitz*, Organisationsformen für die kommunale Abwasserbeseitigung, 1993, 196 Seiten, kartoniert, € 20,35.
ISBN 3-555-00995-8

Band 22 Jürgen *Brügge*, Bodendenkmalrecht unter besonderer Berücksichtigung der Paläontologie, 1993, 222 Seiten, kartoniert, € 22,50.
ISBN 3-555-01015-8

Band 23 Ute *Adam*, Veterinärrecht – Eine systematische Darstellung unter besonderer Berücksichtigung der Rechtslage in Nordrhein-Westfalen, 1993, 284 Seiten, kartoniert, € 23,00.
ISBN 3-555-01024-7

Band 24 Werner *Hoppe* / Joachim *Bauer* / Angela *Faber* / Alexander *Schink* (Hrsg.), Rechts- und Anwendungsprobleme der neuen Bauordnung NW, 1996, 170 Seiten, kartoniert, € 15,30.
ISBN 3-555-01095-6

Band 25 Andrea *Krebs*, Rechtliche Grundlagen und Grenzen kommunaler Elektrizitätsversorgung, 1996, 370 Seiten, kartoniert, € 25,50.
ISBN 3-555-01102-2

Band 26 Margit *Twehues*, Rechtsfragen kommunaler Stiftungen, 1996, 366 Seiten, kartoniert, € 23,60.
ISBN 3-555-01107-3

Band 27 Werner *Hoppe* / Joachim *Bauer* / Angela *Faber* / Alexander *Schink* (Hrsg.), Auswirkungen des Kreislaufwirtschafts- und Abfallgesetzes auf die öffentlich-rechtlichen Entsorgungsträger, 1996, 220 Seiten, kartoniert, € 18,00.
ISBN 3-555-01120-0

Band 28 Olaf *Otting*, Neues Steuerungsmodell und rechtliche Betätigungsspielräume der Kommunen, 1997, 333 Seiten, kartoniert, € 22,50.
ISBN 3-555-01134-0

Band 29 Heidrun *Schnell*, Freie Meinungsäußerung und Rederecht der kommunalen Mandatsträger unter verfassungsrechtlichen, kommunalrechtlichen und haftungsrechtlichen Aspekten, 1997, 250 Seiten, kartoniert, € 20,35.
ISBN 3-555-01159-6

Band 30 Janbernd *Oebbecke* / Joachim *Bauer* / Angela *Faber* (Hrsg.), Umweltrecht und Kommunalrecht – Kolloquium aus Anlaß des Aus- scheidens von Werner Hoppe als Geschäftsführender Direktor des Freiherr-vom-Stein-Instituts, 1998, 161 Seiten, kartoniert, € 10,20.
ISBN 3-555-01166-9

Band 31 Anke *Freisburger*, Public Private Partnership in der kommunalen Museumsarbeit, 2000, 296 Seiten, kartoniert, € 20,35.
ISBN 3-555-01210-X

Band 32 Janbernd *Oebbecke* / Joachim *Bauer* / Hermann *Pünder* (Hrsg.), Perspektiven der kommunalen Sparkassen – Symposium des Freiherr-vom-Stein-Instituts und des Westfälisch-Lippischen Sparkassen- und Giroverbandes am 24. Februar 2000, 2000, 121 Seiten, kartoniert, € 10,20.
ISBN 3-555-01228-2

Band 33 Holger *Obermann*, Die kommunale Bindung der Sparkassen – Verfassungsrechtliche Möglichkeiten und Grenzen ihrer Ausgestaltung, 2000, 224 Seiten, kartoniert, € 19,40.
ISBN 3-555-01229-0

Band 34 Raphael *Lohmiller*, Kapitalbeteiligungsgesellschaften der Sparkassen – Eine Untersuchung über die Rechtsgrundlagen der Beteiligungs- finanzierung durch kommunale Sparkassen, 2000, 318 Seiten, kartoniert, € 20,20.
ISBN 3-555-01231-2

Band 35 Olaf *Schefzyk*, Der kommunale Beteiligungsbericht – Ein Instrument zur verbesserten Berichterstattung über die Unternehmenstätigkeit der Kommunen, 2000, 391 Seiten, kartoniert, € 21,45.
ISBN 3-555-01234-7

Band 36 Angela *Faber*, Gesellschaftliche Selbstregulierungssysteme im Umweltrecht – unter besonderer Berücksichtigung der Selbstverpflichtungen, 2001, 501 Seiten, kartoniert, € 29,65.
ISBN 3-555-01240-1

Band 37 Klaus *Schulenburg*, Die Kommunalpolitik in den Kreisen Nordrhein-Westfalens: Eine empirische Bestandsaufnahme, 2001, 484 Seiten, kartoniert, € 25,10.
ISBN 3-555-01250-9

Band 38 Janbernd *Oebbecke* / Dirk Ehlers / Alexander Schink / Hermann Pünder (Hrsg.), Kommunalfinanzen – Symposium aus Anlaß des 75. Geburtstages von Adalbert Leidinger am 8. März 2001 in Münster, 2001, 155 Seiten, kartoniert, € 13,75.
ISBN 3-555-01251-7

Band 39 Janbernd Oebbecke / Dirk *Ehlers* / Alexander *Schink* / Hermann *Pünder* (Hrsg.), Die nordrhein-westfälische Gemeindeprüfung in der Diskussion – Kolloquium des Freiherr-vom-Stein-Instituts und des Innenministeriums Nordrhein-Westfalen am 2. Februar 2001, 2001, 79 Seiten, kartoniert, € 11,20.
ISBN 3-555-01252-5

Band 40 Peter *Lüttmann*, Aufgaben und Zusammensetzung der Verwaltungsräte der kommunalen Sparkassen, 2002, 407 Seiten, kartoniert, € 24,85.
ISBN 3-555-01274-6

Band 41 Janbernd *Oebbecke* / Dirk *Ehlers* / Alexander *Schink* / Hermann *Pünder* (Hrsg.), Aktuelle Fragen der Sparkassenpolitik – Wissenschaftliches Kolloquium des Freiherr-vom-Stein-Instituts am 8. März 2002 zu Ehren von Herrn Dr. Kuhr anlässlich seines Aus-scheidens als Vorsitzender des Kuratoriums des Freiherr-vom-Stein- Instituts, 2002, 70 Seiten, kartoniert, € 7,85.
ISBN 3-555-01278-9

Band 42 Ansgar *Hörster*, Die Wahrnehmung der Sozialhilfeaufgaben im kreisangehörigen Raum in Nordrhein-Westfalen, 2002, 342 Seiten, kartoniert, € 23,85.
ISBN 3-555-01279-7

Band 43 Hermann *Pünder*, Haushaltsrecht im Umbruch – eine Untersuchung der Erfordernisse einer sowohl demokratisch legitimierten als auch effektiven und effizienten Haushaltswirtschaft am Beispiel der Kommunalverwaltung, 2003, 665 Seiten, kartoniert, € 29,85.
ISBN 3-555-01289-4

Band 44 Thomas *Harks*, Kommunale Arbeitsmarktpolitik – Rechtliche Vorgaben und Grenzen, 2003, 295 Seiten, kartoniert, € 19,80.
ISBN 3-555-01302-5

Band 45 Volker *Schepers*, Internet-Banking und sparkassenrechtliches Regionalprinzip, 2003, 275 Seiten, kartoniert, € 19,80.
ISBN 3-555-01308-4

Band 46 Marco *Kulosa*, Die Steuerung wirtschaftlicher Aktivitäten von Kommunen – eine betriebswirtschaftliche Analyse, 2003, 290 Seiten, kartoniert. € 20,20.
ISBN 3-555-01316-5

Band 47 Frank *Placke*, Interkommunale Produktvergleiche als Basis für den kommunalen Finanzausgleich, 2003, 433 Seiten, kartoniert, € 24,60.
ISBN 3-555-01321-1

Band 48 Antje *Wittmann*, Der Sparkassenverbund, 2004, 294 Seiten, kartoniert, € 22,00.
ISBN 3-555-01328-9

Band 49 Barbara *Lübbecke*, Das Kommunalunternehmen – neue Organisationsform im kommunalen Wirtschaftsrecht von Nordrhein-Westfalen, 2004, 343 Seiten, kartoniert, € 24,80.
ISBN 3-555-01329-7

Band 50 Sven Oliver *Hoffmann*, Gewässerschutzrecht Nordrhein-Westfalen – eine systematische Darstellung unter besonderer Berücksichtigung der europarechtlichen und bundesrechtlichen Vorgaben, 2004, 500 Seiten, kartoniert, € 26,80.
ISBN 3-555-01330-0

Band 51 Janbernd *Oebbecke* / Dirk *Ehlers* / Alexander *Schink* / Dörte *Diemert* (Hrsg.), Kommunalverwaltung in der Reform – Wissenschaftliche Fachtagung des Freiherr-vom-Stein-Instituts am 2. Juli 2004 in Münster, 2004, 165 Seiten, kartoniert, € 14,20.
ISBN 3-555-01339-4

Band 52 Hans *Lühmann*, Die Zusammenführung von Arbeitslosen- und Sozialhilfe im Sozialgesetzbuch II (SGB II) – Sozial- und organisationsrechtliche Aspekte des Hartz IV-Gesetzes für die kommunale Sozialpolitik, 2005, 223 Seiten, kartoniert, € 17,80.
ISBN 3-555-01349-1

Band 53 Jörg *Niggemeyer*, Zulässigkeit und Grenzen von Sparkassenfusionen – eine Untersuchung am Beispiel von Zusammenschlüssen nordrhein-westfälischer Sparkassen, 2005, 476 Seiten, kartoniert, € 26,80.
ISBN 3-555-01350-5

Band 54 Dörte *Diemert*, Das Haushaltssicherungskonzept – Verfassungs- und haushaltsrechtliche Grundlagen in NRW unter Berücksichtigung des Neuen Kommunalen Finanzmanagements, 2005, 555 Seiten, kartoniert, € 28,80.
ISBN 3-555-01370-X

Band 55 Andrea *Becker*, Die Entwicklung des Personalvertretungsrechts in Nordrhein-Westfalen – eine Untersuchung der wesentlichen Einflussfaktoren auf die Gesetzgebung am Beispiel des LPVG NRW, 2006, 495 Seiten, kartoniert, € 29,00.
ISBN 3-555-01371-8

Band 56 Janbernd *Oebbecke* / Dirk *Ehlers* / Martin *Klein* / Theresia *Theurl* / Dörte *Diemert* (Hrsg.), Perspektiven für Sparkassen und Genossenschaftsbanken – Wissenschaftliche Fachtagung des Freiherr-vom-Stein-Instituts und des Instituts für Genossenschaftswesen der Universität Münster am 17. Oktober 2005 in Münster, 2006, 128 Seiten, kartoniert, € 10,20.
ISBN 3-555-01385-5

Band 57 Inken *Pehla*, Der Haftungsverbund der Sparkassen-Finanzgruppe – eine Untersuchung der Institutssicherung der Sparkassen und Landesbanken unter besonderer Berücksichtigung des Einlagen- sicherungs- und Anlegerentschädigungsgesetzes, 2006, 240 Seiten, kartoniert, € 20,80.
ISBN 3-555-01372-6

Band 58 Janbernd *Oebbecke* / Dirk *Ehlers* / Martin *Klein* / Dörte *Diemert* (Hrsg.), Zwischen kommunaler Kooperation und Verwaltungs- reform – Fachtagung aus Anlass des 25-jährigen Bestehens des Freiherr- vom-Stein-Instituts am 12. Mai 2006 in Münster, 2006, 127 Seiten, kartoniert, € 12.80.
ISBN 3-555-01391-2

Band 59 Simone *Schütte-Leifels*, Die Grundsätze der Sozialhilfe nach der Reform, 2007, 345 Seiten, kartoniert, € 24,80.
ISBN 978-3-555-01399-2

Band 60 Christian *Thiemann*, Rechtsprobleme der Marke Sparkasse, 2008, 314 Seiten, kartoniert, € 24,00.
ISBN 978-3-555-01451-7

Band 61 Linus *Tepe*, Verfassungsrechtliche Vorgaben für Zuständigkeits- verlagerungen zwischen Gemeindeverbandsebenen, 2009, 235 Seiten, kartoniert, € 20,00.
ISBN 978-3-555-01459-3

Band 62 Anna *Roth*, Die allgemeine Lebensmittelüberwachung als Instrument des Verbraucherschutzes – eine systematische Darstellung unter besonderer Berücksichtigung der Rechtslage und der Organisationsstrukturen in Nordrhein-Westfalen, 2009, 336 Seiten, kartoniert, € 26,00.
ISBN 978-3-555-01474-6

Band 63 Jan Stefan *Lüdde*, Sparkassenrecht der Länder – Bestand und Entwicklung seit 1949, 2010, 232 Seiten, kartoniert, € 20,80.
ISBN 978-3-555-01504-0

Band 64 Carsten *Lund*, Private in der Sparkassen-Finanzgruppe? – Zum Verbleib materiell voll- und teilprivatisierter Landesbanken im Haf- tungsverbund, 2010, 181 Seiten, kartoniert, € 18,80.
ISBN 978-3-555-01511-8

Band 65 Katharina *Kallerhoff*, Öffentlich-rechtliche Entsorgungsträger contra private Abfallwirtschaft – Aktuelle rechtliche Entwicklungen unter besonderer Berücksichtigung der gewerblichen Sammlungen von verwertbaren Sekundärrohstoffen, 2011, 310 Seiten, kartoniert, € 24,60.
ISBN 978-3-555-01547-7

Band 66 Thomas *Jungkamp*, Das Recht der regionalen Sparkassen- und Giroverbände – Eine systematische Darstellung, 2011, 309 Seiten, kartoniert, € 24,60.
ISBN 978-3-555-01558-3

Band 67 Matthias *Stork*, Interkommunale Zusammenarbeit und mehrstufige Aufgabenwahrnehmung – Eine Analyse von Organisationsmodellen für Pflichtaufgaben im kreisangehörigen Raum, 2012, 278 Seiten, kartoniert, € 24,00.
ISBN 978-3-555-01568-2

Band 68 Jessica *Isenburg*, Die Verbundzusammenarbeit der Sparkassen- Finanzgruppe – Eine kartellrechtliche Analyse, 2012, 311 Seiten, kartoniert, € 24,80.
ISBN 978-3-555-01597-2

Band 69 Simon *Frye*, Die Finanzierung ambulanter und stationärer Pflegeeinrichtungen – Eine Darstellung am Beispiel von Nordrhein-Westfalen, 2013, 278 Seiten, kartoniert, € 24,00.
ISBN 978-3-555-01639-9

Band 70 Martin *Schröder*, Personalvertretung in den Sparkassen, 2014, 300 Seiten, kartoniert, € 24,60.
ISBN 978-3-555-01711-2

Band 71 Cornelia *Jäger*, Der Tatbestand der Konnexitätsregelung des Art. 78 Abs. 3 der Landesverfassung Nordrhein-Westfalen, 2014, 330 Seiten, kartoniert, € 24,80.
ISBN 978-3-555.01741-9

Band 72 Jasmin *Hölscher*, Die Eigenkapitalvorgaben nach Basel III und CRR/CRD IV unter besonderer Berücksichtigung der relevanten Regelungen für öffentlich-rechtliche Sparkassen in Deutschland, 2015, 266 Seiten, kartoniert, € 24,00.
ISBN 978-3-555-01859-1

Band 73 Juliane *Wessels*, Inhalt und Grenzen der Steuerung des Landes bei der Wahrnehmung von Pflichtaufgaben zur Erfüllung nach Weisung – Eine Untersuchung der Steuerungspraxis am Beispiel Nordrhein-Westfalen, 2016, 310 Seiten, kartoniert, € 24,80.
ISBN 978-3-555-01889-8